역사소비시대의 역사 읽기

한국사 속의
한국사

② 조선 왕조 500년

역사소비시대의 역사 읽기

한국사 속의 한국사 2

초판 1쇄 인쇄일 ｜ 2016년 04월 15일　**초판 1쇄 발행일** ｜ 2016년 04월 20일
초판 3쇄 인쇄일 ｜ 2017년 09월 01일　**초판 3쇄 발행일** ｜ 2017년 09월 11일

지은이 ｜ 고석규 · 고영진
펴낸이 ｜ 강창용
펴낸곳 ｜ 느낌이있는책

주소 ｜ 경기도 고양시 일산동구 중앙로 1233 현대타운빌 1202호
전화 ｜ (代)031-932-7474　**팩스** ｜ 031-932-5962
홈페이지 ｜ http://www.feelbooks.co.kr
이메일 ｜ feelbooks@naver.com
등록번호 ｜ 제10-1588　　**등록년월일** ｜ 1998. 5. 16
책임편집 ｜ 이윤희　　　**디자인** ｜ 김민정
책임영업 ｜ 최대현, 민경업

ISBN ｜ 979-11-86966-08-2　04910
　　　　 979-11-86966-06-8　(세트)
값 18,500원

· 잘못된 책은 구입처에서 교환해드립니다.

이 도서의 국립중앙도서관 출판예정도서목록(CIP)은 서지정보유통지원시스템 홈페
이지(http://seoji.nl.go.kr)와 국가자료공동목록시스템(http://www.nl.go.kr/kolisnet)
에서 이용하실 수 있습니다.(CIP제어번호: CIP2016007230)

역사소비시대의 역사 읽기

한국사 속의
한국사

② 조선 왕조 500년

| 고석규 · 고영진 지음 |

느낌있는책

스마트 시대의 미래를 열어가는 한국사 3.0

지금 인터넷 없는 세상은 상상할 수 없다. 최초의 인터넷 환경을 웹 1.0이라고 한다면, 참여·공유·개방, 그리고 융합을 특징으로 하는 인터넷 환경을 웹 2.0이라 불렀다. 사물인터넷이 키워드로 등장하고, 언제 어디서나 존재한다는 유비쿼터스 네트워크 시대가 현실화되고 있는 지금, 맞춤형 소셜 네트워크가 이끄는 소통과 공감, 그리고 협력이 덧붙여진 웹 3.0 시대에 들어섰다.

　한국사를 보는 차원도 이제 3.0 단계를 향하고 있다. 식민지라는 현실 하에서 전개된 미숙한 단계의 한국사 1.0을 극복하고, 산업화와 민주화의 두 과제를 성취하는 과정에서 민족주의와 내재적 발전론을 앞세웠던 정치 과잉의 한국사 2.0 단계가 있었다. 이제 21세기에 들어오면서 정치 과잉에서 벗어나 좌·우의 진영논리를 넘어서는 균형 있는 시각을 갖추어 나가려는 노력들이 나타나고 있다. 이른바 소통과 공감의 한국사를 지향하는 한국사 3.0의 단계로 접어들고 있다. 이 책은 3.0 단계의 한국사를 지향한다. 스마트 시대의 미래를 열어가는 한국사의 새로운 답이 여기에 있다.

요즘 역사에 대해서는 할 말이 너무 많다. 먼저 '역사 소비 시대'라고 불러도 어색하지 않을 만큼 수많은 역사물들이 소비를 기다리는 상품들처럼 시장에서 각축을 벌이고 있다. 영화는 물론 TV 드라마, 소설, 게임 등 모든 대중적 장르에 다 있다. 광고에도, 각종 생활소품에도 역사는 소비되고 있다. 왜 이처럼 역사물이 소비 대상이 되며, 그런 현상은 역사인식에 어떤 영향을 미치는가? 이런 역사물의 범람이 초래하는 소비사회의 위협으로 부터 벗어나 올곧은 답을 찾고 싶은 사람들에게 이 책은 좋은 길잡이가 될 것이다.

한편, 한국사 국정교과서 시대에 대안을 찾아 역사의 진실을 알고 싶어 하는 사람들에게 이 책은 또한 좋은 지침서가 될 것이다. 주지하다시피 지금 중·고등학교 한국사 교과서 국정화 문제가 역사교육의 현안이 되고 있다. 숱한 여론의 반대에도 불구하고 정부에서는 마침내 2015년 10월 중·고등학교 한국사 교과서 국정화 방침을 정했다. 그래서 지금 이른바 '올바른 교과서'를 만들겠다고 밀어붙이고 있다.

한국사 교육을 강화하여 올바른 역사인식을 갖추게 하자는 것까지는 좋다. 그렇지만 국정교과서가 그 답은 아니다. 왜냐하면 올바른 역사인식 이란 정부가 정해 주는 하나의 답을 통해서 형성되는 것은 아니기 때문이다. 다양성을 토대로 창조사회를 지향하는 21세기에 정부가 정해 주는 하나의 답만이 올바르다고 가르치는 역사교육은 너무나 시대착오적이다.

역사는 사람들의 경험에 대한 역사가들의 기록이자 평가이다. 따라서 사람들의 생각이 서로 다르듯이 역사도 서로 다를 수밖에 없다. 그렇다고 '다르다'에 멈추라는 뜻은 아니다. 역사의 해석은 다르지만, 받아들이는 개인의 입장에서는 그중 어느 하나를 선택하게 된다. 이때 자신의 판단에 따라 주도적으로 선택을 할 수 있도록 도와주는 것이 올바른 역사교육이다. 수많은 선거에서 유권자는 누군가를 선택해야 하는데 이때에도 물론 정답은 없다. 각자의 입장에 따른 선택이 있을 뿐이다. 역사인식도 이와 마찬가지다. 이 책은 국정교과서가 강요하는 하나의 답과는 달리 여러 답을 전제로 자기 주도적 선택을 할 수 있는 능력, 즉 역사인식을 형성하는 데 동반자가 될 것이다.

이 책은 우리 역사를 읽고 싶어 하는 분들에게 꼭 필요한 안내서가 될 것이다. 이 책은 우리 역사의 사실史實들을 전해 준다. 그러나 거기에 그치지 않는다. 단순히 '사실'들을 전해 주기보다는 사실들과 함께 그 사실들에 대한 '비평'을 썼다. 우리 역사의 사실들은 인터넷 검색창을 두드리면 금방 눈앞에 나타난다. 이제 어떤 사실을 안다는 것만으로 역사의 프로가 될 수는 없다. 그러면 프로 역사가는 아마추어와 뭐가 다를까? 그 답은 역사 속의 역사를 읽어내는 데 있다. 검색창에서 찾는 파편적 지식이 아니라 사실을 분석하여 인과관계를 밝히고 나아가 비판 능력까지 갖는 맥락적 지식이 그 답이다.

역사는 암기과목이 아니지만, 수험생들에게는 암기가 필요하기도 하다.

이때 파편처럼 흩어져 있는 지식이라면 암기조차 힘들지만, 맥락을 이루는 지식이라면 암기하기도 쉽다. 이 책은 역사의 맥락을 이해하게 하여 외우지 않고도 외워지는 역사 공부의 도우미가 될 것이다.

이 책은《역사 속의 역사 읽기》(1996, 풀빛)를 토대로 하고 있다. 《역사 속의 역사 읽기》는 첫 출간 이래 독자 여러분들로부터 과분한 사랑을 받았다. 그런데 나온 지 벌써 20년이 지났다. 과거 그 자체야 변하지 않는 것이지만, 그 사이에 역사 연구는 끊임없이 진행되어 수없이 많은 연구 성과들이 나왔다. 또 강산이 두 번 바뀔 동안 우리 사회도 크게 달라졌다. 따라서 역사를 보는 눈 자체에도 적지 않은 변화가 있었다.

그래서 이 책을 새롭게 다듬어야겠다는 생각을 한 지는 오래되었다. 그러나 생각만 할 뿐 이런저런 일들에 치어 미루다가 마침 느낌이 있는 책 출판사의 제의가 있어 기꺼이 다시 써 보기로 했다. 하지만 그 과정은 결코 순탄치는 않았다. 시작한 지 3년 만에 겨우 세상에 나오게 되었다.

이 책에서는 지난 20년이란 결코 짧지 않은 시간이 만들어 낸 많은 변화들을 폭넓게 담으려 애썼다. '역사 소비 시대의 역사 읽기'라는 제목을 달고 있는 서장은 모두 다시 썼다. 또 선사 시대부터 현대까지 기본적인 구성은 크게 달라지지 않았지만, 최근의 성과까지도 담으려 꼼꼼히 살폈고, 시각 자체에 대한 교정도 있었다. 역사가의 시각이 사회의 변화에 따라 어떻게 달라지는지 관찰하는 것도 이 책을 읽는 즐거움 가운데 하나일 것이다. 그리고 무엇보다 책의 외모가 시원스레 달라졌다. 판형은 물론 다양한 그림이나 사진들을 활용하여, 보면서 읽을 수 있는 대중역사서로 탈바꿈하였다.

대중의 시대에 대중의 기호에 맞게 책을 써야 한다는 것은 백 번 옳다. 이는 재미있어야 한다는 뜻이다. 그래서 재미있게 쓰려고 노력했다. 하지만 역사는 마냥 재미만 있을 수는 없다. 지식이나 경험 중에는 재밌게 얻을 수 있는 것도 있겠지만 분명 인고하며 배워야 하는 것도 있다. 우리는 역사에서 기쁨만 배우는 것은 아니다. 그 기쁨을 얻기 위해 겪은 아픔까지도 배우는 것이다. 장미의 가시가 주는 아픔을 느낄 때 비로소 장미의 온전한 아름다움을 느낄 수 있는 것처럼 역사도 분명 그렇다.

이 책을 통해 역사의 재미와 더불어 의미를 찾아 한국사 속의 한국사의 신세계를 느껴보기 바란다. 그리고 그 세계에서 역사의 사실들은 물론, 자신의 독창적인 역사 읽는 법도 찾기를 바란다. 우리 함께 균형 잡힌 사고, 공감의 확대를 통하여 공존의 길을 열어 가자.

이 책이 다시 세상의 빛을 보기까지 느낌이 있는 책 강창용 대표의 도움이 무엇보다 컸다. 감히 엄두도 내지 못하고 있던 필자들에게 뜻밖의 제안으로 도전 의지를 북돋아 주었고, 답답함을 참아가면서 무던히도 많이 기다려 주었다. 고맙다는 말로는 부족하겠지만 지면을 통해 감사의 뜻을 전한다. 그리고 이렇게 멋진 책으로 만들어 준 노은정 팀장, 편집부원 여러분들에게도 감사드린다. 이 책의 모태가 되는 《역사 속의 역사 읽기》에 함께 작업했던 선·후배 동료 연구자들은 물론, 풀빛출판사 측에도 이 자리를 빌어 깊은 감사의 뜻을 전한다.

　분에 넘치는 추천의 글을 보내 주신 한영우 교수님, 이태진 교수님, 허영만 화백님, 최원정 아나운서님께도 평생 갚아야 할 큰 은혜를 입었다. 앞으로 더 좋은 책을 만들어 답하기로 다짐하며 글을 마친다.

2016년 11월

고석규·고영진 씀

CONTENTS

Korea

HISTORY OF KOREA

제1장 | 고려에서 조선으로

1 고려에서 조선으로

고려 후기, 권문세족들은 대규모로 농장을 확대해 나가면서 부귀영화를 누렸지만, 농민들은 도탄에 빠지고 국가는 파산상태에 이르게 되었다. 권문세족과 그들의 농장은 고려 말의 사회 문제가 온통 집약되어 있는 부패의 늪이었다.

여말 선초를 보는 세 시각

918년부터 1392년까지 34대에 걸쳐 474년간 왕王씨가 집권했던 고려가 망하고 그 뒤에 다시 1910년까지 518년간 이李씨가 지배하는 조선이 건국됐다는 사실은 결코 작은 변화가 아니었다. 500년 가까이 지속했던 왕조가 무너지고 다음 500여 년을 지속하는 새로운 왕조가 세워졌다는 것은 세계사에서도 유례를 찾기 힘든 장기 지속적 변화였다. 이는 그만큼 큰 틀에서 저변의 움직임이 있었기 때문이다. 그러므로 '여말 선초'라고 불리는 이 시기는 '나말 여초'와 함께 일찍부터 사회변동기로 주목되어 왔다.

'여말 선초'의 역사 변화를 설명하는 시각은 크게 세 가지가 있다. 첫째는 여말 선초에는 단지 친원적인 고려 왕조가 망하고 친명사대를 주장하는 조선 왕조가 세워졌을 뿐, 사회의 질적인 변화는 없었다는 주장이다. 고려에서 조선으로의 교체가 발전을 수반한 변화가 아니라 단지 집권 왕조의 성姓만 바뀐 것으로 이해하는, 아주 부정적 관점이다. 이런 시각은 우리 역사의 내재적·주체적인 발전을 인정하지 않고 왜곡·폄하시키려 했던 식민사학의 관점으로, 이제 더 이상 거론할 필요는 없다. 다만 경계하는 심정에서 지적할 뿐이다.

둘째는 이와는 달리 정치적·사회경제적인 발전을 수반하는 질적 전환의 시기였다고 보아 아주 적극적으로 평가하는 시각이다. 이런 관점은 1960년 4월 혁명 이후부터 나타난다. 고려 시기까지는 중세 사회이지만, 조선 이후는 그 성격이 고려 시기와는 질적으로 다르기 때문에 고려와 구분 없이 중세라고 불러서는 맞지 않다고 해서 조선 시기=근세설을 주장한다. 《다시 찾는 우리역사》나 기존에 널리 읽혔던 개설서인 《한국통사韓國通史》, 《한국사통론韓國史通論》 등에 이런 시각이 반영되어 있다. 지금도 여전히 통사 서술이나 역사교육에 유용한 점이 있어 활용되고 있다.

셋째는 여말 선초의 변화를 통해 역사가 한 단계 발전한 것은 인정하지만 질적으로 중세 사회를 벗어난 것은 아니라는 시각이다. 즉 조선은 중세 사회가 발전적으로 재편된 시기라는 것이다. 이런 시각은 1980년대에 들어와 한국사의 변화·발전을 세계사적이고 보편적인 역사 발전 법칙과 연관시켜 인식하려는 노력에서 이루어진 것이다. 같은 중세라고 보지만 그 안에서의 질적 발전을 적극적으로 평가하는 이해 방식이다.

한편, 고등학교 한국사 교과서를 비롯하여 시중에서 접하는 개설서에서는 일반적으로 중세나 근세라는 시대 구분 없이 '고대-고려-조선-근대' 등으로 구분하고 있다. 왕조사를 지향하는 것은 아니지만 각각 500년이란 오랜 기간 장기 지속을 한 '고려'와 '조선'이란 왕조의 명칭이 지니는 규정성이 너무 크기 때문이라 여겨진다. 굳이 천년이란 기간을 통째로 중세라 하기도, 또 그렇다고 특정 시점을 잡아 근세라고 나누기도 구차하기 때문에 편의적으로 익숙한 '고려', '조선' 등 왕조의 명칭을 그냥 쓰고 있는 것으로 보인다.

고려에서 조선으로의 변화가 왕씨에서 이씨로 왕조만 교체되었을 뿐이
지, 발전은 없었다는 인식은 이미 학계에서 폐기된 주장이다. 이 시기의
변화가 근세라는 시기를 설정해서 구분해야 할 정도의 의미를 갖는 것인
지, 아니면 중세 사회 내에서의 발전적인 재편이란 정도의 의미를 갖는 것
인지가 논쟁거리이다. 비록 여말 선초의 변화를 보는 관점에 차이가 있어
도 그 변화가 이루어지는 시기는 대체로 공민왕 대인 14세기 후반경부터
조선 성종 대《경국대전》의 반포 시기인 15세기 후반까지 약 1세기로 설정
하고 있다.

문제의 소재, 권문세족

고려가 망하고 조선이 세워졌다는 사실은 고려 사회는 망해야 할 정도의
문제가 있었고, 조선은 나름대로의 대안을 갖고 그 문제를 해결할 수 있었
다는 것을 뜻한다. 따라서 당시 고려 사회가 안고 있던 문제는 무엇이었고,

그 해결방안으로 제시되었던 것은 무엇이었는가를 정확히 안다면, 이 시기 사회전환의 의미도 그만큼 분명히 파악할 수 있을 것이다.

고려 말, 사회 문제를 확대하고 심화시킨 계층은 물론 당시의 집권층인 이른바 권문세족權門世族이었다. 권문세가라고 부르기도 하는 이들은 100여 년 간에 걸친 무신 정권과 그 이후 원 간섭기 동안에 새로 편성된 사회 세력이다. 고려 후기 사회 모순은 이들이 자신들의 기득권과 사회경제적인 이익을 확대하고 독점하려는 데서 비롯되었던 것이다.

충선왕이 1298년 즉위하면서 내린 교서를 보면, 왕실과 혼인할 수 있는 15개 가문을 재상지종宰相之宗이라고 하여 지정해 놓았는데, 이들을 당시의 대표적인 권문세족으로 볼 수 있다. 여기에는 경주 김씨, 정안 임씨, 경원 이씨, 안산 김씨, 철원 최씨, 해주 최씨, 공암 허씨, 청주 이씨, 파평 윤씨 등 고려 전·중기 이래의 문벌귀족들이 포함되어 있다. 고려 후기에 새로 편입되는 가문들도 있었다. 예를 들면 무신 징권 시기에 무신으로 득세하여 성장한 가문으로 언양 김씨와 평강 채씨가 있으며, 무신 정권 이후 신관인 층으로 대두하여 성장한 가문으로 당성 홍씨, 황려 민씨, 횡천 조씨가 있고, 원 간섭기에 원과 관계를 맺으면서 성장한 평양 조씨가 있다.

그 밖에 재상지종은 아니지만 행주 기씨, 안동 김씨, 안동 권씨 등도 당대의 대표적인 권문세족이었다. 행주 기씨의 기철奇轍은 원 황제 순제順帝의 부인인 기황후의 오빠로서 대표적인 친원파이기도 했다.

농장의 폐해와 수정목공문水精木公文

권문세족들은 당시 최고의 권력기관인 도평의사사를 장악하고, 이를 통해 자신들에게 이익이 되는 정책들을 결정하였다. 그런데 이 과정에서 많은 문제들이 야기되었다. 무엇보다 중요한 것은 농장의 확대와 노비의 집중 등 사회경제적인 모순이 심화되고, 그 결과 대다수 농민들의 삶이 궁핍해졌다는 사실이다.

고려 후기에 권문세가들이 대규모로 장악한 경작토지를 농장이라고 한다. 권문세가들이 농장을 확대하는 데에는 개간이나 기증 등을 통한 합법적인 것도 있었다. 그러나 부정한 경우가 더 많았다. 그 부정한 예 하나를 《고려사》 기록을 통해 보도록 하자.

당시 권세가였던 임견미任堅味와 이인임李仁任 등이 좋은 토지를 가진 어떤 농민에게 자기 노비들을 보내 물푸레나무로 때려서 토지를 빼앗았다. 이때 빼앗긴 농민은 그 위세에 눌려 그만 국가가 발급한 토지문서를 갖고서도 "이것이 내 토지다."라고 감히 변명을 못하였다. 그래서 당시 사람들은 이런 폭력적인 방법으로 토지를 빼앗아 만든 문서를 수정목공문, 즉 물푸레나무공문이라고 불렀다는 것이다. 권세가들이 정치적인 권력을 이용해 폭력을 행사하면서 불법적인 방법으로 토지를 빼앗아 농장을 확대해 나갔다는 사실을 이 수정목공문의 예에서 잘 알 수 있다.

이렇게 해서 이루어진 농장의 규모는 대단하였다. '산천위표山川爲標 과주포현跨州包縣'이라는 기록이 나오는데, 농장의 크기가 산천을 경계로 삼고 주와 현의 경계를 넘어설 정도로 광대했다는 뜻이다. 지금 수도권에 몇 백 평의 땅만 가지고 있어도 평생 먹고살 수 있다고 하던데, 땅값이 지금과는 다르겠지만 산천을 경계로 할 정도의 땅을 가지고 있었다면 아마 지금의 재벌 부럽지 않았을 것이다.

권문세족들이 이렇게 불법적으로 농장을 확대해 나가니까 이들에게 토지를 빼앗기는 농민들도 그만큼 많아졌다. 이들을 '무토지 농민'이라고 하였다. 따라서 아무 데도 부쳐 먹을 땅이 없어져 버린 이들 농민들은 살기 위해서라도 권세가들의 농장에 붙어 경작을 하지 않으면 안 되었다. 이름하여 투탁投託이라고 한다. 맡긴다, 의탁한다는 뜻이다.

그런데 이 농민들은 원래 양인이었다. 따라서 국가에 부담해야 할 역,

즉 양역良役이 있었다. 농장에서 일하면서 양역을 지면 권세가의 입장에서는 그만큼 손해였다. 그래서 권세가들은 투탁한 농민들의 신분을 천인으로 만들어 양역의 부담을 없애 버린다. 이런 행위를 좀 어려운 말로 '압량위천壓良爲賤'이라고 한다. 양인을 억눌러서 천인으로 만든다는 뜻이다. 천인이 되면 양인이 아니기 때문에 양역 부담은 없다. 이처럼 양인이었던 농민이 토지를 잃고 천인이 되어 국역체계 밖으로 사라져 버리는 사태는 국가의 입장에서 볼 때는 매우 심각한 문제가 아닐 수 없었다.

농장의 확대로 야기되는 또 다른 문제는 재정 수입의 감소였다. 국가 조세의 가장 중요한 원천인 토지가 권세가들에 의해서 세금과 군역을 면제받는 특권을 누리는 토지가 되었기 때문에 국가의 조세 수입이 현저하게 줄어들어 국가 재정이 파탄지경에 이르게 된 것이다. 권문세족들은 부귀영화를 누렸지만, 농민들은 도탄에 빠지고 국가는 파산상태에 이르렀던 것이다. 결국 권문세족과 그들의 농장은 고려 말의 사회 문제가 온통 집약되어 있는 부패의 늪이었던 셈이다.

2 휴한농법에서 연작상경농법으로

권세가에 의한 토지의 탈점과 조세의 가혹한 부담, 왜구의 침입을 피해 내륙 지방으로 옮겨 갔던 유망 농민들은 15세기 초가 되자 다시 삼남 지방의 바닷가 지역으로 옮겨 갔다. 이들은 생존을 위해 황폐한 땅을 개간하여 생활을 영위해 나갔다.

역사 발전 = 생산력의 발전

요즈음 우리 사회는 중요한 전환기를 맞이하고 있다. 특히 정치하는 사람들의 현명한 대응이 어느 때보다 요청되는 시기이다. 정치, 사회 모두 잘 되어야겠지만 무엇보다도 경제 문제의 해결이 개혁의 성패를 가름하는 열쇠가 될 것이다. 우리나라처럼 수출에 대한 의존도가 높은 경제 구조를 가진 국가는 수출의 대외경쟁력을 회복하는 것이 시급한데, 그러기 위해서는 과학기술의 개발이 선결 과제이다. 과학기술은 생산력을 의미한다.

역사의 발전은 보다 나은 사회를 이룩하기 위한 인간의 노력이 집중된 결과이며, 그것은 생산력의 발전이라는 모습으로 나타난다. 그런데 생산력의 발전은 시대의 발전 단계에 따라 그 내용이 다르다. 근대 사회 이전은 농업 사회였기 때문에 생산력의 발전이란 곧 농업생산력의 발전을 뜻하였다.

연작상경농법連作常耕農法의 시행

생산력은 완만한 상승곡선을 그리면서 발전해 왔지만 그 곡선의 기울기가 때로는 느슨하게, 때로는 가파르게 그려질 때가 있다. 이 상승곡선의 기울기가 가파른 시기를 사회전환기 또는 사회변동기라고 부른다. 여말 선초는 이 상승곡선의 기울기가 매우 가팔랐던 시기였다.

여말 선초 농업생산력 발전의 구체적인 증거로 드는 것이 휴한농법을 극복하고 연작상경농법을 시행한 일이다. 이런 변화를 잘 보여 주는 두 개의 자료가 있다. 하나는 고려 후기인 14세기 초반에 이제현李齊賢이 《익재난고益齋亂藁》라는 책에서 한 이야기로, "압록강 이남 지방은 거의 모두 산이므로 매년 갈아먹을 수 있는 기름진 전지가 많지 않다.", 즉 매년 농사를 이어 짓는 땅이 매우 적다는 내용이다. 압록강 이남 지방이라고는 했지만, 대체로 고려 시기에 농사짓는 방법으로 지력地力, 다시 말해 땅의 비옥도가 회복되기를 기다리면서 1년이나 2년 동안 쉬게 하는 휴한농법이 널리 시행되고 있었음을 보여 준다.

다른 하나는 조선 세종 대인 1429년 정초鄭招가 편찬한 농서인 《농사직설農事直說》에 나오는 것으로, 같은 경작지에 파종과 수확 시기가 다른 두 가지 작물을 동시에 재배하는 간종법間種法이 이루어지고 있다는 내용이다. 즉 밭농사의 경우 1년에 두 번 농사를 짓는 1년 2작을 행했다는 것이다.

위의 두 기록은 약 100년의 간격이 있다. 따라서 이들을 종합해 보면 여말 선초의 100년 사이에 논농사나 밭농사에서 휴한농법이 극복되어 땅을 묵히지 않고 매년 농사를 이어짓는 연작상경농법이 보급되었음을 알 수 있다.

경작지의 확대

연작상경농법의 시행은 농업생산력 발전의 구체적 지표이다. 연작상경농법이 시행되었다는 것은 단위면적당 생산력이 현저하게 늘어났다는 것을 의미한다. 그런데 당시 생산력의 발전이 단지 연작상경농업에만 그쳤던 것은 아니다. 경작지의 확대도 이 시기에 눈에 띄게 일어나는 생산력 발전의 한 양상이었다.

경작지의 확대는 주로 개간을 통해서 절대면적이 늘어남으로써 이루어진다. 여말 선초에 개간기술은 상당히 발달해서 《농사직설》에는 개간을 하는 데 사용하는 농기구들이 나열되고 있을 정도였다. 이런 개간의 첫 번째 주체는 농민들이었다. 종전까지 농민들은 권세가에 의한 토지의 탈점과 조세의 가혹한 부담으로 인하여 유망하기 일쑤였다. 더구나 14세기 후반에는 왜구의 침입을 피해 내륙 지방으로 옮겨 왔다. 그러다가 15세기 초가 되자 다시 삼남 지방의 바닷가 지역으로 옮겨 갔다. 그래서 이들 유망 농민들은 생존을 위해 그때까지 전쟁 등으로 인해 황폐해진 묵은 땅을 개간하여 생활을 영위해 나갔던 것이다.

개간의 또 다른 주체는 국가와 재지유력층이다. 국가는 재정확보책의 일환으로 개간을 적극 장려하였고, 재지유력층은 자기 토지가 늘어나는 재미에 열심히 개간을 했다. 재지유력층은 중앙의 권력을 장악한 권세가들과는 달리 약간의 노비 노동력을 지닌 지방의 중소지주들이었다.

이렇듯 농민과 국가, 재지유력층이 주체가 되어 개간을 적극적으로 추진함으로써 이 시기 농업 경작지의 절대면적은 크게 증대하였다. 특히 14세기 초반에는 배수로를 만드는 기술이 발달해서 연해 지역의 저습지가 논으로 많이 개간되었으며, 14세기 후반에는 왜구의 침입이 심해 내륙 지방의 하천가를 중심으로 개간이 이루어졌고, 여말 선초에는 다시 삼남 지방의 바닷가가 크게 개간되었다. 그 결과 논이 많아지고 벼농사의 비중이 이전 시기에 비하여 매우 높아졌다.

농업기술의 발달

농업생산력 증대는 농업기술의 발달로 인한 단위면적당 생산력의 증가로도 이루어진다. 기존의 농업 경작지를 최대한 이용하는 농경지 이용방식의 발전이다. 이 방법의 핵심은 지력을 유지하고 강화시키는 기술, 즉 거름을 주는 시비법施肥法이다.

그 이전에는 비료가 양적으로 충분하지 않았기 때문에 아주 제한적으로 거름을 주는 형태였는데, 이 시기에 와서 재와 인분으로 거름을 주는 방법이 개발되면서 비료가 양적으로 풍부해졌다. 재와 인분은 비교적 쉽게 얻을 수 있는 풍부한 자원이었다. 그리하여 경작지 전반에 폭넓게 거름을 줌으로써 지력을 유지·강화할 수 있었다. 이와 같은 시비법의 개발은 휴한농법을 극복할 수 있는 토대가 되었다. 그리고 휴한농법을 극복한다는 것은 곧 연작상경농법이 실현된다는 뜻이기도 하다.

또한 당시 논농사는 매년 이어지으면서 물이 찬 논에 볍씨를 그냥 뿌리는 수전직파법水田直播法이 일반적이었다. 수리 조건이 좋은 경상도 지방의

여말 선초에는 시비법의 개발로 휴한농법이 극복되고 매년 농사를 짓는 연작상경농법이 보급된다. 또한 이앙법, 즉 모내기가 제한적으로 실시된다.

논에서는 김매는 노동력을 크게 덜 수 있는 이앙법移秧法, 즉 모내기가 행해졌다는 기록이 《조선왕조실록》에 자주 나온다. 하지만 아직은 제한적이었고 물 문제 때문에 실패할 우려가 커서 나라에서도 금하고 있었다. 밭농사에서는 같은 경작지에 수확의 시기가 다른 두 가지 이상의 작물을 재배하는 사이짓기와 그루갈이, 즉 간종법과 근경법根耕法이 점차로 행해져서 1년 2작 또는 2년 3작 등 농경지 이용을 최대로 극대화하는 농법이 15세기경에 나타나고 있었다.

아울러 종자 개량도 이루어졌다. 성종 대 강희맹姜希孟이 지은 《금양잡록衿陽雜錄》이라는 농서는 경기도 시흥 지역의 농업 상황을 잘 보여 주고 있는데, 특히 농지의 조건과 품종의 특성에 따라 가장 적당한 농지에서 가장 적당한 종자를 재배토록 하기 위해 종자에 대해 집중적으로 분석하였다.

이 책에서 제시하고 있는 종자를 보면 벼의 품종이 27종이고, 밭곡식으로 콩 종류가 20종, 밀과 보리의 품종이 6종, 수수 종류가 3종, 기장과 피의 품종이 24종 등 논농사, 밭농사를 합쳐서 모두 80종이나 되었다. 그리고 환경에 대한 적응력이 강하고 생장기간이 짧은 조생벼와 같은 볍씨가 도입되는 등 농지 조건에 가장 적합한 종자를 끊임없이 개량하고 개발하였다. 결국 논밭을 갈고 씨를 뿌리고 비료를 주고 제초를 하여 수확을 올리는 과정 전반에 걸쳐 농업기술의 향상이 이루어졌던 것이다.

농업생산력 발전의 의미

그러면 14·15세기 농업생산력의 발전이 가지는 의미는 무엇일까? 이 시기 농경지가 확대되고 농업기술이 발달하여 농업생산력이 크게 발전할 수 있었던 토대는 무엇보다도 농민들의 경험과 노력이었다. 여기에 지방의 중소 지주들도 중국의 선진적인 농법이라고 할 수 있는 '강남농법'을 적극 수용해서 농업생산력의 발전에 기여했다. 또한 국가도 권농 정책을 적극적으로 추진함으로써 이 시기 농업생산력의 발전에 일익을 담당하였다. 그 결과, 자영농민의 재생산 기반이 확대되고 중소지주의 경제력이 향상돼서 지주제가 정착·발전하고 국가의 재정 기반이 보다 튼튼하게 되는 일석삼조의 효과를 냈다.

특히 농업생산력의 발전은 지방의 중소지주를 바탕으로 한 신흥사대부 계층의 정치·경제적인 지위를 향상시켜서 이들을 중심으로 고려 말의 개혁정치를 추진할 수 있는 바탕이 되었다. 개혁정치의 물질적 토대, 역사 전환을 이루는 경제적 토대가 이 시기 농업생산력의 발전을 통해서 마련되었던 것이다.

3 신흥사대부의 등장

신흥사대부는 농업생산력의 발전을 토대로 경제적인 지위를 향상시켰고, 홍건적과 왜구의 침입을 막아 내는 과정에서 공을 세운 대가로 신분적 지위를 획득했다. 이들 중 일부는 과거를 통해 중앙관인이 되면서 점차 하나의 정치 세력을 형성하였다.

신흥사대부의 대두

사회가 바뀜에 따라 그 사회를 이끌고 나가는 정치 세력들이 달라지는 것은 너무도 당연하다. 이는 여말 선초의 경우도 마찬가지이다. 고려의 지배층을 귀족이라고 한다면 조선의 지배층은 보통 양반관료라고 한다. 고려 후기의 지배계층인 권문세족을 대신해서 새로이 등장하는 신흥사대부는 조선의 지배층인 양반관료의 모태가 되는 세력이라고 할 수 있다. 그러므로 이들 신흥사대부 계층은 어떻게 형성되었으며, 또 이들은 고려 말의 사회 개혁을 위해 어떤 노력을 하였는가를 살펴보는 것은 흥미로운 일이다.

먼저 '신흥사대부'란 용어부터 풀이해 보자. '신흥新興'이라는 말은 새롭게 일어났다는 뜻으로, 특별히 다른 시대적 의미는 없고, 몸말이 되는 '사대부'에 독특한 의미가 담겨 있다. 조선 후기에 박지원은 《연암집燕巖集》에서 독서하는 계층을 '사士'라 하고, 정치를 수행하는 계층을 '대부大夫'라고 정의하고 있다. 말하자면 사대부는 독서하면서 정치를 하는 계층을 의미하는 것이다. 학자적 관료라고나 할까.

신흥사대부는 고려 후기의 재지 중소지주층 및 향리층을 기반으로 하여 새롭게 형성된 정치 세력이다. 우리나라에 주자성리학을 처음 들여왔다고 하는 안향, 이색의 아버지인 성리학자 이곡李穀, 그리고 조선의 개국공신이자 개혁정치가인 정도전 등이 그런 세력을 이루었다. 이들 모두 향리 출신이다. 또한 안향은 순흥 지방, 이곡은 한산 지방, 정도전은 봉화 지방을 기반으로 한 중소지주였다.

신흥사대부가 나타나는 시기는 12세기 후반 무신 정권기까지 거슬러 올라간다. 이론과 실무에 모두 능한 이른바 '능문능리형能文能吏型'의 새로운 사회계층의 출현이 바로 그것이다. 그러나 이들이 고려 후기의 개혁을 주체적으로 추진하는 정치 세력으로 대두한 것은 14세기 후반 공민왕 대에 이르러서였다.

이들은 농업생산력의 발전을 토대로 경제적인 지위를 향상시켰고, 홍건적과 왜구의 침입을 막아 내는 과정에서 공을 세운 대가로 첨설직添設職을 제수받아 대규모로 품관品官이라는 신분적 지위를 획득하였다. 이렇게 성장한 신흥사대부들 중 일부가 공민왕 대를 전후하여 과거를 통해 중앙관인이 되면서 점차 하나의 정치 세력을 형성했던 것이다. 그리고 이들은 중국에서 들어온 성리학이라는 새로운 이념을 사상적인 기반으로 받아들였다.

전제 개혁田制改革

신흥사대부들은 대부분 중소지주층으로 향촌 사회와 그 주요 구성원인 농민에 대한 관심이 매우 높았다. 그러므로 농장을 불법적으로 확대하여 사회경제적 모순을 심화시키고 결과적으로 자신들의 기반을 침해하던 권문세족과의 충돌은 필연적이었다. 따라서 이들은 자신의 경제적 기반을 유지·강화하고 정치적으로 성장하기 위해 국가의 공적인 힘을 강화하여 권세가들의 비리와 불법을 견제하는 데 주력하였다. 특히 당시 사회 문제의 핵심이 농장에 있었기 때문에 권세가들이 확대한 농장의 혁파를 우선적으로 요구하였다.

이런 과정 속에서 자연히 신흥사대부들은 여말 선초의 격동기에 사회 모순을 개혁하는 중심 세력으로 자리 잡아갔다. 당시 개혁은 바로 농장 문제를 근본적으로 해결할 수 있는 전제 개혁田制改革에 초점이 모아졌다. 그리고 이 전제 개혁의 정점이 과전법科田法의 시행이었다.

정도전의 생각

그러면 전제 개혁의 과정을 구체적으로 살펴보기 전에 개혁 주체들이 당시 사회 모순에 대해서 어떻게 인식하고 있었는가를 보는 것이 도움이 될 것이다. 조선 건국의 틀을 세운 정도전의 말을 들어 보자. 《조선경국전朝鮮經國典》 부전賦典 경리經理 조에 나온다.

"토지 제도가 무너지면서 호강자豪强者가 남의 토지를 겸병하여 부자는 밭두둑이 잇닿을 만큼 토지가 많아지고, 가난한 사람은 송곳 꽂을 땅도 없게 되었다. 그래서 가난한 사람은 부자의 토지를 차경借耕하여 일년 내내 부지런히 고생하여도 오히려 식량이 부족하였고, 부자는 편안히 앉아서 손수 농사를 짓지 않고 용전인傭佃人을 부려서도 그 소출의 태반을 먹었다. 국가에서는 팔짱을 끼고 구경만 하고 그 이득을 차지하지 못하니, 백성은 더욱 곤궁해지고 나라는 더욱 가난해졌다. …… 그리하여 부자는 더욱 부유해지고 가난한 사람은 더욱 가난해져서 마침내는 스스로 살아갈 길이 없어서 농토를 버리고 직업이 없이 떠돌아다니거나, 직업을 바꾸어 말업末業(상업)에 종사하기도 했으며, 심한 경우에는 도적이 되기도 하였다. 아! 그 폐단을 어찌 다 말할 수 있으랴?"

이처럼 정도전은 토지 제도의 붕괴를 가장 큰 사회 문제로 인식하고 있었다. 토지 제도의 붕괴로 국가의 재정 기반이 파탄에 빠지고 불법적으로 토지를 탈점해 간 권세가들은 살찌나, 그들에게 토지를 빼앗긴 농민들은 더욱 궁핍해져 천민, 심하면 도적까지 된다는 말이었다. 당시 사회 모순을 총체적으로 잘 집약해 놓은 글이라고 할 수 있다.

과전법의 시행

1388년(우왕 14) 도평의사사都評議使司의 장관으로 개혁 세력의 한 사람이었던 조준趙浚이 글을 올려서 토지 제도의 개혁을 강하게 주장하였다. 그런데 요샛말로 'ㅇㅇ관계장관회의'라고 할 수 있는 도평의사사 회의에 참석한 50여 명 가운데 18명만이 전제 개혁안에 찬성했을 뿐이었다. 따라서 1차 전제 개혁안은 시행되지 못하였다. 온건 세력과 권문세족들 대부분이 반대하는 입장이었던 것이다.

그러자 이듬해인 1389년에 개혁 세력이 중심이 되어서 기사양전己巳量田을 시행한다. 이 양전을 통해 농경지의 상황에 대해 세밀히 파악할 수 있었고, 이를 근거로 정치적인 힘을 더욱 강화해 나갈 수 있었다. 이들은 마침내 1391년(공양왕 3) 5월에 전제 개혁의 총결산인 과전법을 공포, 시행하였다. 바로 조선 왕조가 건국되기 1년 전의 일이었다. 이 법의 시행으로 권문세족이 누리고 있던 사전私田에서의 개별 수조권收租權을 국가에 귀속시키는 등 사전의 분급을 제한하였다. 이에 따라 분급 수조지가 크게 줄었다. 반면 국가 재정을 확보하기 위해 공전公田은 확대해 나갔다. 이로써 고려 사회의 경제 틀을 유지하던 토대가 그 뿌리부터 무너져 내렸던 것이다.

전제 개혁은 권문세족이 갖고 있던 부富의 기반을 무너뜨린 획기적인 조치였는데, 그렇다고 그들이 갖고 있던 토지가 새 집권 세력인 신흥사대부에게 그대로 옮겨 간 것은 아니었다. 만일 그랬다면 사회 발전이라고 말하기 어려울 것이다. 개혁이라고 하려면 일반민들의 삶이 이전보다는 뭔가 달라도 달라야 한다.

전제 개혁 시행 이전에는 한 뙈기의 땅주인이 5~6명이나 되고, 한 해에 조세를 8~9차례나 거두어 가는 극도의 무질서한 착취와 가혹한 수탈이 일반화된 상태였다. 그런데 시행 이후 과전법 체제하에서는 한 토지의 주인田主은 1명이라는 원칙이 확정됨으로써 농민의 경제생활이 훨씬 안정되는 성과를 이룬다.

나아가 권문세가들에 의해 사적私的으로 지배당했던 농민들을 국가가 직접 파악하게 됨으로써 마비 상태에 빠져 있던 국가의 기능을 회복하는 결과를 가져왔다. 물론 재정 기반도 튼튼해졌다. 이렇게 국가 재정이 안정되면 상대적으로 농민에 대한 수취에 여유가 생기게 되고 그것은 농민에게 혜택으로 돌아갔던 것이다.

또한 과전법의 시행으로 소유권을 제약하던 수조권적 지배가 현저하게 약화되었다. 이제 더 이상 수조권을 가졌다는 이유로 토지를 빼앗는 일은 일어날 수 없었으며, 이를 어길 경우 처벌까지 하였다. 토지에 대한 사적인 소유권이 보다 안정되면서 소규모로 토지를 소유하는 농민, 즉 자작농이 많이 창출될 수 있었다. 그래서 조선 초기에는 자작농이 전 농민의 7할이나 되었다고도 한다.

조선이 이룬 진보

이처럼 고려에서 조선으로의 이행은 단순한 왕조 교체가 아니라 전반적인 진보의 과정이라고 할 수 있다. 이런 진보가 이루어질 수 있었던 까닭은 고려 후기 민중들로부터 꾸준히 제기되던 사회 개혁 요구가 바탕이 되었고,

이를 신흥사대부층이 수용하여 사회 개혁을 추진해 나가는 과정에서 조선 왕조가 탄생했기 때문이다.

조선이 이룬 진보로는 중앙집권성의 강화와 국가 공적 영역의 확장을 우선 꼽을 수 있다. 특히 중앙집권적 왕정 체제를 확립하면서 왕정이 달성해야 할 지표로 민본民本을 강조하였다. 이는 《서경書經》에 나오는 '민이 오직 나라의 근본이다.[民惟邦本]'의 줄임말이다. 이런 유교적 민본의식으로 인하여 국가에 대한 의무를 지는 계층 모두를 양인으로 간주하여 양반이나 농민 할 것 없이 모두 공민公民이라는 인식이 생겼다. 이른바 모든 사람들을 양인과 천인, 둘로만 나누는 양천제良賤制를 시행하여 양인을 국가의 근간으로 삼았다. 그리고 고려 때와는 달리 나라 전체의 인민을 '백성百姓'이라 부르기 시작하였다. 이처럼 농민들의 지위가 크게 높아졌고, 농민들의 생활도 상대적으로 안정되었다. 이것이 조선의 탄생이 이룬 진보였다.

이는 이성계를 중심으로 한 신흥사대부층의 시혜의 결과라기보다는, 자신들의 권익 확대를 위해 줄기차게 분투하고 새 왕조의 건국에 힘이 되어 준 '백성'들 스스로의 전리품이라고 할 수 있다. 이건 또 이런 '백성'들의 희생과 요구를 이해하고 폭넓게 수용할 줄 아는 정치 세력만이 과감한 개혁을 이루어 내어 역사를 한 단계 발전시킬 수 있다는 것을 뜻하기도 한다.

4 조선 건국의 라이벌

성공하면 충신이요, 실패하면 역적이라는 말이 있다. 현실과 이상, 온건과 급진, 왕권과 신권의 대립 등은 역사상의 상수常數이다. 시대의 흐름에 따라 이와 같은 상수의 작용을 얼마나 잘 읽어 내는가에 성패 여부가 달려 있다는 뜻이 된다. 대립의 상수 중에서 당대를 발전시키는 데 긍정적으로 작용할 수 있는 입장을 택해 흐름을 타야 성공을 이룬 충신이 될 수 있을 것이다.

역사의 라이벌

역사상에는 라이벌이라고 할 수 있는 사람들이 많이 있다. 경쟁자 또는 호적수라고나 할까. 인현왕후와 장희빈, 이승만과 김구, 박정희와 김일성 등 이런 사람들이 역사상의 라이벌이었다. 이런 라이벌 관계는 세간의 흥미를 돋우기에 충분한 소재들이었다. 실화보다 더 극적인 소설은 없다고도 한다.

만약 조선 건국 과정에서의 라이벌을 꼽으라면 누구를 꼽을 수 있을까? 우선 이성계와 최영을 들 수 있고, 그 다음에 정몽주와 이방원·정도전 등을 거론할 수 있을 것이다. 현대와 같은 치열한 경쟁사회에서 라이벌 관계는 더욱 부각되게 마련이다. 이런 라이벌 관계를 통해 조선의 건국 과정을 알아보는 것도 역시 흥미 넘치는 이야기가 될 것이다.

이성계와 최영

고려 말에는 왜구가 심하게 창궐하였다. 이들이 해안 촌락들을 자주 습격했기 때문에 농민들은 내륙 지역으로 이주했고 그래서 해안 지역의 농토는 황폐해져 갔다. 또한 해상교통을 두절시켜 지방의 조세를 중앙으로 운반하기 어려운 상황이 벌어졌다.

이성계와 최영 두 사람은 바로 이런 왜구를 토벌하는 과정에서 성장한 무장武將들이었다. 이들은 왜구를 토벌한 공으로 일반민의 두터운 신망을 얻기도 한다. 말하자면 선의의 라이벌 관계였다. 선의의 라이벌로 출발했던 두 사람은 불행히도 그 뒤에 적대적 라이벌이 되어 넘어올 수 없는 선을 넘어 버린다. 왜 그렇게까지 되었을까? 그 연유는 저 멀리 공민왕 대의 개혁에까지 거슬러 올라간다.

공민왕 대의 개혁은 신돈이 제거되면서 중단되었다. 그러나 이를 계기로 신흥사대부들은 권문세족과 싸우면서 또 다른 개혁을 추진해 나갈 수 있는 토대를 마련한다. 또한 이 시기 잦은 외침을 막아 내는 과정에서 출신 기반이 신흥사대부와 별로 다르지 않은, 이성계와 같은 신흥무장층新興武將層이 형성되었다. 고려 말의 개혁은 이들 신흥사대부와 신흥무장층이 손을 잡고 추진했던 것이다.

그런데 우왕 대에 권문세족이 더욱 반동으로 치닫자 이성계 등은 비록 보수적이었지만 백성들의 신망이 두터웠던 최영과 연합해서 이인임과 같은 권문세족을 제거하는 등 공동보조를 취하기도 하였다. 그러나 시간이 지나면서 두 사람은 대외 정책이나 대내적인 모순을 해결하는 과정에서 점차 입장의 차이를 보이게 된다. 최영은 딸을 왕비로 들이고 정치적인 지위도 상당히 높아지면서 보수적인 성향이 강해졌고, 반면 이성계는 개혁적인 성향이 더욱 강해졌다. 이들이 극단적으로 대립하는 계기는 잘 알다시피 위화도 회군이었다.

위화도 회군

1388년(우왕 14)에 명나라가 원 간섭기 쌍성총관부雙城摠管府 관할하에 있었던 지역에 철령위鐵嶺衛를 설치해 직속 영토로 하겠다는 통고를 해 온다. 그러자 고려는 이에 맞서 랴오둥(요동) 지방을 정벌하기 위한 군대를 구성하고 최영을 팔도도통사, 조민수曹敏修를 좌군도통사, 이성계를 우군도통사로 삼았다. 군대의 규모는 정규군인 좌우군左右軍이 3만 8천여 명, 보조군인 겸군傔軍이 1만 1천여 명, 그리고 말이 2만여 필이나 되었다. 그러나 압록강 하류에 있는 섬인 위화도까지 갔다가 이성계가 조민수를 회유해서 군대를 돌렸던 것이다. 이 사건이 바로 '위화도 회군'이다.

여기에서 이성계는 랴오둥 정벌에 반대하는 네 가지 명분인 '사불가론四不可論'을 내세운다. 즉 ① 작은 나라가 큰 나라를 거스르는 것은 옳지 않으며, ② 여름철에 군사를 동원하는 것은 부적절할 뿐만 아니라, ③ 랴오둥을 정벌하는 틈에 왜구가 그 빈틈을 타서 창궐할 것이며, ④ 무덥고 비가 많이 오는 시기이므로 화살줄이 늘어나고 병사들이 전염병에 걸릴 위험이 있다는 것이다. 결국 이 회군으로 이성계와 최영은 돌아올 수 없는 다리를 건너는 일전을 벌이게 된다. 거기서 이성계의 회군군이 승리를 했던 것이다. 랴오둥 정벌을 강하게 주장했던 최영은 지금의 마산인 합포로 귀양을 갔다가 랴오둥을 공격했다는 죄로 참수되고 만다.

독자들은 랴오둥을 정벌하자는 최영의 주장과 '사불가론'에서 작은 나라가 큰 나라를 거스르는 것은 옳지 않다고 하는 이성계의 주장을 비교해 보면서, 최영의 주장이 훨씬 당당한 것이 아닌가 생각할지 모른다. 민족감정에서 보면 그렇다. 그렇지만 당시에 고려 사회 내부의 사회경제적인 문제가 확대되고 심화되어 가던 상황이라든가, 잦은 왜구의 침입과 홍건적과의 두 차례에 걸친 싸움 등을 생각해 보면, 고려가 과연 랴오둥 정벌 같은 커다란 전쟁을 감당해 낼 수 있었을까 하는 의문이 든다. 만일 객관적 능력이 없었다면 랴오둥 정벌은 명분 때문에 민족을 전쟁의 담보로 내놓는 위험한 짓이 되는 것이다.

지금 그 객관적 능력 여부를 그야말로 객관적으로 측정할 자료는 없지만, 위화도 회군을 당시의 백성들이 광범위하게 지지했다는 점이나, 위화도 회군군이 최종적인 승리를 거두었다는 점 등으로 볼 때 전쟁 수행 능력이 부족하다는 이성계의 판단이 현실적으로 타당했다는 생각이 든다. 최영의 주장이 겉으로 보기에는 당당한 것 같지만 이상적인 측면이 많았다고나 할까.

정몽주와 이방원

조선 건국 과정에서 이성계와 최영이 무장들 간의 라이벌이었다면, 문신들 간의 또 다른 라이벌은 정몽주와 이방원, 그리고 정도전이었다. 이들은 삼각 라이벌 관계였던 셈이다. 세 사람은 모두 신흥사대부라고 할 수 있는데, 위화도 회군 이후에 점차 입장의 차이를 드러내 온건개혁파와 급진개혁파로 나뉘게 된다. 정몽주와 이색을 대표로 하는 온건개혁파는 고려 왕조가 존속하는 테두리 내에서 문제를 해결하려는 세력이었다. 이들은 관직도 비교적 높고 경제적 기반도 안정된 기득권층이었다. 따라서 토지 제도를 개혁하는 데서도 전면적인 개혁보다는 귀족들의 토지 사유는 인정하는 선에서 부수적인 폐단들만을 해결하자는 온건 개혁을 지양하였다. 반면 급진개혁파는 이성계와 정도전, 조준과 이방원 등이 핵심인물로, 권문세족이나 권세가들의 토지를 모두 몰수해서 전면적으로 개편하자는 급진적인 개혁을 주장하였다.

급진개혁파는 우왕과 창왕을 왕씨가 아니라 하여 가짜 왕으로 몰아 폐위하는 폐가입진廢假立眞사건을 통해서 보수 세력을 제거하고 정국을 주도해 나갔다. 나아가 전제 개혁을 둘러싸고 온건개혁파와 계속 치열한 주도권 다툼을 하는 과정 속에서, 1391년 정월에 군제를 개편하여 군사권을 장악하였다. 즉 개혁을 추진할 수 있는 실질적인 권력을 가지게 되었던 것이다. 이를 바탕으로 전제 개혁을 단행했으며, 역성혁명에 끝까지 반대하던 정몽주를 제거하고 도평의사사를 장악하였다. 이성계는 이 도평의사사의 추대를 받아 왕위에 올라 조선 왕조를 개창했던 것이다.

하여가와 단심가

고려 말 정승을 지낸 정몽주는 정도전·조준 등이 이성계를 추대하려는 음모가 있음을 알고 이를 막으려고 하였다. 그리하여 1392년 3월에 명나라에서 귀국하는 세자를 마중 나간 이성계가 말에서 떨어져 다치는 사건을 계기로 이성계 일파를 제거하려고 하였다. 그런데 오히려 이성계 일파가 이것을 미리 감지하고 이방원의 문객인 조영규를 시켜 개성 선죽교에서 정몽주를 격살擊殺, 즉 때려 죽였던 것이다. 너무 잘 알려진 사건이다.

　이성계의 아들인 이방원과 이방원에 의해서 죽음을 당하는 정몽주, 이 두 사람의 일화와 관련해서는 〈하여가何如歌〉와 〈단심가丹心歌〉라는 시조가 전해지고 있다.

하여가
이런들 어떠하리 저런들 어떠하리
만수산 드렁칡이 얽혀진들 어떠하리
우리도 이같이 얽혀 백년까지 누리리라.

단심가
이 몸이 죽고 죽어 일백 번 고쳐 죽어
백골이 진토되어 넋이라도 있고 없고

임 향한 일편단심이야 가실 줄이 있으랴.

너무 유명한 시조라 따로 설명이 필요 없을 것이다. 〈하여가〉는 이방원
이 정몽주를 초대해서 정몽주의 의중을 떠보기 위해 부른 노래로서 정몽
주를 회유하기 위한 시조이다. 이에 대한 정몽주의 화답이 고려왕실에 대
한 충절을 상징하는 〈단심가〉이다. 이방원은 이 〈단심가〉를 듣고 더 이상
그와 더불어 함께 일할 수 없음을 알고 제거했던 것이다. 정치꾼들의 싸움
도 이런 정도의 운치는 있어야 하지 않을까?

정도전과 이방원

조선의 건국에 크게 기여한 또 한 사람의 주역이 정도전이다. 그는 매우 똑
똑하였으나 외가에 노비의 피가 흐른다는 신분상의 하자로 인해 반대 세력
의 집중적인 견제를 받았다. 또 당시 권문세족이었던 이인임과 경복흥慶復興
등이 친원 정책을 주장하는 데 반대하다가 나주의 속현인 회진현會津縣 거평
부곡 居平部曲 으로 유배를 당하기도 했다. 1383년(우왕 9) 9년 동안에 걸친 유
배와 유랑생활을 청산하고 동북면 도지휘사로 있던 이성계를 함주咸州 막사
로 찾아가 인연을 맺음으로써 두 사람 사이의 밀월 관계가 시작된다.

위화도 회군 이후 이성계 세력이 집권하자 정도전은 조준과 함께 전제
개혁을 적극 추진하여 구세력을 제거하는 데 기여하였다. 이어 정몽주와
대립하여 봉화로 또 유배되었다가 정몽주가 이방원에게 죽은 후 유배생활
에서 풀려나 이성계를 추대하여 개국공신이 되었다. 그 뒤에 한양 천도 사
업을 주관하고 문물제도를 정비하는 등 건국의 주도적인 역할을 담당하
였고, 군사권을 장악하면서 정권과 병권을 모두 갖게 되었다. 이런 과정에
서 차기 왕권을 노리는 이방원과 경쟁관계가 되었던 것이다. 그는 명이 내
정을 간섭하자 랴오둥 수복운동을 계획하여 진법陳法 훈련과 사병 혁파 등

을 추진하다, 왕위 계승을 둘러싸고 벌어진 '제1차 왕자의 난'에서 이방원
의 기습을 받아 살해당하고 만다. 정도전은 제1차 왕자의 난으로 죽은 이
후 조정에서 철저히 배격되었다. 태종은 즉위 후 그를 역적으로 만들고 대
신 정몽주를 영의정에 추증하였다. 이후 그는 역적으로 매도되어 오다가
조선 말 고종 때에야 복권되었다.

　잘 알다시피 정도전은 재상이 중심이 되는 정치체제를 지향하였다. 그
렇기 때문에 국왕 중심 정치체제를 지향하는 이방원(후에 태종)과의 대립은
예정되어 있었다. 이는 결국 신권과 왕권의 대립이었고, 제도상으로는 의
정부서사제와 육조직계제로 각각 나타났다. 정도전의 죽음으로 일단 왕권
의 승리로 끝나지만 그게 끝은 아니었다. 이 두 제도는 권력의 향배에 따라
조선 시기 내내 오락가락하였다.

전환기의 대립 양상

조선의 건국은 이렇게 이루어졌다. 이 과정에서 라이벌 간 대립 양상을 보면, 이성계와 최영은 진보와 보수의 차이가 있긴 하지만, 위화도 회군에서 드러나듯이 현실과 이상의 대립이 핵심이었다. 정몽주와 이방원은 시대 전환기에 항상 나타나는 온건개혁과 급진개혁의 대립이었고, 이방원과 정도전의 대립은 왕권과 신권의 우위를 둘러싼 주도권 대립으로, 조선 시기에 특징적으로 나타났다.

사실 이런 대립은 역사상에 상수常數로 존재하는 것이기도 하다. 다만 어떤 입장이든 당대의 흐름에 따라 우열이 정해진다. 예부터 "성공하면 충신이요, 실패하면 역적이다."라는 말이 있다. 이는 이와 같은 상수의 작용을 얼마나 잘 읽어 내는가에 성패 여부가 달려 있다는 뜻이 된다. 대립의 상수 중에서 당 시대를 발전시키는 데 긍정적으로 작용할 수 있는 입장을 택해 흐름을 타야 성공을 이룬 충신이 될 수 있을 것이다.

5 서울 정도(定都) 이야기

한강을 끼고 있는 서울은 국토의 중앙에 자리해, 삼국이 모두 역사의 흔적을 남겼다. 그 경험을 바탕으로 건설된 수도 서울은 문화적인 포용성과 개방성을 가지면서 통합적인 민족문화를 산출해 낼 수 있었다. 이 점이 서울 문화의 고유성이자 가장 빼어난 장점이다.

역사 속의 서울

서울은 수량이 풍부하고 지류가 잘 발달되어 있는 한강을 끼고 있어 예부터 사람이 살기 좋은 곳이었다. 모든 인류 문명의 발상지가 그러하듯이 물 주변은 항상 인간들의 생활 터전으로 연연히 이용되고 거기에서 인간의 문화와 문명이 발전해 왔다. 남한강과 북한강이 합류해서 흐르는 강 연안에 면해 있는 서울 지역은 일찍부터 선인들의 생활 터전이 되어 왔다.

한강 주변에는 일찍이 구석기 시대부터 사람들이 살았을 것으로 추정되나, 보다 분명한 흔적은 지금부터 6000여 년 전인 신석기 시대부터 나타난다. 강동구 암사동 선사유적지가 바로 그것이다.

역사 시대의 서울도 역시 한강을 중심으로 그 자취를 찾아볼 수 있다. 먼저 백제의 시조 온조가 나라를 세웠다고 하는 곳이 풍납동 풍납토성과 몽촌토성 자리로 추정되는 위례성이다. 삼국이 한강을 두고 각축을 벌임에 따라 서울 지역은 고구려가 차지했을 때는 북한산군北漢山郡, 남평양南平

壤이라 불렸고, 신라 진흥왕 때에는 북한산주北漢山州, 경덕왕 때에는 한양군漢陽郡 등으로 불렸다.

고려에 들어와서는 양주楊州로 부르다가, 문종 22년(1068)에 남경南京으로 승격되어 개경, 서경 등과 함께 삼경三京의 하나가 되었다. 충렬왕 34년(1308)에는 한양부漢陽府로 불렸고, 조선에 들어 도읍을 정한 후인 태조 4년(1395)에 한성부漢城府로 이름이 바뀌어 조선 시기 500년을 이어 갔다. 서울의 이름은 행정상으로는 여러 가지로 바뀌었지만, 일반적으로는 역시 항상 서울이라 불렸다. 경조京兆라든가 수선修善이란 이름도 모두 서울을 뜻하는 별칭이었다.

서울이 행정상의 공식 명칭으로 자리 잡는 것은 해방 이후이다. 1946년 8월 15일에 전문 7장 58조의 서울시헌장이 선포되었는데, 거기서 서울을 서울특별자유시로 부르고 경기도로부터 분리해 도道의 지위로 승격할 것을 정했다. 그 뒤 1949년에 서울특별시가 되었고 1962년 국무총리 직속의 행정기구가 되었다. 지금은 지방자치단체의 하나가 되어 있다.

정도 이야기

서울은 이미 고려 때부터 남경이라 불렸듯이 유력한 도읍 후보지였다. 고려 숙종 원년(1096) 유명한 풍수가 김위제金謂磾의 건의로 남경천도론이 고개를 들었다. 김위제는 신라 말 도선이 전파했다는 지리도참서 《삼각산명당기三角山明堂記》의 내용을 강조해, 남경의 설치와 순주巡駐를 주청하였다. 이 건의가 받아들여져서 숙종이 몸소 승가사僧伽寺를 거쳐 양주에 이르러 도읍할 곳을 친히 살피기도 하였다. 그 결과, 1104년(숙종 9)에 남경 궁궐의 낙성을 보았던 것이다. 당시의 궁궐터는 경복궁 신무문 바깥 지금의 청와대 자리로 추정하고 있다.

고려 말에도 한양 천도의 논의가 있었고, 그뿐 아니라 비록 잠시였지만,

한양으로 천도하기도 했다. 그러나 본격적인 의미에서 서울의 역사는 물론 조선에 들어와서부터라고 할 수 있다. 1392년 태조 이성계가 조선을 건국한 뒤 "역성혁명을 한 군주는 수도를 옮긴다."는 명분 아래 일찍부터 도읍 후보지였던 한양으로의 천도를 시도하였다. 거기에는 구세력의 근거지인 개경에서 벗어나기 위한 정치적 의도가 깔려 있었다. 따라서 천도의 과정은 결코 용이하지 않았다.

이때 도읍의 후보지로 논의된 곳은 무려 아홉 군데였다. 그 가운데 계룡산과 무악(지금의 연세대학교 자리)이 북한산 남쪽의 한양(지금의 경복궁 자리)과 더불어 유력했다. 그런데 계룡산은 형국形局(생긴 모양)이 상서롭지 못하고 남쪽에 치우쳐 있다는 이유로, 무악은 형국이 좁아 도읍으로 부적절하고 방향이 동쪽을 보기 때문에 왕도로는 마땅치 않다는 등의 이유로 제외되었다.

숱한 논의 끝에 마침내 태조 3년(1394) 8월 24일(양 9월 27일)에 새로운 도읍지로 한양을 최종적으로 확정하였다. 그리고 궁궐 조성을 시작하였다. 그러나 미처 완료되기도 전인 그 해 10월 25일(음)에 어가御駕 행렬이 개경을 떠나 10월 28일(음) 한양에 도착함으로써 본격적인 서울의 역사가 시작되었다. 그만큼 태조에게 천도는 시급했던 일이었나 보다.

한양 재천도

어렵게 정해진 새 서울 한양이었지만 정도 이야기는 여기서 끝나지 않는다. 다시 개경으로 옮겨갔다가 또다시 한양으로 돌아오는 거짓말 같은 우여곡절이 있었다. 훗날 태종이 되는 이방원과 정도전 간의 정치적 갈등이었던 이른바 '왕자의 난'으로 1399년 3월, 그러니까 도읍한 지 4년 반 만에 왕도는 다시 개경으로 옮겼다.

그리고 곧 이어 1400년 태종이 제3대 왕으로 즉위하였다. 태종은 즉위

직후 마침 개성의 수창궁이 불에 타자, 이를 계기로 다시 천도 논의를 재개한다. 이때 논의 대상은 한양으로 환도할 것이냐, 개경에 그대로 머무를 것이냐, 아니면 무악으로 갈 것이냐 등 세 가지로 집약되었다. 이때부터 무려 5년간의 논의 끝에 다시 한양 천도로 결정되었다. 그 결정 방식은 척전법擲錢法이라는, 즉 동전을 던져 길흉의 점을 치는 그런 방식이었다고 한다. 이때 한양이 2길 1흉이고 나머지가 1길 2흉으로 나와 한양으로 정했다고 《태종실록》에 기록되어 있다. 참으로 그 과정은 우연적이지만 그 자체가 역사적인 필연이었던 것이다.

도성 건설

처음 도읍지로 결정되었을 때 서울은 아무것도 없는 자연 그대로였다. 그곳에 계획을 갖고 하나하나 길이 나고 집이 들어서고 사람들이 살기 시작하였다. 서울에 어떤 건물들이 어떻게 들어서서 사람들이 살게 되었는지 알아보도록 하자.

원래 도성을 정하게 되면 도성의 좌우에 종묘(또는 태묘)와 사직을 앉힌다. 종묘라는 것은 왕의 선대를 모신 데고 사직은 농경국가에서 땅과 농사신에게 비는 곳이다. 그리고 난 다음에 종묘와 사직의 중간에 궁성 터를 잡는다. 서울이라면 곧 왕이 사는 곳이다. 따라서 무엇보다 중요한 공간은 왕이 살 곳이다. 우리가 통상 궁이라고 하는 곳이다. 그 제1정궁이 경복궁이다. 서울의 모든 길과 건물은 이 경복궁을 중심으로 놓인다.

궁성의 터를 잡고 난 다음에는 시전市廛을 짓고, 시전을 축으로 해서 도로가 난다. 지금의 종로에 시전행랑이 들어서게 되는데, 왜 시전의 우선순위가 이렇게 빨랐을까?

도성 안에는 정치하는 사대부나 거기에 종사하는 사람이나 있었지, 생산에 종사하는 사람들은 없었다. 그래서 먹고사는 문제를 해결하기 위해

서는 밖에서 모든 생활필수품을 가지고 와야 했다. 그뿐 아니라 국가에서 사용하는 모든 물건들도 전국에서 조달해야 했다. 이런 일을 맡았던 데가 바로 시전이었다. 따라서 먹는 문제를 비롯해서 생활의 기본물품을 제공하는 시전은 한마디로 서울의 허파요, 핏줄이었던 셈이다. 그러니 서두르는 게 당연하다.

그리고 서울 주변에 성곽을 쌓는다. 성곽에는 사대문과 사소문을 두어 성 안팎의 도로를 이어줌으로써 도성 내외를 잇는 간선 도로망이 이루어지고 서울의 골격이 완성된다. 남대문은 국보 제1호, 동대문은 보물 제1호이다. 이 남대문과 동대문이 결국 서울로 통하는 교통로의 가장 중요한 위치에 있다고 볼 수 있다. 그러고 나서 중요한 것이 청계천에 대한 공사였다. 준설도 하고 다리도 놓고 하는 작업이다.

궁궐 조형

서울의 건물 가운데 지금도 손꼽는 문화유산 하면 궁궐이다. 아니, 사실 지금 조선의 문화유적 가운데 서울에 남아 있는 것을 들라면 아마도 궁궐 밖에는 없다고 해도 과언이 아니다. 궁궐은 조선의 상징이자 서울의 상징이다. 도성 건설에서도 궁궐을 짓는 일은 무엇보다 앞선 가치를 가지고 있었다. 어떤 궁궐이 어떤 순서로 들어서는지 알아보도록 하자.

먼저 정궁이 되는 경복궁 터를 잡고 거기에 왕이 근무하는 근정전, 사정전을 세우고 왕의 침전으로 왕후와 함께 일상생활을 하며 후손을 생산해 내는 강녕전이라는 건물을 만든다. 강녕전은 그만큼 궁궐의 중심인 셈이다. 사실 왕의 입장에서 가장 중요한 것은 후사가 계속돼서 왕권이 무리 없이 이어지는 것이기 때문에, 강녕전은 집무하는 건물보다 더 중요하다. 아무래도 후사가 없으면 왕권 자체가 이어지지 않으니 아무리 정치를 잘한

들 무슨 소용이 있겠는가. 그런 점에서 강녕전이 경복궁의 핵심적인 건물이었다는 점을 이해할 수 있을 것이다.

그 밖의 다른 궁궐들, 우리가 흔히 경복궁까지 쳐서 오궁이라고 말하는 것은 어떤 것일까? 경복궁을 짓고 난 다음에 창덕궁을 지었다. 창덕궁은 서울의 동쪽에 있는 궁궐이라 해서 동궐이라고도 부른다. 창덕궁을 흔히 비원이라고 부르는데, 이는 잘못이다. 일제가 창덕궁을 폄하하고 조선 왕의 위상을 낮추려는 저의를 갖고 불렀던 명칭이다. 비원은 창덕궁의 후원을 가리킬 뿐이다.

이 동궐의 반대편에 서궐이 있다. 예전의 서울고등학교 자리에 있는 경희궁이 그것이다. 지금 그 자리에는 경희궁의 복원사업과 함께 서울역사박물관이 들어섰다. 동궐, 서궐의 대열에서 말하면 경복궁은 북궐이라고 한다. 그 밖에 창덕궁에 붙어서 창경궁이라는 또 하나의 궁이 있고, 서울 시청 옆에 대한문을 끼고 덕수궁이 있다.

그러니까 흔히 서울에 있는 오궁이라고 하면 경복궁과 창덕궁, 경희궁 이것이 세 개의 중요한 궁궐이고, 그 외에 한때 창경원이라 불렸던 창경궁

한양에 두 번째로 들어선 궁궐 창덕궁

태종 때 경복궁 동쪽에 새로 지은 궁궐로 '동궐'이라 불렸으며, 현재 유네스코 세계문화유산으로 지정되어 있다.

과 경운궁이라는 옛 이름을 갖고 있는 덕수궁을 합쳐서 다섯 개가 현재 서울에 남아 있는 중요한 궁궐이다.

도시계획가

서울의 도시 공간을 메워 가는 이런 도시계획, 당시는 도시계획이라는 말을 쓰지는 않았겠지만 이런 도시계획을 주도한 인물, 도시계획가로는 누구를 들 수 있을까? 아마 대표적으로 도읍을 정할 때 가장 영향을 미쳤던 정도전, 그리고 무악대사도 있지만 권근을 들 수 있을 것 같다.

정도전이 한 역할은 궁궐을 배치하고 그 궁궐의 전각들에 이름을 지어 주는 일이었다. 즉 서울의 도시 공간에 정신을 집어넣는 일이었다. '술 마셔 취하고 은덕받아 배불렀네. 우리 님 만년토록 큰 복景福 누리소서.'라는《시경詩經》〈대아大雅〉편 시구에서 '경복'이란 이름을 따온 것을 비롯해서, 오복五福 중의 중심이 강녕康寧이라 해서 강녕전이란 이름을 붙이는 등의 일을 하였다. 남대문을 숭례문崇禮門으로 짓는 등 대부분의 이름을 정도전이 지었다고 한다.

지금은 서울역사박물관이 들어서 있는 옛 경희궁 터

경희궁은 경복궁 서쪽에 자리 잡아 '서궐'이라는 이름으로 불렸다. 일제 강점기 때 파괴되어 지금은 몇몇 전각만 복원되어 있을 뿐이다.

동서로 뻗은 도시

이런 과정을 거치면서 서울이라는 도시 공간이 갖추어져 가는데, 그런 공간 활용방식에 특징이 있다면 어떤 것을 들 수 있을까?

도성 건설의 원칙에 전조후시前朝後市라는 말이 있다. 궁성이 앞에 있고 그 뒤에 시전을 둔다는 뜻이다. 중국 도성의 경우에는 이 원칙대로 시전이 궁성 뒤에 들어가 있다. 그런데 서울은 도성 안 한복판에 시전이 들어서 있다. 이 점이 무엇보다 다른 특징이다. 물론 지형상 경복궁 뒤에 백악산이 있기 때문에 기술적으로 궁성 뒤에 들어설 수 없었지만, 경복궁을 백악산 앞에 지었다는 것은 처음부터 전조후시의 개념을 적용하지 않겠다는 뜻이 있었다. 실제로 도시생활이란 면에서 본다면 시전이 중심에 있는 것이 도시 기능상 더 유용하다고 생각한다.

어쨌든 서울은 중앙의 시전을 중심으로 도시의 공간 기능이 짜인다. 따라서 동서로 뻗은 시전행랑을 따라 동서축으로 기능이 펼쳐진다. 지형적으로도 서울은 동서축으로의 발전에 훨씬 유리하다. 지금은 한강을 넘어서 도시가 커지면서 남북축도 여러 가지가 생겼지만 500년 동안은 거의 동서축을 따라 생활이 이루어졌다. 그만큼 시전이 중요했던 것이다.

그 동서축 중에서 무엇보다도 종로가 첫 번째 거리였다. 퇴계로부터 시작해서 을지로, 청계천, 종로, 율곡로…… 이런 식으로 해서 동서의 길은 사람들이 잘 알지만 남북으로 난 길은 사실 대라고 하면 별로 댈 게 없다. 남북 길로는 광화문부터 경복궁까지 있던 육조거리(지금 세종로)와 종각에서부터 남대문까지 연결되는 길(지금 남대문로)이 컸다. 이 길 외에 또 들라면 종로에서 종묘로 연결되는 아주 짧은 길이 있고, 또 창덕궁의 돈화문에 이르는 길이 있었다. 그러나 어느 길도 동서를 잇는 길을 당하지는 못한다.

그러니까 서울은 동서축을 중심으로 세 궁을 짓고 시전을 열고 성곽을 쌓고 하면서 그 공간들을 메워 나갔던 것이다. 그 과정에서 가장 염두에 두

었던 점은 아무래도 자연과의 조화라고 할 것이다. 자연의 조건에 따라 말 그대로 자연스럽게 세워진 계획된 신도시, 서울은 그래서 긴 생명력을 갖는다.

서울 정도의 의미

서울의 역사가 조선 왕조와 함께 시작됐다는 것은 민족 재통합의 새로운 광장이 마련되었다는 점에서 각별한 의미를 지닌다. 우선 조선 왕조는 민족 기원인 단군조선을 계승한다는 의식을 지녔고, 또 이때부터 사실상 오늘날과 같은 국가의 경계가 확정되었다는 점에서 민족의 정형이 이루어진 시점이라 할 수 있다.

비록 신라가 삼국을 통일함으로써 민족의 통일을 이루었다고 해도 그 통일은 불완전하였고, 경주는 여전히 신라의 수도일 뿐이었다. 또 고려는 그 명칭에서 보듯이 고구려를 계승한다는 의식상의 한계를 지니고 있었다. 조선은 이런 점들을 극복하여 진정한 의미에서 민족의 통합을 이루어 냈다.

한편 한강을 끼고 있는 서울은 국토의 중앙에 있어서 삼국이 모두 역사의 흔적을 남긴 곳이다. 따라서 그 경험을 바탕으로 건설된 수도 서울은 문화적인 포용성과 개방성을 가지면서 통합적인 민족문화를 산출해 낼 수 있었다. 이 점이 서울 문화의 고유성이자 가장 빼어난 장점이다.

6 세종과 한글 창제

KOREA

세종은 집현전을 설치하고 한글을 창제하는 등 조선 전기 유교문화를 발전시키는데 크게 기여하였다. 세종의 업적은 참으로 놀라워, 과연 사람이 한 일인가라는 의심이 들 정도다. '별에서 온 그대'가 다름 아닌 세종이란 우스갯소리가 있을 법하다.

'세종'이란 이름

조선을 건국한 태조, 조선의 지배체제를 완성한 성종, 조선 후기 문예부흥을 이룬 영조와 정조, 이렇듯 조선 시기에는 훌륭한 왕들이 많았지만, 그 가운데에서도 세종은 첫손가락에 꼽힌다. 우리나라 사람들이 가장 존경하는 역사 인물에는 늘 이순신과 함께 세종대왕이 1위에 오른다. 수많은 국민적 갈등을 겪었지만, 국토 균형 발전의 가치 실현을 위해 2012년 7월 출범한 행정중심복합도시의 이름도 '세종특별자치시'이다. 그 이름은 국민 공모를 통해 선정되었다. 또 대한민국 해군 최초의 이지스함의 이름도 '세종대왕함'이다. 세종이란 이름이 갖는 상표권은 이처럼 어마어마하다.

잘 알다시피 세종은 집현전을 설치하고 한글을 창제하는 등 조선 전기 유교문화를 발전시키는데 크게 기여하였다. 그것뿐이 아니다. 헤아릴 수 없이 많다. 살펴보면 살펴볼수록 세종의 업적은 참으로 놀라워, 과연 사람이 한 일인가라는 의심이 들 정도다. '별에서 온 그대'가 다름 아닌 세종이란 우스갯소리가 있을 법하다. 세종은 과연 어떤 일들을, 어떻게 해서 해 낼 수 있었을까?

충녕대군 세종

세종은 1397년(태조 7) 태종의 셋째 아들로 태어났다. 어머니는 원경왕후 여흥 민씨였으며, 1408년 심온의 딸인 청송 심씨를 아내로 맞고 1412년에 대군이 되었다. 1418년(태종 18) 아버지인 태종은 어진 사람을 세자로 한다 는 명분으로 그때까지 세자였던 큰아들 양녕대군을 낮추어 내보내고 셋째 아들 충녕대군을 왕세자로 삼았으니 이 이가 바로 세종이다. 세종은 세자 로 책봉된 그해 8월, 태종이 살아 있을 때 즉위하였다. 전前 왕이 죽은 다 음에 즉위하는 보통의 왕위 계승과는 달랐다.

태종은 왕위를 물려주었음에도 불구하고 군사권을 장악하고 4년 동안 섭정攝政을 하였다. 세종으로서는 왕위 수습기간이라고나 할까. 어쨌든 그 는 부친인 태종의 덕분으로 인해 국가 재정도 안정되고 왕권도 강화되는 등 국가의 기강이 갖추어진 상황에서 왕이 되었다. 이처럼 좋은 여건에서 왕이 되었기 때문에 많은 업적을 낼 수 있었던 것이다. 아버지인 태종이 그 의 아들 세종의 앞길을 가로막는 장애물들을 모두 없애 버리는 악역을 미 리 다 맡아 버린 셈이었다.

세종은 슬하에 18남 4녀를 두었다. 요즈음은 3명만 두어도 많다고 하는 데, 그 7배나 되는 수이다. 그 가운데 큰아들이 문종이고 둘째 아들이 세 조이다. 두 아들이 왕이 되었지만 그 사이에 비극적인 일도 많이 있었다.

세종은 개인적인 능력도 탁월하였다. 어렸을 때부터 머리가 매우 좋았고 기억력이 비상했다는 것이 여러 기록에 나타난다. 또한 그는 화술에 능하 였으며, 자기 감정을 잘 드러내지 않았다고 한다. 자신이 먼저 결정을 내려 밀고 가기보다는 신하로 하여금 의견을 이야기하게 하고, 오랫동안 생각하여 시행착오를 줄이면서 합리적인 해결을 모색하였다. 조세 제도의 혁신적인 개혁이라고 할 수 있는 공법貢法을 시행하는 데에는 15년이란 긴 시간이 걸리기도 했다. 세종의 인간성을 드러내 주는 단적인 예이다.

세종의 성격을 종합해 보면 끈기 있게 잘 참으며 신중하고 깊이 생각하는 형이었던 것으로 보인다. 우리가 흔히 생각하는 이상적인 인간형이라고나 할까. 세종에 버금가는 계몽군주였던 정조가 신하들을 장악하여 이끌어 갔던 것과는 좋은 비교가 된다.

집현전의 설치

세종은 농업·과학·의학·국방 등 다양한 방면에서 많은 업적을 이룩하였다. 그 가운데서도 집현전의 설치와 한글 창제가 핵심이라고 할 수 있

서울 광화문광장에 있는 세종대왕 동상

5월 15일은 스승의 날이다. 훈민정음을 만들어 만백성의 스승이 되었던 세종대왕(1397~1450)의 탄신일에서 따왔다. 세종대왕 섬기듯 스승을 섬기는 스승의 날은 언제쯤이나 올까?

다. 세종이 즉위한 시기는 신왕조의 개창에 따른 정국의 불안이 태종의 왕권 강화책으로 가라앉은 뒤 유교적인 왕도정치를 뒷받침하고 그것을 실현할 수 있는 인재의 양성과 문물제도의 연구·정리가 절실하게 필요했던 때였다.

그리하여 세종은 즉위 초기인 1420년(세종 2년) 왕립연구소로서의 기능을 지닌 집현전을 설치하고 젊고 능력 있는 학자들을 집현전 학사로 선임하였다. 그리고 이들을 사헌부의 규찰을 받지 않도록 하여 신분적으로 안정시켜 주고 경제적으로 많은 배려를 하고, 사가독서제賜假讀書制라고 하는 장기휴가를 주어 학문 연구에 전념할 수 있도록 하였다. 요즈음 대학에도 연구년 또는 안식년제라고 해서 1년 정도 강의를 하지 않고 연구만 하게 하는 제도가 있는데, 이와 같은 것이다. 공부할 수 있는 최고의 조건을 마련해 주었던 것이다.

경복궁 수정전

현재 경복궁 경회루 앞 수정전 자리에 집현전이 있었다.

집현전 학사는 모두 70여 명이었다. 그 학사들 중에 성삼문, 신숙주, 서거정, 양성지, 정인지, 최항 등이 있었다. 이들은 경연과 서연을 담당하고 언관으로서의 기능도 수행하였으며, 우리나라와 중국의 옛 제도를 연구하여 현실 정책에 반영하였다. 훈민정음의 창제, 공법의 제정, 형벌제도의 정비, 《고려사》의 편찬, 지리지와 의학서·농서의 편찬, 과학기술의 발전 등이 모두 이곳에서 이루어졌던 것이다. 그러므로 세종 대의 유교문화는 집현전에서 행해진 연구와 편찬의 결실이라고 할 수 있다. 정조 대에 설치되었던 규장각도 이와 유사한 측면이 있다. 기능은 약간 달랐지만.

한글의 창제

'한글'이란 말은 주시경周時經이 중심이 되어 만든 '국어연구학회'라는 이름을 '한글모'로 고친 1913년경부터 사용되기 시작하다가, 1927년 《한글》이라는 잡지가 간행되는 것을 계기로 널리 퍼졌다. '한'은 하나 또는 크다는 뜻이니까 '한글'은 매우 훌륭한 글이라는 의미다. '언문'이라고 해서 천하게 취급받았던 우리글을 다시 복권시켰다고나 할까. 그런데 이 한글은 만들어질 당시에는 '훈민정음訓民正音'이라고 했다. 백성을 가르치는 바른 소리라는 뜻이다. 이 훈민정음의 서문을 보면 다음과 같다.

우리나라 말이 중국과 달라 한자와 서로 통하지 않으므로 이런 까닭에 어리석은 백성이 말하고자 하는 바가 있어도 마침내 그 뜻을 펴지 못하는 것이 많다. 내 이를 위하여 딱하게 여겨 새로 스물여덟 글자를 만드노니 사람마다 쉽게 익혀서 날로 씀에 편하게 하고자 할 따름이니라.

훈민정음이 만들어지기 전에는 한문을 사용하였다. 그러나 한문의 사용은 지배계층인 양반에게 국한되었기 때문에 일반민들은 우리 발음과 비숫한 한자의 음만을 따라서 쓰는 이두吏讀라든지 또는 한자의 자획의 일부를 떼어서 표기하는 구결口訣 등을 사용해서 한문 해독과 의사 표시를 하였다. 매우 제한된 문자 생활이었다.

이에 세종은 집현전과 정음청正音廳을 중심으로 음운학을 연구하게 하고, 랴오둥에 유배 중이던 명나라의 언어학자 황찬黃瓚에게 학자들을 몇 차례 파견하여 음운학과 발음 표기법을 배워 오게 하는 등의 노력 끝에 1443년(세종 25) 12월 한글을 창제했던 것이다. 자음과 모음으로 말을 기록하는 한글은 세계사에서도 선구적인 것이었다.

그러나 세종은 이를 곧바로 반포하지 않았고 여러 차례의 시험을 거쳤다. 《삼강행실도》를 번역하거나 《용비어천가》를 출간하는 일 등이 그런 시험이었던 것이다. 그래서 창제 후 3년이 지난 1446년 9월에 반포하였다. 지금 한글날이 10월 9일인데, 이것은 음력 9월 상달을 양력으로 환산해서 그렇게 삼은 것이다.

그러나 한글은 세종과 집현전 학사들이 주체가 되어서 주도적으로 학문을 연구하고 유교문화정치를 구현하기 위한 노력의 결실만은 아니었다. 농업생산력이 발전하여 일반민들의 생활이 안정되고 문화생활의 폭이 다양해짐에 따라 일반민들도 문자를 절실하게 필요로 했고, 이런 필요에 부응해서 누구나 쉽게 쓸 수 있는 '훈민정음'이 만들어졌다는 점도 간과할 수 없다. 문화·예술의 창조 과정에서는 천재적인 개인의 역할도 중요하지만 이를 뒷받침하고 가능하게 하는 사회적 기반의 중요성도 언제나 강조될 필요가 있다.

그러면 한글 창제의 의의는 어디에 있을까? 먼저 일반민에게까지 말과 글이 일치하는 생활을 하게 함으로써 문화의 폭을 넓히고 다양하게 해 주었다는 점을 들 수 있다. 다음으로는 민족의 고유 문자를 가짐으로써 민족문화를 발전시키는 바탕이 이루어졌다는 점을 들 수 있다. 말하자면 한

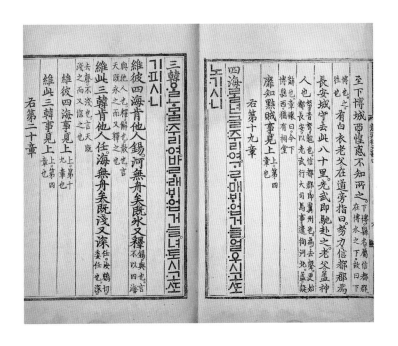

용비어천가

한글을 창제하고 반포하기 이전에 시험 삼아 펴낸 책이다. 국립중앙박물관 소장

글의 창제는 민족문화가 발전할 수 있는 획기적인 계기가 되었다. 일본제국주의의 민족말살 정책을 버텨낼 수 있었던 것도, 남북이 체제는 달라도 통일할 수 있다는 희망을 가질 수 있는 것도 바로 이 한글이 있기 때문이 아니겠는가?

노비의 출산 휴가

한글 창제라는 위대한 업적이 있지만 그 밖에도 세종처럼 유교적 민본의식을 잘 발휘한 왕도 없다. 세종은 "백성은 나라의 근본이니, 근본이 튼튼해야만 나라가 평안하게 된다(民惟邦本 本固邦寧)."라고 온 나라에 천명하였다. 《용비어천가》에는 '백성으로부터 세금을 거둬들임이 대중없으면, 나라의 근본이 곧 여리나니, 이 뜻을 잊지 마소서.'(120장), '성신聖神이 있으셔도 하늘을 공경하고 백성을 위하여 힘쓰셔야[敬天勤民] 나라가 더욱 굳어질 것이다.'(125장)라고 하여 민본, 위민의 뜻을 더욱 분명히 하였다.

또 세종은 노비를 함부로 구타하거나 죽이지 말 것을 형조에 지시하면서, "노비는 비록 천민이나 하늘이 낸 백성 아님이 없다."라고 하여 생명 존중의 뜻을 폈다. 그런 정신은 오늘날에도 시행하기 어려울 정도로 파격적인 노비출산휴가제도를 마련하게 하였다.

1430년(동 12)에 세종은,

"옛적에 관가의 노비에 대하여 아이를 낳을 때에는 반드시 출산하고 나서 7일 이후에 복무하게 했다. 이것은 아이를 버려 두고 복무하면 어린 아이가 해롭게 될까 봐 염려한 것이다. 일찍 1백 일 간의 휴가를 더 주게 하였다. 그러나 산기에 임박하여 복무했다가 몸이 지치면 곧 미처 집에까지 가기 전에 아이를 낳는 경우가 있다. 만일 산기에 임하여 1개월간의 복무를 면제해 주면 어떻겠는가. 가령 그가 속인다 할지라도 1개월까지야 넘을 수 있겠는가. 그러니 상정소詳定所에 명하여 이에 대한 법을 제정하게 하라."

하여 산후 휴가를 7일에서 100일로 늘리고, 아울러 1개월의 산전 휴가까지 주게 하였다.

나아가 1434년(동 16)에는,

"경외의 여종婢子이 아이를 배, 날 달에 임한 자와 산후 1백 일 안에 있는 자는 사역을 시키지 말라 함은 일찍이 법으로 세웠으나, 그 남편에게는 전연 휴가를 주지 아니하고 그전대로 구실을 하게 하여 산모를 구호할 수 없게 되니, 한갓 부부가 서로 구원救援하는 뜻에 어긋날 뿐 아니라, 이 때문에 혹 목숨을 잃는 일까지 있어 진실로 가엾다 할 것이다. 이제부터는 사역인의 아내가 아이를 낳으면 그 남편도 만 30일 뒤에 구실을 하게 하라.”

라 하여 여종이 아이를 낳으면 그 남편에게도 30일간의 휴가를 주게 하였다.

하나를 보면 열을 안다고 노비를 하늘이 낳은 백성으로 여기고 그에 따라 파격적인 노비 출산휴가제도를 만들었으니 그 밖의 것도 미루어 짐작할 만하다. 노인을 공경하고, 의녀제도를 확장해 부녀자를 치료하게 하며, 버려진 아이를 돌보게 하고, 장애인 지원, 결혼 지원, 그리고 사형의 경우 세 번 심판하는 삼복제의 시행 등 다방면에 걸쳐 이른바 복지행정을 펼쳤다. 결국 생명 존중, 사회적 약자에 대한 배려 등을 통해 모든 백성이 행복하게 사는 세상을 만들려 했음이 여실히 드러난다. 정말 오늘의 위정자들이 꼭 배워야 할 역사의 한 장이다.

7 세조의 쿠데타

세조의 쿠데타를 어떻게 평가해야 할까? 왕권 강화책을 펴고 조선 전기의 지배체제를 정비하는 등 통치효과적인 측면을 중시한다면 긍정적으로 바라볼 수 있다. 그러나 세조는 어느 시대를 막론하고 그 시대에 통용되는 도덕규범을 정면으로 어겼다.

소설보다 극적인 사실

실제 있었던 일들이 소설보다도 더 극적인 경우들은 많다. 그래서 실화만큼 재미를 더해 주는 일도 없다. 세조의 쿠데타를 둘러싸고 일어났던 일도 바로 소설보다 재미있는 극적인 사건의 하나이다.

생육신의 한 사람인 남효원의 《추강집秋江集》이나 이긍익의 《연려실기술燃藜室記述》 같은 데에도 세조의 왕위 찬탈, 어린 단종의 비참한 죽음, 또 죽음으로 항거한 사육신 등 극적인 부분들이 실제 상황처럼 아주 잘 묘사되어 있다. 김시습이 쓴 조선 최초의 한문소설 《금오신화》는 세조의 왕위 찬탈을 은유적으로 비판하는 내용을 담고 있다.

세조의 쿠데타는 이광수가 《단종애사》라는 소설을 써서 유명해진 뒤 영화나 연속극의 단골 메뉴로 등장해서 우리에게 매우 익숙한 이야기가 되었다. 이를 소재로 만든 TV 드라마에는 〈조선 왕조 오백년 : 설중매〉를 비롯하여 〈왕과 비〉, 〈한명회〉, 〈공주의 남자〉 등 여럿을 꼽을 수 있고, 최근에는 〈관상〉이란 영화가 그 대열에 섰다. 예나 지금이나 다양한 장르에서 소재로 다룰 만큼 극적인 요소가 풍부하다는 뜻이다.

단종의 즉위

세조의 쿠데타를 다루기 위해서는 문제의 발단이 되었던 세종의 세자 책봉까지 거슬러 올라가야 한다. 혈육 간의 죽음까지도 마다하지 않았던 '왕자의 난'을 두 차례나 거치면서 왕위에 올랐던 아버지 태종의 험난한 삶, 그리고 역시 맏아들이 아니었던 세종 자신도 세자가 되기까지 겪었던 극적인 과정, 이런 것들은 세종에게 자신의 대를 이을 다음 세자를 책봉하는 일에 강박관념 같은 의무감을 갖게 했던 것으로 보인다. 그리고 동시에 적장자로 이어지는 왕위 계승의 원칙도 정하고자 했던 것이다. 공교롭게도 태조 이후 세종까지 3명의 왕이 있었지만 적장자는 아무도 없었다. 그런 경험은 세종이 강박관념을 갖기에 충분한 사정이었다고 할 수 있다.

그래서 세종은 즉위한 지 3년 만에 맏아들인 문종을 세자로 책봉하고, 이어 30년이 되던 해(1448년)에는 문종의 맏아들인 단종을 왕세손으로 책봉하였다. 왕이 살아 있을 때 왕세손까지 미리 정한다는 것은 전무후무한 일이었다. 왕위의 계승을 보장하는 일에 이처럼 세종은 안타까우리만치 집착하고 있었다.

세종의 아들은 모두 18명이었는데, 걸출한 아들들이 많았다. 문종을 비롯해서 둘째인 수양대군, 셋째인 안평대군, 여섯째인 금성대군, 여덟째인 영흥대군 등이 모두 영민하고 정치적인 수완도 뛰어났다. 이런 아들들을 두고 나이 어린 단종을 왕세손으로 정했다는 사실 자체가 앞으로 일어날 험난한 여정을 예고하는 일이었다.

어쨌든 문종이 세종의 왕위를 계승하였다. 문종은 스스로 자신을 학자라고 부를 만큼 학문에 조예가 있고 능력 있는 인물이었다. 아버지인 세종은 30세 무렵부터 건강이 좋지 않아 소갈증·종기·안질·중풍 등 온갖 질병에 시달렸기 때문에, 1445년(세종 27년)에 세자인 문종에게 일반 행정을 관장하게 하였다. 때문에 문종은 세자 때부터 정치에 관여하였다. 그러면서 자신에게 학문을 가르쳐 준 집현전 학사 출신 서연관들을 대간으로 중용하였다. 1450년, 왕에 즉위하고서는 집현전 학자들을 더욱더 요직에 임명하였다. 따라서 이들은 하나의 정치 세력을 형성할 수 있었다. 결국 문종의 정치적 측근들은 집현전 학사 출신들로 구성되었으며, 이것이 뒤에 사육신의 씨앗이 되었던 것이다.

그런데 문종은 제대로 뜻을 펴 보지 못하고 재위 2년 만에 39살의 나이로 세상을 떠나고, 세종의 왕세손이었던 단종이 12살의 어린 나이로 즉위하였다. 12살이라면 요즈음 초등학교 5학년이나 6학년이 되는 나이이다. 이런 어린 아들을 놓고 떠나는 것을 걱정하면서 문종은 의정부 대신인 김종서와 황보인 등에게 섭정을 부탁하였다. 그 결과, 정치적인 실권은 의정부가 장악하게 되고 상대적으로 왕권은 아주 미약하게 되었다. 한편 집현전 학사와 폭넓은 교유를 맺었던 안평대군도 자신의 정치적 지위를 넓혀갔다.

계유정난

바로 이때 수양대군에 의해서 이른바 '계유정난癸酉靖難'이라는 쿠데타가 일어난다. 사실 당시 상황이 쿠데타를 일으킬 정도로 혼란스럽다거나 사회경제적인 모순이 심화되었던 상태는 아니었다. 그러니까 계유정난을 쿠데타라고 부르는 것은 곧 세조가 불법적으로 정치권력을 획득하였다는 뜻이다. 그런데 수양대군은 왜 이런 쿠데타를 일으켰을까?

그는 세종 때부터 정치 현실에 아주 남다른 관심을 가지고 있었다. 진법陳法 등 군사 제도를 정비한다든지, 전제상정소田制詳定所에서 세금제도인 공법을 실시하는 데 참여한다든지 해서 정치 수업을 이미 하고 있었다. 말하자면 일찍부터 정치적 야심도 갖고 그에 상응하는 재능도 지닌 다재다능한 잠룡潛龍이었다고나 할까. 표면에는 나서지 않으면서 물밑에서 꿈틀거리는 그런 용이었던 것이다.

이런 상황에서 자신의 조카인 단종이 즉위하자, 그는 의정부로 집중된 권력을 견제하고 정치권력의 중심을 다시 왕실 중심으로 회복해야겠다는 정치적인 야망을 노골적으로 드러낸다. 그리하여 그 유명한 '칠삭동이' 한명회라든지, 권람·신숙주 등 문신과 홍달손 등 무신들을 자신의 세력으로 규합하여 장차 행할 집권 시나리오를 준비하였다.

1453년(단종 1) 10월, 기회를 엿보던 수양대군은 쿠데타를 일으켜 김종서·황보인 등 의정부 대신을 살해하고 가장 큰 견제 세력이었던 친동생 안평대군을 제거하였다. 이어 영의정과 이조·병조판서를 겸하고 그 위에 병마도통사직까지 겸임해서 정권과 병권을 모두 장악하였다. 한명회가 "모든 권력이 내 손 안에 있소이다."라고 했지만 사실 모든 권력은 수양대군의 손 안에 있었던 것이다. 이 사건이 바로 계유정난이다.

권력을 장악한 수양대군이 곧바로 왕이 되었던 것은 아니었다. 정통성을 가진 형의 아들을 함부로 몰아내고 왕이 될 수는 없었기 때문이다. 그러나 위협을 느낀 단종이 왕위를 선양할 뜻을 여러 차례 비치자 마지못해 왕위를 선양받는 형식으로 1455(단종 3) 6월, 왕위에 올랐다. 이제 수양대군이 세조가 되었던 것이다. 세조의 즉위 형식은 선양이었지만 실제로는 왕위를 찬탈한 것이었다.

단종 복위 운동과 사육신

세조의 즉위 후에 또 하나의 극적인 사건이 일어난다. 단종 복위 운동이 그것이다. 성삼문·박팽년·이개·하위지·유성원 등 집현전 학사 출신 관료와 무신인 유응부 등이 중심이 되어 단종의 복위를 꾀하는 운동을 도모하였다. 그리하여 1457년(세조 2), 모의가 거의 거사단계까지 갔는데, 거사 직전에 정창손의 밀고로 적발되어 모두 처형당하고 만다. 지금 우리는 이 5명의 집현전 학사와 1명의 무신을 '사육신'이라고 불러서 조선 시기 충절의 상징으로 삼고 있다.

세조는 단종 복위 운동과 연루된 70여 명을 모두 처형하고 세종의 여섯째 아들이자 자신의 친동생이었던 금성대군도 역시 단종의 복위를 꾀하였다는 이유를 들어 제거하였다. 이어 단종을 '노산군盧山君'으로 강등시켜 영월로 귀양 보내고 결국은 사약을 보내 죽게 한다. 이렇게 세조는 친동생 둘과 조카를 죽이고 왕이 되었던 것이다. 권력은 피보다 진하다고나 할까.

이 사건을 계기로 단종 복위에 뜻을 둔 정치 세력은 완전히 사라지고 세조의 집권을 지지하는 세력으로 정계 개편이 이루어졌다. 세조는 이들을 정난공신靖難功臣 ·좌익공신佐翼功臣으로 봉하여 이들 공신들을 중심으로 정치를 꾸려 갔다. 이들이 이른바 '훈구'라는 정치 세력을 형성했던 것이다.

영월에 있는 단종 장릉

청령포에 유배되었다가 세조가 내린 사약을 받고 죽은 단종의 능이다.

쿠데타에 대한 평가

이런 우여곡절을 겪으면서 왕위에 오른 세조는 과연 정치를 얼마나 잘 펼쳐 나갔을까? 세조는 우선 왕권 강화를 꾀하였다. 세종 대에 설치되었던 의정부서사제議政府署事制를 폐지하고 육조직계제六曹直啓制를 복구하여 육조의 관리들이 왕에게 직접 보고하도록 하였다.

그리고 자신의 왕위 찬탈에 반대하여 일어난 이징옥李澄玉의 난과 이시애李施愛의 난을 진압하였다. 특히 이시애의 난 때는 유향소가 관여되었다는 구실을 붙여 전국의 유향소를 철폐하여, 향촌 재지 세력의 기반을 약화시키고 정부의 지방 통제력을 강화하기도 했다.

이어 세조의 집권에 동조하는 현직 관료들에게만 수조권을 지급하는 직전법職田法을 실시하였으며, 보법保法을 시행하여 군사 제도를 개혁하는 등 조선 전기의 지배체제를 정비하여 발전적으로 재편하는 기틀을 마련하였다.

그러면 우리는 세조의 쿠데타를 어떻게 평가해야 할까? 왕권 강화책을 펴고 조선 전기의 지배체제를 정비하는 등 통치효과적인 측면을 중시한다면 긍정적으로 바라볼 수 있다. 그러나 쿠데타라는 말에서 알 수 있듯이 부정적으로 바라보는 시각도 많다. 어느 시대를 막론하고 그 시대에 통용되는 도덕규범이 있는데, 세조는 그 규범을 정면으로 어겼기 때문이다.

어떤 식으로든 정권을 잡아서 잘만 하면 되는 것 아니냐 하는 것이 옳은지, 아니면 설사 정권은 못 잡더라도 도덕규범을 지켜가는 것이 옳은지 판단하기는 매우 힘들다. 실제로 사람들에 따라 역사적인 평가도 엇갈리고 있다. 하지만 어떤 경우든 쿠데타 자체가 합리화되어서는 안 될 것이다.

8 경국대전의 완성

《경국대전》은 조선 초기에 거듭되던 법전 편찬의 경험 끝에 이루어진 법전이다. 이러한 법전이 편찬
되었다는 것은 그 시점에 들어서 조선의 정치는 물론 경제와 사회에 관한 기본 체제가 모두 확립되었
다는 것을 의미한다.

법과 도덕

'귀에 걸면 귀걸이, 코에 걸면 코걸이'라는 말이 있다. 알다가도 모를 것이
바로 법이라고 하지만, 과연 법이란 무엇일까? 한 마디로 규정하기는 어렵
지만 법이란 사회통합의 수단이라고 할 수 있다. 사회질서를 유지하고 배
분 및 협력의 관계를 정하고 또 지키게 하기 위해 발달한 규범체계이다. 그
효력은 조직적인 강제력에 의해 뒷받침된다. 조직적인 강제력이란 곧 국가
의 공권력을 말한다. 따라서 법전의 완성은 한 국가의 체제가 완비되었음
을 상징하는 징표이다.

　한편 사회 질서를 이끌어 가는 또 하나의 기준은 도덕이다. 도덕은 강제
성이 없는 데 반해 법은 강제성이 있다. 법과 도덕, 가깝고도 먼 사이라고
나 할까. 세월호 참사의 충격이 만들어 낸 법 중 하나가 2015년 1월에 제정
된 '인성교육진흥법'이다. 이 법은 건전하고 올바른 인성을 갖춘 국민을 육
성하여 국가사회의 발전에 이바지함을 목적으로 한다. 인성이란 곧 사회성

과 통하는 말이고 큰 의미에서는 바로 도덕성이다. 인성교육은 절대적으로 필요하다. 하지만 이 법에 의존해서만 해결할 수 있는 일은 결코 아니다. 우리는 도덕의 바탕을 이루는 인성을 법으로 구속시켜 키워야 하는 형편이 되어 버렸는데, 과연 법으로 인성교육을 강제하면 해결될까?

우리 교육이 입시 위주의 과도한 경쟁 탓에 피폐해져 가는 상황을 바로 잡고자 이 법을 만들었다고 하는데, 이 법에는 그 원인이 되는 입시 경쟁에 대한 대책은 없다. 다만 교육 프로그램을 통해 해결하겠다고 한다. 근본 원인은 놔둔 채 학생들만 채근하는 꼴이다.

법과 도덕은 가깝고도 먼 사이이다. 이는 바꿔 말하면 법과 도덕은 '다르다'는 뜻이다. 이렇게 서로 다른데, 도덕을 법으로 규제한다는 것은 그 발상 자체에 문제가 있다. 그래서 법까지 만들어 국민의 인성을 높이겠다는데, 박수보다 걱정이 앞선다는 반응이 나온다. 자칫 전시행정에 그치고 오히려 '인성교육진흥법'을 어기는 일 때문에 뜻밖의 범법자만 만들어 낼 수도 있다. 그 근원을 해결하는 일이 더 시급하다.

이른바 '김영란법'이라 불리는 '부정청탁및금품등수수의금지에관한법률'도 마찬가지가 아닐까? 도덕 범주까지 법으로 규제한다면 잠재적 범죄자만 양성하지는 않을지 우려되기도 한다.

《조선경국전》, 《경제육전》, 그리고 《속육전》

조선 왕조 5백년의 기본 법전은 《경국대전經國大典》이다. 더 정확히 말하면 1485년(성종 16) 1월 1일부터 시행된 이른바 《을사대전乙巳大典》이다. 을사년에 만들어진 법전이라는 뜻이다. 그러나 이 법전이 아무 것도 없던 백지상태에서 만들어진 것은 아니었다.

태조는 새로운 왕조를 개창한 뒤에 새 법이 필요했지만 그렇다고 갑자기 만들 수는 없었다. 그래서 "모든 의장儀章과 법제는 오로지 고려의 옛 관례에 따르라."는 교지를 내린다. 이는 왕조 교체에 따른 일시적인 조처였다. 그 뒤 건국 주역의 한 사람이었던 정도전이 1394년 원의 《경세대전經世大典》과 명의 《대명률大明律》 등을 참작하여 《조선경국전朝鮮經國典》을 개인적으로 편찬하였다. 정식 체제를 갖추지는 않았지만 조선 최초의 법전이라고 할 수 있다.

법전의 체제를 제대로 갖춘 최초의 통일 성문법전은 1397년(태조 6)에 편찬된 《경제육전經濟六典》이다. 이 법전은 고려 우왕 14년(1388) 때부터 태조 6년(1397) 때까지 시행된 조례條例 등을 정리해서 만든 것이다. 다만 아쉽게도 현재 전해지고 있지 않다. 이어 1407년(태종 7)에 《경제육전》 이후의 조례와 판지判旨 등을 모아 정리한 《속육전續六典》이 간행되었다. 이 《속육전》과 앞의 《경제육전》을 구별하기 위해 《경제육전》을 《원육전元六典》이라 부르기도 한다.

《경국대전》의 편찬

《경국대전》을 편찬할 수 있었던 것은 세종 대 집현전에서 우리나라와 중국의 옛 제도에 대한 연구·정리를 했고, 또 1426년 《신속육전》, 1433년 《신찬경제속육전》 등을 간행한 경험이 있었기 때문이라 생각한다. 세종 대의 문화 발전과 법전 편찬 경험이 《경국대전》 편찬의 모태가 되었던 것이다. 이를 바탕으로 구체적인 작업은 세조 대에 이루어졌다. 세조는 최항 등에게 명령하여 태조 대의 《경제육전》과 태종 대의 《속육전》, 그 이후에 시행된 교지敎旨와 행정 명령 등을 종합해서 새로운 법전을 편찬하게 했다.

그리하여 1460년(세조 6), 처음으로 육전六典 가운데 호전戶典을 만들고 이듬해 형전刑典을 완성하였다. 호전과 형전이 먼저 만들어진 것은 어느 시대나 국가를 경영하는 데 경제와 형법에 관한 것이 제일 시급하기 때문이었다. 그 뒤 나머지 부분이 계속 나와 1469년(예종 1) 9월에 육전을 모두 완성하였다.

그런데 반포를 앞두고 예종이 갑자기 세상을 떠나 반포를 연기할 수밖에 없었다. 그렇게 되자 또 다시 여러 차례의 교정을 거치다가, 마침내 성종 대인 1471년(성종 2) 정월에 1차로 반포하고 다시 수정·보완을 거쳐 1485년(동 16) 오늘날 남아 있는 《경국대전》인 《을사대전》을 최종적으로 만들어 냈던 것이다.

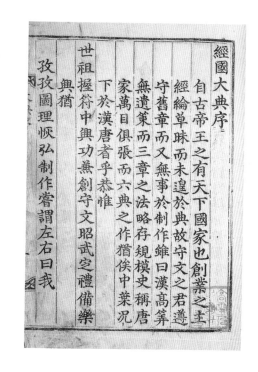

왜 다른 법전은 남아 있지 않나?

그러면 《을사대전》 이전의 《경국대전》이나 또 그 전에 간행했던 《경제육전》, 《속육전》 같은 법전들은 왜 지금 하나도 남아 있지 않을까? 이렇게 된 데에는 특별한 이유가 있다. 새로운 법전을 제정하여 시행할 경우 옛날부터 있었던 구법전은 회수해서 폐기했기 때문이다.

그러면 왜 굳이 회수해서 폐기해 버렸을까? 여기에도 이유가 있다. 건국 초기 관료들은 고려 말 이래의 전통적인 법에 익숙해 있었다. 그리고 태조 대에 처음으로 만든 《경제육전》까지는 그들에게 상당히 익숙하고 편리한 법이었다. 그러나 그 뒤에 새로운 조례가 계속 제정되고 《속육전》 등 새 법전이 나오자, 이들은 낯선 새 법전을 사용하지 않고 자기들에게 익숙한 옛 법전을 그대로 적용하였다.

답답한 일이었다. 따라서 국가에서는 이런 폐단을 막기 위한 방편의 하나로 옛 법전들을 모두 회수해서 폐기하였다. 그래도 근절되지 않자 옛 법전의 판목까지도 폐기해서 더 이상 찍을 수 없게 하였다. 사진으로 치면 원

판까지 폐기했던 것이다. 당시 새 법을 시행하기 위해서는 불가피한 조치였다고 하겠지만 오늘날 역사 연구의 입장에서 보면 매우 아쉬운 일이다.

《경국대전》의 내용

《경국대전》은 육전체제六典體制로 되어 있다. 법전이 조선 시기 행정의 기본 골격인 육조와 관련지어 만들어졌기 때문이다. 육조는 잘 알다시피 이조·호조·예조·병조·형조·공조의 육조이다. 그러므로 육전도 이전·호전·예전·병전·형전·공전의 육전으로 되어 있다.

먼저 이조의 업무와 관련되는 이전吏典을 보면, 중앙과 지방 문관의 직제를 규정하고 있으며, 그 임용과 해임 등 인사 정책에 관한 모든 규정을 정리해 놓았다. 요즈음과 비교하면 자주 이름이 바뀌어 헷갈리지만 현재 행정자치부 규정 같은 것이다. 육전 가운데 제일 먼저 만들어졌던 호전에는 호적과 토지 제도·조세 제도 등에 관한 규정들이 들어 있다. 예전禮典은 교육과 과거 제도 등에 대한 규정으로 되어 있으며, 병전兵典은 무관의 직제와 군사 제도 및 역참驛站·봉수烽燧 제도 등이 그 내용을 이루고 있다.

형전은 형벌과 노비 제도 등으로 구성되어 있고, 공전工典은 토목·영선營繕 및 수공업자에 관한 제반 규정으로 이루어져 있다. 노비와 관련된 내용이 형전에 들어가 있다는 것이 재미있다. 그래서 수학능력시험이나 각종 임용고사에 단골로 출제되곤 한다. 결국 당연한 것이겠지만 《경국대전》의 내용은 조선 사회의 기본 틀을 모두 반영하고 있다고 할 수 있다.

《경국대전》 반포의 의미

《경국대전》은 조선 초기에 거듭되던 법전 편찬의 경험 끝에 이루어진 법전으로서 이른바 '만세불변萬世不變의 성문법成文法'을 지향한 것이다. 따라서 이런 법전이 편찬되었다는 것은 그 시점에 들어서 조선의 정치는 물론 경제와 사회에 관한 기본 체제가 모두 확립되었다는 것을 의미한다. 또한 법전 편찬 과정에서 고려 시기의 판례나 관습법 등을 성문화하고, 그것에 조종祖宗 성헌成憲으로서의 성격을 부여함으로써 중국법의 무제한 침투를 막는 방파제 역할을 한 점도 《경국대전》 반포의 큰 의미라고 할 수 있다.

"법제를 체계적으로 정비하여 적용할 때 문제가 생기지 않도록 한다."는 원칙이 조선 왕조 전 기간에 걸쳐 유지되었다. 조선 후기인 영조 대에 《속대전》, 정조 대에 《대전통편》, 고종 대에 《대전회통》 등이 편찬되었지만, 《경국대전》은 '조종지법祖宗之法', 즉 가장 근본이 되고 모태가 되는 법으로서 이후 조선 왕조 4백여 년간의 기본적인 통치규범이 되었다. 그래서 《대전회통》을 보면, 앞서 나온 법전의 내용을 모두 수록한다는 원칙에 따라 《경국대전》 본문은 '원', 《속대전》은 '속', 《대전통편》은 '증', 새로 보록한 것은 '보補' 자를 써서 구별하였다. 《경국대전》은 이처럼 조선 왕조 끝까지 기본법으로서의 역할을 다하였다.

그런데 우리 법 문화의 획기적인 전환을 이루었던 이 《경국대전》이 왕위를 불법적으로 찬탈한 세조에 의해 마련되었다는 것도 역사의 아이러니가 아닐 수 없다. 역사는 왜 이렇게 알 듯 말 듯한 것일까?

Korea

HISTORY OF KOREA

제2장 | 성리학과 사림

1 훈구와 사림

신흥사대부층은 고려의 권문세족을 무너뜨리고 조선을 건국하여 역사를 재편하는 계기를 마련하였으나 고려적인 한계를 철저하게 극복하지 못하고 훈구화됨으로써 사회 문제를 야기하였다. 이들을 비판하고 새로운 각도에서 문제를 해결해 보고자 했던 세력이 사림이었다.

훈구勳舊와 사림士林

역사상의 라이벌에는 개인뿐만 아니라 집단도 있다. 16세기에 격렬한 대립을 벌이는 훈구와 사림이 바로 여기에 해당된다. 훈구나 사림이나 그 뿌리는 같다. 둘 다 고려 후기에 대두하는 이른바 신흥사대부에서 뻗어 나온 세력들이다. 그러나 신흥사대부들은 조선의 건국에 대한 입장의 차이로 갈라지게 된다. 정도전·권근과 같이 조선의 건국 과정에 적극적으로 참여했던 부류와 길재처럼 참여하지 않고 향촌 사회에서 학문 연구와 제자 양성에 전념했던 부류로 나뉘게 된다. 이때 전자가 훈구, 후자가 사림의 연원이 되었던 것이다. 이렇게 같은 뿌리에서 뻗어 나온 훈구와 사림은 각각 어떻게 정치 세력화하였는가? 또 어떤 차이가 있기에 서로 피를 흘리는 대립을 하게 될까? 훈구와 사림 간 라이벌 관계의 생성부터 소멸까지의 과정을 살펴보기로 한다.

훈구의 형성

건국에 적극적으로 참여했던 세력은 조선 초기 핵심관료층이 되어 과전科
田을 지급받고 특히 정치적인 격변을 거치면서 공신에 책봉되어 막대한 토
지와 노비를 하사받는 등 정치·경제적인 특권을 누렸다. 그러므로 공훈이
있고 벼슬을 오래하여 높은 관직에 오른 이들을 보통 '훈구勳舊'라고 불렀
던 것이다.

이런 경우의 훈구는 보통명사라고 할 수 있다. 일반적인 용어이다. 우리
가 역사적인 용어, 즉 고유명사로 사용하는 '훈구'는 정확히 이야기하자면
세조의 즉위에 협조한 대가로 공신이 되어 높은 관직을 차지하고 많은 토
지와 노비를 소유한 일단의 지배 세력을 의미한다. 정인지, 최항, 양성지,
신숙주, 서거정 등이 바로 그런 '훈구' 세력이었다.

이들은 대부분 집현전 학사 출신들로서 세종의 개혁에 열심히 협조했던
사람들이었다. 이렇게 보면 집현전 학사 출신들 가운데 계유정난 때 세조
의 즉위에 반대한 사람들은 '사육신'이 되어 죽었고, 찬성한 사람들이 이른
바 '훈구'를 이루었던 것이다. 이들 훈구들도 한때는 진보적인 입장에서 개
혁을 주장했었다는 것을 생각한다면 어쩌면 영원한 진보 세력은 없는 것인
지도 모른다. 진보가 보수가 되고, 보수가 진보가 되는 그런 변화가 역사의
흐름일지도 모르겠다. 어쨌든 어떻게 줄을 섰느냐가 이들의 인생을 바꿔
버렸던 것이다.

훈구는 공신 집단이 주를 이루고 있었다. 15세기 후반에 가면 단종 대의
정난공신靖難功臣(수양대군의 쿠데타에 공이 있는 사람), 세조 대의 좌익공신佐翼
功臣(세조의 즉위에 공이 있는 사람)·적개공신敵愾功臣, 예종대의 익대공신翊戴功
臣, 성종 대의 좌리공신佐理功臣 등 공신들을 수십 명씩 무분별하게 계속 배
출하고 있었다. 이들은 정치적 실권을 세습적으로 장악하고 왕실과 통혼
하면서 훈척 세력을 형성하여 결국 권귀화權貴化하였다.

여말 선초에는 농업생산력이 증대하고 이를 바탕으로 15세기 말부터 향촌 사회에서 유통을 위한 장시가 출현하는 등 상업이 활성화되었다. 또한 은광이 개발되고 중국과의 사무역私貿易도 발달하였다. 훈구 세력은 이렇게 새로이 늘어나던 사회적 부富를 자신들의 정치권력을 이용해서 독점하고자 했다. 그래서 16세기에 들어서면 경제 발전의 흐름을 타고서 뚜렷한 정치 세력으로 가시화되었던 것이다. 그리고 뒤에 가서는 더욱 노골적으로 이익을 챙겨 나갔다. 온갖 비리를 저지르면서 토지를 집적하고 농장을 확대해 나갔다. 이런 훈구들의 배부름 뒤편에서 농민들은 토지를 잃어버리고 궁핍화돼서 각지에 유민과 도둑들이 창궐하는 심각한 사회 문제가 되었다. 명종 대 황해도 지방에서 일어나는 임꺽정의 난은 그런 문제를 상징적으로 담고 있는 사건이었다.

사림의 등장

그러면 사림은 어떻게 중앙 정계에 등장할까? 세조 대 직전법과 성종 대의 관수관급제官收官給制 실시로 15세기 중반 이후 과전법이 쇠퇴하면서, 수조권을 매개로 한 토지지배가 무너지고 소유권에 바탕을 둔 토지지배가 더욱 확대·강화되었다. 동시에 농업경영에서도 농장·노비 중심의 경영에서 소작·병작반수竝作半收 중심의 경영으로 바뀌어 가면서 지주제가 발달하였다.

지주제 발달을 등에 업고 지방에서는 중소지주적인 배경을 가진 재지사족들이 하나의 세력을 이루어 나갔다. 이들은 성리학적 소양을 강하게 지녀 예의염치禮義廉恥를 사회 운영의 기본적인 덕목으로 삼았다. 이른바 성리학적 사회질서의 구현을 이상으로 생각하고 있었다. 바로 이런 재지사족들이 사림 세력을 구성하였다.

이들 사림 세력은 훈구 세력이 중앙권력을 바탕으로 향촌 사회에 수탈의 손길을 뻗쳐 오자 이에 맞서게 되고 훈구 세력에 대해 비판 의식을 갖게

옥당은 홍문관의 별칭이다. 궁중의 경적(經籍) 관리와 문한(文翰)의 처리 및 왕의 자문에 응하던 관서로, 사헌부·사간원과 함께 삼사(三司)라 불렸다. 집현전의 직제를 이었다.

된다. 그리하여 이들은 세조 말부터 김종직 등 영남 지역 사림을 선두로 중앙 정계에 진출하여 새로운 정치 세력을 형성해 나갔던 것이다.

특히 이들은 사헌부·사간원 등 언론 기관이나 홍문관·춘추관 등 문필 기관에 많이 진출하여 언론과 문필 활동을 통해 훈구들의 도덕성과 경제적 비리 등을 집중적으로 비판하였다. 비판의 기준은 올바른 도를 행하고 백성을 위한다는 성리학적 공도론公道論이었다.

또한 훈구의 경제적 침탈로 농민들이 '송곳 하나 꽂을 땅'도 가질 수 없게 되는 폐단을 고치기 위해 균전론均田論이나 한전론限田論을 내세워 토지 제도의 개혁을 주장하기도 했다. 균전론은 토지를 농민들에게 균등하게 나누어 주자는 것이고, 한전론은 훈구들의 토지 한도를 50결結로 한정하는 토지 소유 상한제와 같은 것이다. 1결의 넓이가 지금으로 환산하면 7,000~11,000평 정도 되니까 50결이라면 사실 엄청나게 넓었다.

향촌 사회에서의 대립

훈구와 사림 세력 대립의 핵심은 부의 원천이라고 할 수 있는 향촌 사회를 누가 지배하는가였다. 말하자면 끝없이 이익을 확대해 나가려는 훈구의 입장과 자신들의 경제적 기반을 보호하고 덜 수탈당하려는 사림의 입장이 대립하는 과정이었다.

중앙의 권세가들인 훈구는 자신들의 이익 실현을 위해 백성들이 수령을 고소하는 것을 금지하는 '부민고소금지법部民告訴禁止法'을 제정하는 등 수령권을 강화하였다. 그런 다음 수령의 협조를 얻어 그 지역의 경재소京在所 임원이 되어 세금 거두는 일에 관여하였다. 경재소는 중앙의 현직 관리를 통해 출신지나 연고를 지닌 군현의 품관·향리 등 지방토착 세력에 대한 통제를 강화하기 위해 둔 기구였다. 아울러 지방의 품관品官들이 조직한 자치기구인 유향소留鄕所에 영향력을 행사함으로써 향촌 사회 자체를 자신들의 경제적 이익을 실현하는 수단으로 삼았다.

이에 대해 사림들은 자신들의 경제적 기반인 향촌 사회를 훈구파의 수탈로부터 막아 내기 위해 자치적인 운영방안을 적극 모색하였다. 사창제社倉制를 실시하여 관 주도의 환곡 비리를 극복하려 했으며, 향사례鄕射禮·향음주례鄕飮酒禮와 같은 성리학적인 의례儀禮를 향촌 사회에 보급하고, 세조 때 향촌 재지세력의 기반을 약화시키고자 철폐했던 유향소를 다시 세우려는 이른바 유향소복립운동留鄕所復立運動 등을 통하여 향촌 사회에 대한 자신들의 자치적인 세력 기반을 구축하려고 노력하였다.

사림들의 이런 대응에 훈구 세력도 가만히 있지 않았다. 이들은 사림파들이 자신들에게 비판을 가해 오자 신경질적인 반응을 보이다가 결국은 사림을 제거하는 사달을 잇달아 일으켰다. 이른바 '4대 사화'로 불리는 무오·갑자·기묘·을사의 사화가 바로 그것들이다. 그리하여 무오사화에서 김종직을 비롯한 영남사림이 제거되고, 기묘사화에서 조광조를 비롯한 기호사림이 제거되었다. 그러나 향촌 사회에 확고한 재지적 기반을 가지고 있던 사림들은 제2의 김종직, 제3의 조광조를 계속 중앙 정계에 진출시켜 결국 명종 후반에 가면 중앙의 정권마저 장악하기에 이른다. 보다 도덕적이고 능력 있는 세력이 승리하는 것은 역사의 대세인 것이다.

신흥사대부층은 고려의 권문세족을 무너뜨리고 조선을 건국하여 역사를 재편하는 계기를 마련하였다. 그러나 초기의 집권 세력들은 고려적인 한계를 철저하게 극복하지 못하면서 훈구화됨으로써 사회 문제를 야기하였다. 이들을 비판하고 새로운 각도에서 문제를 해결해 보고자 했던 세력이 사림이었다. 사림의 정권 장악은 일시적으로 끝난 것이 아니라 하나의 안정된 체제를 구축하여 조선 중기 사회를 이끌어 갔다.

조선 전기 훈구와 사림의 대립은 중세 사회를 재편하는 왕조 교체기의 과도적 과정에서 필연적으로 나타날 수밖에 없었다. 16세 중반 사림의 승리는 중세 사회의 발전적인 재편이 완료되었다는 것을 뜻한다.

2 사장학과 도학

명종·선조 대의 사림은 성리학의 전체 구조에 대한 이해를 심화시키면서 성리학을 명실상부한 조선의 지배사상으로 확립하였다. 그리고 이런 바탕 위에서 도학이 사장학에 승리할 수 있었던 것이다.

사장학詞章學과 도학道學

유교니 유학이니 하면 모두 똑같은 것으로 볼지 모르겠지만, 그 안에도 여러 갈래가 있었다. 크게 구분하면 원시유학[先秦儒學], 한당유학, 성리학, 양명학, 고증학 등이 있었다. 조선 시기 지배 사상이 되었던 것은 이 중에서도 성리학이었다. 성리학은 학자들에 따라 신유학新儒學·송학·정주학·주자성리학·주자학·도학·이학 등 다양한 용어로 부르고 있어 혼란을 주기도 한다. 하지만 대체로 신유학·송학은 송대 유학 전체를 지칭하고, 성리학은 주돈이로부터 시작하여 장재·정호·정이를 거쳐 주희에 의해 집대성된 이기심성론理氣心性論 중심의 학문 체계를 말한다. 즉 성리학은 신유학의 한 부분으로, 지주−전호제 아래서 지주, 특히 중소지주층의 이해를 반영하는 사상이라고 할 수 있다.

그러나 조선에서의 성리학은 시기에 따라, 또 정치 세력에 따라 강조하는 정도나 내용이 달랐다. 조선을 건국해서 15세기 사회를 이끌어 간 세력들은 성리학만을 강조하지 않고, 현실 정치에 도움이 되는 사장詞章을 강조하였다. 성리학도 의리명분적인 측면보다는 사회경제적인 측면을 중시했다. 이처럼 사장을 강조했던 학문 경향을 '사장학詞章學'이라고 부른다. 사장학도 크게 보면 신유학에 포함시킬 수 있다.

반면 건국 과정에 참여하지 않고 향촌 사회에서 재지지주층으로 자리잡아 갔던 세력들은 성리학의 철학적인 측면을 중시하고 학문 연구의 기반이 되는 경학經學을 강조하였다. 이런 학문 경향을 도학道學이라고 부른다. 도리와 명분을 추구하는 학문이라는 뜻이다. 도학은 성리학과 거의 같은 의미로 사용했는데, 특히 도덕윤리의 실천적인 측면을 강조할 때 많이 사용하였다.

양자의 차이는 과거시험을 보는 데서 잘 드러났다. 과거 과목을 보면 크게 제술製述과 강경講經으로 나뉘는데, 제술이란 경서經書의 본문을 제시하고 그 뜻이나 또는 어려운 것을 풀이하는 논술식 시험방법으로, 문장의 능력에 따라 합격과 불합격이 크게 좌우되는 시험이다. 반면, 강경은 시험관인 관리가 과거 응시생과 직접 면대하여 사서오경의 내용에 대해서 그 뜻과 취지를 물어보는 것으로, 유학에 대한 학문적 깊이에 따라 당락이 좌우되는 시험이었다. 제술이 사장, 즉 글 쓰는 능력을 시험하는 것이라면, 강경은 경학, 즉 학문하는 능력을 시험 보는 것이라고 할 수 있다. 그래서 16세기에 가면 사장을 중시하는 세력인 훈구와 경학을 중시하는 세력인 사림 사이에, 과거 시험에서 어느 것에 더 주안점을 두고 인물을 뽑을 것인가를 둘러싸고 대립이 벌어지기도 했던 것이다.

15세기의 사장학

훈구가 정국을 주도하던 15세기에는 당연히 사장학을 중시하였다. 사장은 시나 문장을 쓰는 능력으로, 왕정에 관계되는 문서의 작성이나 각종 편찬사업, 사대교린의 외교문서 작성 등에 매우 필요한 것이었다.

요즈음 북한의 핵문제나 경제지원 등 개방과 관련한 문제를 둘러싸고 치열한 외교 전쟁이 벌어지고 있는데, 이런 외교에서 현재는 전문 외교관에 의한 실무능력을 중시하고 있다. 그러나 15세기와 같은 옛날의 외교에서는 본론에 들어가기에 앞서 시 한 수 읊는 것으로 시작했다고 한다. 그래서 우리나라 사신의 문장 실력이 중국 측보다 나으면 본 회담에서 유리한 입장에 설 수 있었다는 것이다. 그러니까 외교관은 무엇보다도 문장에 뛰어난 사람이어야 했다.

이처럼 사장은 국가를 운영하고 문물제도를 정비하는 데 실질적으로 도움이 되었다. 더욱이 15세기는 건국 초기였기 때문에 이론적인 학문보다는 실용적인 학문을 중시하는 것은 어느 정도 당연한 현상이었다.

특히 성종 대에 가면 이들은 대대적인 편찬사업을 일으켜 조선 전기의 문물제도를 총정리하였다. 법에서 《경국대전》, 예에서 《국조오례의》, 역사에서 《동국통감》, 지리에서 《동국여지승람》, 문학에서 《동문선》, 음악에서 《악학궤범》 등 모든 분야에서 정리 작업이 이루어졌다. 이런 작업들은 왕실의 권위와 중앙집권적 관료 체제를 강화하려는 성격이 강하였다. 그러므로 사장학은 15세기 《경국대전》 체제가 완성되는 데 매우 적절한 기여를 했던 것이다.

15세기 집권 세력들이 사장학만을 중시한 것은 아니었다. 성리학뿐만 아니라 중앙집권체제를 강화하고 부국강병을 이루는 데 도움이 될 수 있는 선에서, 한당유학이나 불교·도교까지도 포용하는 절충적인 성향을 보였다. 말하자면 성리학을 그대로 받아들인 것이 아니라, 시대적 상황에 따라 필요한 부분만 받아들이고, 다른 사상으로 보완하는 방법을 통해 주체적으로 수용했던 것이다. 또한 국가 통치이념으로 《주례周禮》를 강조하기도 하였다.

도학의 대두

16세기에 들어가면 도학이 대두하면서 사장학과 대립하였다. 세조 대 중앙 정계에 진출하기 시작한 사림들은 조선의 역성혁명에 반대하여 낙향했던 재야 학자들의 학문을 계승하는 입장에 있었다. 그러므로 절의를 강조하고 명분을 중시하는 의리명분론적인 성격이 강하였다.

이들은 '수기치인修己治人'을 내세우면서 남을 다스리는 치인의 자격이 본래부터 주어지는 것이 아니라 자신을 수양하는 수기의 여부에 따라 결정된다고 주장하였다. 도덕적인 정당성과 명분을 지녀야만 치인을 할 수 있다는 것이다. 그러므로 비리와 수탈을 자행하는 훈구는 치인을 할 수 있는 자격이 없다는 이유를 들어 맹렬히 비판했던 것이다.

이런 사림들의 비판에 대해 훈구 세력은 "가지와 잎과 꽃이 없이 뿌리와 줄기만으로 어떻게 나무가 설 수 있겠는가? 문장이 없이 도덕만으로는 되지 않는 것이다.", "문장은 관료정치에 필요한 수단일 뿐만 아니라 왕정을 밝히는 기틀이 된다."라고 하면서 사장을 중시하는 자신들의 학문을 옹호

박수량 백비

박수량은 명종 대 대표적인 청백리로, 그의 묘소에는 명종이 하사한 백비白碑가 있다. 청렴결백의 내용을 비에 새기는 것이 오히려 그의 청렴함을 잘못 알게 하지 않을까 염려해서였다고 한다. 장성군 황룡면 금호리에 있다.

하였다. 이에 대해 사림들은 사장은 기술적인 성격이 강하기 때문에 그것만으로는 사람의 도리라든지 규범의 방향을 제시하기에는 미흡하고, 따라서 성리학의 본령이 아니라는 이유를 들어 훈구들의 논리를 반박하였다.

특히 훈구 세력들이 과거제를 장악하여 과거 과목을 사장 중심으로 정해서 자신들에게 유리한 인물들을 뽑자, 사림들은 과거 과목을 강경 중심으로 할 것을 주장하였다. 나아가 조광조를 중심으로 한 중종 대 기묘사림은 사장이든 강경이든 그런 시험을 보지 말고 덕행이 있는 인물을 천거하여 별시別試의 형태로 채용하는 현량과賢良科를 실시하자고 주장했고 또이를 시행하기까지 하였다.

사상의 차이가 단순한 학문적인 차이로 그치지 않고 정치적인 입장의 차이로 나타나는 것은 당연하다. 훈구와 사림의 대립도 결국은 사장학과 도학이라는 사상과 이념의 차이에서 비롯되었다. 이 말은 훈구와 사림이, 일제 관학자들이 말하듯이, 사사로운 감정이나 원한 때문에 싸웠던 것은 아니라는 뜻이다.

도학의 승리

결국 명종 후반, 사림들이 정권을 잡음으로써 도학이 사장학에 대해 승리를 거두었다. 그렇게 된 이유는 무엇일까? 우선 경제적으로는 지주제가 발전했다는 점을 들 수 있다. 원래 성리학은 중국의 경우도 마찬가지지만 지주 중심의 사상 체계였다. 그러므로 지주의 입장을 정당화하고 합리화시켜 주는 도학을 받아들였던 조선의 재지사족층, 즉 사림은 지주제 발전에 이념을 제공하는 역할을 한 셈이었다. 그런 점에서 지주제의 발달은 도학의 우위와 상관계수가 높다고 할 수 있다.

또한 16세기는 사족 중심의 양반신분제가 정착함에 따라 피지배 농민층을 통제하고 한편으로는 구슬릴 수 있는 이데올로기가 필요한 상황이었다. 때문에 계급차별적인 성격을 전제로 하면서도 개량적인 성격을 지니고 있었던 도학은 그런 역할을 맡기에 적격이었다. 이는 곧 도학의 수용층이 시대적 과제 해결의 주체가 될 수 있었다는 뜻이다.

이런 이유로 사림은 명종 후반에 정권을 장악하고 사림정치를 구현해 나간다. 명종·선조 대의 사림은 성리학을 부분적으로 이해하고 강조했던 이전과는 달리, 한 걸음 더 나아가 성리학의 전체 구조에 대한 이해를 심화시키면서 성리학을 명실상부한 조선의 지배 사상으로 확립하였다. 그리고 이런 바탕 위에서 도학이 사장학에 승리할 수 있었던 것이다. 시대가 바뀌면 지배이념도 바뀌는 것은 역사의 순리가 아닐까?

3 중종반정

역사적 사실에 대한 평가에는 지금 현재의 판단도 중요하다. 그 판단의 척도는 오늘날의 입장에서
볼 때 그 사건이 역사 발전에 합당했는가, 아닌가에 있다. 쉽게 말해 그 사건으로 인해 백성들의 삶이
전보다 나아졌는가, 아니면 못해졌는가라는 아주 상식적인 질문에 그 답이 있다.

정권의 정통성

이른바 문민정부가 들어서기 전까지 대한민국 정권의 정통성에 관한 논란
이 많았다. 박정희와 전두환 같이 민주적인 선거를 거치지 않고, 쿠데타로
정권을 잡았을 때 특히 문제가 되었다. 과연 정권의 정통성은 어디에서 오
는 것일까?

정통성은 정권을 계승할 수 있는 정당한 자격이라는 뜻이다. 말하자면
정권의 계승이 정치 운영상 합리적이고 합법적인 방법에 의해서 이루어지
고 그 시대의 관행에도 맞을 때 그 정권은 정통성이 있다고 한다. 그러나
정통성이 없거나 의심받는 정권도 대개는 뒤에 가서 국민투표나 언론 조
작, 헌법 개정 등을 통하여 합법적인 정부로서의 정통성을 만들어 가는 경
우가 많다. 인위적으로 조작된 정통성이라고 하겠다. 사실 정통성이 있는
정권은 정통성을 이야기하지도 않는다. 정통성이란 역사의 발전을 순리적
으로 따를 때 저절로 얻어지는 것이니까 말이다.

반정反正이란 무엇인가

조선 시기에도 정권의 정통성을 둘러싸고 논쟁이 될 수 있는 사건들이 많았다. 정확히 말하자면 이때는 왕권의 정통성이라고 해야겠다. 그런 사건들의 한 예가 앞서 보았던 세조의 쿠데타였다.

그런데 비합법적인 방식으로 왕위를 이었으면서도 오히려 그것이 더 왕조의 정통성을 이은 것이라고 주장하는 사건들이 있었다. 이른바 '반정反正'이란 이름으로 정당화되었던 사실상의 쿠데타들이다. 조선 왕조 안에서 두 번 있었다. 1506년 연산군을 몰아내고 진성대군을 왕으로 추대한 중종반정中宗反正과 1623년 광해군을 쫓아내고 인조를 세운 인조반정仁祖反正이 바로 그것이다.

'반정'이란 말은 한자 자체를 풀이하면 반대할 '반反'과 바를 '정正'이다. 말 그대로 해석하다 보면, '바른 것을 반대한다.'라고 자칫 잘못 해석할 수도 있다. 여기에서의 '반'은 '돌아간다'는 뜻으로 반정은 '올바른 데로 돌아간다.'는 뜻이 된다.

조선 시기 500년 동안 수없이 많은 정치적 격변이 있었지만 '반정'이라는 말로 지칭하는 사건은 이 둘밖에 없다. 그 이전에도 태종이 '왕자의 난'을 통하여 왕위에 오르거나 세조와 같이 단종을 쫓아내고 왕위에 오르는 등 비합법적으로 왕위를 이은 일들이 있었는데, 그 경우에는 '반정'이라고 부르지 않았다.

그러면 똑같이 비합법적인 왕위 계승인데도 어떤 것은 반정이고 어떤 것은 아닐까? 그 차이가 뭘까? 가만히 들여다보면 태종이나 세조의 경우는 태종과 세조가 쿠데타의 주역이었다. 또 그 전前 왕인 정종과 단종은 설사 무력無力했다고는 할지언정 나쁜 왕들은 아니었다. 반면에 중종과 인조의 경우는 그렇지 않았다. 전 왕인 연산군과 광해군을, 그 사실 여부야 어떻든, 쿠데타 주체 세력들은 둘 다 폭군으로 규정하였고, 또 새 왕이 되는 중종과 인조는 쿠데타에 능동적으로 참여는 하나 주도하지는 않았다.

한마디로 요약하자면 앞의 두 경우는 왕실 내부의 권력 다툼이란 성격이 짙고, 반정이라 불리는 두 경우는 신하들이 전前 왕을 내쫓고 새 왕을 세우는 왕과 신하 간의 대립이란 성격이 짙다. 이때 신하들은 자기들이 몰아낸 왕은 폭군이고 새로 추대한 왕은 성군이기 때문에 올바른 정치로 되돌려 놓았다고 주장한다. 그런 의미에서 정통성을 회복했다는 의미의 반정이란 말을 쓰는 것이다.

조祖와 종宗, 그리고 군君

다른 임금들은 다들 이름 뒤에 '조祖'나 '종宗'이 붙는데, 반정으로 쫓겨난 연산군과 광해군의 경우는 그냥 '군君'으로 끝나고 있다. 그 이유는 무엇일까?

'조'나 '종'은 왕이 살아 있을 때 붙이는 칭호가 아니라 왕이 죽은 다음 종묘에 모셔질 때 올리는 묘호廟號이다. 그럼 어떤 때는 '조'고 어떤 때는 '종'인가? 그 차이를 아는 데는 고려 성종 때 유학자였던 최승로의 말이 참고가 된다. 그는 왕조를 처음 일으킨, 즉 창업創業한 임금은 '조'를 쓰고, 왕업을 계승해서 지켜 나간, 즉 수성守成한 임금은 '종'을 쓴다고 하였다.

고려 시기에는 원나라가 정치적 간섭을 하면서 고려의 왕 이름 앞에 원에 충성한다는 서약으로 '충忠' 자를 붙이게 했고, 왕의 등급도 낮추어 '조'나 '종' 대신 '왕'이란 칭호를 쓰게 해서 '충○왕'이라는 이름의 왕들이 나왔다. 이런 원 간섭기 전까지는 최승로가 말한 원칙을 충실히 지켰다. 그래서 태조 왕건을 빼고는 모든 왕의 이름 끝에는 '종' 자를 썼다.

조선 왕조에 들어와서는 창업과 수성에 따른 구분이 엄격히 지켜지지는 않았다. '조'라는 칭호의 사용이 빈번해진다. 그것은 꼭 창업은 아닐지라도 창업에 비견할 만한 큰 공을 세우거나 위기를 극복한 왕의 경우에는 '종'

대신 '조' 자를 붙였다. 세조, 선조, 인조, 영조, 정조, 순조 등이 그 예다. 이 중에는 처음에는 종이었다가 뒤에 가서 다시 평가를 달리해 조로 높아지는 경우가 적지 않았다.

이에 비해 군은 왕자에게 붙는 칭호이다. 연산군이나 광해군은 모두 왕자 때의 이름이다. 그러니까 이들은 왕이 되었음에도 불구하고 반정으로 쫓겨나 정통성을 잃고 왕위 계승 자격을 상실했기 때문에 왕자 때의 이름을 그대로 사용하는 것이다. 따라서 종묘에서도 배제되었다. 단종도 한때는 세조에 의해 노산군으로 강등되었다가 숙종 대에 다시 단종으로 복원되었다.

연산군, 그는 누구인가

연산군은 성종의 큰아들로 1476년(성종 7)에 태어났다. 어머니는 우의정 윤호의 딸이었다. 연산군은 8살 때인 1484년 세자로 책봉되었다. 훗날 중종이 되는 진성대군은 아직 태어나기도 전의 일이다.

연산군은 《경국대전》 체제의 정비가 끝나 조선이란 신왕조의 정치질서가 안정기에 들어간 시점인 1494년에, 당당한 왕위 세습권을 가진 성종의 장자로서 19살이라는 혈기 왕성한 나이에 왕위에 올랐다. 조선 왕조에 들어와서 원자로 태어나 세자로 책봉되고 이어 왕에게 교육을 받고 왕이 되는 정통 코스를 다 밟은 경우는 연산군이 처음이었다. 최초로 정통 코스를 밟은 왕이 최초로 쫓겨나는 왕이 되었다는 것도 또 하나의 아이러니다.

생모인 윤씨가 성종의 얼굴에 상처를 낸 일로 폐비되어 사사賜死되었다는 숨겨진 곡절만 없었다면 연산군이 왕으로서의 위상을 부정당할 만한 어떤 꼬투리도 잡히지 않았을 것이다. 또 윤씨의 죽음이 연산군의 왕위를 위협할 그런 요소였던 것도 물론 아니었다. 따라서 연산군의 파멸은 외부에서 왔다기보다는 스스로가 만들어 냈다고 볼 수 있는 점이 많다.

연산군은 의심이 많고 성질이 포악했다고 알려져 있다. 성종도 그 점을 어느 정도는 알고 있었으나 세자를 바꾸면 큰 정치적 혼란이 일어날 것을 우려해서 그대로 두었던 것으로 짐작된다. 연산군이 즉위할 때는 조선이란 왕조 자체는 안정되어 있었지만 정치판도 그렇게 안정되어 있던 것은 아니었다. 훈구 세력과 성종 대부터 본격적으로 정계에 진출한 사림 세력이 정치적으로 대립하고 있었기 때문이다.

무오·갑자사화

연산군은 즉위한 처음에는 정통 코스의 교육 덕분인지 어떤지는 모르겠지만 훌륭한 정치를 펴려는 야심이 있었던 것으로 보인다. 관료들의 해이해진 기강을 바로잡기 위해 노력하는 등 정치에 큰 관심을 기울였다.

그러나 얼마 지나지 않아 관료들이 자기의 행동에 간섭하는 것을 싫어하게 된다. 훈구 세력이 이 틈을 타서 연산군을 부추겨 눈엣가시 같던 사림파를 제거하는 사달을 일으킨다. 1498년(연산군 4) 무오사화가 그것이다. 이 사화로 훈구 세력은 정치적인 우세를 확보하면서 전보다 심한 불법을 자행하게 되고, 연산군도 거칠 것 없이 사치스럽고 방탕한 생활을 즐김으로써 결국은 백성이 큰 어려움에 빠지게 되었다.

연산군이 즉위할 당시의 왕실 재정은 이전보다 못하였다. 이미 성종 대부터 왕자나 공주에게 땅을 많이 나누어 주었는데, 반면에 왕실 소속 토지나 노비는 신하들의 반대로 별로 확대되지 못했기 때문이었다. 그런데도 사치와 방탕이 계속되어 재정은 고갈 상태를 면치 못하였다.

연산군은 무오사화 이후 왕실과 혈연관계에 있는 몇몇 사람들을 중심으로 측근 세력을 형성하였다. 좌리공신인 임원준의 아들로 부마이기도 했던 임사홍과 왕비의 오빠였던 신수근 등이 대표적인 인물들이었다. 이들 측근 세력들은 이런 왕실 재정의 고갈 상태를 타개할 방안을 강구하였다.

그런 중에 임사홍 등이 꾀를 내어 그동안 숨겨져 왔던 폐비 윤씨의 일을 연산군에게 고해바친다. 그러자 연산군은 1504년(연산군 10) 갑자사화를 일으켜 연산군의 생모인 윤씨가 폐비될 때 그 일에 관여하거나 적극적으로 말리지 않은 사람들을 처벌하였다. 이때 주로 피해를 본 사람들이 훈구 세력들이었고 그들은 대부분 경제적 기반을 빼앗겼다. 결과를 놓고 본다면 연산군은 사화를 일으켜 어머니의 원한도 풀고 훈구 세력의 경제 기반을 빼앗아서 왕실의 재정을 채우는 일석이조의 효과를 노렸다고도 볼 수 있다.

연산군의 학정

연산군은 자신이 정치를 잘못한다는 등의 간언諫言은 극구 멀리하였다. 심지어는 그런 일을 위해 만든 제도인 경연과 홍문관·예문관의 대제학 제도를 폐지해 버리기까지 하였다. 또한 단상短喪이라고 해서 부모가 죽었을 때 상복을 입는 기간을 단축시켜 당시의 선비들로부터 인륜을 어지럽히는 행위라고 크게 비난을 받기도 하였다.

더욱이 창덕궁과 담을 두고 있는 성균관을 잔치하는 장소로 만들어 버리고, 전국에 채청사採靑使니 채홍사採紅使니 하는 관리들을 보내 미인을 선발하여 300명을 궁중에 기거토록 하였다. 또 사냥하기 위해서 도성 밖 30리까지 민가를 다 철거하여 백성들의 원성이 자자했다. 그리고 이런 학정을 비난하는 한글 투서가 발생하자 《언문구결諺文口訣》이라는 책을 불태우고 한글 사용을 금지시켰다. 심지어는 왕비가 베푸는 잔치에 나온 사대부 부녀자를 농락한 일도 있었다.

반정과 그 이후

연산군의 학정은 그 뒤에도 계속되었다. 특히 갑자사화 이후 개별적인 허물을 핑계 삼아 훈구 세력의 재산을 빼앗는 일이 더욱 많아졌다. 그리하여 당시 사림들도 준비가 없지는 않았지만, 그들보다 훨씬 직접적인 피해를 보고 있던 훈구 세력들이 먼저 거사를 준비하였다. 1506년에 왕이 파직시켰던 전前 이조참판 성희안과 지중추부사인 박원종 등이 연산군을 쫓아낼 것을 밀약하고 당시 명망이 높던 이조판서 유순정과 그 밖에 군사직에 있는 여러 사람들로부터 호응을 얻어 내어 9월에 연산군이 장단으로 유람할 때 거사를 일으키려고 계획하였다.

그러나 연산군의 유람이 중지된다. 따라서 거사도 중지될 형편이었으나 호남에서 귀양살이를 하고 있던 유빈·이과 등이 거사를 해야 한다는 격문을 서울에다 전하는 바람에 거사를 하지 않으면 안 될 상황이 되었다. 그래서 곧바로 진성대군에게 거사를 알리는 한편, 임사홍 등 연산군 측근 세력들을 불러내어 죽이는 데 성공하였다. 이렇게 해서 정변이 성공하자 성희안 등은 진성대군의 친어머니인 윤대비를 만나 허락을 얻어 연산군을 폐위시키고 진성대군을 왕으로 추대하였다. 이것이 바로 중종반종의 과정이다.

그러면 반정 이후의 정치상황은 어떻게 되었을까? 반정을 주도한 주체가 훈구 세력이었기 때문에 정치의 주도권은 훈구 세력에게 돌아갔다. 따라서 연산군의 학정은 끝났지만 과거에 진행되던 훈구 세력의 비리는 멈추지 않았다. 반정을 둘러싼 대립이 왕 대 훈구의 갈등이었기 때문에 거기서 승리한 훈구가 그들의 이권을 더욱 철저히 지키고 확대해 나가는 것은 어쩌면 당연한 결과였다. 이렇게 되자 이제 대립의 국면은 훈구 대 사림으로 전환하면서 더욱 본격화한다. 사림 세력이 훈구 세력의 비리를 바로잡기 위한 개혁을 추진해 나가는 속에서 두 세력 간의 대립은 막판으로 몰려갔다.

중종반정은 훈구의 입장에서는 반정이라 할 수 있을지 몰라도 일반민의 입장에서 볼 때는 꼭 그렇지만도 않았다. 역사적 사실에 대한 평가에는 지금 현재의 판단도 중요하다. 따라서 그 당시의 호칭이나 또는 당시인의 평가를 그대로 받아들일 수는 없다. 이때 그 판단의 척도는 오늘날의 입장에서 볼 때 그 사건이 역사 발전에 합당했는가, 아닌가에 있다. 쉽게 말하자면 그 사건으로 인해 백성들의 삶이 전보다 나아졌는가, 아니면 못해졌는가라는 아주 상식적인 질문에 그 답이 있다.

4 조광조와 기묘사화

미친 사람이라든가 화를 낳는 근원이라든가 하는 단어들을 붙여 조광조를 비판한 까닭은 그가 가진 깐깐한 개혁주의자로서의 이미지 때문일 것이다. 언제, 어디서 터질지 모르는 시한폭탄과 같은 존재였음에도 역사상의 개혁정치가를 꼽을 때 조광조는 언제나 첫손에 꼽힌다.

깐깐한 개혁주의자

조광조 하면 떠오르는 단어들이 몇 개가 있다. 그 가운데서도 도학정치, 기묘사화 이런 말들이 제일 먼저 떠오른다. 그런데 당시 사람들은 그를 흔히 '광인狂人'이나 '화태禍胎'라고 불렀다. 광인은 미친 사람을 가리키는 것이고 화태는 화를 낳는 근원이라는 뜻이다. 결코 평범한 사람이 아님은 쉽게 짐작할 수 있겠는데, 왜 조광조에게 이런 단어들을 붙여 비판했을까? 그 까닭은 조광조의 생과 함께 내내 같이했던 깐깐한 개혁주의자로서의 이미지 때문일 것이다. 그는 끊임없이 개혁을 외쳤다. 그래서 언제, 어디서 터질지 모르는 시한폭탄과 같은 존재였다. 어쨌거나 역사상의 개혁정치가를 꼽을 때 조광조는 언제나 그 첫손에 꼽히는 인물임은 분명하다.

개혁은 마땅히 그로 인해 불편해지는 사람들의 비판에 직면하게 된다. 또 아무리 좋은 개혁이라도 지나치거나 길어지면 피로감이 쌓인다. 그래서 개혁은 늘 쉽지 않다. 지금도 세월호 참사 이후 국가 개조니 관피아 척결이니 하면서 골든타임이란 말까지 동원해 개혁을 외치고 있지만, 왠지 냉소적인 분위기만 커지고 있다. 벌써 골든타임이 지난 것은 아닌지도 모르겠다.

조광조의 생애

그는 1482년(성종 13)에 태어나서 1519년(중종 14)에 죽었다. 기묘사화 때문에 서른여덟이라는 젊은 나이로 짧은 생을 마감하였다. 그럼에도 불구하고 그는 당대 사림의 중심이었을 뿐만 아니라 우리나라 성리학 도통의 정점에 놓이는 인물로서 사림의 귀감이 되었다.

조광조가 성리학을 배운 것은 그가 17세 되던 해에 평안도 어천찰방으로 부임한 아버지를 따라가서 그 당시 희천에 귀양 가 있던 김굉필을 만나면서부터였다. 김굉필은 조선조 성리학이 대두될 때 선두에 섰던 점필재 김종직의 수제자라고 할 수 있다. 이렇게 성리학에 대한 수업을 시작한 후 그는 곧 이어 소과小科에 합격하여 진사가 되었고, 성균관에서 수학할 수 있었다. 그러던 중 당시 천거제薦擧制의 확대로 학생천거제가 마련되자, 조광조는 성균관 유생들의 추천으로 1515년 정6품 관직인 조지서造紙署 사지司紙에 임명되었다. 이러한 사실은 그가 이미 성균관 시절부터 사림의 중심 인물로 부각되어 있었음을 뜻하는 것이다.

당시에는 천거만으로는 삼사三司의 청요직淸要職에 나아갈 수 없었다. 따라서 그 해에 조광조는 대과인 문과시험을 치러 정식으로 합격하고, 그가 수학했던 성균관의 전적典籍에 임명된다. 이어 언관직인 사간원의 정언正言이 되어 국왕과 만날 수 있는 기회를 가지게 되고, 그 과정에서 중종의 눈에 들어 요직을 거치면서 고속 승진을 거듭하였다. 그러다가 마침내 지금의 검찰총장격인 사헌부司憲府 대사헌大司憲의 지위에까지 올랐다. 대사헌이란 자리는 개혁의 서슬 퍼런 칼을 휘두르기에 가장 적합한 자리였다. 그 칼을 그는 30대의 젊은 나이에 쥐고 흔들게 되었던 것이다.

훈구와 사림의 대립

당시 정세는 훈구와 사림이 일전을 불사할 정도의 대립을 재촉하는 그런 상황이었다. 사림은 성종 대에 김종직을 필두로 중앙 정계에 진출하기 시작했지만, 연산군 대에는 무오사화로 많은 피해를 입더니 갑자사화 때에도 그 일부가 피해를 당하여 기세가 상당 부분 꺾여 있었다. 그러던 사림이 중종반정 이후에 조광조를 선두에 세우고 강력한 개혁 세력으로 중앙 정계에 포진하기 시작하였다. 조광조의 어깨에는 이런 사림의 선봉장으로서의 책임이 걸려 있었다.

조광조가 정계에 진출하던 1515년 당시에 훈구 세력은 중종반정 공신 가운데 핵심을 이루던 일등 공신 대부분이 죽거나 쫓겨나 있었다. 3명은 병으로 죽고, 2명은 사형을 당했고, 1명은 귀양을 간 상태였다. 그러므로

정암 조광조 문집 중 소격서 폐지를 청하는 상소문 일부

도교나 민간신앙적인 풍속의 금지를 주장하며 도교 행사를 지내왔던 소격서 폐지를 요청하는 상소문이다. 국립중앙박물관 소장

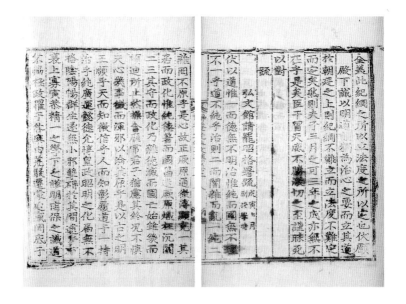

훈구도 그다지 세력이 강하지는 못했다. 조광조 등 사림들에게는 유리한 여건이 조성되어 있었던 셈이었다.

더구나 그동안 공신 세력에게 주도권을 빼앗겼던 중종 자신도 정치적 입지의 강화를 위해 사림들을 견제 세력으로 활용하려는 의도가 있었기 때문에 사림들이 정계에 뿌리를 내리기에는 더욱 좋은 상황이었다. 그래서 1515년에는 조광조 외에도 여러 명의 사림이 한꺼번에 정계에 진출, 당당히 세력을 이루었던 것이다. 성종 대 김종직을 떠받쳤던 세력이 영남사림이었다면 조광조를 앞세웠던 이때의 사림들은 출신지가 주로 기호 지방이었기 때문에 기호사림이라 부르기도 한다. 그만큼 성리학의 세례를 받은 지역이 확산되었음을 뜻한다.

어쨌든 당시 사림들은 이런 호조건을 계기로 성리학적 이상정치인 도학정치道學政治를 실현하려는 꿈을 꾸게 되었던 것이다. 물론 도학정치라고 해서 그야말로 순수한 이상정치는 아니었다. 그것 역시 자신들의 입지를 강화하기 위한 이데올로기였음은 물론이다. 다만 도덕적으로 훈구보다 건전한 것은 사실이었고 그 점에 긍정적 의미를 부여할 수 있는 것이다.

도학정치의 시행

도학은 이치를 궁구하고 마음을 바르게 하며 도道에 의해서 나가고 물러서는 것을 밝히는 학문이다. 의리와 명분의 실천을 강조하는 성리학이라고 할 수 있다. 도학정치는 이런 도학을 정치와 교화의 근거로 삼아 성리학적 이상인 왕도王道를 실현하는 정치이다. 말하자면 중국의 하夏 · 은殷 · 주周 삼대三代를 모범으로 한 유교적 이상정치의 구현이었다.

사림들은 이런 정치를 시행하기 위해서는 임금의 마음부터 바로잡아야 한다고 생각하였다. 그래서 임금 스스로가 철인哲人이 될 것을 요구하기도 했다. 동시에 훈구 세력의 특권과 비리를 집중적으로 비판 · 공격하여 유교

본래의 합리적이고 기능 위주의 관료 체제를 확립하려고 했다.

나아가 사회 모순의 근본 원인이 지배층의 사치와 방탕한 생활에 있다고 보고 풍속의 교화에 큰 힘을 기울였다. 《주자가례》등 유교적 생활관습을 시행하고 소학실천운동과 향약 보급 운동을 벌였다. 또 도교나 민간신앙적인 풍속을 금지시킬 것을 주장해 선초부터 도교 행사를 지내왔던 소격서昭格署를 폐지시키기도 하였다. 또한 천거제의 일종인 현량과賢良科를 실시하였다.

사림들이 추진한 일련의 개혁은 사회 모순에 대한 직접 치료라기보다는 그런 치료를 할 수 있는 여건을 마련하는 데 주안점을 두는 개혁이었다. 그 핵심은 곧 사림들의 사회적 정치적 영향력을 높이는 일이었다. 현

량과의 실시에는 그런 의도가 너무도 뚜렷이 배어 있었다.

《소학小學》의 실천과 향약 보급 운동

《소학》은 주자의 뜻에 따라 문인인 유자징劉子澄이 쓴 책으로, 우리나라에는 고려 말에 성리학과 함께 도입되어 유교 수양의 한 방법으로 주목되었다. 과거의 시험과목으로 채택되기도 하였으나 15세기까지는 《소학》에 그렇게 큰 비중을 두지는 않았다. 시험을 보기 위해 살펴보는 정도였다.

그러다가 16세기에 들어오면서부터 사림들에 의해 단순히 보는 단계를 넘어서 적극적으로 실천하는 단계로 넘어갔다. 조광조의 스승이었던 김굉

필은 스스로를 '소학동자小學童子'라고 칭하면서 일생을 《소학》의 실천에 힘썼다. 중종 대에는 김안국을 비롯한 기호사림들이 교화의 방법으로 《소학》을 간행·보급하는 운동을 벌여 나갔다.

《소학》은 나이나 신분에 관계없이 모든 사람들이 일상생활에서 지켜야 할 예법을 적어 놓은 책이었다. 《대학》이 도덕적으로 실천하는 행위의 근본원리에 대한 탐구라면, 《소학》은 근본원리에 따른 예법의 실천에 관한 것이었다. 그러므로 《소학》을 보급·실천한다는 것은 성리학적 인간형에 부합하는 인간을 만들어 나가는 교육을 실천하자는 것과 같은 의미를 지녔다.

한편 중종 대 사림들은 《소학》 뿐만 아니라 그 안에 실려 있는 '향약'을 보급하는 데도 노력하였다. 성종 대에 영남사림들은 향촌 사회에서 자신들의 세력 기반을 구축하기 위해서 유향소를 다시 설치하려는 유향소복립운동을 벌였다. 그러나 다시 설치된 유향소를 대부분 훈구 세력이 장악해 버리자 사림들은 유향소 대신 향약을 시행하려고 했다.

1517년(중종 12)에 처음으로 향약을 실시하자는 사림들의 주장이 받아들여졌다. 이때는 주자가 정리한 이른바 《주자증손여씨향약朱子增損呂氏鄕約》이 시행되었다. 이 《여씨향약》은 《소학》 안에 한 내용으로 들어 있기 때문에 향약 보급 운동은 소학실천운동과도 밀접한 관계가 있었다. 향약은 충청·경상·전라도 등 삼남 지방 가운데 사림 세력이 우세한 고을들부터 보급되어 갔다. 8도의 관찰사들에게는 향약 시행을 장려하라는 왕명이 내려지기도 하였다. 1519년에는 서울인 한성부에서도 향약이 시행되었다. 이처럼 사림들은 《소학》의 실천과 향약 보급 운동을 통하여 성리학적 향촌 질서를 수립하면서 동시에 자신들의 세력 기반을 확대해 나갔다.

향약의 일종인 금안동계
는 상하합계의 형식을 취
하고 있으며 1601년(선조
34) 시작되었다. 호남의 3
대 명촌 중 하나인 금안동
은 전남 나주시 노안면에
있다.

기묘사화의 발생

향촌에 비교적 넓고 튼튼한 기반을 쌓은 사림들은 중앙 정계에서도 자신
들의 영향력을 확대해 나가려고 노력하였다. 이미 이전부터 사림들은 천거
제를 통해 어느 정도는 중앙 정계에 진출하고 있었다. 이는 사림의 진출로
공신 세력을 견제하려는 중종의 의도에 힘입은 바 컸다. 그러나 천거제로
등장한 관리들은 청요직에 임명되지 못했기 때문에 세력 확대에는 한계가
있었다.

이에 조광조 일파는 천거를 과거제의 한 부분으로 개편하려고 시도하여
결국 1518년 별시別試의 형태를 빌은 천거제인 현량과를 시행하였다. 현량
과에서는 총 28명을 선발했는데, 대부분 사림 출신이거나 사림과 관련이
있는 사람들이었다. 결국 현량과 실시에 의해서 이제는 천거로 관직에 진
출해도 청요직에 나갈 수 있는 길이 열려, 사림들은 권력의 핵심에 더 가까
이 접근할 수 있었던 것이다.

그러자 사림들은 지금까지 개혁의 기반을 마련하는 데 치중하였던 단계에서 벗어나 직접 훈구 세력에게 타격을 가하려고 시도하였다. 그중에서 핵폭탄과도 같은 것이 위훈삭제僞勳削除 파동이었다. 위훈삭제는 거짓 공훈을 지운다는 뜻으로 중종반정 때 공신 중 76명이 거짓 공적으로 공신이 되었다고 해서 이들을 공신 명단에서 지워 버릴 것을 주장하는 엄청난 사건이었다.

왕조 사회에서의 공신은 왕조를 유지하는 대단히 중요한 기둥이었다. 백성들도 그렇고 왕도 마찬가지 생각이었다. 그러므로 그때까지 사림의 중앙 진출, 그리고 요직 진출까지도 적극적으로 후원했던 중종이었지만, 위훈삭제 문제에 이르러서는 오히려 사림 자체에 대한 견제의 필요성을 느끼게 된다. 그때까지 사림을 대하던 중종의 태도가 크게 달라졌다는 뜻이다. 그러자 훈구 세력들은 희빈熙嬪 홍씨洪氏의 아버지인 홍경주를 중심으로 반격의 기회를 노렸다. 이들은 "나라의 인심이 모두 조광조에게 돌아갔다."고 과장하면서 그대로 둘 경우 왕권까지 위태롭게 할 것이라고 주장하고, '주초위왕走肖爲王'(走肖는 趙의 破字)이라는 글자를 나뭇잎에 새겨 왕이 보게 함으로써 위기의식을 갖게 하였다. 이러한 훈구 세력의 무고가 중종에게 먹혀 들어갔다. 그 결과, 사림들은 다시 한 번 큰 패배를 맛보았다. 이른바 기묘사화가 그것이다.

이로 인해 사림들은 커다란 피해를 입었다. 조광조는 능주綾州로 귀양 가서 사사賜死되었고, 김정金淨, 기준奇遵, 한충韓忠, 김식金湜 등도 귀양 가서 사형당하거나 자결하였다. 이밖에도 수십 명이 유배·파직을 당하였다. 이때 희생된 인물들을 후세에 '기묘명현'이라 부른다.

후대에 이이는 《석담일기石潭日記》에서 조광조에 대해 다음과 같은 평가를 하였다.

옛 사람들은 반드시 학문이 이루어진 뒤에나 이론을 실천하였는데, 이 이론을 실천하는 요지는 왕의 그릇된 정책을 시정하는 데 있었다. 그런데 그는 어질고 밝은 자질과 나라 다스릴 재주를 타고났음에도 불구하고 학문이 채 이루어지기 전에 정치 일선에 나간 결과, 위로는 왕의 잘못을 시정하지 못하고 아래로는 구세력의 비방도 막지 못하고 말았다. 그가 도학을 실천하고자 왕에게 왕도의 철학을 이행하도록 간청하기는 하였지만, 그를 비방하는 입이 너무 많아 비방하는 입이 한 번 열리자 결국 몸이 죽고 나라를 어지럽게 하였으니 후세 사람들에게 그의 행적이 경계가 되었다.

당시 사림들이 대부분 젊어서 정치 경륜이 짧은데다가 스스로를 과대평가해서 개혁을 너무 급진적이고 과격하게 추진하다가 노련한 훈구 세력의 반발을 사 실패했다는 지적이다.

개혁이 아무리 의지가 있어도 결과를 만들어 내지 못한다면 역사의 발전은 오히려 더뎌질 수 있다. 그렇다고 해서 개혁을 두려워해서는 안 될 것이다. 노래 〈말도 안 돼〉에서 "세상이 변했으니 어쩔 수가 없다고. 변하는 건 당연해. 어떻게가 중요해."라고 외쳤던 어느 가수의 노랫가락처럼 '개혁' 그 자체보다도 '어떻게' 개혁할 것인가가 어렵고도 중요한 일이다.

그럼에도 불구하고 조광조는 새로운 시대상을 명확히 제시하였고, 실천적 행동을 통해 훈구 세력까지도 성리학을 그 시대의 지배이념으로 받아들이지 않을 수 없게 하였다. 그가 이루고자 했던 개혁의 이상도 후배 사림들에 의해 상당 부분 실현되었다. 그런 점 때문에 그는 조선 중·후기 내내 가장 이상적인 선비로 추앙받았다. 조광조 자신은 비록 실패했을지라도 사림의 개혁 그 자체는 결국 성공했다고 볼 수 있다.

5 사화와 당쟁

건전한 정치이념을 공통적으로 지향하면서 상호 간의 공존을 인정하는 붕당정치의 틀로서 당쟁을 파악하면 어떨까? 정치 운영의 측면에서, 정치 세력의 배타적이고 극단적인 대립을 강조하기보다는 상호갈등을 어떻게 정치적으로 해결해 나가려고 했는가 하는 점에 더 주목하는 것이다.

정치란 무엇인가

큼직한 비리나 부정 등의 사건이 터질 때면 종종 듣는 말 가운데 "정치적으로 해결한다."는 말이 있다. 법에 따라 공정하게 처리하면 될 일을 그렇게 하지 않으면서, 때로는 그렇게 하지 못하면서, 슬쩍 넘어가려고 할 때 정치적 해결이란 말로 두루뭉술하게 때워 버린다. 어떻게 보면 정치란 무슨 도깨비 방망이처럼, 되는 일도 안 되는 일도 없게 하는 신비한 마력을 가진 것처럼 보이기도 한다. 그래서 이런 일이 있을 때마다 정치란 도대체 무엇인가라고 곱씹어 보곤 한다. 정말 정치란 무엇일까?

정치란 말과 돈이라고도 하지만 원론적으로 말하면 정치란 국민의 의사를 반영하면서 사회 구성원 사이의 이해관계를 조절하는 행위라고 할 수 있다. 사실 구성원 사이의 갈등이 없는 사회는 유토피아가 아닌 바에야 역사상 존재한 적이 없었고 또 앞으로도 없을 것이다. 이는 말을 바꾸면 정치적 갈등이 없는 사회는 없고, 따라서 좋건 싫건 정치 행위는 영원히 존재한다는 뜻이 될 것이다.

　이처럼 정치적 갈등이란 항상 어디나 있는 현상임에도 불구하고 우리들은 정치적 갈등에 대해서 매우 부정적인 시각을 가지고 있다. 갈라지면 무조건 나쁘고 그래서 처음부터 흐트러짐 없이 하나로 뭉쳐 있어야 바람직한 것으로 생각하는 경향이 크다. 더욱이 이념의 차이도 없으면서 오로지 금배지를 달기 위해 이합집산을 거듭해 왔던 우리 정치 풍토는 우리로 하여금 이런 부정적인 생각을 더욱 갖게 한다.

　그러나 현실에서 정치적 갈등 자체를 부정할 수는 없다. 다시 말하면 갈라짐 자체가 나쁜 것은 아니라는 뜻이다. 앞에서 말했듯이 사회구성원 간에는 어느 경우나 이해관계의 차이가 있고 그래서 갈등이 생기는 것은 열린사회에서는 당연한 일이다. 또 그런 갈등이 있으므로 발전적인 논의가 생길 수 있기 때문이다.

　갈등 자체는 결코 부정적인 것이 아니다. 다만 그 갈등이 왜 생겼는가, 라는 갈등의 원인, 또 그 갈등을 어떻게 해결하느냐, 라는 조정 행위(이것이 바로 정치라고 하는 행위이다.)에 대해서 잘잘못을 구분할 수 있는 것이다. 즉 그 갈등이 사적인 이해나 감정에서 비롯되었거나 갈등의 해결을 폭력적·강압적인 방법으로 하는 것이 바로 부정의 대상이 되는 정치 행위이다. 그와는 반대로 이념의 차이나 정강 정책의 차이에서 갈등이 빚어지거나 또 갈등을 민주적 방식으로 처리한다면 그것은 오히려 바람직한 행위가 된다.

　따라서 정파가 갈라지고 논의가 나뉘는 것 자체를 무조건 부정적으로 보기보다는, 다양한 정파와 정치적 견해들이 존재하는 것은 일단 긍정하되, 그들이 서로의 차이를 어떻게 조정·통합해 나가는가에 판단의 기준을 두는 것이 올바른 태도일 것이다.

그러면 사화士禍는?

조선 사회에서 정치 하면 곧 사화士禍와 당쟁黨爭을 연상하게 된다. 그리고 그것은 곧 정치=부정의 대상이라는 인식으로 이끄는 매개이기도 하였다. 사화와 당쟁에 대한 무조건적인 부정은 정치 자체에 대한 부정적인 인식에서 비롯되기도 하지만, 일제 식민사학자들에 의해 만들어진 식민사관에 의해 오염된 생각에서 비롯되는 측면이 더 크다.

식민사학자들은 식민지 지배를 정당화하기 위해서 우리 역사와 민족성을 부정적으로 보는 역사인식을 만들어 냈다. 그 가운데 하나가 당파성론이다. 당파성론은 1907년에 시데하라 히로시幣原坦가 《조선정쟁지朝鮮政爭志》란 책을 쓰면서 제일 먼저 주장했는데, 사화와 당쟁은 이 당파성론의 구체적 근거였다. 그리고 사화는 당쟁의 전주곡으로 설명하였다. 그러나 근래에 사화가 있었던 15·16세기에 대해서 여러 측면의 연구가 이루어져 이런 잘못된 인식은 서서히 극복되고 있다.

그러면 먼저 사화에 대해 살펴보기로 하자. 사화가 거듭 일어났던 시기는 15세기 말에서 16세기 중반까지였다. 이 시기에는 농업기술의 발달을 비롯하여 천방川防·보洑와 같은 관개기술이 새로이 보급되고 간척지 개발 등 개간이 활발히 이루어져 농업생산력이 크게 향상되었다. 이를 바탕으로 상업에서도 전국에 정기 시장인 농촌 장시가 생겨나서 발전하고, 수공업에서도 면포의 생산이 급증하는 발전이 있었다. 그 결과, 국내 유통이 원활해지면서 국제무역도 활성화하였다.

이런 경제 발전은 새로운 정치 세력을 낳았다. 즉 농업생산력을 중심으로 경제 발전을 추동했던 재지사족들이 사림이란 정치 세력을 이루어 자신들의 몫을 지키려는 정치를 하기 시작했던 것이다. 그 과정에서 역시 그 성장의 몫을 특권으로 독차지하려던 훈구와 대립하게 된다. 이렇게 정국의 주도권을 둘러싼 대립이 극단적인 사건으로 불거져 나왔던 것이 사화이다.

사림들은 훈신이나 외척·척신들이 사적인 치부에 권력을 남용한다고 신랄하게 비판하다가 거꾸로 정치적인 탄압을 받았다. 사화土禍라는 말이 사림이 화를 당했다는 뜻이니까 그 대립에서 사림이 패배한 것이다.

이처럼 사화는 하나의 정치 현상이었다. 우리들이 흔히 잘못 이해하듯이 개인과 개인 간의 감정적인 갈등이 아니라 사회·경제적인 발전 과정에서 마땅히 있을 수 있는 정치 현상이었다고 볼 수 있다.

무戊·갑甲·기己·을乙

사화는 크게 네 차례 있었다. 1498년(연산군 4)에 일어난 무오사화戊午土禍, 1504년(연산군 10)에 일어난 갑자사화甲子土禍, 1519년(중종 14)에 일어난 기묘사화己卯土禍, 1545년(명종 즉위년)에 일어난 을사사화乙巳土禍가 그것이다. 머리글자만 떼어 '무·갑·기·을'이라고 외워 왔다.

이 네 차례의 사화 가운데 제일 먼저 일어났던 무오사화는 영남사림의 대표격인 김종직이 사초史草로 쓴 〈조의제문弔義帝文〉이란 글이 빌미가 되었다. 이 글은 단종을 항우에게 죽은 중국 한나라의 의제義帝에 비유하여 간접적으로 세조의 왕위 찬탈을 비판한 글이다. 사초는 실록을 편찬하는 기초 자료로 사관史官이 작성하는 것이다. 그러니까 김종직이 사관으로 있을 때 썼던 글이 후에 문제가 되었던 것이다.

무오사화의 경우는 사초에 사건의 원인이 있었다고 해서 사화土禍가 아니라 사화史禍라고 일컫기도 한다. 그러나 이 사화는 사초가 빌미가 되기는 했지만 그 바탕에는 정치적 갈등이 내재해 있었다. 즉 사화는 비록 실패했지만 유향소복립운동을 거세게 추진할 정도로 성장한 사림 세력이 훈구들의 사적인 이익 추구와 경제적 비리를 맹렬히 비난하게 되자 궁지에 몰린 훈구 세력이 반격을 가함으로써 일어난 것이었다.

갑자사화는 연산군과 그의 친위 세력이 사치생활의 재원으로 훈구 세력

조광조의 문인이었던 양
산보는 기묘사화로 스승
조광조가 피화되는 것을
보고 평생 벼슬할 뜻을 접
고 소쇄원을 지어 은거하
였다.

의 재산을 탈취하기 위해 일으킨 사건으로, 직접적인 원인은 연산군의 생
모 윤씨가 폐비되어 죽은 사건을 연산군이 알게 된 데 있었다. 그리하여
한명회 등 당시 대신들이 이를 묵인했다는 이유로 부관참시剖棺斬屍하거나
죽였다. 부관참시란 죽은 뒤 큰 죄가 드러난 사람의 경우, 무덤을 파서 관
을 꺼내 시체의 목을 베는 극형이다. 이때 사림들 가운데서도 연루된 자가
적지 않아서 사화라는 말을 쓴다.

　네 차례의 사화 중에서도 가장 전형적인 사화는 뭐니 뭐니 해도 기묘사
화이다. 기묘사화는 중종 대 중앙 정계에 진출한 기호사림들이 조광조를
중심으로 개혁을 추진하다가 훈구 세력의 반발을 받아 일어났다. 사림들
은 현량과를 통해 자파 세력을 확대하고 《소학》의 실천과 향약 보급 운동
을 통해 향촌에서의 주도권을 장악하려 했고, 위훈삭제僞勳削除까지 시도해
서 공신 세력의 물적 기반을 근본적으로 제거하려다가 결국은 중종의 태

도 변화와 훈구 세력의 일대 반격으로 실패했던 것이다. 그 결과, 조광조를 비롯한 수많은 젊은 인재들이 죽임을 당하거나 귀양을 가야만 했다.

을사사화는 성격이 약간 달라 외척간의 싸움에서 사림이 피해를 당했던 경우이다. 당시 인종의 외할아버지인 윤임을 중심으로 한 대윤大尹과 인종 뒤에 즉위한 명종의 외삼촌인 윤원형을 중심으로 한 소윤小尹이 대립하였는데, 인종이 죽고 명종이 즉위하자 소윤이 대윤 세력을 축출했던 것이다.

기묘사화에서 큰 타격을 받았던 사림은 다시 전열을 가다듬고 중종 말년 무렵부터 중앙 정계에 진출하기 시작했고 그 뒤를 이은 인종은 이들을 지지하였다. 그러나 인종은 불행히도 왕이 된 지 1년도 채 못 돼서 죽었고 명종이 새로 즉위하였다. 그러자 인종과 명종의 두 외척, 즉 대윤과 소윤 사이에 권력을 둘러싼 다툼이 일어났다. 그런데 이들 외척이 사림을 대하는 태도는 전혀 달랐다. 윤임은 사림을 비호했던 반면에 윤원형은 그렇지 않았다. 따라서 윤원형이 윤임 세력을 제거할 때 거기에 묻혀서 사림들도 많은 희생을 당했던 것이다.

이처럼 사화는 서로 일어난 원인이나 대립의 내용들은 조금씩 달랐지만 대체로 보면 새로이 성장하는 재지지주층인 사림이 중앙무대에 진출하여 훈구와 대립하면서 일어났던 정치적 갈등이라고 할 수 있다. 사림은 '사화'라는 대립에서는 모두 패하였지만 궁극적인 승리는 사림의 차지였다. 아픈 만큼 성숙해지는 건지 모르겠지만 시련의 와중에서 사림은 명분을 축적하고 기반을 다져 선조 대에 가면 대세를 이루면서 자연스럽게 정권을 장악하게 되었던 것이다.

동서분당과 당쟁

당쟁은 사림 세력이 정권을 장악한 다음에 나타나는 정치 현상이었다. 사화와 당쟁은 정치적 갈등이 드러난 사건이라는 점에서는 같지만 그 구조는 전혀 달랐다. 사화는 사림들이 피해를 당한 화라는 뜻이다. 따라서 사림 대 비사림의 갈등구조를 지녔지만, 당쟁은 사림 내부의 갈등이었다. 따라서 성리학이란 커다란 이념의 원칙에는 차이가 없었다. 그보다는 정치 운영상의 차이가 갈등을 만들어 내는 요인이었다.

당쟁의 첫 단추는 동서분당이 차지하였다. 동서분당은 1575년(선조 8년) 서인과 동인의 분열에서 비롯되었다. 문신들을 임명하는 인사권을 담당한 이조전랑직吏曹銓郎職을 둘러싸고 심의겸沈義謙과 김효원金孝元의 대립으로 표면화된 이 사건은, 심의겸과 그에 동조한 선배사류들을 서인이라고 하고, 김효원과 그에 동조한 후배사류들을 동인이라고 불렀기 때문에 동서분당이라고 이름 붙인 것이었다.

그러나 이들의 대립은 단순히 권력을 둘러싼 대립만은 아니었다. 이미 사림들은 명종 대부터 학문적 내용에 따라 학파를 형성하였으며, 이 학파의 분기를 바탕으로 선조 대에 정계에 진출했다고 할 수 있다. 그리하여 이이학파와 성혼학파가 주로 서인을 구성하고 서경덕·조식학파와 이황학파가 동인을 구성하였다. 그러므로 동서분당은 학파들의 학문적 차이가 정치적 분화로 가면서 거쳐야만 했던 하나의 과정이었다고 할 수 있다. 이후 학파와 정파는 서로 밀접한 관계를 맺으면서 전개되었고 이것이 조선 중기 사회의 중요한 특징이 되었다.

붕당정치론

조선 왕조가 유지되던 19세기 말에도 우리나라 학자들 중에서 당시의 유교 정치를 비판적으로 인식하는 흐름이 있었다. 그렇지만 그러한 비판적 인식은 정치 자체를 부정하는 것은 아니었고 이제 한계에 이른 양반정치를 청산하고 새로운 정치질서를 세워 보고자 하는 의도에서였다.

이에 반해 일제 식민사학자들은 우리 민족의 정치적 역량을 부정하고 나아가 식민통치를 합리화하기 위해 고의적으로 조선의 정치=당쟁이라는 등식하에 부정으로 일관하여 조선 정치사를 짜 나갔다. 심지어 호소이 하지메細井肇라는 식민사학자는 인종론적인 견지에서, 당쟁이 장기적으로 진행된 것은 조선 사람의 핏줄에 당쟁을 좋아하는 아주 특별한 검푸른 피가 섞여 있기 때문이라는 망발까지 하기도 했다.

식민사학자들의 이런 왜곡된 인식은 식민지라는 현실에 압도되어 학계는 물론 일반에게 심각한 악영향을 미쳤다. 그래서 얼마 전까지만 해도 우리는 당쟁을 이해할 때 권력을 둘러싼 암투로써 국가·국민의 이익은 도외시하고 관념적인 문제를 놓고 싸웠던 것으로 보아 왔다. 당쟁하면 제일 앞에 동서분당을 놓고 계속해서 분당, 분당으로 이어지는 사건들로 기억하고 있다. 남북의 분당, 노소의 분당⋯⋯. 그래서 어느 당이 어떻게 나뉘어졌는가를 잘 외우는 사람이 조선의 역사를 잘 아는 사람인 양 행세했고, 한때는 시험에서 높은 성적을 받으려면 이 분당의 과정을 무조건 외워야 했던 그런 시절이 있었다. 그렇게 되었던 데에는 잘못된 교육 풍토, 연구자들의 무책임 등등 여러 가지 이유가 있었다. 더욱이 해방 이후의 우리 현대사에 건전한 정치문화가 자리 잡지 못한 것도 부정적 인식을 심화시키는 데 일조를 하였던 것이다.

그러나 1980년대 들어와 학계에 정치사에 대한 연구 성과가 축적되면서 16세기 후반에서 18세기 전반에 이르는 정치를 기존의 '당쟁'이 아니라 건전한 정치이념을 공통적으로 지향하면서 상호 간의 공존을 인정하는 '붕당정치朋黨政治'의 틀로 파악하는 경향이 많아졌다. 말하자면 정치 운영의 측면에서 정치 세력의 배타적이고 극단적인 대립을 강조하기보다는 상호갈등을 어떻게 정치적으로 해결해 나가려고 했는가 하는 점에 더 주목한 것이다. 이후 조선 정치사에 대한 새로운 조망의 성과들이 축적되어 붕당정치란 틀은 이제 정설의 자리를 차지하였다. 지금 고등학교 한국사 교과서에도 그대로 반영되어 있다.

　'정치=당쟁'이란 잘못된 인식을 '정치=붕당정치'란 틀을 통해 극복하는데 한 세기가 걸렸다. 그 사이에 식민지, 해방 전후, 6·25 전쟁, 군사독재, 민주화와 산업화의 갈등 등 수많은 사연들을 겪었다. 힘들게 살아왔던 지난 한 세기였기에, 정치에 거는 기대가 그만큼 컸기에, 정치사에 대한 잘못된 인식을 바로잡는 일이 그렇게 어려웠던가 보다. 물론 아직도 자신의 생각이 식민사학의 영향에서 벗어나지 못하고 있다는 사실조차 모르는 지도층이 여전히 존재한다. 그렇기 때문에 한 세기에 걸쳐 어렵게 자리 잡은 조선 정치사의 새로운 조망에 더욱 큰 관심을 가져야 할 때이다. 올바른 역사 인식 위에 설 때 비로소 현실 정치에 대한 미래지향적 비판도 가능할 것이기 때문이다.

殿政仁

제 3 장 | 조선다움의 성립

1 선물경제

16세기 조선시대의 양반, 특히 관료들은 지방관을 비롯한 많은 사람으로부터 다양한 선물을 받았는데 그 규모가 평상시의 먹고 사는 문제를 거의 해결할 수 있을 정도였다. 이러한 선물 수수는 당시에는 상당히 보편화되고 일상화된 관행이었으며, 전체 국가경제에서 적지 않은 비중을 차지했다.

선물인가, 뇌물인가?

우리는 생일과 결혼기념일, 입학과 졸업, 설과 추석 등 특별한 날에는 선물을 주고받는다. 어떤 선물을 할까, 이 선물이 상대방의 마음에 들까 고민도 하지만 어쨌든 선물은 받으면 기분이 좋다.

특히 사랑에 빠진 젊은이들은 22일, 50일, 100일 등 하루가 멀다 하고 커플기념일을 정해 선물을 주고받으며 좋아라 한다. 이에 발맞춰 기업들은 발렌타인데이, 화이트데이, 빼빼로데이다 해서 커플기념일을 이용해 자사 상품을 적극 홍보하는 마케팅을 활발히 벌이기도 한다.

그러나 이 선물이 가족과 연인, 친구의 범위를 넘어서면, 그리고 그 가격이 도를 지나치면 이것이 선물인지, 뇌물인지 그 경계가 애매한 경우가 많이 생기게 된다. 실제로 과도한 선물과 접대를 받아 사법 처리되는 고위 공무원이나 정치인 관련 기사를 언론에서 심심치 않게 접하게 되는 것도 이 때문이다.

1993년 설립한 국제투명성기구(TI)가 매년 발표하는 국가별 부패인식지수(CPI)에 의하면, 우리나라는 2015년 전 세계 국가 중 37위로, 2014년 43위보다는 순위가 올라갔지만 점수는 100점 만점에 56점으로 2014년보다 1점 올라가는 데 그쳤다. OECD 가입 34개국 중에서는 27위로 하위권에 속하며, 아시아 국가 중에서는 싱가포르(8위), 홍콩(18위), 일본(18위), 부탄(27위), 타이완(30위) 등이 한국보다 순위가 높다.

순위도 순위지만 더 큰 문제는 부패 점수가 2008년 56점을 맞은 이래 54~56점 사이에서 거의 변화가 없다는 점이다. 이는 그동안 한국의 부패 문제가 거의 개선되지 않았다는 사실을 말해 주고 있다.

3년 동안의 반대와 논란 끝에 2015년 3월 이른바 '김영란법'이라 부르는 '부정청탁및금품등수수의금지에관한법률'이 가까스로 국회를 통과하였다. 공직자와 언론사, 사립학교 임직원 등이 직무 관련성이나 대가성에 상관없이 본인이나 배우자가 100만 원이 넘는 금품 또는 향응을 받으면 무조건 형사 처벌을 받게 되는 이 법의 제정은, 부패 문제를 해결하지 않고서는 선진국에 들어갈 수 없다는 위기감에서 나온 고육지책이라 할 수 있다.

16세기 양반사회의 선물 관행

그런데 16세기 조선시대의 양반들은 지금과 비교할 수 없을 정도로 자주, 그리고 많이 선물을 주고받았다. 특히 관료가 되면 지방관을 비롯한 많은 사람으로부터 다양한 선물을 받았는데 그 규모가 평상시의 먹고 사는 문제를 거의 해결할 수 있을 정도였다. 그런데 이러한 선물 수수는 당시에는 상당히 보편화되고 일상화된 관행이었다. 또한 전체 국가경제에서 적지 않은 비중을 차지해 학계에서는 이를 '선물경제膳物經濟'라고 일컫기도 한다.

유희춘의《미암일기眉巖日記》와 이문건의《묵재일기默齋日記》, 오희문의《쇄미록瑣尾錄》, 권문해의《초간일기草澗日記》등 16세기에 저술된 양반사족의 일기 자료들은 당시 양반들의 선물 관행의 실상에 접근하는 데 많은 도움을 준다. 한번 살펴보자.

선물은 누가, 왜 주는가?

유희춘은 을사사화로 20년 동안 귀양살이 하다 선조가 즉위하자 풀려나 경연관과 홍문관 부제학 등을 역임하면서 선조 대 학술 진흥에 크게 기여한 인물이다. 《미암일기》는 유희춘이 1567년(선조 1) 10월부터 1577년 5월까지 10년 동안 쓴 일기이다. 중간에 빠진 부분이 간혹 있으나 조선시대 개인의 일기 가운데 가장 방대하고 내용이 풍부하여 《선조실록》을 편찬할 때 주 사료로 활용되기도 하였다.

《미암일기》를 보면, 유희춘은 10년 동안 총 2,855회의 선물을 받은 것으로 나타난다. 기록이 불완전한 달과, 선물을 주로 주는 처지였던 전라도 관찰사 재임 기간을 제외하면 월 평균 42회로 매우 많은 횟수임을 알 수 있다. 그럼 누가 그에게 이렇게 많은 선물을 주었을까? 유희춘에게 선물을 준 사람들은 동료 관료, 지방관, 문인, 친인척, 지인 등 다양했는데, 그중 지방관이 약 53%로 가장 많은 비중을 차지하였다.

지방관들이 유희춘에게 선물을 많이 한 것은 그의 정치적 영향력 때문이었다. 유희춘은 중앙의 고위 관료로 선조의 신망이 높았을 뿐만 아니라 수령과 지방 무관직인 첨사·만호를 천거할 수 있는 권한을 가지고 있었다. 또한 그는 담양 경재소京在所를 관장하면서 담양뿐만 아니라 순천과 해남 유향소留鄕所의 좌수·별감 인사에도 관여하고 있었다. 따라서 지방관들은 선물을 통해 자신의 승진과 임용에 영향을 줄 수도 있는 유희춘 같은 현직 고위 관료와 관계를 맺고 싶어 했던 것이다.

한편, 유희춘에게 선물을 제공한 사람들 가운데 과반수 가까이가 친인척과 지인이었다. 이들의 선물은 명절이나 절기, 관혼상제 등 집안의 대소

사에 집중되었는데, 지방관의 경우처럼 서로 간의 이해관계 속에서 이루어
지기보다는 이미 형성된 인간관계를 배경으로 상호부조의 형태를 띠는 경
우가 많았다.

선물의 종류와 규모

이문건은 중종 대 문과에 합격해 사간원 정언, 승정원 동부승지 등 관직을
역임하다 1545년(인종 1) 을사사화에 연루되어 성주로 유배되었다가 1567년
그곳에서 생을 마감하였다. 유희춘에 비하면 현달한 인물은 아니었지만
그의 집안이 성주 지역의 유력 가문이었고 또한 전직 중앙관료였다는 사실
이 인근의 지방관들과 밀접한 유대관계를 형성하게 했으며, 유배기간임에
도 불구하고 이문건은 이들로부터 많은 물건을 선물받았다.

《묵재일기》는 이문건이 1535년(중종 29) 11월부터 1567년 2월까지 32년
동안 쓴 일기이다. 그러나 이후 일기의 소실로 누락된 부분이 있어 현재에
는 17년 8개월분이 남아 있다. 《묵재일기》를 보면 이 기간 동안 이문건은
총 6,346회의 선물을 받았는데, 월 평균 28회로 역시 적지 않은 횟수이다.

이때 이문건이 받은 선물의 종류는 매우 다양했으며, 그 규모는 매우 컸다. 쌀과 콩 등 곡물류를 비롯하여 면포와 의류, 부채와 빗 등 생활소품, 종이와 붓 등 문구류, 꿩과 포육류, 어패와 해조류, 김치와 양념류, 과일·견과와 채소류, 술과 약재류, 땔감과 초·기름 등 일상용품부터 사치품까지 모두 망라되어 있었다. 또한 그 양도 상당하여 선물받은 것만으로도 생활하는 데 어려움이 없을 정도였다.

이문건은 자신의 집을 지을 때나 집안에 혼사나 상장례가 있을 때에도 인근 지방관에게 자재와 비용, 인력 등의 도움을 청해 선물로 제공받았다. 이는 다른 사람의 경우도 마찬가지여서 유희춘 역시 집을 지을 때나 조상의 산소를 보수할 때, 혼례나 상제례를 치를 때, 심지어 농지를 개간할 때도 인근 지방관에 도움을 청해 물품과 재원을 선물로 받았다. 오희문도 임진왜란으로 피난 중인 상황임에도 불구하고 평강에 거주할 때는 두 사람과 비교해도 손색이 없을 정도의 선물을 받았다. 그 아들인 오윤겸이 평강 현감으로 부임해 수령의 아버지라는 특권이 있었기 때문이다.

선물의 사회경제적 성격

당시 양반들은 관직에 나아가면 국가로부터 녹봉을 받았다. 1년에 4번 지급되는 녹봉은 1556년(명종 11) 직전법이 폐지된 이후 관료들의 주된 생활 보장책이었다. 그러나 《경국대전》 규정대로 녹봉이 지급되는 경우는 드물었으며, 대부분의 경우 기상재해나 사신 접대 등으로 국가 재정이 어렵다는 이유를 들어 적게 지급되었다. 비록 녹봉 외에 공적으로 왕실이나 중앙 각사各司로부터 선물의 형태로 물품이나 노비를 지원받았으나 그것 가지고는 부족하였다.

이런 상황에서 양반들이 지방관을 비롯해 동료 관료, 친인척, 지인 등으로부터 받는 선물은 가계 경제에 적지 않은 도움이 되었다. 특히 지방관이 보내오는 선물은 횟수나 규모에서 다른 부류와 차이가 많이 났는데, 문제는 이러한 사적인 선물이 공적인 지방재정에서 나간다는 것이었다.

이는 당시에 행해졌던 칭념稱念이라 불리는 현물 수수 관행에서도 잘 드러난다. 본래 칭념은 불교에서 연원한 단어로 부탁, 의뢰, 염원 등의 의미를 지닌 용어로 사용되었는데, 신임 지방관이 중앙에 있는 현직 관료의 부탁을 받아 부임지의 친인척이나 지인에게 곡물을 비롯한 현물을 전달하는 행위를 지칭하였다.

여기서 지방관은 단순한 전달자인 것 같지만 사실 지방관은 부탁한 사람으로부터 명단과 물자의 목록만 전달받을 뿐, 실제로는 해당 관아에서 이것들을 지급하였다. 결국 지방관의 사적인 선물과 마찬가지로 지방재정에서 칭념의 재원이 조달되었던 것이다.

그러면 우리는 오늘날과 다른 16세기 양반들의 이러한 선물 관행을 어떻게 봐야 할까? 상품유통경제가 발달하지 않았던 당시, 양반들의 선물 교환은 상호 부조와 호혜, 보험의 성격을 띠었으며, 가정 경제에서 먹고사는 문제를 상당 부분 해결하는 방안이었다.

또한 지방관이 선물을 지방재정에서 갹출해 중앙관료나 유력 재지사족에게 제공한 것은 16세기 새로이 등장하는 사림 중심의 사족 지배체제를 유지하기 위한 국가 재원의 재분배 성격을 지니기도 하였다. 실제로 조선 후기에 가면 이전에 양반들이 지방관으로부터 제공받았던 노자와 먹을거리, 땔감 등이 지방재정의 공식적인 세목의 하나로 정착되어갔다.

선물경제는 조선 중기까지 상당히 보편화된 경제체제였다. 그러나 장시가 등장하고 시장경제가 발전하면서 선물경제의 비중은 점차 줄어 갔으며, 19세기에 오면 선물교환은 물자 획득을 위한 목적보다는 의례와 접대의 일환으로 주로 행해졌다. 오늘날 우리가 친인척이나 지인의 초상이나 결혼식에 부의나 축의금을 내는 모습과 크게 다르지 않다고 할 수 있다.

2 장시의 발생

조선 건국 후에는 토지가 많이 개간되어 농업 생산이 증가하고 수공업과 어업도 발달하여 물산이 차츰 풍부해지면서 상업도 발달하였다. 이런 현상은 장시의 발생을 가져왔고, 이는 역사 발전의 현상을 반영하는 일이었다.

"장 보러 간다"

지금 도시에 사는 사람들은 하루라도 물건을 사지 않는 날이 없을 것이다. 물건을 사는 장소도 무척 다양하다. 거리의 노점상에서부터 구멍가게, 슈퍼마켓, 24시간 영업하는 편의점 등이 있는가 하면 대형마트들도 많다. 물론 백화점도 빼놓을 수 없다. 그러다 보니 매일 아침 받아보는 신문은, 이게 도대체 신문인지 뭔지 모를 정도로 속칭 '찌라시'가 뭉치 더미로 전해지는 날이 점점 많아진다. 그것도 정보는 정보다. 현대인은 이런 상품 광고와 상품 전시장의 홍수 속에 살고 있다.

그런데 희한한 것은 이런 천차만별의 차이가 있는 상점들로 물건을 사러 가면서 하는 말은 "장 보러 갔다 올게."라고 해서 별 차이가 없다는 것이다. 일일이 "미니슈퍼에 갔다 올게." "편의점에 갔다 올게."라고 구분해서 말하지는 않는다. "장 보러 갔다 올게."의 '장'은 우리의 고유한 표현이다. '가는 날이 장날이다.'라는 속담도 있고, '장' 하면 장돌뱅이의 삶과 애환을 향토적 정서로 그린 이효석의 〈메밀꽃 필 무렵〉이라는 소설도 생각난다.

장시의 출현

시장이라 해야 기껏 서울에 시전市廛 정도밖에 없었던 조선 사회에서 15세기 말엽이 되면 지방에 '장시場市'라고 불리는 시장이 나타나기 시작한다. 왜일까?

장시가 처음 나타난 곳은 전라도였다. 그중에서도 나주·무안처럼 전라도 서남부 지역의 고을이었다. 이 지역들은 영산강을 끼고 있어 교통이 편하고, 나주평야가 펼쳐져 있어 쌀과 목화 등 농산물이 많이 생산되었다. 그리고 해안 지역에서는 해산물이 많이 잡히고 소금도 많이 나고, 또 배후의 산간 지역에서는 임산물이 생산되는 등 물산이 다양하고 풍부해서 어느 곳보다 시장이 발달하기에 알맞은 조건이었다.

전라도의 이런 조건은 다만 시장이 처음으로 나타나기에 좋았다는 것뿐이지, 그렇다고 전라도에만 장시가 있었다는 뜻은 아니다. 장시는 16세기가 되면 전국 어디서나 쉽게 찾을 수 있을 정도로 늘어나 당연한 추세가 되었다.

농업생산력의 발달로 물산이 풍부해져서 상품의 유통량이 늘자 농민들 사이에서 교역이 증가하면서 출현한 것이 이 장시였던 것이다. 특히 흉년이 들었을 때 장시는 농민이 기근을 모면하는 중요한 수단이 되었으며, 군역과 조세의 부담을 못 이겨 도망한 농민들의 피난처가 되기도 하였다. 그러므로 정부는 장시를 정식으로 인정하지는 못했고, 또 장시를 둘러싸고 여러 가지 사회 문제가 일어났기 때문에 수시로 금지령을 내렸지만, 장시는 사라지지도 성장을 멈추지도 않았다. 장시의 성립과 발달은 시대적 요구였던 것이다.

장시의 발달

지방에 장시가 발생했다는 것은 역사 발전의 현상을 반영하는 일이었다. 조선이 건국한 뒤 토지가 많이 개간되어 농업생산이 증가하였다. 또한 수공업과 어업도 발달하여 물산이 차츰 풍부해지면서 상업도 점차 발달하였다. 이런 발달을 반영한 현상이 장시의 발생이었다.

장시가 발생한 초기에는 전라도 일부 지역에서만 한 달에 두 번 정도 열렸다. 그러나 16세기 전반이 되면 하삼도下三道, 즉 전라·경상·충청도 거의 전 지역에 시장이 형성되었고, 16세기 말에 가면 경기도에서도 장시가 출현하였다.

장이 서는 날의 간격도 점점 단축되어 처음에는 한 달에 2번 내지 3번 열리다가 다음에는 한 달에 3번씩 10일장으로 잦아지더니 뒤에 가서는 1달에 6번씩 열리는 5일장으로 자리 잡았다. 3일장으로 열리는 곳도 있었다.

일로 우시장

전남 무안군 일로읍의 우시장은 지금도 여전히 전통장시의 명맥을 이어오고 있다.

나주 장옥

장시의 발상지라고도 할 수
있는 나주시의 장터 모습.
2012년 나주목사고을시장
으로 통합·이설되었다.

서울의 시전처럼 상설점포는 없었지만, 장돌뱅이라고 불리는 상인들이 5
일 또는 10일 간격으로 자리를 옮겨 다니면서 장을 세웠던 것이다.

요즈음에도 시골에는 이런 5일장이 서는 곳이 적지 않다. 서울 근처에
는 성남에 있는 모란장이 유명하고, 광주光州에는 말바우장이 유서가 깊
다. 또한 대구의 약령시藥令市라든가 담양의 죽세공품장 등 단일 품목만 전
문적으로 거래하는 시장도 지금까지 남아 있다.

장시와 생활

옛 어르신들의 말을 들어 보면 장시는 단순히 상품을 거래하는 곳만은 아
니었다고 한다. 구경도 하고 놀기도 하고 먹기도 하던 삶터이자 쉼터였다.
예부터 장시는 농민들의 삶과 떼어 놓을 수 없는 한 부분이었던 것이다. 장
시는 상품만 모이는 곳이 아니라 사람들도 모이는 곳이었다. 아니, 사람들
이 모이니까 상품이 모이는 그런 곳이라고 해야 더 맞겠다. 그래서 사람들

이 서로 만나 회포를 풀곤 했던 곳이기도 하다.

또 농사만 지으면서 외부와 거의 접촉 없이 생활하던 농민들이 다른 지역의 소식을 전해들을 수 있고 탈춤이나 사당패의 공연을 볼 수 있는 정보 교환과 문화수용의 장이기도 하였다. 지금 우리가 구경할 수 있는 봉산탈춤이나 양주별산대, 송파산대놀이도 다 장시에서 공연했던 것들이다. 봉산·양주·송파는 모두 조선 후기에 번성하던 장시들이 있던 곳이었다.

이처럼 장시는 물건뿐만 아니라 사람들의 정이 오가는 곳, 농민들의 삶의 정취가 깃들어 있는 곳이었다. 규격화된 진열대 위에 하얀 조명을 받으며 놓여 있는 물건들이 한마디 오가는 말없이 거래되는 삭막한 현대식 상가와는 비교가 되지 않는 곳이었다.

여러 가지 교역 행위

이런 장시가 생기기 전에도 사람들은 어떻게든 서로 물건을 교환하고 있었다. 대도시 주민들은 주로 시전을 통해서 물품을 구입하고 그 밖의 주민들은 주로 행상을 통해서 물품을 공급받았다.

서울의 경우 운종가(지금의 종로)에 자리 잡은 시전이 가장 규모가 컸는데, 경기 지역과 한강의 물길로 연결되는 강원도 지역의 주민들까지도 물품을 서울로 가져와 이곳에서 물물교환을 하기도 했다. 강원도에서는 떼배를 만들어 타고 서울로 내려와 파는 사람들도 있었다. 이름하여 목재장사로 떼배 팔아 떼돈 벌려는 사람들이었다. 물론 마포의 객주들이 그 꼴을 그냥 보고 있지는 않았다. 그래서 떼배 장사치들이 떼돈을 손에 쥐기는 쥐나 가지고 돌아가지는 못하였다.

행상들은 소금과 건어물 등 수산물과 여러 종류의 수공업제품, 즉 삿갓이나 그릇·옷·빗·바늘 등을 공급하였다. 농민들은 이들에게서 생활용품 외에 공물의 납부를 위해 필요한 물품을 구입하기도 했다. 그 대가로 쓰이

는 것은 대개 쌀과 면포였다. 때로는 추수할 때 받기로 하고 외상을 하는
경우도 있었다.

행상의 경우는 육지에서 장사하는 상인과 바다를 왕래하는 상인으로
구분되는데, 조선 초에는 이들 행상이 급속하게 늘어나 정부가 이들이 왕
래하는 데 편리하도록 원院이라는 것을 설치해 주기도 했다. 지금의 조치원
이나 사리원들은 이런 원이 있었던 곳이다. 15세기 말엽에는 전국에 1,263
개에 달하는 원이 있었는데, 그 가운데 900개가 하삼도에 집중되어 있었
다. 행상이 주로 농업생산물이 풍부하고 인구가 조밀한 지역에서 활동했
음을 알 수가 있다.

행상이 급증하자 정부는 농업을 장려하고 상업을 억제한다는 방침 아
래 행상들을 조사해서 장부에 이름을 올리고 세금을 내도록 하고 사업허
가증과 여행증명서 같은 것이 있어야 행상을 하도록 했다. 그렇지만 현실
적으로 수없이 많은 행상들을 일일이 파악할 수는 없어서 대부분은 그런
증명서 없이 장사를 하였다.

한편 고려 때부터 불규칙하게 이루어졌지만 각 고을의 관청 앞 빈터에서
정오경에 여러 고을 사람들이 함께 모여 교역을 하는 주현시州縣市라는 것
도 있었다.

정상적인 상업 활동이 자리 잡기 전에는 강제교역이라는 것도 있었다.
억매抑賣라고 한다. 농민들에게 큰 부담이 됐던 것은 이 강제교역이었다. 이
것은 우월한 신분과 경제력을 바탕으로 해서 농민이 필요로 하지 않는 물
건을 강제로 맡기고 제 값보다 몇 배씩 받는 교역 행위이다. 호세가豪勢家들
이나 사찰이 그 주역들이었다. 이런 억매 행위는 조선에 들어오면 거의 사
라지나 국가와 수령 등에 의한 강제교역은 남아 있었다. 15세기 전반에는
소금 전매제를 실시했는데, 이때 각 고을에 할당된 소금을 처분하기 위해
서 수령이 각 집마다 필요 이상으로 할당을 하기도 했다. 때로는 상인들이

국가권력을 등에 업고 강제교역을 하기도 했다.

어쨌든 전반적으로 강제교역이 줄어들어서 농민의 생활이 전보다는 여력이 생기게 되었지만 사회가 변화하면서 새로운 형태의 강제교역이 생겨나기도 하였다. 공물 납부 과정에서 이루어지는 방납防納도 이를테면 강제교역의 하나였다.

교환수단, 돈

장시가 발달하려면 상품생산도 활발해야 하지만 교환수단도 발달해야 한다. 말하자면 돈이다. 당시에 돈으로는 어떤 것들이 있었을까?

당시 상품의 값은 쌀과 포(베·무명)를 기준으로 정하였다. 쌀과 포가 화폐의 기능을 했던 것이다. 그 가운데서도 운반과 저장이 쉬운 포가 화폐로서의 기능이 더 컸다. 쌀이나 포는 원래 물품으로 사용하는 가치만큼의 가치를 갖는 물품화폐였다.

그런데 지방의 장시가 발달해가자 물품으로서의 가치가 떨어지거나 전혀 없는 포도 화폐의 기능을 하게 되었다. 이승포二升布, 삼승포三升布처럼 아주 성기게 짠 포나 옷감으로는 전혀 쓸 수 없을 정도로 잘게 자른 포가 농민들 사이에서 물건 값을 치르는 수단으로 사용되었던 것이다. 이런 포들은 추포麤布라고 불렀는데, 주로 소액거래를 하는 데 이용했다고 본다. 추포를 화폐로 이용했다는 것은 소액거래까지도 활성화할 만큼 상업이 발달했다는 증거가 된다. 정식 화폐가 아닐 뿐이지, 포는 화폐의 역할을 충실히 행했던 것이다.

장시 발달의 영향

이런 장시의 발달은 농민들에게 어떤 영향을 주었을까? 당시의 농민들은 땅에 묶여 있었다. 농사 말고는 다른 할 일이 없었다는 뜻이다. 그러나 장시의 발달로 새로운 일자리가 생기면서 이전보다 땅에 묶여 있는 강도가 떨어지게 된다. 그만큼 삶의 영역이 넓어진 셈이다. 장시라는 공간이 생김으로써 이제 꼭 지주에게만 매달려서 농사를 짓지 않아도 되었다. 장시는 농민들에게 좀 더 많은 자유를 누릴 수 있는 여유를 주었던 것이다.

　그러나 장시의 발달이 농민에게 유리하게만 작용한 것은 아니었다. 농민은 발달하는 유통질서 속에 편입되어 들어가면서 오히려 유통구조에 의해서 수탈을 당하는 일도 생겨났다. 그 지역에서 나지 않는 특산물을 바쳐야 할 농민들에게 상인들이 대신 장시에서 사서 바치고 농민들에게 몇 배로 부담을 전가하는 이른바 방납의 폐단 같은 것이 그것이다. 상업이 끼어들면 수탈의 규모도 장사 수완만큼 커지기 일쑤였다.

3 지주제의 발달

가진 자와 가지지 못한 자들 사이의 갈등은 역사적으로 언제나 존재하는 것이다. 이런 상황에서도 비록 한계는 있었지만 농민들은 끊임없이 노력하여 자신들의 인격적 지위와 자율성을 확대해 나갔다. 역사가 발전한다는 의미는 이런 데서 찾을 수 있는 것이다.

생산관계

사람들 사이의 경제적인 관계를 말할 때 흔히 쓰는 학술 용어로 생산관계라는 말이 있다. 생산수단의 소유 여부에 따라서 사람들을 나누고 그들 사이의 관계를 규정할 때 사용하는 말이다.

현대의 생산관계라면 노사 또는 노자 관계가 여기에 해당된다. 생산수단의 소유자인 자본가=사용자와 노동을 제공하고 그 대가로 임금을 받는 노동자, 이 양자의 관계를 노사관계라 한다. 그것이 현대사회, 곧 자본주의 사회에 해당하는 생산관계이다. 봄철이 되면 임금 협상 등 노동조건 개선을 둘러싸고 일어나는 노사 간의 갈등, 이런 것들은 자본주의 생산관계에서 비롯되는 불가피한 양상의 하나이다. 이런 생산관계는 근대 자본주의 사회 이전에도 있었다. 하지만 그 내용은 물론 달랐다. 조선 시기의 생산관계, 어떻게 달랐을까?

지주제와 병작반수

우리나라의 경우, 고대사회는 노예제적 생산관계를 기본으로 했고, 중세 사회에서는 지주–전호제가 역시 기본적인 생산관계를 이룬다고 본다. 여기서 다룰 주제는 이 지주제이다. 지주제는 생산수단인 토지를 소유한 지주가 자기 토지를 농민에게 빌려 주어서 경작케 한 다음, 여러 가지 방법으로 그 대가를 받는 제도이다. 이때 지주로부터 빌린 땅을 경작하는 소작인을 전호佃戶라고 한다. 그래서 지주–전호의 관계가 이루어진다. 지주–전호의 관계에서 지주는 우월한 신분과 경제력을 바탕으로 전호를 지배하였다. 지주제는 삼국 시대 말엽인 7세기부터 보이기 시작하여 고려 시기에 많이 퍼졌다. 15~16세기에 오면 지주제가 더욱 발달하였다.

한편 농민들은 전보다 훨씬 자율적으로 농사를 짓게 되었다. 즉 농업생산력이 높아짐에 따라 농사 과정의 대부분을 남의 손을 빌지 않고 가족노동력만으로도 지을 수 있게 되었다. 따라서 지주제하에서 남의 땅을 경작하는 농민도 대개 병작반수竝作半收의 형태로 농사를 지었기 때문에 전보다는 지주의 간섭을 훨씬 덜 받게 되었다. 병작반수란 지주와 전호가 수확물을 반씩 나누어 가지는 것을 말한다. 수확물의 절반이 지대地代인 것이다. 지대는 땅을 빌려준 데 대해 전호가 치러야 하는 대가라는 뜻이다.

병작반수를 하면 농민들은 많이 생산할수록 지주에게 주어야 할 양도 늘어나지만 자기 몫도 많아진다. 그래서 농민들은 누가 시키지 않아도 열심히 농사를 지었고 따라서 지주도 농사 과정을 감독할 필요가 줄어들었다. 추수 때에 대리감독관이라고 할 수 있는 마름 등을 거느리고 돌아다니거나 아니면 마름을 보내 수확량을 헤아려서 반만 받아오면 되었다. 이런 이점이 있었기 때문에 병작반수는 빠른 속도로 확산되어 갔다. 병작반수를 그냥 지주제라고 하는 경우도 있는데, 이것은 좁은 의미의 지주제이다. 지주제에는 병작반수만 있는 것은 아니기 때문이다. 그러나 병작반수는 중세 사회에 존재했던 넓은 의미의 지주제 가운데서 가장 전형적인 모습이라고 할 수 있다.

지주제의 발달

15·16세기에 들어와 지주제가 본격적으로 발달하게 되는데, 그 이유는 무엇일까? 먼저 토지 제도에서 찾을 수 있다. 조선이 건국할 당시에 국가는 과전법을 실시하여 권세가들이 불법적으로 차지했던 땅을 농민에게 돌려주고 강제로 노비가 되었던 사람들은 양인으로 환원시켜 주었다. 그 결과, 초기에는 양인과 자영농민이 국가의 근간을 이루었다.

그런데 당시에 토지를 많이 가진 지주는 가능한 한 자신의 노비를 동원해서 경작을 하였다. 노비를 이용한 경작 방법에는 두 가지가 있었다. 하나는 가작家作이라 하여 주인집 근처 경지를 노비를 시켜 경작하게 하고 그 수확물을 모두 주인이 취하는 방식이었다. 다른 하나는 작개作介라고 하여 주인집에서 떨어져 있는 곳을 노비로 하여금 경작하게 하는 방식이었다. 이 경우 노비에게는 작개라 불리는 토지와 사경私耕이라 불리는 토지를 함께 지급했는데, 작개에서 나오는 수확은 거의 모두 주인이 가지고 사경에서 나오는 수확은 노비가 가졌다.

또한 노비로도 경작할 수 없었던 나머지 땅은 땅이 없거나 부족한 농민 또는 다른 노비들에게 주어서 병작반수로 경영하였다. 따라서 국가의 의도와는 달리 계속해서 지주의 소유지가 확대되고 그에 따라 자영농인 농민층이 몰락하는 일이 이어졌다.

그러자 태종 대에 이르러서는 그렇게 되는 이유가 병작반수에 있다고 보고 이를 금지하였다. 이때 병작반수를 금지한 데는 다음과 같은 의도가 있었다. 즉 병작반수를 금지하면 노비 수에 비해서 많은 땅을 가진 사람들은 상당한 땅을 놀릴 수밖에 없을 것이고, 그때 국가는 이 놀고 있는 땅을 강제로 몰수해서 땅이 없는 사람들에게 나누어 주려는 것이었다. 실제로 그렇게 하였다. 아울러 묵은 땅과 황무지 등을 땅이 없는 농민에게 나누어 주었다. 결국 양인 자영농을 많이 만들겠다는 의도였다.

국가의 이런 정책은 당시의 군사 제도나 부세제도가 모두 양인 자영농을 토대로 운영하고 있었던 현실과 밀접히 관련되어 있었다. 따라서 자영농민을 늘리는 것은 곧 수세원을 늘리는 것이 되는데, 부국강병을 목표로 하는 국가의 입장에서 볼 때 자영농민 증대책이었던 병작반수 금지는 어쩌면 당연한 조치였던 것이다.

이처럼 국가는 병작반수 금지를 통해 자영농민을 늘리려 했다. 그러나 지주는 가능한 한 많은 땅을 소유하고, 그 땅을 경작할 수 있는 노비를 늘리면서 아울러 다른 재산까지도 늘리려 하였다. 그러므로 양자는 서로 대립할 수밖에 없었다. 병작반수 금지가 처음에는 어느 정도 시행되었지만 얼마 지나지 않아 제대로 지켜지지 않았다. 그 이유는 다음과 같다.

조선 건국을 전후한 시기에는 왜구를 피해서 주민이 내륙 지역으로 피난했기 때문에 경기도와 하삼도의 해안 지역 고을의 옥토들은 황무지로 변해 있었다. 지주들은 이런 땅을 노비노동력을 동원하여 대규모로 개간하고, 잦은 가뭄·홍수와 기근 때문에 하삼도 지역의 해안으로 이동해 온 유망민으로 하여금 개간한 땅을 병작반수하게 하였다.

상황이 이렇게 되자 병작반수 금지를 해제한다는 명령이 내려지지 않았음에도 불구하고 실제로는 유야무야되고 말았다. 국가로서도 땅이 개간되는 것을 막을 이유가 없었고, 자영농을 통해서 이득을 취하느냐, 아니면 개간을 통해서 이득을 취하느냐 하는 데에서 결국 후자를 선택했던 것이다.

태종 대의 병작반수 금지 조치는 그 자체로만 보면 본래의 의도가 자영농의 확대에 있었기 때문에 오히려 내용상으로는 진보적인 것이었다. 그러나 당 시대에 걸맞은 진보의 모습은 지주제의 발달이었지, 자영농의 확대는 아니었다. 따라서 지주제의 확산을 법으로 막을 수는 없었다. 국가도 결국은 이를 수용하지 않을 수 없었던 것이다.

개간의 확대

지주제 발달에서 주목할 조건의 하나가 위에서 말한 것처럼 개간이었다. 과전법을 처음 실시할 때 남부 6도의 농경지 면적은 황무지로 변한 땅까지 포함해서 79만여 결이었다. 그런데 16년 뒤인 1405년(태종 5)이 되면 96만여 결이 되고, 1432년(세종 14) 무렵에는 평안도와 함경도까지 포함한 것이기는 하지만 173만여 결로 늘어났다.

이처럼 배 이상 증가한 농경지는 정부가 철저하게 농경지 면적을 조사해서 이전에 누락됐던 땅을 찾아낸 것도 있으나 대부분은 새로 개간한 땅이었다. 국가가 개간을 적극 장려하고 조세 등에서 많은 혜택을 주었기 때문이다.

개간된 땅은 대부분 지주들의 소유지였다. 말하자면 그만큼 지주들의 땅이 늘어났다는 뜻이 된다. 그리고 그것은 곧 지주제가 발달하는 조건을 이루는 것임은 분명하였다. 왜냐하면 지주가 자기 소유 토지를 경작하는 방식은 병작반수였으니까 병작반수, 곧 지주제가 확대되는 것은 당연한 일이었다.

개간의 주체는 농민도 있긴 했지만 대부분이 지주였다. 같은 지주라도 대지주와 중소지주 사이에는 약간의 차이가 있었다. 왕실이나 권세가와 같은 대지주들은 대규모 노비노동력을 동원하여 해안 지역 고을들의 벌판을 개간하였다. 이렇게 해서 생긴 농경지를 언전堰田이라고 했다.

이에 비해 지방의 중소지주들은 계곡 주변의 땅을 주로 개간하였는데, 15세기 중엽 이후 더욱 활발히 이루어졌다. 이런 방식의 개간은 천방川防

또는 보洑라고 부르는 새로운 관개수리시설의 등장과 밀접한 관련이 있다. 계곡 주변에서 농사를 지으려면 강줄기의 물 흐름을 막아서 수위를 높이고 물길을 내서 강의 수면보다 높은 지역에도 물을 댈 수 있어야 하고, 또한 물이 넘치지 않도록 강 주위에 둑을 쌓아 하천 수위보다 낮은 곳도 농사를 지을 수 있게 해야 하는데, 천방川防이나 보洑가 그런 역할을 해 주었던 것이다. 이런 중소지주들도 개간할 때는 대개 그들의 노비노동력을 동원하였다.

이밖에도 지주들은 재력을 가지고 토지를 매입하는 방식으로 땅을 확대해 가기도 했는데, 결과는 마찬가지였다.

공법의 실시

개간 이외에 지주제와 병작반수가 발달할 수 있었던 또 다른 이유는 없었을까? 공법을 들 수 있다. 공법은 토지의 세금이라고 할 수 있는 전세田稅를 매기는 기준이 되는 제도로, 세종 후반기인 1444년부터 시작해서 약 50년이라는 시간을 끌면서 전국에 확대 실시되었다. 우리는 보통 공법이라고 하면 전분육등법田分六等法, 연분구등법年分九等法으로 알고 있다. 토지의 생산력, 즉 비옥도를 기준으로 토지를 여섯 등급으로 나누는 것이 전분육등이고, 한 해 농사의 풍흉 정도를 아홉 개의 등급으로 나누는 것이 연분구등이다.

이처럼 공법은 국가 차원의 수세에 정확한 기준을 제공해 주었을 뿐만 아니라 동시에 세율도 1/10에서 1/20로 낮추었다. 더욱이 공법을 전국적으로 실시하게 될 무렵에는 등급을 최하등으로 매기는 것이 일반화되어 있었다. 따라서 이것을 비율로 계산하면 3/200~2/100 정도로, 부가세를 포함해도 5/100를 넘지 않는 수준이었다고 한다. 지금 국민들이 부담하는 세율이 20~25%인 것을 감안하면 매우 낮은 것이다.

전세는 원래 지주가 부담하는 것이 원칙이었다. 그런데 이 전세가 공법의 실시로 이렇게 가벼워졌기 때문에 지주들로 하여금 농업 쪽에 매력을 느끼게 하였다. 그 결과, 지주제의 발달이 더욱 촉진되었다.

병작반수의 역사적 의미

지주제 발달이라는 것이 그 내용에서는 결국 병작반수의 발달이었다. 그러면 이런 병작반수의 발달이 지니는 역사적 의미는 무엇일까?

병작반수가 발생했다는 것은 경작자의 권리가 이전보다 커졌다는 이야기가 된다. 병작반수는 농업기술이 발달하여 가족노동력만으로도 충분히 농사를 지을 수 있게 된 결과이다. 그만큼 농사 과정에서 소작인인 전호의 자율성이 높아졌다는 것이다.

그러나 농민의 자율성이 높아졌다 하더라도 이 시기까지는 농민이 여러 모로 지주에게 의존해야 했다. 우선 생산을 많이 하기 위해서는 땅을 깊게 파야 하는데, 땅을 깊게 팔 수 있는 소는 웬만한 재산가가 아니면 가질 수가 없었다. 또한 논에 물을 대는 것도 지주의 눈치를 봐야 했으며, 흉년이 들었을 때는 종자곡까지도 먹어 버리게 되는데, 다음해 뿌릴 종자를 얻기 위해서도 지주의 도움이 필요하였다. 나아가 국가에 대한 부세부담을 낮게 하기 위해서도 지주에게 잘 보여야 했다. 한마디로 소농민 경영이 불안정했다는 것이다. 이런 여러 가지 이유로 농사 과정에서의 자율성은 사실 완전할 수가 없었다.

가진 자와 가지지 못한 자들 사이의 갈등은 역사적으로 언제나 존재하는 것이다. 그러나 이런 상황에서도 비록 한계는 있었지만 농민들은 끊임없이 노력하여 자신들의 인격적 지위와 자율성을 확대해 나갔다. 역사가 발전한다는 의미는 이런 데서 찾을 수 있는 것이다.

4 양반 사회와 신분제

KOREA

조선 건국 당시에는 법제적으로 양인과 천인 둘로만 나누는 양천제가 신분제로서 기능을 하였다. 그러다가 양인을 그 안에서 다시 양반과 중인, 그리고 이 두 가지 범주에 들지 않는 나머지 양인 등 셋으로 구별하려는 인식이 나타났다.

신분증과 신분

"신분증 좀 봅시다."라든가 "학생 신분에 어긋나는 일을 하면 안 돼!"라는 식으로 우리 주변에서는 지금도 흔히 '신분'이라는 말을 쓴다. 그렇다고 우리 사회를 옛날 같은 신분제 사회라고는 하지 않는다. '신분증'이나 '신분'이란 말은 주로 자격이나 소속 등을 뜻하는 것이지, 엄밀한 의미의 신분 자체를 뜻하지는 않기 때문이다. 그러면 엄밀한 의미의 신분이란 무엇일까?

신분身分이란 한자를 그대로 해석하면 몸身에 나눔分이 있다는 뜻이다. 사람들을 등급으로 나누어 구분한다는 것이다. 신분은 태어날 때부터 혈통에 의해 결정되는 것이다. 말하자면 조상으로부터 물려받는 것이다. 이런 신분이 존재했던 사회를 신분제 사회라고 한다. 신분제 사회는 경제 관계나 정치권력의 참여 여부 등이 신분에 따라 정해지는 사회라고 할 수 있다. 그러다 보면 자연히 상급 신분은 지배층이 되고, 하급 신분은 피지배층이 되는 것이다.

요즘 '금수저·흙수저' 논란을 보면서 현대판 신분제 사회가 되살아나는 것은 아닌가 하는 우려를 금할 수 없다. 금수저는 부모 덕분에 취업이 용이한 계층을, 흙수저는 그런 배경이 없어 취업이 어려운 계층을 지칭한다. 부모 잘 만나야 잘 먹고살 수 있는 사회라면 신분제 사회나 다름없다. 이런 사회현상에서 벗어나 능력 위주의 공정한 사회를 만들어 '헬조선(Hell朝鮮)'이 아닌 '희망 대한민국'이 되길 바란다.

양천제良賤制에서 사신분제四身分制로

조선 왕조를 우리는 보통 양반 사회라고 한다. 학술적으로는 양반신분제 사회라고도 한다. 물론 신분이 양반인 사람들만 있었다는 뜻은 아니다. 조선 시기에는 양반兩班을 중심으로 해서 중인中人·양인良人·천인賤人 등 네 개의 신분이 있었다. 그러나 이런 사신분제四身分制가 처음부터 있었던 것은 아니었다. 사신분제는 건국한 지 100년도 지난 16세기 초·중반경에 자리 잡는다.

조선 건국 당시에는 법제적으로 양인과 천인 둘로만 나누는 양천제良賤制가 신분제로서 기능을 하였다. 그러다가 사회적·경제적 여건이 바뀜에 따라서 15세기 말엽부터 양인을 그 안에서 다시 양반과 중인, 그리고 이 두 가지 범주에 들지 않는 나머지 양인 등 셋으로 구별하려는 인식이 나타났고, 사회현실에서도 실제로 그렇게 적용하기 시작하였다.

그러니까 양인이 셋으로 나뉘고 거기에 천인은 그대로 천인으로 남기 때문에 모두 네 개의 신분이 되었던 것이다. 이런 사신분제가 사회제도로 틀을 잡게 되었다. 그런데 이 사신분 중에서 최상층인 양반이 권력과 부를 장악하고 나머지 신분들을 지배했기 때문에 양반 사회 또는 양반신분제 사회라고 하는 것이다.

좀 더 구체적으로 살펴보자. 조선이 건국될 무렵에는 국가가 과전법 체제 아래에서 자영농민 이상의 양인층을 기반으로 하는 통치체제를 갖추어서 운영하였다. 양인의 확대를 위해서 노비변정奴婢辨整을 하였으며, 인구조사·호패법號牌法 등을 시행하였다. 그리하여 노비가 아닌 사람은 가능한 한 모두 양인으로 파악하려고 했다. 양인은 관직이나 서리·향리 등의 이직吏職에 있을 때만 군역을 면할 수 있었다. 그렇지 않으면 군역의 의무를 져야 했다. 예외적으로 3품 이상의 고위관직에 오른 당상관들은 제외되었지만 그 밖에는 현직이 아니면 모두 군역을 벗어날 수 없었다. 단, 요역과 공물은 관직에 있건 없건 모두 부담해야 했다. 이렇듯 양천제는 국역 체제의 운영을 목적으로 기능했던 일종의 '국가적 신분규범'이었다.

국역 부담의 의무와 짝해서 양인에게는 모두 관직으로 진출할 수 있는 기회, 즉 사환권仕宦權이 부여되었다. 따라서 법제적으로만 본다면 양인 내부에서의 의무·권리의 차별은 없었다고도 볼 수 있다. 아마도 당시 양인들은 대체로 자영농 수준에 있으면서 경제적인 격차가 크지 않았기 때문에 양인 내부의 차별을 두지 않는, 다만 양인과 천인만을 구별하는 양천제가 가능했다고 할 수 있다.

이런 양천제가 변화할 조짐은 흔히 태평성대라고 알려진 세종 대부터 나타났다. 당시의 원칙대로라면 공신과 당상관의 자제라도 관직에 진출하지 못하면 일반 군인이 되어야 했다. 그런데 그때나 지금이나 마찬가지이다. 이른바 특권층이 자기 아들을 군대에 보내는 것을 그냥 보고만 있었겠는가? 물론 그런 행위가 잘한 짓이라는 게 아니고 사람들 욕심이 그렇다는 것이다.

그래서 어떻게 하면 군대에 안 보낼 수 있을까 궁리를 하더니 특수병 제도라는 것을 만들어 냈다. 즉 관리의 자제들에게는 간단한 시험을 쳐서 특수병이 될 수 있게 하였다. 그리고 일단 그렇게 해서 하급 관직을 갖게 한

다음, 일정 기간이 지나면 상급 관직에도 나갈 수 있게 하였다.

그러다가 15세기 말엽이 되면 이제 관직을 갖지 않아도 관품官品만 지니면 그 자제까지도 군역을 면하는 것이 일반화되었다. 이는 곧 특권층이 생겼다는 것이다. 종전에는 같은 양인이라면 모두 군역을 지고 있었는데, 언제부턴가 누구는 면제되고 누구는 지고 하는 차별이 나타나게 되었던 것이다. 그때 그 차별의 기준이 관품이었다. 관품은 관직에 나갈 수 있는 자격 정도에 해당한다. 이런 관품을 매개로 국가에 대한 의무에서 혜택을 받는 계층, 이들이 양반이 되었던 것이다.

고려의 양반, 조선의 양반

고려에도 양반은 있었다. 고려의 양반은 현직관리인 문반文班과 무반武班을 지칭하는 말이었다. 문반을 동반東班, 무반을 서반西班이라고도 한다. 따라서 이때의 양반은 관직체계상의 명칭이었을 뿐 신분의 범주는 아니었다.

그런데 고려 말부터 이런 관직체계에 변화가 나타났다. 실제 근무하는 관직이 아니고 이름만 있는 첨설직添設職 같은 직책들이 군공軍功을 세운 사람들에게 지급되었다. 이들은 대부분 정식 관직에는 나가지 못한 채 향촌에 남아 있었다. 따라서 이들은 실직으로서의 관직은 없고 관품만 있는 셈이었다. 한편 관직에 나갔다 하더라도 그 자리에서 물러나 귀향하는 사람들도 많아졌다. 당시에는 이런 사람들을 모두 한량품관閑良品官이라고 불렀다.

조선 건국 뒤에는 관직과 관품의 체계를 분리시켜 이들의 존재 근거를 마련해 주었다. 그 대신 지방관의 통치권만을 인정함으로써 한량품관들이 향촌에 지배력을 행사할 수 없게 하였다. 따라서 이 단계에서 이들은 일반 양인과 동등한 범주로 취급되었다. 그렇기 때문에 관품이 있어도 이때까지는 아직 세습적인 양반 신분이 되었던 것은 아니다. 그러나 이런 시기가 지나고 16세기가 되면 이들은 현직 관리들과 함께 완전한 양반 신분층을 형성하게 된다.

양반의 계층적 연원은 '사족士族'에 있었다. 조선 초기에 사족은 높은 관직의 현관顯官 출신자와 그의 3대에 이르는 후손들을 뜻하였다. 그 후 사족의 범주는 1525년(중종 20)에 '친변·외변 가운데 4조(부·조·증조·외조) 안에 과거나 음서로 문·무반 정직 6품 이상에 진출한 관료를 배출한 가문의 후손과 생원·진사'로 넓어졌다. 이는 당시 사회적 통념으로 용인되던 양반과 별 차이가 없었다. 이제 곧 사족이 양반이 되었고 아울러 양반이 지배신분층이 되었다. 이후 1627년(인조 5) '사족충군 정책士族充軍政策'을 폐기함으로써 사족=양반의 신분상 특례조처가 제도적으로 발휘되었다. 이렇게 하여 '사회적 신분규범'으로서 양반신분제, 즉 반상제가 완성되었다.

중인

양반 다음 신분이 중인이었다. 중인은 향리鄕吏와 서얼庶孼, 그리고 기술직 잡인雜人 등을 말한다. 향리는 주로 지방의 관아에 근무하는 자들을 지칭하고 중앙관아에 근무하는 자들은 서리胥吏라고 해서 구분하기도 했다. 이들을 합쳐서 그냥 아전衙前이라고도 하였다. 뒤에 가면 이서吏胥라고도 한다.

향리층은 고려 시기에는 관직에 진출하는 데 제한이 없었다. 그러나 조선에 들어오면 사정이 크게 달라진다. 먼저 세종 대에 향리의 관직 진출을 제한하더니 15세기 말엽인 성종 대에는 서리들의 관직 진출까지도 막았다. 이때의 관직은 문무文武 관직, 즉 양반이 갖는 관직을 말한다. 한편 첩 자식인 서얼들에게는 일찍이 태종 대인 15세기 초엽부터 관직 진출에 제한을 두었다. 물론 아직까지 문무 관직의 진출이 봉쇄되어 있던 것은 아니었지만, 그래도 관직에 진출한다면 대체로 기술직인 잡직이었고 승진에도 한계가 있게 되었다는 것이다.

향리와 서얼 등에 대한 차별은 비록 일찍부터 있었지만, 처음부터 그렇게 편을 가를 정도는 아니었다. 그런데 15세기 말로 접어들면 사정이 달라진다. 그 이유를 간단히 살펴보도록 하자.

우선 관품을 받은 사람들이 크게 늘어났다. 이는 관직을 둘러싼 경쟁이 그만큼 치열해졌다는 뜻이기도 하다. 그러자 정부에서는 관직으로 나갈 수 있는 사람들을 어떻게든 줄이려 했다. 그래서 정부에서는 문무관 관직에 진출할 수 있는 자격의 범위를 엄격히 정하였다. 즉 편을 갈랐던 것이다. 이때 그렇지 않아도 어느 정도 제한받고 있던 향리나 서얼이 먼저 도마에 오를 수밖에 없었다. 특히 서얼에 대한 금고禁錮가 그런 변화를 상징하는 계기였다. 이런 차별 대우로 인해 서얼들은 관직에 나가고자 한다면 서리나 역관·의관 등 기술직으로 나가는 수밖에 없었다. 문무관으로의 진출은 어렵게 된다.

그래서 16세기에 들어가면 이 서리나 기술직 잡인, 그리고 그런 직으로만 나갈 수 있었던 서얼들을 중심으로 중인이라는 신분층이 형성되기 시작하였다. 중인층의 형성은 양반층의 확대를 막기 위한, 소수 양반을 위한 정책의 산물이었다. 그중에서도 특히 서얼을 만들어 내는 적서嫡庶의 차별은 신분제 사회의 어쩔 수 없는 메커니즘이라고는 하지만 참으로 비인간적인 제도였다. 적서의 차별은 조선 시기 내내, 후기로 가면 갈수록 더 큰 사회 문제가 되었다. 어숙권魚叔權이 쓴 《패관잡기稗官雜記》에 나와 있는 글을 한번 보자.

서얼의 자손들이 과거에 응시하거나 벼슬에 진출하지 못하게 하는 것은 우리나라의 옛 법이 아니다. …… 그런데 《경국대전》을 편찬한 뒤로부터 금고禁錮를 가하기 시작했으니 현재 아직 100년도 되지 못한다. 천지

142

의 안과 구주九州의 밖에 나라라고 명칭한 것이 어찌 100개만 되겠는가. 하지만 금고하는 법이 있다는 말은 듣지 못했다. …… 그런데 경대부의 자식으로서 다만 외가가 없다는 이유만으로 대대로 금고하여 비록 훌륭한 재주와 사용할 만한 기국器局이 있어도 끝내 머리를 숙이고 시골에서 그대로 죽어 향리나 수군만도 못하니 참으로 가련하다.

서얼들의 비참한 처지를 잘 나타내고 있다. 양반의 서얼들은 유교문화에 쉽게 접할 수 있어 관리가 될 수 있는 능력을 갖춘 이들이 많았다. 그럼에도 불구하고 제도적으로 주요 관직에 나갈 수 없었기 때문에 그만큼 제도의 틀을 깨려는 욕구가 강하였다. 그 유명한 허균의 《홍길동전》도 이런 욕구의 반영이라고 할 수 있다.

과부의 재가再嫁 금지

서얼과는 달리 신분에 관계없이 차별을 받는 처지가 있었으니 과부가 그것이다. 요즈음은 많이 달라졌지만 우리나라에서는 아직도 여자가 이혼하고 다시 결혼하는 것을 평범하게 보지 않는다. 더구나 서너 번 결혼하는 경우는 매우 드물 뿐만 아니라 그것을 바라보는 사람들의 눈초리는 더욱 곱지 않다. 여자의 재혼을 자연스럽게 인식하지 못하는 경향이 고대부터 있었던 것은 아니다. 고려 때까지만 해도 자유로웠다. 성리학이 들어와 친가와 장자를 중시하는 유교윤리가 퍼지게 되면서 그렇게 되었던 것이다.

조선 초에도 과부의 재혼금지가 잠깐 논란이 되긴 했지만 별 문제는 없었다. 사람들이 과부들의 재혼을 이상하게 생각하지 않았기 때문이다. 그러다가 15세기 말 성리학적 사회윤리가 보급되고 양반신분제가 정착되어가는 과정에서 과부 재혼을 금지하자는 주장이 힘을 얻어 갔다. 그래서 결국에는 성종 대에 과부의 재가, 즉 재혼을 금지시키고 《경국대전》에 두 번 이상 결혼한 여자의 자손을 관직에 진출할 수 없게 규정하였다. 요즈음과 비교하면 재혼한 여자의 아이는 공무원 시험에 응시할 수 없다는 것과 같다. 그러면 재가금지 규정이 들어 있는 성종의 전교傳敎를 보자. 지금 이런 법령을 만들었다가는 당장 난리가 나겠지만 말이다.

"믿음은 부인의 덕이다. 한 번 남편과 결혼하면 종신토록 고치지 않는다 하였다. 이 때문에 삼종三從의 의義가 있어 한 번이라도 어기는 예가 없는 것이다. 세도가 날로 나빠진 뒤부터 여자의 덕에 곱고 믿음이 없어져서 사족의 딸이 예의를 생각지 아니해서 혹은 부모 때문에 절개를 잃고 혹은 자진해서 개가하니 한갓 자기의 가풍을 파괴할 뿐만 아니라 실로 명교名敎에 누를 끼친다. 만일 엄하게 금령을 세우지 않으면 음란한 행동을 막기 어렵다. 이제부터는 재가한 여자의 자손들은 사판仕版에 넣지 아니하여 풍습을 바로잡는다."

노비

제일 하위 신분은 노비였다. 그러나 노비라고 다 똑같은 노비는 아니었다. 주인이 나라냐, 개인이냐에 따라 공노비와 사노비로 구분되었고, 또 사노비는 사는 방식에 따라 솔거노비와 외거노비로 나뉘었다. 우리가 보통 노비라고 하면 대개 이 사노비를 가리킨다.

이때 사노비 중 솔거노비는 주인집이나 근처에 살면서 주인에게 강하게 속박되어 있었고, 주인의 노동력 동원에 자주 응해야 하는 등 생활의 예속이 컸다. 이와 달리 외거노비는 밖에 따로 살면서 정해진 신공身貢만 바쳤다. 비교적 예속성이 떨어지는 노비였다. 떨어져 있는 거리만큼 주인에게 덜 구속되었기 때문에 소작을 하며 사는 일반 양인과 별 차이가 없을 정도였다. 노비 중에는 이런 외거노비가 대다수를 차지하고 있었다. 따라서 조선의 노비는 서양의 고대 노예와 같이 같은 '노' 자로 시작하지만 그들의 처지는 전혀 달랐다. 그렇다고 노비의 처지가 좋았다는 것은 결코 아니다.

5%의 양반

지금도 "옛날에 태어났으면 좋았을 텐데. 그랬으면 몸종도 거느리고 매일 놀고먹으면서 지낼 수 있으련만……." 하고 속으로 생각하는 사람들이 있다. 이런 사람들은 자신이 옛날에 태어났으면 양반으로 태어났으리라는 엉뚱한 믿음을 갖고 있기 때문이다. 지금 웬만한 집에 가면 어디나 족보를 가지고 있

김홍도가 그린 〈타작〉

볏단을 타작하는 사람들과 갓을 비껴쓰고 이를 감시하듯 내려다보고 있는 양반 모습이 대조를 이룬다.

고 뒤져 보면 훌륭하신 모모 어른의 몇 세 후손이라는 식으로 되어 있다. 그러니까 의심 없이 자기는 양반이라고 생각하는 것이다.

그러나 양반이 신분으로 처음 자리 잡을 때, 또 양반의 권위가 사회적으로 인정받고 있을 때에는 그 수가 전체 인구의 5% 정도였다. 그 정도면 귀하신 몸이라 할 수 있다. 그 나머지는 소수의 중인을 제외하고 대부분 양인 아니면 노비였다. 그러니까 누군가가 옛날에 태어났다면 확률적으로 양반이 될 사람은 5%도 채 안 되었다는 것이다.

그러다가 조선 말기에 가면 양반이 폭발적으로 늘어난다. 호적의 기록을 분석해 보면 심지어 60~70%에 이르는 경우도 있었다. 물론 진짜 양반이 그렇게 늘어날 수는 없다. 반면에 노비는 10% 이내로 뚝 떨어진다. 이러면 정말 귀하신 몸은, 귀하다는 뜻은 희귀하다고 해서 드물다는 뜻이니까,

양반이 아니라 오히려 노비가 되는 셈이었다. 물론 숫자상으로 그렇다는 얘기인데, 그런 시절에 양반으로 태어나는 것은 그래서 별 볼일 없는 일이 되고 만다.

그래도 '옛날에 태어났으면 나도 양반이었을 텐데.' 하는 믿음을 갖고 싶으신 귀하신 몸이 있다면 그 권리를 누릴 생각보다는 거기에 따르는 품위를 지키고 그에 상응하는 도덕적 책무를 다하려는 생각을 갖는 것이 낫겠다.

5 성리학적 사회윤리

성리학적 사회윤리는 양반사족들의 지배를 정당화하는 이데올로기였다. 이것이 역사적으로 의미를 지니는 까닭은, 비록 그것이 여전히 지배이데올로기였지만, 그 이전 사회의 그것보다는 하층민들의 권익을 더 많이 보장하였다는 사실 때문이다.

충忠 · 효孝 · 열烈

유교는 종교적이기보다는 윤리적인 색깔이 강하다. "충신은 효자의 집에서 나온다."는 말에서 알 수 있듯이 가족윤리에서 출발하여 사회윤리, 나아가 국가윤리까지 일관된 구조를 갖고 있는 사상 체계가 유교이다.

부모와 자식 사이의 윤리인 효孝가 가장 근본을 이루고, 여기에서부터 퍼져 나가 남편과 아내의 윤리인 열烈, 왕과 신하의 윤리인 충忠에까지 나아간다. 그것이 삼강오륜三綱五倫 할 때의 삼강이다.

유교, 특히 성리학이 지배 사상이었던 조선 왕조는 이 유교윤리가 지배의 중요한 수단이었다. 이념적으로 지배의 명분과 정당성을 제공할 뿐만 아니라 실생활에서 구체적으로 지배의 일익을 담당했던 것이다.

이기론理氣論과 삼강오륜

성리학은 우주만물의 근본 원리와 인간의 심성心性 문제를 철학적으로 설

제3장 조선다움의 성립 **147**

명하고 천리天理를 사회에 구현하려는 유학의 한 갈래이다. 여기에서는 모든 것을 리理와 기氣라는 개념으로 설명하고 있는데, 이를 이기론이라고 한다.

이 이기론은 인간에게도 마찬가지로 적용되어 인간 심성의 근원을 이루는 것을 '리'로, 인간의 형체를 이루는 근원을 '기'로 보았다. 인간은 리를 가지고 태어남으로 해서 자율성, 주체성을 행사할 수 있고 그들이 갖고 태어나는 기의 상태와 작용에 따라 성인이 되거나 바보가 되는 등의 차이가 생긴다는 것이다. 아울러 기에는 맑고 흐린 상태의 차이가 있어 그에 따라 정신의 차이도 나타난다고 보았다. 말하자면 좋은 기냐, 나쁜 기냐에 따라서 사람의 우열이 결정되고 그 우열이 곧 사람의 운명을 결정한다는 논리이다.

유학에서 사람의 등급을 나누는 것은 공자 이래 존속되어 온 것인데, 성리학 단계에 와서 이기론에 의해서 더욱 뒷받침되었다고 할 수 있다. 우리 나라에서도 이황이 사람의 등급을 셋으로 나누어 설명하였다. 즉 가장 맑은 기를 갖고 태어난 사람을 상지上智, 중간 정도의 기를 받은 사람을 중인中人, 가장 탁한 기를 갖고 태어난 사람을 하우下愚로 구분하였다. 그래서 가장 맑은 기를 가지고 태어나서 지혜도 행동도 뛰어난 사람들上智이 지혜는 충분하나, 행동이 부족한 사람들中人이나 우둔한 사람들下愚을 교화시켜야 한다고 주장하였다. 이때 상지가 양반이고 중인이나 하우가 중인과 평민·천민을 가리킨다고 보면 된다. 그러니까 여기서의 교화는 실제로는 양반이 평민·천민을 지배하여야 한다는 말과 같은 의미를 담고 있다.

한편, 이를 경제 관계에 대입해 보면, 지주가 상지에, 소작인은 중인과 하우에 해당하게 된다. 따라서 경제적인 차별과 그에 따른 지배-피지배 관계의 형성은 성리학적 질서로서 당연한 것이었다.

결국 이기론에 입각한 성리학적 사회윤리는 현실사회의 차별적인 인간

관계를 합리화하는 것이라고 할 수 있다. 그 성리학적 사회윤리가 곧 천리天理인 봉건도덕규범이 되어 조선 사회를 이끌어 가는 지배이데올로기가 되었던 것이다. 이 사회윤리의 가장 기본이 되는 덕목이 삼강오륜三綱五倫이다. 부자·군신·부부·장유·붕우의 관계에 필요한 덕목을 규정한 오륜은 어떤 시기, 어떤 상황에서도 변하지 않는 진리, 즉 하늘의 이치=천리의 사회적 구현이었으며, 삼강은 그 가운데서 특히 군신·부자·부부의 관계를 상하 주종主從 관계로 강조한 것이었다.

성리학적 예법의 정착

이기론에 입각한 사회윤리를 관철하는 장치가 바로 성리학적 예법禮法이다. 이것은 양반뿐만 아니라 일반민의 일상생활까지 실질적으로 규제하는 각종 의례儀禮로 나타나고 있었다. 향촌 공동체를 대상으로 시행한 향사례鄕射禮나 향음주례鄕飮酒禮·향약과 개인들이 행한《소학》·《주자가례》등이 여기에 속한다. 사람들은 이런 의례들에 의해 일상 행동을 규제당하고, 그러는 사이에 자기도 모르게 성리학적 인간형으로 변화해 갔던 것이다.

이 성리학적 예법은 고려 말에 들어왔으나 처음에는 널리 수용되지 못하였다. 당시 몇몇 성리학자들이《주자가례》등을 시행할 것을 주장하였으나 불교와 민간신앙이 강력하게 자리 잡은 터이어서 이들의 주장이 제대로 받아지지 못하였다.

주자성리학을 처음 들여온 안향(安珦, 1243~1306)

우리나라 최초의 주자학자로서 조선 최초의 서원인 백운동서원(后에 소수서원으로 사액)에 배향되었다.

이런 사정은 조선 건국 뒤에도 대체로 비슷하였다. 국가에서 사대부들에게 가묘家廟를 설치하여 조상의 신위神位를 모시게 하고, 대신 불교식 장례나 제사를 지내지 못하게 하였다. 또 무속신앙의 대상이 되는 전국의 산·강 등에 대한 사전祀典 체계를 정비하였다. 그러나 민간사회의 분위기를 크게 바꾸지는 못하였다. 개인의 습관을 고치는 것도 어려운데 짧은 기간에 사회적으로 형성된 생활관습을 바꾼다는 것은 쉬운 일이 아니었기 때문이다.

관료사회도 정도의 차이는 있었지만 사정은 비슷하였다. 15세기 전반에 보면 각 관청에 서낭당과 비슷한 부군당府君堂이라는 것이 있어서 새로 들어온 관리가 거기에 제사를 지낼 정도로 무속의 분위기가 상당히 강하였다.

이런 가운데서도 태종 대에 정부는 면리제面里制를 실시하여 품관층品官層을 면과 리의 책임자로 뽑아 임명하였다. 여기에는 자연촌마다 무당이 있어서 주민을 단골로 확보하는 것을 타파하려는 뜻이 숨어 있었다. 바꿔 말하면, 촌락 내부에서 무당과 연결되어 자율적으로 진행되는 여러 가지 행사들을 해체시키고 촌락 사회 자체를 국가통치기구의 말단으로 조직하여 중앙집권력을 강화하려는 것이었다. 이런 시도가 처음에는 잘 안 되었어도 차차 효력을 나타내기 시작하였다.

또한 15세기 중엽부터 지방의 품관 가운데 성리학적 소양을 갖춘 이들이 성장하면서 스스로 지방의 풍속을 성리학적인 윤리규범에 맞게 고쳐나가려고 시도하였다. 향사례·향음주례와 향약의 실시가 바로 그것이다. 이는 그동안 향촌 사회를 지배해 온 향리 세력에 맞서 품관층이 보다 우세한 지배력을 장악하려는 의도와 연결되어 있기도 하였다.

향사례와 향음주례

향사례나 향음주례를 시행한 중심 기구는 잘 알다시피 유향소이다. 유향소는 품관과 사족들의 자치적인 지배 기구로 뒤에 가서는 향청鄕廳이라고 부르기도 하였다.

향사례와 향음주례는 모두 중국 주대周代에 행해졌다는 의례로 중국의 고례古禮인 《주례周禮》와 《의례儀禮》, 《예기禮記》에 수록되어 있다. 후대 성리학자들은 주로 《의례》의 내용에 따라 시행하였다. 우리나라에서는 고려 때 왕명으로 시행하도록 한 적이 있었지만 제대로 시행되지 못했고, 15세기 중엽부터 성리학적 소양을 지닌 지방의 품관층에 의해 활성화되었다.

향사례는 해마다 품관과 사족들이 봄·가을 두 차례에 걸쳐서 향교 등에 모여서 활을 쏘는 의례였다. 부모에게 효도하고 형에게 공경하며, 국왕에게 충성하고 친구들 사이에 신의가 있어 예법이 바른 사람을 앞세워서 활을 쏘는 사람들의 마음을 바르게 한다는 것이다. 물론 활 쏘는 자체도 마음을 바르게 하는 작용을 한다. 이 의례는 20세기 중반만 해도 시골에는 많이 남아 있었으나 요즈음은 거의 볼 수가 없다. 그나마 우리나라의 양궁이 세계 무대를 휩쓰는 것도 이런 전통이 있었기 때문이 아닐까.

향음주례 역시 향교나 서원 등에서 행해졌다. 이는 술을 마시는 데 따른 예법이다. 술상을 차리고 덕이 있는 노인을 존중하여 그를 중심으로 진행되는데, 위계질서에 따라서 자리를 달리하는 부분이 있지만 서민들까지도 참여하는 것이 향사례와 다른 점이다. 술자리가 끝난 다음에는 "우리 노소는 서로 권면하여 나라에 충성하고 어버이에게 효도하며, 가정에서는 화목하고 마을에서는 잘 어울리고 서로 가르치며 꾸짖어 바로잡아 잘못이 있거나 게으름을 부려 삶을 욕되게 하는 일이 없도록 한다."고 맹서하는 글을 읽는다. 결국 마을 전체의 예법·질서를 올바르게 한다는 의미를 갖고 있어서 뒤에 행해지는 향약과 유사한 측면을 가지고 있다.

향사례와 향음주례는 사림 세력이 향촌 사회에서 성리학적 사회질서를 이룩하려는 동시에 주도권을 장악하려는 수단이었다. 이들은 또한 경제 부문에서는 성리학적 이념에 입각하여 주자의 사창제社倉制를 시행하기도 했다.

지금까지 살펴본 바와 같이 성리학적 사회윤리는 양반사족들의 지배를 정당화하는 이데올로기였다. 지배−피지배의 현실적 차별 관계를 성리학적 이념으로 합리화하는 것이다. 그러나 이것이 역사적으로 의미를 지니는 까닭은, 비록 그것이 여전히 지배이데올로기였지만, 그 이전 사회의 그것보다는 하층민들의 권익을 더 많이 보장했다는 사실 때문이다. 기氣의 차이는 있지만 이理라는 공통된 부분을 모든 인간이 가지고 있다고 보았기 때문에 그만큼 최소한의 인격을 보장했던 사회라고 할 수 있다.

6 향교와 서원

교육열 하나는 세계 어느 나라에도 뒤지지 않는 한국. 어떻게 보면 그것은 교육의 중요성을 널리 인식하고 또 실천했던 역사 전통의 극명한 산물이라고도 할 수 있다. 우리의 미래를 밝게 보는 까닭도 이런 교육열이 있기 때문이다.

백지白紙와 설계도

일본은 조선 침략을 합리화하기 위해 여러 가지 조작을 했는데, 교육의 경우도 예외는 아니었다. 예를 들면 조선의 교육이 백지와 같이 아무 것도 쓰여 있지 않은 상태이기 때문에 힘이 있고 우수한 민족인 일본인이 나가서 그 백지 위해 좋은 밑그림, 즉 설계도를 그리는 것처럼 조선민을 교육시켜야 한다고 주장하였다. 이런 주장은 그들이 조선에 건너온 것은 다만 '진출'일 뿐이지, '침략'은 아니라는 궤변으로 이어진다.

한편 이와는 달리 일본인이지만 와타나베 마나부渡部學가 1969년에 쓴 《근세조선교육사연구近世朝鮮敎育史研究》에서는, 병합 당시 조선에 16,540개의 서당이 있었고 학동 수만 해도 141,604 명이나 되었다고 밝히고 있다. 조선인의 교육이 부재하였다는 말은 당치도 않다는 것이다. 그의 말을 빌리지 않더라도 식민지하에서 보통학교 설립운동에 보여 주었던 조선인의 뜨거운 교육열, 또 치열하게 전개되었던 학생독립운동 등의 사실들만 가지고도 당시 조선의 교육이 백지상태였다는 말이 전혀 틀렸다는 것을 쉽게 알 수가 있다.

다양한 교육제도

지금도 우리는, 비록 교육환경은 개선할 점이 많지만, 교육열 하나는 세계 어느 나라에도 뒤지지 않는다. 어떻게 보면 그것은 교육의 중요성을 널리 인식하고 또 실천했던 역사 전통의 극명한 산물이라고도 할 수 있다. 우리의 미래를 밝게 보는 까닭도 이런 교육열이 있기 때문이다.

조선의 교육제도를 살펴보면, 우선 국립교육기관인 관학官學과 사립교육기관인 사학私學으로 나누어 볼 수 있다. 관학에는 최고 교육기관으로 성균관이 있었고, 그 아래 서울에는 사학四學, 즉 중·동·서·남학 등 사부학당四部學堂이 있었고, 지방에는 향교가 있었다. 사학私學으로는 서원이 큰 자리를 차지하였고, 전국 방방곡곡에 수없이 많은 서당들이 있었다.

그 밖에 왕세자를 위한 교육기관으로 세자시강원世子侍講院과 왕실의 종친을 교육하는 종학宗學, 무예를 가르치는 무학武學, 외국어나 의학·법률 등을 가르치는 기술학技術學 등이 있었다. 심지어 도화서圖畵署에서는 그림을 가르쳐 화원畵員을 양성하기도 했다. 다양한 계층을 대상으로 한 다양한 교육형태가 있었다는 것을 알 수 있다. 이 가운데 향교와 서원은 지방교육기관으로서 각각 관학과 사학을 대표하는 것이었다.

향교와 교생

향교는 군현제의 바탕 위에서 국가가 지방교육기관으로 설치한 것이었다. 고려 인종 5년(1127) 여러 주州에 학교를 세우도록 조서를 내리면서부터 시작하였다. 삼국 시대부터 유교가 정치이념의 역할을 상당 부분 맡았고, 고려 시기에도 사회질서의 근간으로 인식했기 때문에 국가에서 지방에 유교

이념을 침투시킬 의도로 향교를 세웠던 것이다. 그러나 고려의 향교 교육은 사학 12도私學十二徒 등 사립교육기관에 의한 성과보다는 저조했다.

이에 비해 조선 왕조는 건국한 다음에 일정 규모 이상의 고을에 향교를 설치했고, 나아가 세종 대부터는 현縣 단위 이상의 모든 고을에 향교를 설치하고 교육·문화적 기능을 대폭 강화하였다. 아울러 향교의 재정을 위해 토지와 노비 등을 지급하고 종6품의 교수敎授나 종9품의 훈도訓徒를 파견하였다. 특히 교수는 문과 급제자 아니면 문신 중에서 임명해서 교육을 활성화시켜 나갔다.

향교는 공자를 비롯하여 중국과 우리나라의 선현들을 모시고 받드는 제향祭享 공간과 교육을 하기 위한 강학講學 공간으로 구성되어 있었다. 전자의 봉사奉祀 기능은 대성전大聖殿에서, 후자의 교육 기능은 명륜당明倫堂에서 각각 행하였다. 향교의 배치는, 평지에서는 대성전이 앞에 있고 명륜당이 뒤에 있는 전묘후학前廟後學의 형태를, 구릉지에서는 그 반대인 전학후묘前學後廟의 형태를 띠었으며, 때로 제향 공간과 강학 공간이 나란히 배치될 때도 있었다. 그러나 실제로 성균관과 대읍大邑의 큰 향교를 제외한 우리나라 대부분의 향교는 전학후묘의 구조를 갖추고 있다.

조선의 향교는 사립교육기관인 서원이 발달하면서 점차 위축되어 갔다. 국가에서 16세기 말에 향교 교육을 독려한 일도 있었지만, 제대로 시행되지 못하였으며, 결국 18세기 중반에는 교관을 폐지하는 사태에까지 이르렀다.

이렇게 된 데에는 양반 중심의 신분제가 자리 잡으면서 16세기 초반부터 군역을 면제받으려는 부유한 양인들이 교생校生으로 들어가 교생의 수가 크게 늘어나면서 향교의 교육 기능이 정상적으로 작동하지 못했기 때문이었다. 평민 교생의 수가 크게 늘자 기숙사별로 신분에 따라서 나누기도 하고, 정원 내의 교생과 정원 외의 교생으로 구분하기도 했다. 또한 신분 구성이 다양해지자 교생 가운데 생원·진사 외에 관청의 서리로 진출하는 사람들까지 생기기도 하였다.

또 향교의 교생은 군역의 혜택이 있었기 때문에 양인들은 기를 쓰고 교생으로 들어가려고 했다. 이런 점들을 기존의 양반들은 못마땅하게 여겨 향교를 기피하는 현상이 나타났던 것이다. 결국 향교가 교육과 사회교화의 기능을 제대로 못하고 교생의 사회적인 지위도 떨어지면서 새로 생기기 시작한 서원이 향교의 기능을 대신해 가는 상황이 벌어졌던 것이다.

현재 남한에 남아 있는 향교는 231개이다. 충청도 수군절도사영이 없어지고, 행정구역을 개편함에 따라 1901년 오천군鰲川郡을 신설할 때 세운 오천향교가 마지막이었다. 이 향교는 신학제 실시 이후의 것으로 교육적 기능은 없고 배향 기능만 있었다.

서원 건립 운동

향교는 국가가 주도하여 유교지식을 전파하고 사회교화를 이루는 형태라고 할 수 있다. 따라서 향교를 통해서는 품관층인 사림들이 정치적 주체로 인정될 수 있는 바탕은 만들어질 수가 없었다. 그래서 15세기 말부터 사림들이 향촌 사회의 주도권을 장악해 가면서 그들 스스로가 교육과 교화를 행하려고 여러 가지 노력을 하였다. 거기에는 국가 중심의 운영에 불만을 느끼고 자신들이 주도권을 장악하려는 목적도 내포하고 있었다.

특히 중종 초에는 조광조를 중심으로 한 기호사림들이 성균관과 향교 등의 국립 교육기관에서 사림 계통의 선현인 김굉필·정여창 등을 배향하고 성리학 교육을 강화할 것을 주장하였다. 이런 노력은 기묘사화로 좌절되었지만, 뒤에 사립교육기관인 서원을 설치하여 그 노력을 계승해 나갔다.

서원은 중국 송나라 때 주자가 백록동서원白鹿洞書院을 설치한 데 그 연원이 있다. 중국에서는 명대까지 성행하였으며, 우리나라에서는 1543년(중종 38) 풍기군수로 있던 주세붕周世鵬이 경상도 순흥에 백운동서원白雲洞書院을 연 것이 효시였다.

백운동서원은 처음에는 안향 등 선현을 받드는 것이 중심 기능이었다. 서원에서 교육기관으로서의 기능이 활성화된 것은 퇴계 이황의 노력이 컸다. 명종 대에 그는 서원 건립 운동에 참여하여 여러 곳에서 서원 세우는 것을 주도하였다. 아울러 백운동서원에 대해서는 왕에게 요청하여 소수서원紹修書院이라는 어필현판御筆懸板과 서적을 하사받고 노비를 지급받게 하였다. 이것이 이른바 사액서원賜額書院의 시초이다. 사액서원이란 국가공인 서원이라고 할 수 있다. 이런 제도가 나타났다는 것은 그만큼 서원의 위상이 높아졌다는 뜻이기도 하다.

그 뒤에도 서원은 계속 설립되어 향촌 사회에서 사림들을 위한 교육기관으로서 뿐만 아니라 정치·사회적 영향력을 행사하는 중요한 기반으로 기능하였다. 특히 서원의 수는 16세기 후반 사림 세력이 정치의 주도권을 잡으면서 급증하여 17세기 말에는 200여 개에 이르렀다. 이것은 붕당정치가 활성화된 것과도 관련이 있었다. 붕당 자체가 학파와 밀접한 관련을 가졌기 때문에 자파 세력을 확대해 가기 위해 성리학 이론을 열심히 연구해야 했다. 이 연구를 위한 장소가 서원이 되었고 그래서 서원은 급증했던 것이다.

따라서 각 붕당들은 서원의 건립을 통해 여러 곳의 사림과 연결을 이루고 나아가 성균관−서원의 연계를 통해 중앙 정계와의 연결고리를 만듦으로써 자파의 세력 확장을 이루어 낼 수 있었고 또 이루어 내려고 하였다. 이를 위해 각 붕당의 영수들은 서원을 중심으로 강학 활동을 전개하였다. 나아가 서원은 사림들의 교제 장소, 향촌 사회의 운영 기구로서도 기능하였다.

서원·사우의 폐해

이런 서원의 복합적인 기능이 뒤에 가서는 오히려 많은 폐단을 낳았다. 서원의 폐단은 17세기 말부터 나타나기 시작하는데, 이것은 붕당정치의 운영 원리가 잘 지켜지지 않는 데에서도 기인하였다. 즉 상호 간의 붕당을 인정하지 않는 극한적인 대립을 벌이면서 자파의 세력 확장을 위해 총력을 기울이다 보니 서원이 무분별하게 많이 세워지는 이른바 남설濫設 현상을 초래하였다.

이와 더불어 사우祠宇 또한 남설되었다. 서원 설립의 일차적 목적이 인재 양성과 강학 기능에 있었고, 선현先賢과 선사先師에 대한 제향이 이차적인 것이었다면, 사우는 처음부터 선현 봉사奉祀과 풍화風化만을 목적으로 한 것이었다. 조선 후기에 오면 각 가문들이 동족의식을 세勢 확장의 수단으로 활용하고자 하여 자기 가문의 조상들을 배향하기 위해 경쟁적으로 사우를 세웠다. 결국 객관적으로 인정받는 선현들을 모시고 공부하는 서원 본래의 기능은 위축되었고 가문의 사사로운 처소로 그치는 사우의 역할이 커졌다. 한편 인재 양성과 강학 기능이 일차적이었던 서원도 이런 흐름에 밀려 선현 봉사 위주로 전환되었다. 이에 따라 서원과 사우의 구별이 어려워지는 지경에 이르렀다.

나아가 서원·사우의 건립 주체들은 대개 향촌 사회에 강력한 재지기반 在地基盤을 가진 사족집단이었다. 따라서 서원·사우는 그들의 위세를 보여 주는 상징 공간으로서 역할하였다. 이들은 또한 지주였기 때문에 수령에게 압력을 가해 자기 휘하 농민들의 군역을 피하게 하는 수단으로 서원·사우를 이용하기도 했다. 목적 외 용도로 사용하는 비중이 커 갔고 그에 따라 폐단도 커 갔다.

그리하여 영조 대인 1741년에는 173개에 달하는 서원을 철폐하였다. 그 뒤 서원의 남설 경향은 줄어들었으나 폐단이 없어진 것은 아니었다. 19세기 후반에 흥선대원군은 사액서원 47개만 남기고 850여 개의 서원을 철폐하기까지 하였다. 교육이 교육 본래의 기능을 방기했을 때 어떤 결과가 벌어졌는가를 우리는 서원의 역사를 통해서 잘 짐작할 수 있을 것이다.

지도^{智島}향교

전남 신안군 지도읍 읍내리에 가면 아담한 향교가 남아 있다. 각 군현에 하나씩만 두는 향교가 왜 지도라는 조그만 섬에 있을까? 바로 지도가 한때 군의 치소治所였기 때문이다. 1896년 2월 3일 칙령 제13호로 '전주부·나주부·남원부 연해제도沿海諸島에 군郡을 치置하는 건'이 고종의 재가를 받아 반포됨으로써 '섬'만으로 구성된 군이 설치되었다. 이때 설치된 군은 지도군, 완도군, 돌산군 등 세 군이었다. 군을 설치한 이유가 섬과 육지를 평등하게 대우함으로써 '가난한 백성들을 구하고 약한 자를 보호하려는 뜻'에 있었던 것이다. 이처럼 지도군의 창설은 섬과 육지 간 행정체계의 평등, 즉 수륙일관水陸一觀의 뜻을 구현한 새 역사의 시작이었다. 오늘날 지역균형 발

안동 병산서원(사적 260호)

1613년(광해군 5) 창건되었으며, 유성룡의 위패를 모셨다. 흥선대원군의 서원철폐령에도 훼철되지 않고 남은 47개 사액서원 중의 하나이다.

지도(智島)향교
────────

지금 전남 신안군 지도읍
에 있는 이 향교는 1896년
지도군의 창설과 함께 건
립된 것으로 조선 왕조의
보편교육에 대한 의지를
상징하는 공간으로 남아
있다.

전의 참뜻이 이미 백여 년 전에 실현되고 있었다. 그런데 더욱 중요한 것은
어려운 국가 여건이었음에도 불구하고 군이 창설됨과 동시에 이곳 섬에 향
교를 세웠다는 점이다. 변방의 섬 주민에게까지도 끝까지 교육받을 권리를
지켜 주려 한 조선 왕조의 의지를 엿볼 수 있다. 교육에 대한 이와 같은 전
통이 오늘날 대한민국의 저력이 되었다고 믿고 싶다.

7 퇴계 이황과 율곡 이이

KOREA

이황과 이이는 성리학을 체계적으로 이해하여 이를 조선 사회에 정치이념과 사회사상으로 정착시키는 데 크게 공헌하였다. 그래서 흔히 조선적인 성리학을 성립시킨 인물이라고 한다. 또한 조선 중기 이후의 지배이념을 완성시킨 인물이라고도 할 수 있다.

'돈'과 얼굴

퇴계 이황과 율곡 이이 하면 우리나라 국민 치고 모르는 사람이 없을 것이다. 아마도 거의 매일 이 두 분을 만나지 않나 생각된다. 천 원권과 오천 원권 지폐에서 만난다. 어느 나라건 돈에 얼굴이 실리는 인물은 그 나라에선 드물게 존경받는 사람임에 틀림없다.

돈! 흔히 '더럽다', '지저분하다', 그래서 '멀리 하라', '돌 같이 하라' 등등의 말들이 따라 다니지만, 실제로 요즘 사회에서 돈만큼 힘 있는 게 또 있을까? 어쨌든 '돈'에 얼굴이 실리는 것은 대단한 영광인 셈이다.

우리나라에 지폐라고 해 봐야 네 종류밖에 안 되는데, 그 몇 안 되는 인물 가운데 비슷한 시기의 사상가인 이 두 사람이 그려져 있다는 것은 그만큼 이들이 지니는 사상사적 의미나 미친 영향이 크다는 반증이라고 할 수 있다. 이들은 우리나라뿐만 아니라 동양의 사상계에도 큰 발자취를 남겼다.

퇴계와 율곡

퇴계와 율곡은 각각 이황과 이이의 호이다. 옛날 사람들은 이름 대신 자字나 호號를 사용했다. 지금 사람들도 자를 가진 경우는 없지만 호를 가진 경우는 더러 있다. 자는 관례冠禮를 할 때 붙여 주는 이름인데, 관례 자체가 사라져 버렸기 때문에 자는 아예 필요가 없어진 것이다.

　호는 무슨 뚜렷한 행사나 의례 때문에 생기는 것은 아니고 이름에 대한 외경이라는 동양적 풍토에서 불가피하게 생기는 별칭인 셈이다. 호는 자신의 좌우명이나 또는 자기가 사는 동네의 이름 등등 여러 가지 사연들에서 모티브를 얻어 만든다. 이황은 관직을 그만두고 은거해, 1546년(명종 1) 고향인 낙동강 상류 토계兎溪의 동암東巖에 양진암養眞庵을 짓고 독서에 전념하는 구도 생활에 들어갔다. 이때에 토계를 퇴계退溪라 개칭하고, 자신의 아호로 삼았다. 이이 역시 고향이 파주 자운산 밤골, 즉 율곡이어서 율곡栗谷이라고 호를 지었다. 이이는 뒤에 해주 석담이란 곳에서도 생활한 적이 있어 석담石潭이란 호를 사용하기도 했다.

　이황과 이이는 고려 말 조선에 도입된 성리학을 체계적으로 이해하여 이를 조선 사회에 정치이념과 사회사상으로 정착시키는 데 큰 공헌을 하였다. 그래서 흔히 조선적인 성리학을 성립시킨 인물이라고 한다. 한 걸음 더 나아가 조선 중기 이후의 지배이념을 완성시킨 인물이라고도 할 수 있다.

　두 사람이 살았던 시기를 보면, 이황이 1501년부터 1570년까지 조금 먼저 70살까지 살았던 데 비해, 이이는 1536년부터 1584년까지 49살을 살아 그리 오래 살지 못하였다. 이황이 이이보다 35년 연상으로 두 사람 사이에 직접적인 학문의 교류는 그리 많지 않았다.

　이황과 이이의 학문은 서로 대립하는 것으로 보기도 하지만, 당시 학계에서 벌어졌던 주요한 논쟁인 사단칠정논쟁四端七情論爭에서 두 사람은 35년이란 세월의 격차 때문인지 직접 논쟁을 벌이지는 않았다. 1차 논쟁

때는 이황과 기대승이, 2차 논쟁 때는 이이와 성혼이 서신을 통하여 논쟁을 벌였다. 즉 서로 상대를 달리하면서 간접 논쟁을 한 셈이다.

이 논쟁에서는 이기론理氣論을 인간에 적용시킬 때 어떻게 되는가가 중심 문제였다. 성리학 전체를 관통하고 있는 이기의 개념은 이理를 과학의 법칙, 기氣를 과학의 에너지로 보면 조금 쉽게 이해할 수 있을 것이다. 예를 들면 이는 태양, 기는 태양이 내는 열이라고 할 수 있다.

이황은 독창적이라고 할 수 있는 이동설理動說을 주장하여 이가 스스로 에너지를 가지고 움직일 수 있다고 보았다. 그리고 기대승과 논쟁을 하는 과정에서 이와 기가 둘 다 에너지를 가지고 움직일 수 있으며, 사단은 이가 발發한 것으로, 칠정은 기가 발한 것으로 보는 이기호발설理氣互發說을 주장하

였다. 이이는 이런 이황의 입장을 어느 정도 수용하고 있던 성혼과 논쟁을 거치면서 이는 절대 움직이는 것이 아니고 기만 에너지를 가지고 움직이며, 사단과 칠정 역시 모두 기가 발하고 이는 작용만 했다고 보는 기발이승일도설氣發理乘一途說을 주장하였다. 이처럼 두 사람의 학설은 견해차가 뚜렷했고 각각 대표적인 학파를 이루었기 때문에 이들의 사상을 살펴보면 조선 시기 사상계의 흐름을 체계적으로 살펴볼 수 있다.

이황의 생애와 학문

이황은 경상도 예안현 온계리에서 태어났다. 지금의 안동군 도산면 지역이라고 한다. 태어난 지 7개월 만에 부친 이식을 여의고 홀어머니 밑에서 엄격한 가정교육을 받으며 자랐다. 특별한 스승 없이 스스로 공부했다고 한다. 스무 살 때 침식을 잊어가며 《주역》에 심취하였다가 고질병을 얻어 평생을 고생하기도 한다. 1534년에 문과에 급제하고 이후 삼사三司와 사관직을 역임했으며 종3품인 성균관 사성司成까지 올라갔다.

을사사화 이후에는 관직 생활을 그만두려고 하였으나 조정에서 계속 관직을 수여하여 단양군수 등 지방관을 역임하였다. 그는 향촌 교화에 힘썼으며, 풍기군수로 재직하던 1549년에는 백운동서원의 사액을 청하여 허락받기도 했다. 풍기군수를 그만두고는 관직에 계속 임명되었음에도 불구하고 거의 나아가지 않고 고향에 은거하면서 근처에 도산서원 등을 세워 저술 활동과 제자 교육에 전념하였다.

이황의 학문은 이와 기를 분리해서 볼 것을 강조하는 이기이원론理氣二元論이라고 할 수 있다. 또한 이동理動과 '이는 귀하고 기는 천하다.'는 이귀기천理貴氣賤 사상에 입각한 이기호발설 등을 주장하는 등 도덕적·이상주의적인 성격이 강하였다.

그는 지행호진知行互進의 원리로 경敬을 강조하였지만, 그의 실천은 관직을 통한 정책 시행 등 적극적·경세적인 측면보다는 개인의 교육을 통한 소극적·윤리적인 측면에서 강하게 나타났다. 인간의 도덕성을 함양하는 데 주안점을 두어 정치사상에서도 다스리는 자의 내면적 수신과 다스림을 당하는 자의 교화를 강조하였다. 당시 사회 모순을 사회·경제 정책의 차원이 아닌 인간 내면의 도덕성 차원에서 해결하려고 했던 것이 특징이라고 할 수 있다.

그의 학문은 주로 영남 지방을 중심으로 해서 계승·발전되었으며, 조선은 물론 중국과 일본에까지도 알려졌다. 특히 일본 성리학 발전에 큰 영향을 끼치기도 하였다. 국내의 경우 그의 문인 수가 309명이나 되는 데서도 알 수 있듯이 서원 등을 통한 후진교육에 힘써 김성일·이덕홍·유성룡·정구 등 당시 정계와 학계에서 큰 활약을 했던 인물들을 배출하고 이황학파를 형성하여 조선 중·후기 사회의 전개에 커다란 영향을 미쳤다.

대표적인 저술로는《주자서절요朱子書節要》,《송계원명이학통록宋季元明理學通錄》,《심경후론心經後論》,《성학십도聖學十圖》등이 있다. 이이의 평을 빌면, 조광조와 이황이 모두 당대의 큰 인물이었는데, 정치적 능력과 도량은 조광조가 뛰어났지만 성리학을 깊이 연구한 데에서는 이황이 더 뛰어났다고 한다.

이이의 생애와 학문

이이는 사헌부 감찰을 지낸 이원수의 아들로 어머니는 잘 알려진 사임당 신씨이다. 아버지의 고향은 파주 율곡이었으나 이이는 외가인 강릉 오죽헌에서 출생해 그곳에서 소년기를 보냈다. 어려서는 어머니에게서 학문을 배웠으며, 일찍이 신동으로 소문이 났다고 한다. 1548년(명종 3) 13살의 나이로 진사 초시에 합격하였으며, 16살 때 사임당 신씨가 죽자 3년간 시묘侍墓살이를 하고 19살에 금강산에 들어가서 불교를 공부하였다. 아마 어머니가 돌아가신 것으로 인해 커다란 정신적 충격을 받았던 것 같다.

그러나 금강산에 들어간 다음 해에 다시 강릉 외가로 돌아와서 유학 공부에 전념하였으며 1556년 진사 복시에 합격하였다. 그 뒤 서울에서 생활하다가 1557년 결혼하였다. 이듬해 장인이 목사牧使로 있는 성주 지역으로 갔다가 이황을 만났다. 이때 이황은 이이를《논어》의 '후생가외後生可畏'라는 말을 빌려 평가하였다. 자신 못지않은 뛰어난 학자라는 의미였다.

1558년 문과에 장원급제하였는데, 이때 지금의 논술고사라고 할 수 있는 대책對策의 답안지가 그 유명한〈천도책天道策〉이다. 성리학에 대한 심오한 이론을 서술한 것이었다. 그는 아홉 차례의 과거 시험에 모두 장원급제

했다고 하여 '구도장원공九度壯元公'이라고 일컬어지기도 하였다.

그 뒤 이이는 이황과는 달리 관직 생활을 계속하였다. 특히 1581년 이후
부터는 대사헌, 대제학, 이·형·병조판서 등 행정적·정치적으로 중요한 직
책들을 역임하면서 사회·경제 문제에 대한 개혁을 주장하였다. 동서분당
이 심화되자 당쟁을 조정하다가 동인에 의해서 탄핵을 받았는데, 이를 계
기로 서인의 편에 서게 되지만 얼마 뒤에 죽었다.

그의 학문은 이와 기를 분리하여 보지 않는 이기일원론理氣一元論이라고
할 수 있다. 또한 기만이 에너지를 가지고 움직이기 때문에 기가 움직인 다
음에 이가 원리로 작용한다는 기발이승일도설을 주장하여 이기는 선후가
없음을 강조하고 이의 자발성을 부정하였다.

이황에 비해서는 기의 역할이 강조되었다고 할 수 있으나 그렇다고 해서
이의 보편성과 주재성主宰性을 덜 강조하는 것은 아니다. 그러므로 그의 사
상을 서경덕의 기일원론氣一元論과 비슷하다고 보는 것은 문제가 있다.

어쨌든 기의 역할을 강조하는 면은 그의 사상으로 하여금 도덕적·이상

주의적인 성격보다는 현실적·개혁적인 성격을 갖게 하였다. 이이의 개혁론은 크게 통치체제 개혁론과 토지·수취제도 개혁론으로 나누어 볼 수 있다. 통치체제 개혁론에서는 위정자의 자질을 향상하고 신하의 역할을 증대키 위해 내수사와 궁가의 폐해를 금지시키고 삼사와 낭관의 위상을 강화할 것을 주장하였다. 또한 토지·수취제도 개혁론에서는 경제적 능력에 맞게 세금을 부과하고 중간 수탈을 배제하기 위해 공안貢案 개정과 수미수포법收米收布法의 실시, 방군수포제放軍收布制의 폐지 등을 주장하였다.

그의 학문은 김장생·김집·송시열 등으로 계승되어 주로 기호 지방을 중심으로 발전하였으며, 이이학파를 형성해 조선 후기 사회를 실질적으로 이끌어 갔다고 할 수 있다. 《격몽요결擊蒙要訣》, 《경연일기經筵日記》, 《동호문답東湖問答》, 《성학집요聖學輯要》 등이 대표적인 저술이다.

시대의 사상가

이황과 이이, 이 두 사람은 비록 학문의 내용은 달랐지만, 당시 국가와 사회가 처한 상황에 대해서 어느 정도 공통된 인식을 가지고 있었다. 그리고 각자 자신이 살았던 시대적 과제를 나름대로 최선의 방법으로 해결해 나가려고 노력하였다. 그런 점에서 천 원권과 오천 원권의 돈에서 매일매일 만날 만한 가치가 있는 인물이기도 하다.

2009년에 최고액권 화폐로 오만 원권이 발행되었다. 인물 도안의 대상으로 누구를 정할 것인가 논란이 분분하다가 "한국 사회의 양성 평등의식을 제고하고, 여성의 사회 참여에 긍정적으로 기여한다."는 취지로 신사임당을 최종 선정하였다. 신사임당은 이이의 어머니였다. 사상계의 라이벌인 두 사람이었지만, 화폐에서만은 이이 측의 승리라고 할 수 있을까?

신사임당 얼굴이 그려진 5만 원 권 지폐

모자(母子)가 모두 화폐의 인물이 된 경우는 세계에서 처음일 것이다.

8 사족의 생활문화

전통사회에서는 신분에 따라 입는 것도, 먹는 것도, 사는 것도 차별이 있었다. 그 속에서 사족들은 평민들과 다른 생활문화를 유지하려고 했다. 이런 것을 가능하게 했던 것 중의 하나가 바로 《주자가례》에 기반한 유교의례, 즉 유교적 생활관습이었다.

예禮란 무엇인가

우리들의 생활에서는 아직도 전통적인 것들이 많이 남아 있다. 물질문명이 발달한다고 해서 그 나라의 전통까지 사라져 버리는 것은 아니다. 아니 새로운 기술문명의 개발도 오히려 전통을 매개로 할 때 바른 정체성을 가질 수 있을 것이다. 요즘 한류가 크게 뜨는 것도 이런 맥락에서 바라볼 수 있다.

조선 시기가 유교에 의해서 통치되었기 때문에 우리나라에는 유교적인 전통이 강하게 남아 있다. 물론 유교적 관습이나 풍속들은 대개 양반지배층의 문화라고 할 수 있다. 일반민의 경우 생활의례적인 면에 유교문화가 침투하였으나 생활 속에서는 민간신앙이나 불교가 더 가까웠다. 그러므로 지금 남아 있는 유교문화들은 조선 시기 사족들의 생활문화로부터 계승된 것으로 봐도 크게 무리는 없을 것이다.

유교에서는 법에 의한 통치보다는 예와 교화에 의한 통치를 더 우선시하였다. 성인·군자는 백성을 다스리는 데 덕德과 인仁을 근본으로 해야 하기 때문에 법이라는 강압적인 방법보다는 예라는 교화적인 방법을 사용해야 한다고 보았다. 더구나 성리학에서는 천리天理가 사회에 구현된 것이 예라고 여겼기 때문에 예를 올바로 행하는 것이 성리학적 이상인 천리를 사회에 올바로 구현하는 것이라고 믿었다. 그래서 천리의 사회적 구현인 예가 왕실에 적용된 것을 왕실전례, 즉 길吉 ·흉凶 ·빈賓 ·가嘉 ·군례軍禮 등의 오례五禮로, 사족과 일반민에게 적용된 것을 관冠 ·혼婚 ·상喪 ·제례祭禮, 즉 사례四禮로 부르고 있다.

《주자가례》와 조선 사회

조선 시기 사족들의 생활문화에 가장 크게 영향을 미친 것은 《주자가례》였다. 《주자가례》는 남송 대 성리학을 집대성한 주자가 지은 예서로, 우리나라에는 고려 말에 전래되었다. 조선을 세운 건국 세력들은 기존의 불교 및 민간신앙적인 생활관습을 바꾸기 위해 《주자가례》의 시행을 장려하였다. 사대부의 경우 《주자가례》대로 행하지 않을 경우 법으로 처벌하는 등 강제적 방법을 동원하기도 했다. 그러나 유교의례는 일반민은 물론 사대부계층에서조차 제대로 행해지지 않았다. 이는 정치적으로는 유교국가가 되었으나 생활관습의 측면에서는 아직 고려의 유풍이 강하게 남아 있었기 때문이다.

가족제도나 사회제도를 보아도 잘 알 수가 있다. 15세기에는 부모의 재산도 큰아들이 단독으로 상속하는 것이 아니라 아들·딸이 똑같이 나누어 상속하고, 제사도 맏아들만 지내는 것이 아니라 아들·딸들이 돌아가면서 제사를 지냈다. 《주자가례》가 완전히 정착하여 친가와 적장자를 중심으로 사족들의 생활문화가 이루어지는 것은 17세기에 가서야 가능했다. 그러므로 우리가 여기서 언급하는 사족들의 생활문화, 전통문화라고 하는 것은 정확히 말하면 17세기 이후 형성된 문화이며, 현재 우리 사회에 긍정적이든 부정적이든 영향을 미치고 있는 전통적인 요소도 바로 17세기 이후 조선 사회에 형성되었던 것이라고 할 수 있다.

관례와 혼례

지금은 지리산 청학동에서나 볼 수 있을 뿐 거의 사라진 관습인 관례冠禮는 일종의 성인식이라고 할 수 있다. 즉 남자는 15세에서 20세 사이에 상투를 틀고 관을 씌어 주었는데, 이를 관례라고 했으며, 여자는 쪽을 지어 비녀를 꽂아 주었는데, 이를 계례笄禮라고 하였다. 남자의 경우는 관례를 할 때 자字를 부여받았으며, 여자는 주로 혼사를 앞두고 계례를 행하였다.

관례는 고려 광종 때 행했다는 기록이 보인다. 그러나 이는 일시적인 것이었고 조선 초기에도 왕실의 일부를 제외하고는 거의 행하지 않다가 17세기 이후에 가서야 일반화되었다. 관은 사족과 일반민을 구별해 주는 하나의 표식이기도 했다. 일반민들은 관을 쓰지 못하고 패랭이 같은 것을 썼다.

관·혼·상·제 중에서 유교적 생활관습이 침투하기 제일 힘들었던 부분이 혼례였다. 유교식 혼례가 행해지기 이전에는 주로 남귀여가男歸女家라고 하는 솔서혼率壻婚이 행해졌다. 이것은 고구려에 있었던 데릴사위제와 비슷한 것으로 결혼을 하고 남자가 여자 집에 가서 일정 기간을 사는 것을 말한다. 우리가 보통 이야기하는 "누구누구가 장가간다."라고 할 때 '장가간다'는 말이 바로 여기에서 유래했다고 할 수 있다. 그러나 유교식 혼례는 남자가 여자 집으로 '장가를 가는 것'이 아니라 여가가 남자 집으로 '시집을 오는 것'이다. 이것을 우리는 친영親迎이라고 부른다. 즉 남자가 친히 가서 신부를 맞이하여 온다는 뜻이다.

전통혼례의 순서는 육례六禮라고 해서 납채納采, 문명問名, 납길納吉, 납폐納幣, 청기請期, 친영 등 여섯 과정으로 이루어져 있다. 이 내용들은 《예기》

와 《의례》에 있는 것들이다. 그러나 《주자가례》가 들어오고 나서는 《주자가례》의 내용을 따라 의혼議昏, 납채, 납폐, 친영 등 네 과정으로 혼례를 치렀다.

의혼은 16세에서 30세 사이의 남자와 14세에서 20세 사이의 여자 간에 혼인을 의논하는 것이고, 납채는 신랑 집의 주인이 신부 집에 신랑의 사주를 적은 단자=사주단자四柱單子를 보내어 혼인을 청하면 신부 집에서는 허락하는 답장=허혼서를 보내는 의식이다. 납폐는 납채와 절차는 같고 함에 청단·홍단의 비단 두 감을 보내는 것이다. 지금은 이 함 보내기를 둘러싸고 폐단이 생기기도 하지만 전통혼례에서 함 보내기는 단지 혼인의 징표로 보내는 상징적인 것에 지나지 않았다. 마지막으로 친영은 신랑이 신부를 맞아 오는 의식이다. 우리가 지금 예식장에서 하는 결혼식은 전통혼례에서는 신부 집에서 했던 것이다.

상례喪禮와 제례祭禮

우리 생활에서 아직도 유교의례의 관습이 많이 남아 있는 것이 상례이다. 비록 장례식장에서 장례를 치르고 상조회사에서 와서 다 해 주지만 사실 그들이 하는 것에는 유교식 상례에서 행했던 것들이 많이 있다. 그러나 크게 달라진 것이 있다면 상례를 지내는 기간이다. 조선의 사족들은 대부분 삼년상을 지냈다. 3년 동안 상복을 입고 부모의 묘소를 지킨다는 것이다. 햇수로는 3년인데 실제 기간은 27개월이었다.

성리학에서는 충보다도 효를 중요시하였다. 그래서 아무리 높은 관직, 중요한 관직에 있더라도 부모의 상을 당하면 벼슬을 그만두고 내려가 3년 동안 상을 지냈던 것이다.

반면 일반민들은 국가의 세금과 군역을 부담해야 했기 때문에 국가에서는 이들의 삼년상을 원칙적으로 허락하지 않았다. 《예기》에 의하면 '삼년상은 천하에 통용되는 상'이라고 해서 천자로부터 평민에 이르기까지 모두 지내는 것이었다. 그러나 실제로는 그렇지 않았다. 사족들은 삼년상을 지냈지만 평민들은 국가 경영의 문제 때문에 허용하지 않았던 것이다. 이런 사실에서 우리는 사족들에 의한 국가 지배의 이율배반적인 면을 볼 수 있다.

유교를 종교로 믿건 안 믿건 관계없이 유교식 제사를 지내는 집안은 대단히 많다. 기독교나 불교를 믿는 사람들도 제사를 지내는 경우가 많다. 그만큼 유교식 제례는 종교 행위라기보다는 전통으로 우리 사회에 깊숙이 뿌리 내리고 있다.

본래 조선의 사족들은 제사를 가묘家廟, 즉 우리가 보통 '사당'이라고 부르는 곳에서 지냈다. 물론 조선 초기에는 사대부들도 가묘를 세우지 않아 국가에서 독려하고 심지어 기한을 정해 가묘를 세우지 않은 사대부들을 처벌하기도 했다. 그러다가 17세기 이후 종법宗法을 강조하는 《주자가례》가 사족사회에 널리 퍼지면서 큰아들 집에 가묘를 세워 그곳에서 제례를 행하는 것이 일반화되었다. 제례에는 계절마다 지내는 사시제四時祭, 산소에서 지내는 묘제墓祭, 돌아가신 날에 지내는 기제忌祭, 명절에 지내는 차례茶禮 등 여러 가지가 있다.

가훈家訓과 유교적 생활관습

나는 평생 벼슬하는 것을 즐기지 않았으니 죽은 뒤에 염습殮襲에는 유복儒服을 쓰고 소렴小斂에는 공복公服을 쓰도록 하라. 장사와 제사의 예절은 다 예법대로 하고 그런 다음 출세하여 이름을 날려야 가문의 명성을 떨어뜨리지 않을 것이다. 더구나 장사를 집행하는 수고로움이 곧 효도의 한 절차이다. …… 사시절의 시제時祭는 정례情禮라 마땅히 행할 것

172

이다. 재력이 미치지 않으면 이를 행하기가 어려울 것 같으나 일 년에 한 번 지내는 시제이니 결코 그만두어서는 안 된다. …… 나는 평생을 벼슬 아치를 자처하지 않아 집안 형편이 아주 박약하니 죽은 뒤에 사당을 지 나치게 사치하게 하지 말라. 그러나 기와를 덮고 다락도 칠해 놓을 것이 지, 없어지게 해서는 안 된다. 그리고 종갓집이 가난하고 자손이 혹 벼슬 을 하여 재력이 있으면 될 수 있는 대로 이런 일을 돕도록 할 것이다.

이 글은 숙종 대 학자였던 권양(權讓, 1628~1697)이 남긴 〈영가지족당가 훈永嘉知足堂家訓〉의 일부분이다. 조선 시기 사족들은 이런 유교의례를 스스 로 행할 뿐만 아니라 유서遺書나 가훈 등을 통해 자손들에게도 준수할 것 을 강조하였다. 이 가훈을 보면 집안이 가난하면서도 유교의례를 통하여 사족의 신분을 유지하려는 노력을 읽을 수가 있다. 조선 후기 신분제가 동 요되어 많은 사족들이 경제적으로 쇠락하여 평민과 거의 같은 수준으로 떨어졌으면서도 《주자가례》를 기본으로 한 유교적 생활관습을 행함으로 써 신분의 권위를 유지하려고 했다. 생활문화 자체가 자신의 신분을 나타 내 주는 징표의 구실을 했던 것이다.

평등사회인 현대에서는 무슨 옷을 입든지 무엇을 먹든지 상관이 없다. 그러나 전통사회에서는 신분에 따라 입는 것도, 먹는 것도, 사는 것도 차별 이 있었다. 그 속에서 사족들은 평민들과 다른 생활문화를 유지하려고 했 다. 그리고 이런 것을 가능하게 했던 것 중의 하나가 바로 《주자가례》에 기 반한 유교의례, 유교적 생활관습이었던 것이다.

Korea
HISTORY OF KOREA

제4장 | 외세의 침략과 대응

1 임진왜란

일본은 두 차례 조선을 침략하지만 끝내 목적을 달성하지 못하고 패주함으로써 전쟁은 끝났다. 조선이 입은 피해는 컸지만, 결코 망하거나 망할 조짐을 보이지 않았다. 임진왜란은 승전도, 패전도 아닌 '극복한 국난'이었다. 평화를 낳는 외교는 계속되어야 하지만 전쟁은 결코 일어나서는 안 된다.

국제 전쟁, 침략 전쟁

임진왜란이 일어난 지 7주갑周甲, 420년이 훌쩍 지났다. 임진왜란을 이야기할 때 물론 이순신과 거북선을 빼놓을 수는 없다. 그러나 이제는 한두 사람의 영웅을 통해 역사를 이해하는 수준은 넘어서야 하지 않을까 생각된다. 장기간에 걸친 대규모 전쟁을 몇몇 영웅의 활동에 제한시켜 보는 것으로는 충분치 않다. 그런 영웅을 만들어 냈던 사회적·민족적 역량 전체를 살펴볼 필요가 있는 것이다.

임진왜란이 조선 사회 내부에 미친 영향은 컸지만 실제보다 훨씬 과장되어 있다. 또 그 원인이나 결과 등을 살필 때도 지금까지는 주로 우리 내부 문제에만 선을 긋고 들여다보기 때문에 사건의 본질을 이해하는 데 큰 어려움이 있었다. 일본이 침략한 전쟁이라고 보기보다는 조선 정부에서 국정을 소홀히 했기 때문에 터진 전쟁이라는 식의 설명이 많았다. 하지만 문제의 본질은 어디까지나 일본의 침략에 따른 침략 전쟁이었다는 점이다.

그러므로 이 전쟁을 국난 극복이라는 관점에서 접근할 필요성이 있으며, 아울러 외국의 침략에 대한 방어라는 국제 전쟁으로서의 성격을 확실히 인식하는 것이 필요하다. 문 열어 놓고 잠을 자다가 도둑을 맞았을 때, 잘못이 문을 열어 놓고 잔 사람에게도 있겠지만 근원적인 잘못은 도둑에게 있는 것 아니겠는가?

이전과는 달리 이제는 패배주의적인 생각도 많이 사라졌다. 학계에서도 임진왜란을 국제 교역에서 비롯된 전쟁이라는 관점에서 설명하려는 노력이 이루어지고 있다. 이는 전쟁의 성격을 단순한 약육강식의 원리로 설명하는 데에서 나아가 국제관계라는 그 시대의 구체적 조건과 연결시켜 파악해 보려는 시도로서 보다 바람직한 이해방식이라고 할 수 있다. 나아가 오늘날의 전쟁이나 우리를 둘러싸고 있는 국제관계를 재조명해 보는 데도 많은 시사를 줄 것이다.

침략의 원인

지금까지 일본이 조선을 침략한 원인으로 제일 많이 들었던 것은 전국 시대를 통일한 도요토미 히데요시豊臣秀吉가 전쟁 이후 남아나는 무력을 외부로 방출시켜 국내의 통일과 안정을 유지하고자 했기 때문이라는 것이었다. 그러나 최근의 연구에 따르면 이보다 더 중요했던 것은 경제적인 이유에 있었다고 한다. 도요토미가 국제무역에서 일본이 겪고 있던 불리함을 한꺼번에 타개하기 위해 조선 침략에 나섰다는 것이다. 그러면 왜 일본은 국제무역에서 불리한 위치에 있었고 어째서 조선 침략이 그 불리함을 해결해 줄 수 있다고 생각했는가가 궁금하다.

16세기에 동아시아의 한·중·일 3국은 약간의 차이는 있었지만 모두 농업생산력의 발달을 배경으로 상공업이 발달하는 등 전반적인 상승기에 있었다. 그 결과, 국제교역이 성행하게 되었다. 조선 상인들은 중국 비단과 원사原絲를 사서 일본 상인들에게 넘겨 큰 이익을 남겼다. 일본인들이 사 가는 물품 가운데에는 조선사朝鮮絲와 면포, 곡물이 큰 비중을 차지하였 다. 중국과 조선이 이처럼 수출품을 가진 반면에, 일본은 구리 외에는 특 별한 것이 없어서 무역적자를 벗어나기가 어려웠다.

16세기 초 일본은 중국과 조선에 대해 중국 비단과 조선 면포 등의 수 출량을 늘려 줄 것을 요청하였으나 양국은 국내 수요 관계로 이를 쉽게 받 아들일 수가 없었다. 그러자 일본 상인들이 1510년(중종 5) 교역 특설구역인 조선의 삼포三浦와 명의 영파寧波에서 반란을 일으켰다. 삼포는 웅천熊川의 제포薺浦, 동래의 부산포釜山浦, 울산의 염포鹽浦 등으로 왜인에 대한 회유책 으로 개항한 곳이었다.

왜가 일으킨 반란은 문제를 해결하기보다는 일을 더 꼬이게 만들었다. 왜 냐하면 조선과 중국 모두 일본과의 교역을 단절하는 등 통제를 풀기는커녕 더 강화해 나갔기 때문이다. 이렇게 되자 일본 상인들은 다수가 해적이 되 어 활동하기도 했다. 한편, 중국은 더 나아가 해안 지역에서 일어나는 반 란을 막기 위해 해안을 봉쇄하는 이른바 해금정책海禁政策을 취하였다. 이 런 상황은 도요토미가 일본 전국을 평정했을 때까지도 개선되지 않았다.

도요토미는 주요 상품의 수입을 위해 정규 무역의 부활을 요구했으나 명나라는 그간 연안에 들끓었던 왜구에 대한 경계심으로 쉽게 이에 응 하지 않았다. 조선도 마찬가지였다. 이때 일본은 외교적인 노력으로 국 제 간의 긴장관계를 풀려고 하기보다는 먼저 손에 잡기 쉬운 무력으로 문 제를 해결하려고 했다. 사람들 사이에서도 "법은 멀고 주먹은 가깝다."는 말들을 한다. 바로 그런 식이었다. 결국 임진왜란은 일본이 명과 조선 사 이에서 겪고 있던 국제무역상의 난제를 주먹으로 해결하려고 일으킨 침 략 전쟁이었던 것이다. 일본이 전쟁을 일으키면서 중국을 정복하러 가는 길을 빌려달라는 '정명가도征明假道'의 요구를 해 온 것도 이런 맥락에서 이해할 수 있다.

당시 우리나라 면포는 일본에 건너가 아주 긴요
한 용도로 활용되었다. 이전에는 돛을 짚으로 만들
었는데, 면포로 만드니까 배의 속도가 매우 빨라지
고 또 배의 방향도 자유자재로 바꿀 수 있어 항해
술이 크게 개선되는 그런 효과가 있었다. 특히 일
본과 같이 섬나라의 경우에는 배가 차지하는 비중
이 워낙 컸기 때문에 면포가 미친 영향은 그만큼
컸다. 따라서 눈앞에서 그 실익을 본 일본인들의
욕구가 잘못된 방향으로 나아가서 전쟁이라는 형
태로 터져 나오지 않았나 생각된다.

전쟁의 발발

전쟁은 하루아침에 터진 것은 아니었다. 발발 이전에 꽤 오랫동안의 교섭
이 있었다. 도요토미는 대마도주對馬主를 통해서 조선과 교섭하였는데,
그 내용은 조선 국왕이 일본에 조공을 바치라는 것이었다. 나아가 명나라
에 대해서까지 일본에 조공할 것을 주장하였다. 일본의 이런 요구는 당시
국제관계에서 볼 때 한낱 망상에 지나지 않았다. 조선에서는 여러 경로로
일본이 침략할 것이라는 정보를 입수하고 그 대책을 논의하였다. 율곡 이
이가 십만양병설을 주장한 것은 그런 정보에 토대를 둔 것이었다. 그러나
붕당 사이의 알력으로 효과적인 대책이 이루어지지는 못하였다.

일본은 조선과 교섭하면서 앞에서 말했듯이 정명가도를 명분으로 내세
웠다. 그러나 조선이 일본의 요구에 응하지 않자, 결국 일본은 1592년 4월
14일 20만의 대군으로 조선을 침략하였다. 당시 일본이 보유하고 있던 군
인의 수가 총 30만 명이었다고 하니까 이 전쟁에 일본이 어느 정도 비중을

동래부순절도(보물 제392
호)

임진왜란 개전 초인 1592
년 4월 15일, 동래부에서
부사 송상현과 군민들이
왜군과 싸우는 모습을 그
린 그림이다. 육군박물관
소장

두었는지 알 수 있다.

　국내적으로 정치적인 혼선을 빚고 있던 상태에서 일본의 침략을 맞은 조선은 초기에 효과적으로 대응하기가 어려웠다. 4월 29일, 충주 탄금대에서 유명한 신립 장군마저 패하자 그 소식을 접한 선조는 서울을 버리고 의주로 피난길을 떠났다. 고니시 유키나가小西行長, 가토 기요마사加藤淸正, 구로타 나가마다黒田長政 군대가 세 갈래로 나누어 파죽지세로 북상한 일본군은 5월 2일 서울을 함락시키고 6월 13일 평양을 점령하였으며, 그 후 함경도로 진출하여 두 왕자를 포로로 잡기까지 하였다.

　다행히 전라도 지역과 평안도 일부 지역은 안전하여 곧 대반격을 시작할 수 있었다. 우선 해전에서는 5월 7일에 옥포해전을 시작으로 사천, 한산도 등지에서 이순신 장군이 계속 승리하였다. 거북선이 등장하는 것도 이 시기이다. 6월 이후에는 의병과 승군이 전국적으로 일어났으며, 10월에는 그 유명한 1차 진주성 싸움에서 승리하였다.

　당시 조선의 주력군은 북방 방어를 위해 주로 평안도, 함경도에 있었다. 초기에 남쪽 지방이 파죽지세로 밀렸던 까닭도 주력군이 북쪽에 있었기 때문이었다. 따라서 전열이 갖추어지고 북방의 주력군이 전쟁에 투입되면서 전반적인 전세도 달라지기 시작하였다. 더욱이 명의 원군이 도착하자 전세의 역전은 뚜렷해졌다. 그리하여 전쟁 발발 다음 해인 1593년 1월에는 조선과 명의 연합군이 평양을 탈환하였고, 2월 12일에는 권율 장군이 행주산성에서 대승을 거두었다. 그 후에 명과 일본의 화의교섭이 진행되었고 일본군은 후퇴하여 경상도 남해안으로 몰려 버티는 상황이 전개되었다. 결국 일본의 의도대로 전쟁이 진행되었던 기간은 의병이 일어나기 전인 처음 2개월 정도밖에 되지 않았던 것이다. 그리고 1592년 말만 되어도 일본군은 도망가기에 급급하였다.

　몇 년 동안의 소강상태 끝에 다시 정유재란이 일어나 1597년 1월에 일본

군이 북진하였다. 그러나 9월 5일에 충남 직산에서 조·명 연합군에 의해 북진이 저지되었다. 또 9월 16일의 명량대첩을 시작으로 이순신의 맹활약이 다시 시작되었다. 이에 일본군은 남해안에 머물다가 도요토미가 병으로 죽게 되자 곧 철군하였다. 이렇게 7년간의 임진왜란은 막을 내렸다.

통영 삼도수군통제영

충청 · 전라 · 경상 3도의 수군을 지휘하던 본부. 최초의 삼도수군통제사였던 이순신이 한산도에 설치하였던 것이 처음이며, 통영에는 1604년부터 설치되었다.

승전인가 패전인가

일본은 두 차례의 침입을 하지만 끝내 그들의 목적을 달성하지 못하고 패주함으로써 전쟁은 끝났다. 그러면 과연 우리는 승리한 것일까? 패배한 것일까?

종래에는 조선이 일방적으로 당하기만 하다가 도요토미의 죽음으로 일본군이 자진해서 물러난 것으로 이해하는 경우가 많았다. 전쟁 전에 170만 결에 이르던 토지가 전쟁 후에는 1/3도 되지 않는 54만 결로 축소되는 등 조선이 입은 격심한 피해가 이런 생각을 갖게 하기도 한다.

그러나 당시 사회를 이끌고 있었던 사림들이 전쟁 발발 2개월이 지난 시점에서 초기의 당황함에서 벗어나 향촌 사회를 이끌며 의병을 주도해 나갔고, 그것이 단지 명목만의 항전이 아니라 실제로 전세를 뒤바꿀 정도의 힘을 보이면서 전쟁의 분위기는 크게 달라졌다. 그리고 이때 의병을 일으켰던 사실은 전쟁 후에 오히려 그들이 탄탄한 지배층으로 자리매김하는 명분이 되었다. 양반 사회는 임진왜란으로 결코 망하거나 망할 조짐을 보이지 않았던 것이다.

왜냐하면 임진왜란이라는 국난을 극복한 동력이 바로 사족이라 불리던 양반층이었기 때문에 그들이 전쟁 이후의 사회에서 여전히 지배층으로서 변함없는 지위를 유지해 나갔던 것이다. 그런 뜻에서 임진왜란은 승전도, 패전도 아닌 '극복克服한 국난國難'이었다.

임진왜란 때 일본군이 가지고 왔던 조총도 과대평가된 감이 있다. 조총이 활에 비해서 새롭고 강했던 것은 사실이지만 우리나라에서는 대포를 위주로 한 전술을 썼기 때문에 일본군의 조총이 일방적으로 우월한 화기는 아니었다. 특히 어느 정도 거리를 두고 싸우는 해전에서 이순신 장군이 승승장구할 수 있었던 것도 조총보다는 대포가 더 위력적이었기 때문이다. 또 조선의 주력군이 북방에 주둔하고 있었는데, 정규군의 투입에 따라 전세가 전환되는 상황을 보면 조선의 군대가 그렇게 호락호락하지는 않았다는 것도 알 수 있다.

따라서 단지 도요토미가 죽었기 때문에 일본군이 물러간 것은 아니었다. 이길 수가 있었다면 물러갈 리가 없다. 그러므로 일본이 패주한 것이지, 우리가 패전한 것은 아니다. 그러나 패전이 아니라는 것만으로 자위할 수는 없다. 막을 수도 있었던 전쟁을 막대한 희생을 치르고 했다는 점, 국가적으로 극심한 피해를 입었는데, 그 대부분을 백성들이 부담해야 했다는 점 등이 이 전쟁을 승전이라고 규정하기를 머뭇거리게 하는 이유들이다.

임진왜란을 '노예 전쟁'이라고도 한다. 전쟁으로 인해 10만여 명의 조선인이 포르투갈과 일본인 노예 상인에 의해 끌려가 일부는 전쟁 뒤의 일본 복구를 위해 혹사당하고 대부분은 세계 곳곳에 노예로 팔려갔다. 한때

이탈리아로 끌려간 조선인 노예들의 후예가 우리나라를 방문하고 이들의 이야기를 담은 《베니스의 개성상인》이라는 소설이 베스트셀러가 되기도 하였다. 일본의 침략을 막아낸 당시 우리 민족의 역량을 높이 평가해야 하는 것은 사실이지만 최선의 길이 무엇이었는가는 다시 한 번 생각해 봐야 할 것이다.

전쟁과 외교

제1차 세계대전의 이데올로기를 제공했던 칼 폰 클라우제비츠Carl von Clausewitz(1780~1831)는 《전쟁론 Vom Kriege》이란 책에서 '전쟁은 다른 여러 수단들을 혼합하는 정치적 교섭의 연장'이라 하여 전쟁의 정당성을 주장하였다. 인류의 역사는 전쟁의 역사라 할 만큼 역사에서 전쟁은 빼놓을 수 없는 주요한 몫을 차지하고 있다. 그러나 과연 전쟁은 정당한 것일까? 《세계전쟁사》를 쓴 존 키건John Keegan(1934~2012)은 다음과 같이 그렇지 않다고 비판한다.

세계를 굴러가게 하는 것은 적대감이 아니라 협동정신이다. 대부분의 사람들은 우정과 사랑 속에서 하루하루를 보내며 거의 모든 수단을 동원하여 불화를 피하고 분쟁을 조절하려고 노력한다. 우호는 일반적인 덕목 중에서도 가장 으뜸가는 항목이다. 또한 친절은 가장 환영받는 특성이다.

전쟁과 외교, 같은 목표를 향한 서로 다른 선택이다. 어느 쪽이 옳을까? 임진왜란 전후 한·일관계의 두 모습에서 그 답을 찾아보자.

도요토미 히데요시가 일으킨 임진왜란은 무력을 사용하여 중국 비단과 조선 면포의 교역권을 확보하려 한 경제 전쟁이었다. 한편 임진왜란의 실패 이후 도쿠가와德川막부가 같은 목표 달성을 위해 조선과의 통교 회복을 서두르고 그렇게 해서 국교 및 통교를 회복한 결과가 '조선통신사'였다. 1607년부터 1811년까지 12회에 걸쳐 왕래하면서 200여 년간 평화적인 선린우호 관계를 펼쳤다. 이것은 양국간의 이해관계에 따른 갈등이 무력이 아닌 외교에 의해 평화적으로 해결할 수 있었다는 산 증거인 셈이다. 즉 국제 교역이라는 같은 목표를 위한 두 가지 선택이 있었다는 뜻이다.

물론 아쉽게도 200여 년간 지속되었던 평화는 또 다시 일본에 의해 정치의 연장이라고 분식한 근대의 '전쟁'들 때문에 그만 파괴되고 말았다. 같은 목적을 달성하기 위한 시도로 전쟁과 평화, 둘 중 어느 것이 바람직한가? 그 답은 명확하다.

과거의 한일 관계가 걸림돌이 되고 있지만 양 국민 모두 현명하게 이를 극복하여 진정한 평등에 기초한 우호선린관계가 회복되기를 바라고 있다. 하지만 아쉽게도 요즘 한일 관계는 얼어붙었다. 20세기 전반기 역사해석에 대한 극단적인 차이 때문이다. 과거가 여전히 현재를 붙들고 있다. 하루 빨리 극단적 갈등이 해소되기를 기원한다. 평화를 낳는 외교는 계속되어야만 한다. 반면에 전쟁은 결코 일어나서는 안 된다.

2 의병의 항쟁

KOREA

일본군의 승승장구하던 기세를 여지없이 꺾어 버리는 데 의병의 역할은 매우 컸다. 의병들은 "떠나가기를 허락한다 하여도 빠져나가는 사람이 없었다."고 한다. 사림 의병장과 평민 의병은 서로 연대하여 민족의 위기에 맞서 당당히 싸워 나라를 지켜냈다.

강강수월래

우리나라 민요 중에 임진왜란에서 유래한 것으로 〈강강수월래〉와 〈쾌지나 칭칭나네〉라는 노래가 있다.

달 밝았다 계명산천에 달 밝았다
달 밝으면 오늘도 승전이라네

나는 좋네 나는 좋아
석 달 열흘 기다려도 나는 좋네
우리 님은 승전하고 오실 테니

간다 간다 나는 간다
바늘 가는데 실 안 가랴

열두 바다 건너 나는 간다

너 죽으면 내가 있다
나 죽으면 하늘이 있다
어서 싸워라 나라 일에
죽은 주검에 꽃이 핀다네

이것은 후렴구를 뺀 〈강강수월래〉의 가사로 당시 여성들의 나라 사랑하는 심정이 잘 표현되어 있다. '나라 일에 죽은 주검에 꽃이 핀다네.'라는 구절에서 조국을 위해 몸 바치는 것이 영광스럽다는 민족적 긍지를 잘 읽을 수가 있다.

〈강강수월래〉의 기원에 대해서는 여러 설이 있지만 이순신 장군의 전술에서 유래했다고 보는 것이 일반적이다. 임진왜란 당시에 이순신 장군이 해남 우수영에 진을 치고 왜적에 대비하고 있었는데, 이때 쳐들어온 적의 수군 숫자가 아군에 비해서 훨씬 많았다. 그래서 장군은 아군의 수가 적보다 적은 것을 감추어 적의 기세를 꺾기 위해 꾀를 하나 내게 된다. 즉 마을의 부녀자들을 모아서 남자 차림을 하게 하고 〈강강수월래〉라는 노래를 부르면서 옥매산 허리를 빙빙 돌도록 했던 것이다. 이때 먼 바다에서 이렇게 〈강강수월래〉를 부르면서 돌고 있는 옥매산의 진영을 바라본 왜군은 조선군이 한없이 계속해서 행군하는 것으로 알고 미리 겁을 먹고 달아났다는 것이다. '강강수월래強羌水越來'는 강폭한 오랑캐, 즉 왜적이 물을 건너온다는 뜻과 주위를 경계하라는 뜻이 있다고 한다. 〈강강술래〉란 이름으로 2009년 유네스코 인류무형문화유산에 등재되었다.

쾌지나 칭칭나네

〈쾌지나 칭칭나네〉도 아주 흥에 겨워서 자주 부르는 노래 가운데 하나인데, '쾌지나'는 쾌재快哉에서 나온 말로 기쁘다는 뜻이고, '칭칭나네'는 청정이 나가네라는 뜻이다. 청정淸正은 일본군 장군이었던 가토 기요마사加藤淸正를 지칭하는 것이다. 그러니까 '쾌지나 칭칭나네'는 '기쁘다, 청정(기요마사)이 쫓겨 가네.'라는 뜻이다. 이런 민요들 속에서 우리는 조선 민중들의 애국적인 감정들을 잘 읽을 수 있다. 이 민중들이 주체가 되어 싸웠던 의병이 국난 극복의 밑거름이 될 수 있었던 까닭을 여기서도 볼 수 있다.

관군의 경우에는 "목을 베어도 도망하는 자를 방지할 수 없었다."는 말이 나올 정도였는 데 반해, 의병의 경우에는 "떠나가기를 허락한다고 하여도 빠져나가는 사람이 없었다."고 한다. 왕에 대한 충성보다도 국가와 민족에 대한 애국심, 즉 국가의식·민족의식의 발로가 이렇게 나타났던 것이다.

의병의 봉기

임진왜란을 극복한 동력 가운데 가장 큰 것은 의병 항쟁이었다. 초기에 일본군의 승승장구하던 기세를 여지없이 꺾어 버리는 데 이 의병의 역할은 매우 컸다고 할 수 있다.

《선조실록》 1593년 정월의 기록에는 당시 중요한 의병장들이 거론되어 있다. 이를 보면 경기도에는 김천일·우성전·이질·홍계남 등이 있었으며, 경상좌도에는 성안의·신갑, 경상우도에는 정인홍·곽재우·김면 등이 활약하였고, 함경도에는 정문부, 평안도에는 이주·조호익 등이 활동하고 있었다. 이 기록에는 빠졌지만 충청도의 조헌, 전라도의 고경명·최경회 등도 의병장으로 유명하였다.

의병들은 자신들이 살고 있던 지역을 중심으로 곳곳에서 게릴라 전술로 일본군을 공격해서 심대한 타격을 가했는데, 그것은 곧 자신들의 생활권

포충사(褒忠祠) 충노비(忠奴碑)

고경명 집안의 가노(家奴)로서 복수의병장 종후(고경명의 장남)를 따라 제2차 진주성싸움에서 싸우다 순절한 봉이(鳳伊)와 귀인(貴仁)을 기리기 위해 세운 비석이다. 포충사(광주광역시 기념물 제7호)는 의병장 고경명을 배향하기 위해 1601년(선조 34) 건립되었다.

을 지키고자 하는 노력이었다. 곽재우 부대는 일본군의 호남 진출과 낙동강 도하를 막고 경상우도를 보호하였으며, 정인홍 부대는 합천에서 일어나 3천 명의 의병으로 성주·합천·하남 등의 지역을 막아냈다.

물론 의병들은 자기 지방에만 머물러 있었던 것은 아니고 정규군에 못지않게 넓은 지역을 무대로 조직적인 전투를 수행하기도 했다. 김천일 부대는 왕이 있는 평안도로 향하다가 한양에 결사대를 잠입시켜 백성들로부터 많은 군자금을 얻고 한강변의 여러 적진을 급습하는 전과를 올리기도 했다.

고경명·유팽로 등이 임진왜란 의병사상 최대 규모인 6,000여 명의 의병을 이끌고 일본군과 싸우다가 순절한 제1차 금산성 싸움, 조헌과 의승장義僧將 영규가 이끌던 의병 700명이 일본군과 싸우다가 모두 전사하였다 하여 만들어진 칠백의총七百義塚으로 유명한 제2차 금산성 싸움과, 김천일·고종후·최경회 등 호남 의병들이 지키다 모두 전사한 제2차 진주성 싸움 등은 자기 고을만 지키는 향병의 수준을 벗어나서 싸운 대표적인 전투라고 할 수 있다. 당시 의병들은 단지 자기 고을을 지킨다는 데에서 벗어나 상호 연대해서 일본군과 싸움을 벌였던 것이다.

사림 의병장, 평민 의병

"마침내 도내道內의 거족巨族으로 명망 있는 사람과 유생들이 조정의 명을 받들어 의를 부르짖고 일어나니 소문을 들은 자들은 격동하여 원근에서 이에 응모하였다."는 기록에서 볼 수 있듯이 의병의 지도층은 당시 향촌의 지배 세력이었던 사림들이었다. 평민이나 천민이 의병장으로 부대를 이끄는 일은 한말에나 가야 있을 수 있었고 이때는 그러기에는 아직 이른 시기였다. 의병을 일으킬 때는 먼저 사림 가운데 명망 있는 자가 창의하여 문인 및 종유인從遊人들의 호응을 얻은 다음, 그 호응자들이 다시 각자의 노비나 거주지의 평민들을 동원하는 형태로 의병을 조직해 나갔다.

전쟁에서 "모여라!"라는 구호 한마디로 이런 의병이 일어날 수는 없었다. 설사 돈이 있다 하더라도 돈만으로 죽을지도 모르는 의병이 되라고 할 수는 없었다. 그럼 무엇이 그들의 창의에 호응하게 했을까? 우선은 그 창의의 명분이 당당했기 때문이겠지만 그보다 중요한 것은 의병장에 대한 신뢰였다. 의병장들은 그 지방에서 명망이 있는 사람들이었는데, 평소에 그들이 가지고 있었던 향촌에서의 지도력이 이와 같이 민중들의 신뢰를 이끌어 냈다고 볼 수 있겠다.

향촌에 근거지를 두고 있었던 재지 양반사족들은 향촌 사회의 일반 성원들, 즉 농민들의 안정에 좀 더 관심을 기울여 농민에 대한 일방적인 수탈을 자제하고 상호 양보에 의한 개량적인 정책을 추구해 나갔다. 때문에 이들이 창의할 때 일반 농민들의 호응을 쉽게 얻을 수 있었던 것이다.

일반 농민들이 쉽게 호응했던 데에는 아주 현실적인 이유도 있었다. 전쟁터에서는 군대가 가장 안전하다는 역설도 있듯이 일단 의병에 들어가면

적어도 굶어 죽지는 않았다. 또 의병이기 때문에 관군과는 달리 질 것 같은 싸움은 하지 않아도 책임이 없었다. 그만큼 안전했던 것이다. 또 반대로 약간의 공만 세워도 그건 자발적인 것이기 때문에 대단히 커다란 공으로 포상을 받았다. 물론 모든 의병이 다 이런 이유로 의병이 되었던 것은 아니다. 정말 그렇다면 허무하기 그지없을 테니까. 그러나 이런 경우도 분명히 있었던 것은 사실이다.

한편 전쟁으로 인해 많은 피해를 입었음에도 불구하고 사람들은 의병 활동을 통해 재지적 기반이 강화되는 효과를 얻기도 하였다. 특히 정인홍을 비롯한 경상우도의 경우 의병 활동을 통해서 기존의 재지적 기반을 확대·강화하고, 전쟁 중에 동원하였던 의병의 군사력을 사병화私兵化하기도 했다. 또한 관노官奴와 소·말 등도 사유화하여 막강한 경제 기반을 확보하였으며, 이를 바탕으로 향촌 사회에서 통제력을 확장해 나갔던 것이다. 임진왜란이 끝난 뒤 인심을 잃고 지위가 떨어진 양반도 있었지만, 이렇게 의병을 이끌었던 양반들은 오히려 더욱더 강한 지도력을 챙길 수 있었다고 할 수 있다.

그러나 의병장이 양반사족이었다고 해서 의병 활동에서 백성들이 점했던 비중이 줄어드는 것은 아니다. 왜적이 침입해 들어왔을 때 그것을 막을 수 있는 원동력은 뛰어난 전술가나 의병장 등과 같은 몇 명의 인물들에 있었던 것이 아니라 뭇 백성들의 투쟁에 있었다. 민족적 위기 속에서 백성들은 이에 맞서 당당히 싸워 나라를 지켰으며 그 속에서 그들의 지위를 상승시켜 나갔던 것이다.

3 조선 왕조 500년의 시기 구분

조선 사회를 구분하는 또 하나의 입장은 전기·중기·후기 등 세 시기로 나누어 보는 방법이다. 이때 중기 사회의 특징은 사족 지배체제에서 찾을 수 있다. 이는 양반 사족이 지주제와 신분제를 통하여 향촌사회에 대한 지배를 관철시켜 나가는 구조를 말한다.

시대 구분과 시기 구분

시간은 옛날이나 지금이나 차이가 없이 똑같이 흘러간다. 천년 전의 한 시간과 오늘의 한 시간은 그 절대 길이에서 다르지 않다. 그러나 그 시간 위에 그려지는 인간의 역사는 양적으로나 질적으로나 커다란 차이가 있다.

이처럼 사람들이 살았던 삶의 형식과 질은 시간의 흐름에 따라 분명히 구분할 수 있는 변화들이 있다. 따라서 이 변화를 어떤 기준에 따라 단계를 나누면 그 단계에 해당하는 시간들이 나뉜다. 장구한 인간의 역사를 이렇게 몇 개의 단계들로 나누어 보면 그 변화 발전의 모습을 좀 더 쉽게 이해할 수 있다.

시간을 구분한다고 해서 그저 100년이나 200년 단위로 기계적으로 자르는 것은 아니다. 시간의 구분이라고 하면 먼저 원시·고대·중세·근대·현대라는 식의 구분이 떠오른다. 이런 식의 구분을 역사학에서는 시대 구분이라고 한다. 시대 구분이란 한 민족이나 나라의 역사에만 국한하지 않고 보편적인 기준에 의해 인류 역사 전체의 발전을 단계적으로 설명해 보기 위해 제안된 방식이다.

이에 비해 시기 구분은 거시적인 관점보다는 한 시대 또는 특정 시간 내에서 어떻게 사람들의 삶의 방식이 변화되어 갔는가를 설명해 보는 좁은 의미의 구분이다. 시대 구분이나 시기 구분이나 시간을 인위적으로 자른다는 것은 마찬가지지만 이렇게 담고 있는 차원은 다르다. 시대와 시기의 차이는 영어로 하면 period와 time의 차이가 되겠다.

여기서 다루고자 하는 것은 시대 구분이 아니고 시기 구분에 대한 것이다. 즉 조선 왕조 500년이란 시간을 그 안에서 나눈다면 어떻게 나눌 수 있겠는가 하는 문제이다. 물론 이런 시기 구분을 둘러싼 논의들이 축적되면 시대 구분이란 더 큰 범주의 구분으로 나갈 수 있겠다.

전기·후기설

조선 왕조 500년을 시기 구분하는 데는 두 가지 방법이 있다. 먼저 전기와 후기, 두 시기로 나누어 보는 입장이다. 이것은 양란兩亂, 즉 임진왜란과 병자호란, 그중에서도 특히 임진왜란을 계기로 조선 사회가 크게 변화했다고 보아 임진왜란을 기준으로 양분하는 구분법이다. 일제 식민사학자들이 주장한 이후 지금까지도 지속되고 있는, 상당히 오랜 전통을 가지고 있는 견해이다. 식민사학자들은 우리나라의 역사가 일본의 영향을 받아 바뀌었다는 것을 합리화하기 위해 임진왜란을 강조하였다. 즉 임진왜란으로 인해 조선이 비록 왕조의 붕괴는 모면하였으나 왕조의 붕괴에 상응할 만한 사회 내적인 변동을 거쳐야만 했다는 것이다.

전기·후기론의 또 다른 형태는 임란 이후의 시기인 17세기를 국가재조론國家再造論이라는 개념으로 설명하는 것이다. 재조再造라는 말은 '다시 짓는다.'는 뜻으로 임란 이후에 몇몇 사람들이 사용했던 용어이다. 임란의 충

192

격이 심해 16세기 이전의 체제로는 도저히 사회가 유지될 수 없어서 국가를 다시 만들어 냄으로써 유지할 수 있었다는 의미이다. 임란을 국가 재조의 전기로 보아 시기 구분의 기점으로 상정하는 것이다. 국가재조론은 양란 이후 지배층의 동요와 중세사회의 해체 현상을 극복하기 위한 시도를 당시의 용어로 개념화한 것인데, 형태적으로는 전기·후기론의 연장이라고 할 수 있다.

현행 고등학교 한국사 교과서에서는 발전적 시각을 갖고 있다는 점에서 입장은 다르지만 조선 시기를 '조선의 성립과 발전', '조선 사회의 변화' 등 전기와 후기로 나누어 서술하고 있다.

전기·중기·후기설

조선 시기를 구분하는 또 하나의 입장은 전기·중기·후기 등 세 시기로 나누어 보는 방법이다. 전기와 후기 사이에 중기라는 별도의 단계가 있었다고 보는 입장이다. 흔히 중기설이라고 하면 이런 시기 구분을 말한다. 두 시기로 나누는 것보다 세 시기로 나누어 보아야 조선 시기 전체의 성격과 변화하는 모습을 더 정확히 살펴볼 수 있다는 것이다. 그래서 신흥사대부가 주도했던 15세기를 전기로, 사림=사족이 사회를 주도하던 16세기부터 17세기 후반까지를 중기로, 사족 중심의 지배체제가 동요·해체하고 근대 사회로의 움직임이 싹트기 시작하던 17세기 말 이후를 후기로, 이렇게 조선 시기를 세 시기로 나누어 보자는 입장이다.

이런 중기설에 따르면 임진왜란이나 병자호란은 비록 충격은 컸지만 시기를 구분할 만한 질적인 변화를 가져오지는 못했다는 것이다. 실제로 임진왜란이 일어나기 전의 지배층은 사림, 즉 양반사족이었는데, 임란 이후의 지배층도 역시 양반사족이었다. 비록 상처뿐인 승리였지만 의병장이 되어 임진왜란을 극복하는 동력이 되었던 세력이 바로 그들이었던 것이다.

결국 사회의 지배층도 변화가 없었고 정치 운영 방식에서도 붕당정치가 지속되는 등 커다란 변화가 없었다. 명종 대에 설치되었던 비변사가 임진왜란으로 인해 중요한 국가기관으로 부상하였다는 점을 전기·후기설에서 강조하기도 하지만, 이것도 붕당정치라는 정치질서와 연관시켜 설명하거나 경복궁의 소실에 따른 부득이한 공간 이동 때문이라고 보는 것이 더 타당하다는 주장이 제기되고 있다.

임진왜란의 영향에도 불구하고 16세기부터 17세기 후반까지는 양반사족이 사회를 지배하고 있다는 공통성이 유지되고 있었다. 따라서 이 시기를 앞뒤의 시기와 구분해서 '중기'라는 시기로 설정하여 보는 것이 조선 사회의 단계적 변화 양상을 보다 잘 이해할 수 있다는 입장에서 이른바 중기설이 나온 것이다.

후기를 다시 후기와 말기로 구분하여 조선 시기를 네 시기로 나누는 입장도 있다. 조선의 사회체제가 많은 변화를 겪고, 또 많은 도전을 받아가면서도 최소한의 중세적 체제가 그런대로 유지되었던 시기를 후기라고 하고, 붕괴의 마지막 단계에 이른 시기를 말기로 나누어 설명하는 것이다. 구체적으로는 19세기 이후 세도정치기를 말기로 보는 입장이다. 말기는 영·정조 대에 일어났던 중흥의 기운이 스러져 갔던 시기라고 할 수 있다. 그런데 이 말기를 설정하는 입장은 중기의 설정에 대해서는 기본적으로 동의하고 있기 때문에 크게 중기설의 범주에 넣고 있다.

중기 사회의 특징

그러면 조선 중기 사회의 특징으로는 무엇을 들 수 있을까? 이 시기의 주도 세력은 사림이었다. 향촌 사회에서는 주로 사족이라고 불렸다. 이들은 향촌에 사회적·경제적 토대를 둔 지주 세력으로 성리학적 향촌 질서에 의하여 향촌을 통제해 나갔다. 즉 향촌의 재지사족들이 신분적 권위의 상징인 향안鄕案을 모체로, 향회를 통해 수령권과의 유착·길항이라는 관계 속에서 유향소와 이吏·민民을 지배하였다. 이처럼 국가기관의 제도적 뒷받침 아래서 지주제와 신분제를 통하여 군현 단위의 향촌 사회에서 대민지배를 관철시켜 나가는 구조를 사족 지배체제라고 부른다. 이는 중앙집권적 지배체제와 지방분권적 자치질서가 상호 공존하는 타협적 모습이었다. 이런 사족 지배체제가 바로 중기 사회의 성격을 규정한다고 할 수 있다.

그런데 이 사족들은 지주라는 점에서 중세적 본질을 지니지만 동시에 그 이전 시기 어느 때보다도 향촌의 일반민들과 친화성을 가진 세력이었다는 점에서는 역시 발전적인 모습을 보이고 있다. 임진왜란 때 사족이 대부분이었던 의병장들의 향촌 주도력도 바로 그들의 이런 성격에서 나왔던 것이다.

양반사족들은 중앙에서도 자신들 나름대로의 정치질서를 수립하였다. 바로 오늘날 붕당정치라고 부르는 정치 운영체계이다. 이들은 성리학에 대한 이해를 심화시키고 자기화하여 이를 바탕으로 자신들의 존재와 활동을 합리화하였다. 또한 사회·경제 정책에서도 나름대로의 노력을 계속 기울여 대동법 등의 개혁을 추진하였다. 이런 개선안들은 임진왜란을 계기로 일어난 것이 아니라 이미 16세기 초 사림 세력이 중앙에 진출할 때부터 계속 제기되다가 결국 정권을 잡으면서 전면적으로 시행했던 것이다. 임진왜란 때문에 나타나거나 시행되었던 것은 아니다.

조선 중기는 사회적으로 양반신분제 사회가 그대로 유지되었고, 경제적으로 지주제 또한 여전히 유지 발전되던 사회였다. 임진왜란이 내부적으로 큰 영향을 미친 것은 분명하지만 그것이 사회의 질적인 수준을 바꾸어 놓은 것은 아니었다.

조선 중기 사회는 15세기 중세 사회의 재편이 완료됨으로써 나타난 새로운 체제=사족 지배체제가 지속되었던 시기라고 할 수 있다. 즉 통일신라 이후 약 1천 년에 걸쳐 계속되던 중세 사회가 그 마지막 단계, 우리 중세 사회가 하나의 결론으로서 도달한 사회라고 생각해 볼 수 있다. 여기에 우리가 조선 중기를 따로 떼어 설정하는 의의가 있다. 우리가 흔히 옛날이라거나 또는 봉건사회라고 할 때 머리에 떠올리는 전형적인 모습이 사실은 이 중기 사회의 모습인 것이다.

4 인조반정

반정에 성공한 세력들은 폐모론 주창자와 참여자들을 정치에서 배제시키는 등 광해군 대의 행위 자체를 완전히 부정하는 부분도 있었다. 그러나 대외관계나 사회·경제 정책에서는 광해군 대의 정책을 계승·발전시킨 부분이 적지 않았다.

평가의 기준

'반정'은 앞서 중종반정에서도 살펴보았듯이 '바른 것으로 돌아간다.'는 뜻이다. 그러나 이것은 어디까지나 반정을 일으킨 입장에서 볼 때 '바른 것으로 돌아간다.'는 것이지, 당시 사람들이나 후대의 역사가들도 반드시 그 사건 자체를 '바른 것으로 돌아갔다.'고 평가하는 것은 아니다.

이 글의 제목을 '인조반정'이라고 했다고 해서 그 사건 자체가 말 그대로 '반정'임을 전제로 하겠다는 뜻은 아니다. 다만 '인조반정'이란 말이 이미 수백 년 동안 쓰여 왔기 때문에 일단 하나의 고유명사로 사용해 본 것이다. 그러면 또 이렇게 말한다고 해서 그건 반정이 아니었다라고 전제하는 것도 물론 아니다.

한 사건의 정당성이란 역사 발전의 기준에 의해서 평가되어야 한다. 그것이 인간의 보편적 생활 조건을 향상시키는 쪽으로 작용했다면 나름대로 긍정적인 평가를 할 수 있고, 그 반대였다면 부정적인 평가를 하는 것이다.

그러면 인조반정은 과연 반정이었을까, 아니었을까?

반정 주체 세력

인조반정이란 서인 당색의 문신과 무장, 그리고 유생들이 군사를 동원하는 반란을 일으켜 광해군을 축출하고 선조의 손자이며 광해군의 조카인 능양군을 왕으로 추대한 사건이다. 쿠데타인 셈이다.

1623년 3월 13일 밤에 이귀·김류·심기원·최명길·김자점 등 서인들이 600~700명의 군사를 홍제원에 모아 서울로 진격하였다. 능양군도 친히 군사를 거느리고 장단부사 이서의 병력 700여 명과 합류하여 창의문을 지나 창덕궁으로 쳐들어갔다.

그 시각에 연회를 베풀고 있던 광해군은 반란군이 들이닥치자 변장을 하고 도망가 의관 안국신의 집에 숨었지만 곧 체포되었다. 광해군은 그 후에 강화에 유폐되었다가 인근 교동을 거쳐 제주도로 옮겨져서 그곳에서 죽고 만다. 반정군은 옥새玉璽를 거두어 선조의 계비로 왕실의 제일 어른이었던 인목대비에게 바치고, 그 인목대비의 권유라는 형식을 빌려 능양군을 왕으로 추대하였다. 그가 바로 인조이다.

그 뒤에 정권은 서인들이 주도하면서 남인들을 일부 등용하는 형태로 운영하였다. 광해군 대에 정권을 장악했던 북인, 특히 대북 세력들은 대부분 죽거나 축출되었다. 북인에 의해 왕비에서 쫓겨나 서궁西宮에 유폐되었던 인목대비는 자신을 쫓아냈던 인물들이 이번에는 그들 스스로가 쫓겨나는 것을 보았다. 역사는 돌고 돈다고나 할까.

인조반정을 통해 권력을 잡은 서인들은 조선 후기 내내 집권 세력으로 이어져 간다. 물론 반정을 직접 주도한 공신 세력 가운데 일부는 일시에 권력을 잡아 무리한 특권을 휘두르다 죽임을 당하거나 후대에 공적에서 삭제되는 경우도 있었다. 그럼에도 불구하고 조선 후기 거의 전 시기에 걸쳐 권세를 누린 서인-노론 정권은 인조반정을 계기로 확고한 기반을 마련한 셈이었다. 예를 들어 18세기에 가장 중요한 정치 주도 세력이었고 19세기에 세도정치를 좌지우지했던 안동 김씨 가문도 인조반정 이후 권력에 참여한 김상용·김상헌 형제의 후손들이었다.

그러므로 반정 주체 세력과 그 후예들이 조선 후기 내내 권력에서 떨어져 나가질 않았기 때문에 인조반정에 대해서는 주체 세력의 입장에서 내린 '반정'이란 평가가 일방적으로 전파, 전래되어 왔던 것이다. 반면 반정의 대상이 되었던 광해군과 북인 정권은 실제보다 훨씬 더 부정적으로 묘사되었고 따라서 완전히 역사의 무대에서 퇴장해야 한다는 식으로 인식되어 왔다. 그래서 지금 많은 사람들이 그렇게 인식하고 있다. 그러나 그런 인식은 철두철미하게 반정 주도 세력의 관점에서 이루어진 것이어서 오늘날까지 그대로 받아들일 수 있는 것은 아니다.

반정의 명분

반정 세력들은 북인이 주도하던 광해군 대에 천리天理=봉건도덕규범을 부정하는 여러 패륜행위가 일어났다는 것을 쿠데타의 명분으로 강조하였다. '폐모살제廢母殺弟'가 그것이다. 물론 결과적으로는 패륜의 모습이 되었지만 어쩌면 그렇게 될 수밖에 없었던 매정한 정치의 논리가 있었던 것이다. 어쩌다가 그 지경에까지 이르렀는지 그 과정을 한번 찾아가 보도록 하자.

광해군은 후궁의 아들로 선조의 적장자가 아니었다. 그나마도 후궁의 둘째 아들이었다. 그러니까 왕위를 계승할 만한 입장에 있지 못했던 것이다. 그런데 적장자가 미처 태어나지 않은 상태에서 임진왜란이 일어났고 드디어는 선조가 몽진을 해야 하는 처지가 되었다. 이는 자칫 잘못하다가는 왕위 계승자를 정하지 못한 채 선조가 죽을 수도 있는 그런 상황이 되었다는 것이다. 그래서 세자 책봉을 서둘러야 했다. 그런데 마침 광해군이 비교적 그 총명함을 인정받고 있었기 때문에 비록 적장자는 아니었지만 합법적인 왕위 계승자, 세자로 책봉되었던 것이다.

그러나 전쟁이 끝나 위기 상황이 해소되고 게다가 선조의 적장자인 영창대군이 인목대비의 몸에서 뒤늦게 태어났다. 그러자 광해군의 세자 책봉이 문제가 되었다. 바삐 내린 결정은 한가할 때 후회한다는 말이 있는데, 여기가 바로 그런 말을 생각나게 하는 대목이다. 그러나 이미 한 번 합법적으로 정해진 세자를 바꾸기는 수월치 않았다. 인목대비 측의 공격이 만만치 않았지만 선조의 죽음으로 극적인 반전이 일어나 마침내 광해군이 왕위를 계승할 수 있었던 것이다.

이렇게 광해군은 왕에 즉위하긴 했지만 여전히 형인 임해군과 선조의 정식 계비인 인목대비가 낳은 어린 영창대군이 살아 있었다. 이들의 존재는 광해군에게 항상 위협이 되었다. 왕은 하나일 수밖에 없었기 때문이다. 그래서 광해군은 원하든 원치 않든 왕권의 안정을 위해서는 이들을 제거하지 않을 수 없었다.

그리하여 먼저 임해군을 불궤不軌를 꾀하였다는 죄목으로 귀양을 보냈다가 결국은 죽게 한다. 그리고 영창대군의 외할아버지, 즉 인목대비의 아버지가 되는 김제남은 역모를 일으켰다 하여 처형하고 여덟 살의 어린 영창대군도 강화에 유폐했다가 증살蒸殺하였다. 이렇게 동복형과 이복동생을 모두 죽였던 것이다. 이른바 이것이 '살제殺弟'이다. 도대체 권력이 뭐기에 이런 일을 저지르는지 모르겠다. 그리고 끝내 인목대비마저도 대비 자리에서 쫓아내 서궁에 유폐하였다. 이른바 '폐모廢母' 행위이다. 인목대비는 광해군의 생모는 아니었지만 광해군이 왕위 계승을 했기 때문에 친어머니의 위치에 있었던 것이다. 따라서 인목대비를 쫓아낸 것은 곧 친어머니를 쫓아낸 거나 마찬가지였다. 그렇기 때문에 반정 세력들은 이를 극악한 패륜이라고 강조했던 것이다.

또한 당시는 중국 대륙에서 명이 쇠퇴하고 뒤에 청을 세우는 후금後金이 흥기하던 때였다. 후금은 한족이 아니라 오랑캐인 만주족이 세운 국가이다. 광해군은 이 후금에 대해 유화적인 외교 정책을 폈다. 중립외교였다고 할 수 있다. 그러나 이런 대외 정책에 대해 반정 세력들은 오랑캐를 섬기는 짓이고, 임진왜란 때 우리를 구해 준 명을 배반하는 행위라고 해서 극렬히 비난하였다.

이렇게 '폐모살제' 행위를 패륜행위로 규정하고 중립외교를 극렬히 비난하면서 반정 세력들은 반정의 명분을 키워 나갔다. 따라서 광해군과 북인을 축출함으로써 잘못된 행위를 바로잡을 수 있다고 주장했던 것이다. 그리고 '반정'이라고 그 정당성을 내세웠다. 이런 인식이 조선 후기에도 공식적인 견해로 지속되었다. '성공하면 영웅이요, 실패하면 역적이다.'라는 말이 있지 않나? 인조반정이 이른바 성공한 쿠데타였으며, 인조의 후손들이 대대로 왕이 되었고 반정 세력들이 정권에서 소외된 적이 없었기 때문에 공개적인 비판을 제기할 수 있는 계기는 조선 후기 내내 없었던 것이다.

반정에 대한 비판

아무리 반정의 명분이 뚜렷하다 하더라도 한때나마 자신들이 왕으로 모셨던 인물을 재위 중에 쫓아내고 새 왕을 세웠다는 것은 그렇게 당당하기만 한 것은 아니었다. 충분히 약점이 될 수 있었던 것이다.

그래서 반정공신 가운데 한 사람이었던 장유는 거사에 대해 스스로 부끄러워했다는 기록이 있고, 그림을 잘 그려 유명했던 조속은 반정공신에 봉해졌으나 끝내 거절하고 고향으로 돌아갔다. 이밖에도 거사는 유생이 참여할 일이 못 되었다는 이야기가 공공연하게 나돌기도 했다고 한다. 특히 북인과 남인들 사이에서는 서인이 권력을 잡기 위해서 많은 무리를 했고 또 그 권력을 부당하게 사용했다는 점을 지적하였다. 이런 지적은 공개적으로 드러내기는 어려웠지만 상당한 공감을 얻었던 것으로 보인다.

실제로 반정을 주도한 인물 가운데는 그런 비난받을 짓들을 한 사람들이 적지 않았다. 많은 수가 높은 관직에 올랐고 반정 뒤에도 오랜 동안 군대를 사병같이 부렸다. 또한 불법적으로 노비·전답·재물을 차지하는 경우도 많이 있었고, 공신들 상호 간에 권력 다툼을 벌여서 서로 죽고 죽이는 일이 벌어지기도 했다.

당시의 이런 비판은 오늘날까지 이어지고 있다. 물론 지금 반정 세력에 대한 비판은 단순히 왕을 쫓아냈다는 부담감에서 하는 것이 아니라, 반정을 통해 부정하고자 했던 광해군의 정치에 대한 긍정적인 평가를 전제로 하고 있다는 점에서 크게 다르다. 즉 광해군 대에는 임진왜란의 피해를 잘 극복하고 왕권이 강화되어 정치질서가 바로 잡혀 갔으며, 후금에 대해서도 세련되고 융통성 있는 정책을 폈다는 것이다. 한마디로 반정할 일이 없었다는 지적이다.

그런데 반정공신을 중심으로 한 서인 세력이 반정을 일으킴으로써 이런 움직임을 완전히 부정했다는 것이다. 바름으로 돌아간 게 아니라 오히려 바름을 부정했다는 것이다. 그래서 짧게는 병자호란을 자초했고, 길게는 조선 후기의 역사가 경직화·보수화하는 바람직스럽지 못한 결과를 빚어냈다는 지적이다.

어떻게 평가할 것인가?

지금까지 인조반정에 대한 양쪽의 입장을 살펴보았는데, 이렇게 보면 이쪽이 맞는 것 같고 저렇게 보면 또 저쪽이 맞는 것 같다. 과연 어느 쪽이 맞을까?

옳은 판단을 위해서는 중세적인 가치판단의 수준에서 벗어나야 한다. 그런 관점에서 보면 반정의 당사자들이 주장했던 명분은 설득력이 없다.

동생을 죽였다는 것을 반정의 이유로 들고 있지만, 왕의 혈족이 죽임을 당하는 것은 동·서양을 막론하고 중세 정치사에서 결코 드문 일이 아니었다. 영창대군의 살해와 인목대비의 유폐를 극력 비판하던 반정 세력들도 막상 권력을 잡자 인조의 삼촌인 인성군을 인조에 대한 역모의 빌미가 된다고 처형하기를 주장해서 결국 자살하게 하였다.

또한 광해군 정권이 명에 대한 사대를 소홀히 했다는 것도 무력으로 정권을 바꾼 이유로는 적절치 못하다. 오히려 인조 정권은 화이론華夷論에 집착하여 정책의 경직화를 가져와 청에 대해 유연하게 대처하지 못함으로써 병자호란을 초래하기까지 했다.

그렇다고 해서 반정 세력들의 개인적인 동기에 초점을 맞추어서 인조반정이란 역사적 사건의 의미를 부정적으로만 설명할 수는 없다. 예를 들어 정권에서 소외되어 있던 반정 세력들이 정치적 야심을 달성하기 위해 인조반정을 일으켰다고 해서 이 사건을 한낱 정변으로만 치부하는 것도 문제가 있다. 왜냐하면 정치가들이 권력을 잡으려고 하는 것은 당연한 것이며, 그것 자체는 비난할 만한 일이 아니기 때문이다.

결국 평가의 기준은 이 사건이 사회 발전에 얼마나 기여했으며, 당시 사회의 보편적인 통념을 얼마나 반영했는가 하는 데서 찾아야 할 것이다. 이것을 제대로 밝혀내기 위해서는 우선 광해군 대를 다시 정확히 살펴볼 필요가 있다.

광해군 대는 임란의 사회·경제적 피해를 극복하기 위해 노력했던 시기였다. 그리하여 대동법, 은광의 개발, 주전鑄錢·용전론用錢論 등의 개혁 정책들을 시행하였다. 이런 개혁들은 당시 사회·경제적 변화를 능동적으로 수용하는 것이었다. 당시 정권을 잡았던 북인이 주로 서경덕과 조식의 사상을 계승하였고 광해군 역시 성리학적 명분론에 크게 구애받지 않고 역사에 조예가 깊었던 점도 이런 정책의 수행과 무관하지 않았다. 이런 사상적 특징은 국제관계에서는 기미자강책羈縻自強策으로 나타나 명과 후금 사이에서 중립외교를 펼쳐 나감으로써 후금과의 전쟁을 피할 수 있었다. 기미자강책이란 한편으로는 다독거리며 다른 한편으로는 힘을 길러 침략에 대비하는 방책을 말한다.

그러나 정치적으로는 대북 세력이 독주하면서 폐모살제라는 극단적인 행위까지 자행함으로써 서인과 남인의 동의를 얻지 못했고, 경제 정책도 궁궐 수축과 운영상의 문제 등으로 인해 국부國富의 확대와 민의 삶의 향상을 가져오지 못해 결국 반정 세력에게 반정의 빌미를 제공했던 것이다. 반정에 성공한 세력들은 폐모론 주창자와 참여자들을 정치에서 배제시키는 등 광해군 대의 행위 자체를 완전히 부정하는 부분도 있었으나 대외관계나 사회·경제 정책에서는 광해군 대의 정책을 계승·발전시킨 부분이 적지 않았다.

결국 반정은 지배 세력의 교체에 불과한 사건이었다. 일반민의 삶을 향상시키는 데에는 한계가 있었던 것이다. 일반민들의 부담을 줄인다는 정책들을 일시 표방하기도 했지만 제대로 성과를 거두지는 못하였다. 이는 반정 세력 스스로도 인정했던 사실이다.

우리는 이 사건을 통해 하나의 역사적 행위를 선악의 기준으로 옳다, 그르다 하고 단순하게 평가하는 것은 좋은 방법이 아니라는 것을 배울 수가 있다. 광해군 정권에도 계승해야 할 것과 청산해야 할 것이 같이 공존했듯이 인조반정도 바람직한 점과 바람직하지 않은 점을 동시에 가지고 있었던 것이다. 바른 것으로 돌아간 것만은 아니라는 뜻이다.

5 병자호란

KOREA

명분을 잃지 않는 일은 긴 시간의 흐름을 생각한다면 마땅히 중요하다. 그러나 그 긴 시간 안에 사는 사람들에게 실리는 외면만 할 수 있는 것이 아니다. 비록 패배한 전쟁이었지만 남한산성에서 최명길이 실리를, 김상헌이 명분을 각각 나누어 명예롭게 지켜 주었다고 받아들일 수 있지 않을까?

맛사다 성의 전설

백전백승하는 장수보다도 더 훌륭한 장수가 있다. 바로 싸우지 않고 이기는 장수가 그런 장수이다. 그런데 만약 전쟁에서 현실적으로 도저히 이길 수가 없는 상황에 닥쳤을 경우 어떻게 하는 것이 최선일까? 모든 사람이 끝까지 싸워서 죽음으로 항거하는 것이 바람직한 것일까? 아니면 몇 사람이라도 살아남아서 후일을 도모하는 것이 바람직한 것일까?

이스라엘에는 맛사다 성에 얽힌 전설이 전해 내려온다. 제1차 유대 전쟁 (66~73년) 때 사해 해안에 있는 천연요새 맛사다 성에서 유대의 열심당원 960여 명이 로마군에 포위되어 분명한 패전을 눈앞에 두었을 때의 이야기다. 이때 유대인들의 지도자였던 엘리에젤 벤 야이르는 이렇게 말했다고 한다.

"내 친구들이여, 우리는 이미 오래전에 절대로 로마의 노예가 되지 않겠

제4장 외세의 침략과 대응 **205**

다고 결심하였네. 오직 하느님의 종이 되자고 하였네. …… 우리의 손은 아직 자유로우며 그 손에는 칼이 쥐어져 있네. 우리의 고귀한 결심에 칼이 복종하게 하세. 노예가 되기 전에 자유로운 상태에서 사랑하는 처자와 함께 이 세상을 떠나세."

이 말에 따라 남자들은 집으로 돌아가서 긴 작별의 입맞춤 끝에 사랑하는 아내와 자식들을 자신의 손으로 죽였다고 한다. 로마군의 노예가 되지 않고 로마군에게 승리를 주지 않기 위해서 유대인들이 최후로 선택한 방법은 스스로 목숨을 끊는 것이었다. 결연한 모습이 혹 멋지게 보이기도 한다. 그러나 이런 생각도 든다. 포로가 되어 비록 노예가 된다 하더라도 후일에 멋지게 복수를 해낸다면 그 또한 전설이 아닌가? 일본에는 바로 이런 복수의 전설을 담고 있는 〈추신쿠라忠臣藏〉라는 가부키가 있어 복수를 미덕으로 여긴다고 한다.

분명한 패전 앞에서 어떤 행동을 취해야 할 것인가는 매우 어려운 선택이

이스라엘의 맛사다
(Masada) 성 유적

사해 서쪽에 자리 잡은 성으로, 히브리어로 '요새'라는 뜻을 지녔다. 이곳은 유대인들이 로마에 항거했던 '유대 전쟁' 최후의 격전지였다. 현재는 이스라엘군 장병들이 "Never Again!"을 외치며 비장한 각오를 다지는 선서식장이기도 하다.

다. 이런 선택의 기로에 섰던 것이 우리의 경우는 바로 병자호란이다. 청에 대항해 끝까지 죽더라도 싸우자는 척화론과 항복을 해서라도 일단은 피해를 최소화하고 왕실을 보존하자는 주화론이 격렬하게 대립했던 것이다.

정묘호란과 병자호란

주화론과 척화론의 대립을 살펴보기 전에 먼저 병자호란이 왜, 그리고 어떻게 일어났는지부터 알아볼 필요가 있다. 조선 초기에 우리에게 조공을 바치기도 했던 여진족은 임진왜란 중에 명나라의 세력권에서 벗어나 누루하치의 지도 아래 강대한 세력으로 성장하였다. 그리하여 1616년(광해군 8)에는 후금이란 나라를 세워 명을 압박해 들어갔다. 이에 광해군은 명의 쇠퇴와 후금의 성장을 직시하고 유화적인 중립외교를 폈다.

그러나 1621년(광해군 13) 명나라 장수인 모문룡이 후금과의 전투에서 패배하고 조선으로 쫓겨 들어와 평안도 의주 밑에 있는 가도椵島에 주둔하여 후금을 위협하고 있었다. 한편, 인조반정으로 정권을 잡은 서인들은 노골적인 친명배금 정책을 폈다. 이렇게 되자 후금은 이전과는 달리 조선에 대해 경계심을 갖기 시작하였다.

그런 상황에서 1624년 반정의 포상에 불만을 품은 이괄이 난을 일으키고 그 잔당이 후금으로 도망하여 후금을 부추김으로써 후금은 1627년 2월, 3만의 병력으로 조선을 침략하였다. 이것이 정묘호란이다. 후금의 군대는 황해도 평산까지 쳐들어왔으나 배후의 위협인 명을 염려하였고, 또 조선은 전쟁을 계속할 힘이 없었기 때문에 서로 화의가 이루어졌다. 이때 화의의 조건은 조선이 후금과 형제국의 관계를 맺되, 명나라에 적대하지 않는다는 것이었다.

그런데 그 뒤에 후금은 맹약을 위반하고 갖은 압박을 가해 왔다. 정묘호란 이후 중강과 회령에서 각각 무역을 하였는데, 조선은 공식적으로 보내

는 물건 외에도 생활필
수품을 공급해 주어야
했다. 후금은 식량을 강
제로 요구하고 또한 명과
싸우기 위한 선박과 군
량을 요구하였으며, 압
록강을 건너 변경 민가
에 침입하여 약탈을 자
행하기도 했다. 결국에는
조선에게 군신관계를 요
구하고 황금과 백금 1만
냥, 전마 3천 필, 군사 3

만을 강요하는 상황에까지 이르렀다. 그러자 조선은 청의 요구를 들어주지
않고 오히려 반청反淸 정책을 강화해 나갔다.

1636년 후금에서 국호를 바꾼 청은 몇 차례 협박을 한 끝에 그 해 12월
1일에 12만의 군사를 이끌고 태종이 친히 출병해 왔다. 이것이 병자호란이
다. 청군은 청의 수도였던 선양瀋陽을 떠난 지 15일 만에, 압록강을 넘어서
는 5일 만에 서울에 육박해 왔다. 당시로서는 대단한 기록이라고 할 수 있
다. 인조는 강화도로 피하려고 출발했으나 청의 별동대가 이미 길을 끊어
버리는 바람에 가지 못하고 남한산성으로 피신하였다.

소소한 전투는 계속되었지만 각지의 부대들이 청군에게 패하고 남한산
성은 고립무원의 상태에 빠져 들었다. 더욱이 왕자와 비빈들이 옮겨가 있
는 강화도가 함락되었다는 소식에 인조는 1637년 1월 30일, 약 한 달 반의
농성을 풀고 삼전도三田渡에 내려와 청 태종에게 무릎을 꿇고 항복을 하였
다. 청이 항복을 받아들이는 조건은 청을 임금으로 섬길 것, 명에 대한 사

대를 끊을 것, 조선 왕의 큰아들과 둘째 아들, 대신의 아들들을 볼모로 보낼 것, 그 밖에 청의 요청이 있을 때 명을 정벌할 군사 및 각종 예물을 바칠 것 등이었다.

삼전도는 지금의 송파구 삼전동이다. 청 태종의 공덕을 칭송해 세운 삼전도비는 지금 롯데월드 옆 석촌호수 서호 언덕에 있다. 굴욕적인 역사의 현장이다.

주화론과 척화론

전쟁의 와중에서 남한산성에서는 주화론과 척화론이 격렬하게 대립하였다. 양자의 대립에는 권력 투쟁의 의미도 내포되어 있었다. 인조 대에는 공신들과 일반 사족들 사이의 대립이 중요한 권력 다툼의 전선이었다. 인조반정 이후에 서인들이 정권을 잡았지만 그 가운데 공신들이 정치·경제적

남한산성 서문

나라와 민족을 위해 지켜야 할 것이 과연 무엇인가를 고민하게 하는 역사적 현장이다.

특권을 향유하면서 국정을 주도했기 때문에 서인·남인을 가릴 것 없이 사족 일반은 그들과 대립하고 있었다.

공신들은 전쟁 중에는 몇 명을 제외하고는 반청론의 대세를 거스를 수 없었다. 하지만 남한산성에서 청군과 대치하면서 대부분 주화론 쪽으로 기울어졌다. 국정을 주도하는 입장에서는 이미 어쩔 수 없었던 것이다. 이에 비해 일반 사족들은 청과 계속 싸우자는 척화론을 강하게 주장하였다. 이들이 척화와 반청反淸이라는 이념에 그토록 매달릴 수밖에 없었던 것은 광해군 대의 정국을 반정이라는 비정상적인 방법으로 뒤집은 데 대한 하나의 후유증이라고도 할 수 있다. 주화를 찬성하면 반정한 명분이 상실되니까 말이다.

지금도 학계에서는 이 주화론과 척화론을 둘러싸고 논쟁이 벌어지고 있다. 당시 국제상황을 고려하지 않고 친명배금 정책이라는 경직된 외교 정책을 취해 스스로 전쟁을 자초했다는 주장과 광해군 대와 인조 대는 상황이 다르기 때문에 유화 정책을 취한다 하더라도 청이 쳐들어왔을 것이라는 견해가 그것이다.

또한 척화론을 조선의 자주성에 대한 침해를 거부하는 논리로서 문화적 자부심에 기초한 조선의 주체적 대응으로 보는 입장과, 중원의 패자인 청의 침략으로부터 벗어나는 길은 주화론이 가장 적절한 방법이었으며, 물적 기반에 대한 구체적인 계획이 없는 척화는 일반민의 삶과는 괴리되어 있는 정책이었기 때문에 바람직스럽지 못했다는 주장도 있다.

주화론이나 척화론이나 다 나름대로의 근거가 있겠지만 가장 중요한 것은 역시 일반민들의 생각이 아닐까 여겨진다. 이길 수 없는 싸움만 계속하는 건 백성들만 죽음으로 모는 꼴이었다. 명분이 아무리 그럴듯하더라도 일반민들이 전쟁을 원했을까? 명분은 어차피 사대부들의 것이었지, 백성들의 것은 아니었다.

최명길과 김상헌

주화론과 척화론에 대한 평가가 달리는 평행선은 당시 대표적인 주화론자였던 최명길과 척화론자였던 김상헌을 둘러싼 평가에서도 여전히 평행으로 달리고 있다. 이들은 전쟁의 와중에서, 그리고 그 이후에도 아주 극명하게 대비되었던 인물들이다.

당시 국정을 이끌었던 인물은 최명길이다. 그가 전쟁 중에 주화론을 주도했던 것은 잘 알려진 사실이다. 그러나 우리가 더 관심을 가져야 할 것은 그의 목숨을 건 헌신이다. 청의 별동대가 예상 외로 빨리 진격해 와서 조정에서는 피난길도 잡지 못하고 우왕좌왕하고 있을 때 최명길은 목숨을 걸고 자청해서 청의 제일선 부대에 나아가 항의함으로써 시간을 벌었다. 국왕과 신하들이 남한산성에 들어갈 수 있었던 것도 그 때문이었다.

또한 병자호란 뒤에는 정승으로 국정을 주도하면서 청의 횡포에 대해 온갖 굴욕을 겪으면서도 피해를 줄였다. 패전국의 정승으로서 말 못할 고통을 많이 겪었던 것이다. 한편, 임경업을 명에 파견해서 한동안 우호관계를 지속시킨 일도 척화파들보다는 오히려 최명길이었다. 그것이 탄로나 청에 잡혀갔을 때는 조선에 피해가 가지 않도록 책임을 혼자 떠맡아 버림으로써 청나라 사람들의 감탄을 사기도 했다. 그리하여 반청론의 입장에서 만든 《인조실록》에서조차도 최명길의 평소 자세에 대해서는 찬사를 아끼지 않았다.

반면 김상헌은 척화론을 주장하여 나라의 명분을 지켰다. 최명길이 쓴 항복서를 찢어 버렸다는 일화는 유명하다. 패전하여 남한산성에서 나왔을 때 그는 안동으로 내려갔다. 임금을 잘못 모셔 신하로서의 자격이 없다는 이유에서였다. 그러나 평가하기에 따라서는 이것은 저 혼자 편하겠다고 하는 대단히 무책임한 행동이라고도 할 수 있다. 당시 인조가 김상헌이 "임금을 속였다."거나 "세상을 속이고 명예를 도둑질한다."고까지 비난할 정도였다. 뒤에 척화신으로 청에 잡혀가 절개를 지키느라고 온갖 고초를 당하지만 사실 최명길은 더 심한 고초를 겪었다.

문제는 전쟁 이후 적어도 200년간 조선 정부의 대세를 이끈 것은 최명길보다는 김상헌의 사상이었다는 것이다. 사실 200년이라는 긴 시간 동안 국가를 주도했던 반청론이나 북벌론의 이념을 잘못된 것이라고, 또 최명길에 대해 김상헌이 잘못된 승리자였다고 간단히 치부하고 넘어갈 수는 없는 일이다. 이렇듯 최명길에게서 보이는 헌신성과 김상헌의 사상이 주도하는 실제 역사 전개 사이의 간격은 우리가 역사를 보면서 마주치게 되는 수많은 딜레마 가운데 하나이다.

명분과 실리 중 무엇을 택할까? 곧게 뻗은 대나무는 곧은 절개를 상징하나 그 속은 비어 있다. 명분만 지키다 보면 실속이 없다는 뜻이다. 그렇다고 실리만 챙기다 보면 진흙밭에 뒹굴기 십상이다. 그래서 선택이 어렵다. 명분을 잃지 않는 일은 긴 시간의 흐름을 생각한다면 마땅히 중요하다. 그러나 그 긴 시간 안에 사는 사람들에게 실리는 외면만 할 수 있는 것이 아니다. 따라서 긴 명분과 짧은 실리가 조화를 이루게 하는 지혜가 필요하다. 그런 점에서 비록 패배한 전쟁이었지만 우리는 남한산성에서 최명길이 실리를, 김상헌이 명분을 각각 나누어 명예롭게 지켜 주었다고 받아들일 수 있지 않을까?

북벌론의 전개

최명길과 김상헌, 이 두 사람에 대한 평가는 그 뒤에도 현실정치와 밀접한 관계를 가지면서 전개된다. 북벌론이 바로 그것이다. 북벌론은 청을 정벌하여 조선의 치욕을 씻고 명의 원수를 대신 갚자는 주장이다. 17세기 중반 이후 조선 사회를 이끌어가는 데 중요하게 작용했던 정책이다.

인조 대를 지나 효종이 즉위하면서 공신들이 몰락하고 정권을 새로 잡은 일반 사족들은 반청론에 가속도를 붙이면서 북벌론으로 발전시켜 나갔다. 이는 일단 문화적 주체성의 발로라고 할 수 있다. 이미 명이 망한 상황에서 당시 조선인들이 명에 대한 사대를 외쳤던 것을 단순한 사대주의로 매도할 수는 없다. 그것은 현실적인 승리자 청에 대해서 그 승리를 부정하는 것이었다.

나아가 청에 대한 복수를 외쳤는데, 이것은 이른바 오랑캐에게 패한 상태에서 최소한의 자존심을 지켜 자포자기에 빠지지 않도록 하고 사회를 안정시키겠다는 의도가 들어 있었다. 동시에 집권 세력은 이런 이데올로기를 끊임없이 강조함으로써 사상적 통일을 꾀하고 비판 세력을 견제하여 정국을 이끌 수가 있었던 것이다. 이른바 소중화를 넘어 조선중화주의가 나타나는 배경이었다.

그러나 북벌론이란 실제로는 이루어질 수 없는 허구의 논리라고 할 수 있다. 당시 조선의 국력이나 국제관계를 감안할 때 도저히 이룰 수가 없는 꿈같은 주장으로 당대에도 이에 대해 많은 비판이 가해지기도 했다. 당시의 지배 세력이었던 서인들이 사회를 운영해 가는 하나의 방법이었다고 인정할 수는 있지만, 백성들의 생활을 고려하지 않고 국제관계를 제대로 반영하지 못했다는 점을 생각할 때 북벌론을 그저 민족주체성의 발로였다고만 말할 수는 없다.

18세기 후반 청나라가 중화문화의 계승자임을 확인했을 때 조선 지식인들은 북벌의 허구성을 인지하고 북학北學으로 자세를 바꾸었다. 이른바 북학론의 대두였다. 정벌의 대상이었던 북北, 즉 청나라가 이제는 오히려 배움의 대상이 되었던 것이다. 여기서 북벌론의 역설을 엿볼 수 있다.

6 예송

왕실 전례를 둘러싸고 벌어진 예송은 신권臣權의 입장에서 왕사동례王士同禮를 주장하는 서인과 왕권王權의 입장에서 왕사부동례王士不同禮를 주장하는 남인 간의 대립이었다. 왕의 위상에 대하여 신하들이 왈가왈부하는 것 자체가 역사의 발전이다.

예를 둘러싼 송사訟事

예송이라고 하면 그 말 자체가 매우 낯설다. 예송은 한자 그대로 풀이하면 '예 예禮', '송사할 송訟'으로, 예에 대해서 논쟁을 하면서 재판에서 송사訟事 하듯이 했다고 해서 당시 붙여진 이름이다. 학문적으로는 17세기 중·후반 왕실의 전례典禮, 특히 두 차례의 상례喪禮를 둘러싸고 오랜 기간에 걸쳐 벌였던 논쟁을 말한다.

요즘에도 유명한 사람이 죽으면 국장으로 할까, 사회장으로 할까, 가족장으로 할까 하고 논의가 벌어지기도 한다. 이런 것도 현대판 예송이라면 예송이라고 할 수 있을 것이다. 예전처럼 그렇게까지 심각할 수는 없겠지만.

예송의 전개

그러면 먼저 예송의 전개 과정부터 살펴보자. 1659년(현종 즉위년)에 일어난 1차 예송은 기해예송己亥禮訟이라고도 부른다. 1차 예송에서 대립의 초점은 효종이 죽었을 때 효종의 어머니이자 인조의 왕비였던 조대비慈懿大妃가 어떤 상복을 입을 것인가, 즉 27개월 동안 상복을 입는 삼년복三年服으로 할 것인가, 아니면 1년만 상복을 입는 기년복期年服으로 할 것인가 하는 것이었다.

이런 복잡한 문제가 나타난 까닭은 효종이 인조의 맏아들이 아니었기 때문이다. 인조의 맏아들이었던 소현세자는 세자로 책봉된 상태에서 청에 볼모로 잡혀갔다 오기도 했는데, 갑자기 사망함으로써 대신 둘째인 봉림대군이 왕으로 즉위하였다. 이 사람이 바로 효종이다. 이 효종이 죽자 남인, 특히 허목·윤휴 등 근기近畿남인들은 조대비가 삼년복을 입을 것을 주장하였다. 효종이 비록 둘째 아들이지만 왕위를 계승하였으므로 최대한의 예의를 갖추어 맏아들로 대우해야 한다는 것이다.

이에 반해 송시열·송준길 등 서인들은 조대비가 기년복을 입을 것을 주장하였다. 효종이 왕이 되어 종통을 이었으나, 맏아들이 아니라 둘째이며, 조대비는 효종의 어머니이므로 효종의 신하가 되어 섬길 수 없다는 이유에 서였다.

말하자면 아들이 죽었을 때 그 아들이 맏아들이면 삼년복을 입어야 하고, 그렇지 않을 경우에는 기년복을 입으면 되는데, 효종의 경우는 단순히 가족관계에서 보면 둘째 아들이지만 왕위를 계승했다는 입장에서 볼 때는 맏아들로도 볼 수 있기 때문에 논쟁이 일어났던 것이다. 어쨌든 1차 예송에서는 국제國制에 의거해 기년복으로 결정되었다. 이것은 서인들의 주장이 받아들여졌다고 할 수 있다.

그런데 문제는 여기에서 그치지 않았다. 1674년(현종 15) 이번에는 효종의 왕비가 사망하자 2차 예송, 즉 갑인예송甲寅禮訟이 일어났다. 여전히 조대비가 생존해 있었기 때문에 역시 상복이 문제가 되었다. 이때는 아들이 아니라 며느리여서 상복을 입는 기간은 달라졌지만 논리상으로는 똑같은 논쟁이 다시 일어났다. 남인은 효종비를 맏아들의 며느리로 보아 기년복을 입

을 것을 주장하였으며, 서인은 효종비를 둘째 아들의
며느리로 보아 9개월 동안 상복을 입는 대공복大功服을
주장하였다. 2차 예송에서는 1차 예송과는 달리 남인들
의 주장이 받아들여져서 기년복이 채택되었다.

예송의 정치적 의미

앞에서 말했듯이 인조의 맏아들은 소현세자였다. 그런
데 그가 청에서 풀려나온 지 얼마 안 되어서 독살로 추
정되는 의문의 죽음을 당하였다. 당시 권력자는 김자점
이었는데, 그가 소현세자의 죽음과 사후 처리에 어떤 형
태로든 작용했던 것은 틀림이 없다. 김자점은 일반 사
족들과 대립하면서 정국을 주도하였으며, 뒤에는 청에
빌붙어서 조선을 배반했던 인물이다.

더욱이 소현세자의 비였던 강빈姜嬪까지 반역죄로 시
아버지인 인조로부터 죽임을 당하였다. 아울러 소현세자의 세 아들도 제
주로 유배를 당하여 그 가운데 막내만이 살아남았다. 강빈의 아버지인 강
석기는 일반 사족들 사이에 명망이 있었던 인물이었다. 당시 일반 사족들
은 소현의 죽음, 특히 강빈을 죽인 것은 도저히 받아들일 수 없다는 입장
이었다. 또한 순리대로 한다면 인조 다음의 국왕 계승권이 소현세자의 아
들에게 가야 했지만 인조와 김자점 등의 뜻에 따라 둘째 아들인 봉림대
군에게 돌아간 데 대해 탐탁지 않게 생각하였다. 실제로 김홍욱과 같은
인물은 효종에게 강빈의 무고함을 역설하고 그 아들들을 풀어 줘야 한
다고 주장하다가 국왕의 권위를 무시한다고 해서 친국親鞫을 받다 곤장을
맞아 죽기까지 하였다.

이런 상황에서 효종에 대해 국왕으로서 최고의 대우를 하느냐, 아니면

국왕으로 재위했다 하더라도 둘째 아들로 대접해야
하는가 하는 문제는 국왕이 국가의 최고 권위로 존재
했던 당대에는 가장 첨예한 정치적 문제였다. 특히 둘
째 아들이란 점을 주장하는 것은 효종의 국왕 즉위
가 변칙적이었다는 점을 지적하는 의미도 있었다. 그
러므로 정치인들이 당대에 가장 첨예한 정치적 논쟁
을 둘러싸고 싸웠던 것은 당연한 것이었다. 결국 예
송은 단순한 예에 관한 논쟁이 아니라 당시 정치 운
영의 측면에서 필연적으로 나타날 수밖에 없었던 사
건이었다.

예송=사상의 대립

그렇다고 예송이 정치적 대립의 성격만을 가지고 있
었던 것은 아니다. 예송은 사상적 대립의 성격도 지

니고 있었다. 어떤 상복을 입느냐 하는 것은 사실 오늘날에는 별로 문제가
되지 않지만 당시에는 대단히 중요한 문제였다. 16세기에 성리학에 대한 이
해가 심화되면서 우주의 근본원리와 인간 심성에 대한 탐구와 더불어 성
리학의 이상을 인간사회에 어떻게 구현할 것인가에 대해서도 관심을 가지
기 시작하였다.

　당시 학인들은 예禮를 '천리가 절도에 맞게 드러난 것이요, 인간사에 본
받아야 할 규범[天理之節文 人事之儀則]'이라고 해서 성리학의 이상인 천리天理가
현실 사회에 구현된 형태라고 인식하였다. 예를 들면 삼강오륜의 첫 번째
항목인 군신간의 의로움은 임금과 신하가 갖추어야 하는 예를 통해서, 또
한 부자간의 친함도 아버지와 아들 사이에 갖추어야 하는 예를 통해서 구
현된다고 보았던 것이다. 당시 사족들은 예를 바로잡는 것이야말로 세상을

바로잡는 것이라고 생각하고 예를 원칙에 맞게 행하려고 노력하였다.

그러므로 왕실에서 어떤 상복을 입느냐 하는 문제는 세상을 바르게 운영하는 문제와 직결된다고 생각했던 것이다. 따라서 16세기 초인 중종 대부터 왕실 전례를 둘러싸고 전례 논쟁이 벌어졌으며, 선조·광해군·인조 대도 계속 전례 논쟁이 일어났다. 차이점이 있다면 후대로 갈수록 전례 논쟁의 성격도 달라지고, 수준도 발전하여 논리적이고 세분화되어 갔다는 사실이다.

예학도 16세기 중반에 성립하여 독자적인 과정을 통해 발달해 오다 17세기에 들어서면 성리학 이해의 심화와 임진·병자의 양란이라는 시대적 어려움을 거치면서 한 수준 높아졌다. 그리하여 학파에 따라 예학의 성격도 달라져 서인들은 《주자가례》와 《의례》 등을 강조하며 신권臣權의 입장에서 왕사동례王士同禮를 주장하였다. 왕실에 적용되는 예와 일반 사대부에게 적용되는 예가 똑같아야 한다는 것이었다. 반면 근기 남인들은 《주례》와 《예기》 등을 강조하며 왕권王權의 입장에서 왕사부동례王士不同禮를 주장하였다. 왕실의 예는 일반 사대부에게 적용되는 예와 같을 수 없다는 입장이었다. 이런 사상적인 차이 위에서 예송이 전개되었던 것이다.

이행기의 사상 논쟁

결국 예송은 허황된 공리공담이나 고질적인 당파싸움이라고만 치부할 수는 없다. 예송은 17세기 성리학과 예학의 심화, 친가·장자 중심의 가족제도로의 변화, 학파와 붕당 간의 긴밀성, 신권의 성장, 양란 이후 국가 재건의 방법 등 당시 정치·사상적인 면뿐만 아니라 사회 모든 분야의 요인들이 종합적으로 결합되어 있었고, 이런 것들이 왕실의 전례 문제를 매개로 표출되었던 것이다. 그러므로 이 사건은 17세기 사회에서 각 학파 내지 붕당들이 나름대로의 학문적 기반 위에서 자신들의 노선의 정당성을 주장한 전형적인 '정치행태로서의 전례 논쟁'이라고 할 수 있다. 나아가 예송에서 드러난 사상적 차이는 중세 사회체제에 대한 관점의 차이로 연결되었다.

당시는 국왕을 정점으로 하는 중세적 사회체제가 운영되고 있었다. 그런데 이 중세적 사회체제는 영원히 계속될 수 없으며 언젠가는 극복되어야할 것이었다. 이 중세적 사회체제를 극복하는 데 국왕이나 왕실 위상에 대한 재검토가 있어야 하는 것이 당연하였다. 체제의 정점에 존재하고 있던 국왕이나 왕실을 재검토하지 않고서는 그 체제로부터 벗어날 수 없었기 때문이다. 그러므로 국왕과 왕실의 전례 논쟁은 조선 후기 사회체제가 변화해 가는 상황에서, 즉 중세 사회가 해체되고 근대 사회로 이행해 가는 상황에서 반드시 겪어야만 했던 하나의 과정이라고 할 수 있다.

성리학의 보편적 원리인 천리를 사회에 구현하고 인욕人欲을 제거한다는면에서 예의 강조는 역사적으로 긍정적인 의미를 지니고 있었다. 따라서예송을 단순한 공리공담이니 그저 막연한 당파싸움이라고만 폄하할 수는없다. 하지만 그렇다 하더라도 문제점은 있었다.

예송 자체는 어디까지나 지배층 내부의 권력 투쟁이었고, 예송논쟁을통해 예 자체를 저절로 부각시킴으로써 지배 계층이 자신들의 지배를 합리화하는 구실을 마련했다는 점이다. 즉 예송을 통해 예를 대민지배의 이데올로기로 자리 잡게 했다는 뜻이다. 백성들의 삶을 향상시키거나 현실적인 문제를 해결하는 것과는 거리가 멀었다.

그러나 이런 한계조차도 당시의 시대적 상황 속에서 살펴보아야 한다.그 시기는 아직 중세를 탈피하지 못한 시점이었으며 소수 계층이 사회를지배하고 있던 시기였다. 그렇기 때문에 현실적인 문제나 백성들의 생활을정쟁의 최대 주제로 삼을 수 없었다. 이는 그 시대의 총체적 한계였다. 그럼에도 불구하고 왕의 권위가 절대적이었던 중세 사회에서 왕의 위상에 대해서 신하들이 왈가왈부했다는 것 자체가 역사의 발전이었다. 예송의 역사적 의미도 여기에 있다고 할 수 있다.

Korea

HISTORY OF KOREA

제5장 | 양반 사회의 변화

1 대동법의 실시

대동법은 토지를 기준으로 세금을 부과하는 것이기 때문에 토지를 많이 가질수록 더 많은 세금을 내야 했다. 토지를 많이 가진 지주들이 대동법을 결사적으로 반대한 것은 당연한 일이었다. 이 법이 전국적으로 시행되는 데 100년이 넘게 걸린 것은 이런 이유 때문이었다.

100년이 걸린 개혁법

개혁이란 말은 좋지만 실제로 이루기는 힘들다. 그래도 그 개혁을 위한 노력 자체가 소중하다. 실패도 많았지만, 갈등 속에서나마 서서히 달라지며 변하는 것이 개혁을 통한 역사의 발전이다. 결국은 달라진다. 하지만 긴 시간이 걸리고 그 사이에 우여곡절도 많이 생긴다. 이렇듯 개혁이 어렵기는 조선에서도 마찬가지였다. 그중에서도 긴 시간이 걸려 마침내 이루어 낸 대표적인 개혁의 예가 바로 대동법이다.

대동법은 10년이 아니라 100년이 걸려서 시행되었다. 광해군이 즉위하던 1608년, 경기도에 처음 실시한 이래 꼭 100년이 지난 1708년(숙종 34) 황해도에 실시함으로써 비로소 전국적인 시행을 보게 되었다. 처음 실시하기 전에도 이미 50여 년이라는 긴 기간의 논의를 거쳤기 때문에 개혁안이 제의되면서부터 따진다면 150여 년이 걸린 셈이다.

이렇게 시간이 많이 걸린 까닭은 대동법이 시행되면 손해를 본다고 생각하는 소수의, 그러나 힘 있는 자들의 반대가 있었기 때문이다. 예나 지금이나 소수의 힘 있는 반대자들이 개혁의 걸림돌이 된다. 당시 대동법을 반대했던 사람들은 토지를 많이 가진 자들과 방납防納을 통해서 이득을 얻고 있던 자들이었다. 방납은 권세가의 대리인이나 상인들이 농민들이 내기 힘든 특산물을 대신 납부하고 농민들로부터 그 비용을 받아 내는 것이었다. 그런데 농민들의 뜻과는 달리 억지로 대신 납부하거나 비용을 턱없이 많이 받아 내어 폐단이 많았다.

또한 대동법 이전에는 토지의 많고 적음에 의해서가 아니라 호戸를 기준으로 특산물이 부과되었기 때문에 부유한 지주나 가난한 농민이나 지는 부담의 양에 별 차이가 없었다. 부자나 가난한 자나 같은 부담을 진다면 언뜻 '같은'이란 말 때문에 공평하다는 느낌을 받을지 모르지만, 그건 역설적으로 가장 불공평한 과세이다. 왜냐하면 부담의 비중이 전혀 다르기 때문이다.

이에 반해 대동법은 토지를 기준으로 세금을 부과하는 것이기 때문에 토지를 많이 가질수록 더 많은 세금을 내야 했다. 그러므로 토지를 많이 가진 지주들이 대동법을 결사적으로 반대한 것은 당연한 일이었다. 이 법이 전국적으로 시행되는 데 100년이 넘게 걸린 것은 바로 이런 이유 때문이었다.

사대동私大同과 공물수미법貢物收米法

전근대 사회에서 세금 걷는 제도, 즉 부세賦稅제도를 흔히 조·용·조 체제라고 한다. 부세는 요즘 말로 하면 조세, 즉 세금이다. 조租는 토지에 대해서 내는 세금으로 전세田稅를, 용庸은 양인을 대상으로 역역力役을 징발하는 것으로 군역軍役과 요역徭役을 말한다. 그리고 조調는 국가에 필요한 특산물을 바치는 공납貢納을 의미한다. 대동법은 이 가운데 공납과 관련된 것이다.

공납제는 제도 자체나 운영에 문제점이 있었다. 바쳐야 할 공물의 양, 즉 공액貢額이 장기적으로 고정되어 있어 현실성이 없었다. 특히 임토작공任土作貢의 원칙과는 달리, 그 지역에서 나지 않는 특산물=불산공물不産貢物을 부과하는 일들이 있어 폐단이 야기되고 있었다. 불산공물의 경우는 하는 수 없이 다른 곳에서 사다 바쳐야 했다. 따라서 백성들은 그런 번거로움을 덜기 위해 폐단이 많음에도 불구하고 방납이란 수단에 의존하게 되었다. 그나마 공물의 값이 일정하지 않고 부과 기준도 정해져 있지 않아서 부세 부담이 불균등하기 일쑤였다. 이런 문제들 외에 별공別貢이라 해서 별도의 수단을 통한 부과도 많아졌다.

16세기 사림들이 중앙에 진출하면서 이런 공납제의 문제점에 대한 개혁을 추진하였다. 개혁의 방향은 공물을 걷는 대장인 공안貢案을 현실에 맞도록 개정하고 방납을 막자는 쪽으로 추진되었다. 나아가 특산물이 아닌 쌀이나 포로 통일해서 걷자는 수미수포법收米收布法이 율곡 이이에 의해 주장되기도 하였다. 그러나 이런 개혁안들은 방납의 이권을 가진 자들의 반대로 쉽게 받아들여지지 않았다.

다만 일부 군현에서는 사대동私大同이라는 대동법의 선행 형태가 나타나기도 했다. 사대동은 수령이 직접 나서서 군현에 부과된 공물의 값 총액을 그 군현의 전 토지의 결수로 나누어 각각의 결에서 균등하게 돈을 거둔 다음, 그 돈으로 공물을 마련해서 납부하는 방식이었다. 종전에 방납인이 하던 역할을 수령이 대신하는 거나 마찬가지였다.

이런 현상은 정부의 정책에도 영향을 미쳐 1594년(선조 27)부터 이듬해까지 유성룡의 건의로 공물수미법貢物收米法이 시행되기도 했다. 이것은 각 도별로 그 도에서 상납하던 공물의 값을 쌀로 환산하여 토지에서 균등히 거두어들이고, 그 쌀로 특산물, 즉 공물貢物을 구입해서 바치고 남는 것은 군량으로 이용한다는 것이었다. 이때 대체로 결結당 백미 2말을 거두었다.

대동법의 시행

이런 과정을 거쳐 1608년 한백겸·이원익의 주장으로 대동법을 경기도에 처음 시험적으로 시행하였다. 이어 인조반정 직후인 1623년 조익의 주장으로 강원·충청·전라도에 확대·실시하였다. 하지만 1625년 강원도를 제외한 충청·전라도의 대동법은 폐지되었다.

그러나 농민의 저항이 확산되고 재정이 부족하게 되자 다시 대동법의 필요성이 대두하여 1651년(효종 2) 김육의 주장으로 충청도에 실시하였고, 이어 1658년 전라도 해읍海邑에, 1662년 전라도 산군山郡에, 1666년 함경도에, 1677년 경상도에 시행하였으며, 1708년에는 황해도까지 실시하였다. 중간에 치폐가 거듭되는 등 우여곡절 끝에 결국은 꼭 100년 만에 전국적인 시행을 보았던 것이다. 이 대동법은 1894년 갑오개혁 때 세제 개혁에 의해 지세地稅로 통합되기까지 존속하였다.

대동법은 조선 시기 가장 개혁적인 법 가운데 하나였다. 그만큼 찬성과 반대도 격렬하였다. 찬반의 대립은 효종 대에 김육과 김집 사이에서 크게 벌어졌다. 두 사람 모두 당색은 서인이었는데, 김육은 찬성을, 김집은 반대를 각각 주도해 나갔다. 김육은 관료적 성격이 강하며, 특히 서울을 기반으로 했다고 해서 한당漢黨으로, 김집은 김장생의 아들로 충청 지역을 기반으로 했고 산림적 성격이 강하다고 해서 산당山黨이라고 불렀다. 찬성과 반대의 대립이 한당과 산당의 대립이라는 식으로까지 번졌던 것이다. 그만큼 이 개혁을 둘러싼 갈등이 심각했다는 증거이다.

김육 같은 인물이 대동법을 주도했다는 것은 상업의 활성화에 예민한 관심을 가질 수밖에 없었던 서울 출신들이 대동법 시행을 주도했다는 이야기가 된다. 반면 향촌 사회에 뿌리를 두고 많은 토지를 소유라고 있는 김

대동법을 실시한 김육(金堉, 1580~1658)

대동법은 물론이고, 화폐의 주조·유통, 수레의 제조·보급, 시헌력(時憲曆)의 제정·시행 등 민생 안정을 위한 실용적인 정책 실현에 앞장섰다. 실학의 선구자로 평가받고 있다. 실학박물관 소장

집 같은 인물들이 대동법에 반대했다는 것은 어찌 보면 당연한 것이기도 했다.

대동법은 세금의 부과 대상이 되는 모든 토지에 1결당 백미 12말씩을 부과하였다. 당시의 1결당 생산량이 백미 320말 쯤 되었다고 하니까 비교적 가벼운 부담이었다고 할 수 있다. 물론 산간 지역에서는 쌀이 생산되지 않았기 때문에 농민의 편의를 위해서 면포나 화폐로 바꾸어 낼 수 있도록 하였다.

이 대동법을 관장한 곳이 선혜청宣惠廳이었다. 선혜청에서는 일괄적으로 대동미를 거두어들여 중앙 각사各司 및 각 도와 군현의 공물 구입 및 각종 역가役價의 비용으로 사용하였다. 즉 선혜청에서 각 관서별로 정해진 액수를 보내면 그 관서에서는 이미 정해진 공인貢人이나 시전 상인들을 통해서 그들에게 대금을 지급하여 물품을 납품하게 했던 것이다. 또 대동미 중 일부는 유치미留置米라고 해서 선혜청으로 올리지 않고 그 지방에 그대로 두어 지방재정에 충당토록 했다.

대동법의 역사적 의의

대동법의 시행으로 인해 기존에 현물이나 노동력으로 부과하던 부세들이 토지로 일원화하였다. 부와 수입의 척도였던 토지에 따라 세금을 부과함으로써 재산과 수익에 비례하는 공평한 조세체계가 마련되었던 것이다. 토지가 많은 사람은 많이 내고 적은 사람은 적게 내는 공평 과세가 이루어

졌다는 것이다. 이는 큰 발전이다. 또한 세금을 당시 교환 수단이었던 백미나 면포 등으로 징수함으로써 조세를 금납화金納化하는 데도 기여하였다.

아울러 정부의 막대한 소요 물자를 공인이나 시전 상인들에게 조달하게 함으로써 상업의 발달과 상품화폐경제의 발전을 가져왔다. 이를 바탕으로 지방의 장시가 더욱 발전하고 상인자본이 커지면서 도고都賈상업이 발달할 수 있는 토대를 마련하였다. 나아가 쌀의 집산지들이 상업도시로 성장하기도 했다. 대동법은 상업의 발달을 기반으로 실시할 수 있었고, 동시에 대동법의 시행은 상업의 발달을 촉진시키는 결과를 가져왔던 것이다.

100년이 걸린 대동법은 이처럼 조선의 역사를 한 단계 상승시킨 진짜 개혁이었다. 하지만 개혁이란 이름을 붙였다고 그게 다 좋은 방향의 개혁인 것은 아니다. 때로는 거꾸로 소수의 권력자가 '개혁'이란 이름하에 실은 소수자를 위한 '개악'을 시도하는 경우도 있다. 그러나 이 경우 그 한계는 곧 드러나게 마련이다.

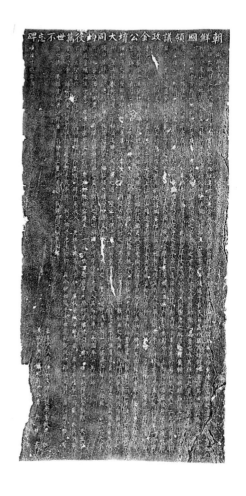

대동법 시행 기념비 탁본

김육이 충청감사로 있을 때 충청도, 전라도, 경상도 지역에 대동법이 실시됐다. 이를 기념하기 위한 비석이 지금의 평택에 세워졌다. 국립중앙박물관 소장

2 균역법의 시행

양인이라는 특정 신분의 개인에게 부과하던 부세를 줄이고 다른 세원으로 대체하였다는 점에서 균역법은 전근대적인 부세 체제를 변모시켰다는 진보적인 측면을 지니고 있다. 그러나 근본적인 개혁이 되지 못함에 따라 머지않아 그 폐단이 드러나게 되었다.

남자의 의무인가 특권인가

평등이란 인간의 이성이 만들어 놓은 최고의 가치이다. 그것은 오직 인간이기 때문에 가능할 수 있는 가치이기도 하고 그만큼 이루어 내기가 어려운 가치이기도 하다. 여성해방과 동격인 남녀평등도 그런 평등 가운데 하나이다. 이런 평등에 대해 남녀가 말싸움을 벌일 때 흔히 막판에 몰린 남자들이 하는 말, "그래도 너는 군대 안 가잖아."라고 한다. 그러면 여자들은 "그럼 너는 애 낳니?"라고 대뜸 반격을 가한다. 이쯤 되면 이건 남녀의 차별을 말하는 게 아니다. 차이를 차별과 혼동해서 싸우는 거다. 그쯤에서 멈추는 게 현명하겠지.

요즘은 여자들도 선택에 따라 군에 갈 수 있다. 그러나 군에 간다는 것은 기본적으로 남자들에게 해당한다. 그런데 그게 과연 의무일까, 특권일까? 군대는 곧 무력을 뜻한다. 시대가 올라갈수록 무력은 권력의 핵심이었다. 따라서 군대 가는 남자, 곧 무력을 행사한다는 것은 남자에게 부여된

특별한 권리였다. 이처럼 그건 분명 특권에서 시작하였다. 그러나 생존을 위한 전쟁이 끊이지 않으면서 나라를 지키기 위한 군대는 반드시 필요한 존재가 되었다. 이 때문에 군대는 남자들에게 의무가 되었다.

군대는 철저한 계급사회로 심하게 예속된다. 때로는 목숨을 잃을 수도 있다. 사람이라면 강제된다는 것도 싫고 목숨을 잃는 것은 더욱 싫어한다. 특히 돈 있고 힘센 자들은 더욱 그렇다. 그래서 지금도 그렇지만 군에 가는 것을 놓고 예전부터 숱한 말썽들이 많았다.

군에 가는 것을 옛날에는 군역軍役이라고 했다. 이 글의 제목이 '균역법' 인데, 바로 이 군역을 균등히 한다는 뜻이다. 얼마나 균등하지 않았으면 '균均'이란 말을 제목으로까지 삼았을까, 라는 생각이 든다.

방군수포와 대립제

우리나라를 비롯한 동양사회는 대체로 고대국가 이래 병농일치兵農一致의 징병 제도가 있어 왔다. 즉 평상시에는 생업에 종사하다가 유사시에 동원 되는 징병 제도이다. 따라서 군인이 농민이고 농민이 때때로 군인이 되었 던 것이다. 이를 개병제皆兵制라고도 한다. 모든 남자 양인 농민들이 군인이 된다는 뜻이다.

지금은 군대 가는 것을 신체상의 이유 등으로 아예 면제받는 사람은 있 어도 일단 징집 대상이 되면 군대 가는 것 외에 다른 대안은 없다. 그런데 조선 시기에는 대체로 16세기를 전후해서 실제로 군대에 가는 대신 그만 한 대가를 지불하고 그 역을 면제받는 운영 방식이 있었다. 즉 군역을 면제 해 주고 포를 거둔다는 뜻의 방군수포放軍收布라는 제도가 바로 그것이었 다. 어떻게 군대 가는 것을 돈으로 대체하게 했을까? 만일 요즘 이런 제도 를 실시한다면 좋아할 사람들 많을 것이다. 물론 나라 망하게 하는 지름길 이 되겠지만 말이다.

조선 시기에 이런 제도가 나타날 수 있었던 데에는 나름대로 역사적인 맥락이 있다. 즉 조선 초기의 군사 제도는 병농일치제였다. 16세에서 60세까지의 양인 남자라면 서울에 올라가서 당시 군부대인 오위五衛에서 일정 기간 동안 군사 활동에 참여하거나 또는 자기가 사는 지방에 남아서 요즘 말로 향토부대 같은 데에서 군사 활동에 참여하여야 했다. 서울에 올라가 군복무하는 것을 번상番上이라고 했다.

그런데 16세기에 들어오면서 이런 병농일치제는 운영상 모순을 드러내기 시작하였다. 생업을 떠나서 농민들이 직접 군사 활동에 참여한다는 것이 사실 매우 어려웠기 때문이다. 그 결과, 다른 사람을 대신 보내거나 또는 돈을 주고 사서 보내는 대립제代立制가 일반화되었다. 이런 편법들이 유행하면 또 그만큼 폐단도 많이 생긴다. 군대도 제대로 운영되지 못하고 농민들에게 혜택이 돌아가는 것도 아니었다. 괜히 그 중간에 있는 모리배들만 실속을 챙길 뿐이었다. 그래서 중종 대에 가면 국가가 이런 현실을 수용하였다. 이제는 국가가 직접 나서서 공식적으로 번상을 면제해 주고 대신 포를 거두어들이기로 했던 것이다. 이를 대역납포代役納布라고 하였다. 방군수포와 같은 뜻이다.

더욱이 임진왜란을 겪으면서 기존의 오위제도 대신 훈련도감이라는 부대가 창설되었는데, 이러한 부대들은 급료를 지급받는 직업군인으로 구성되어 있었다. 따라서 이들에게 줄 급료를 마련하기 위해 군사 재정의 확보가 시급하였다. 이런 점도 방군수포를 더욱 공식화했던 이유가 되었다.

백골징포와 족징·인징

결국 이런 과정을 거치면서 군사 제도가 병농일치제에서 이른바 모병제募兵制로 바뀌었다. 모병제란 군대를 가지 않는 사람들이 대신 바친 포나 돈으로 군인을 사서 운영하는 방식이었다. 그러나 이런 방식 역시 문제가 있었다.

조선 전기의 번상병은 대체로 16개월에 2필씩의 군포를 바쳤다. 그런데 양반층은 권세를 이용해서 거의 빠져나가고 농민들도 재주가 좋은 사람들은 피해 갔다. 결국 남은 사람들이 빠져나간 사람들의 몫까지도 대신 내주어야 할 상황이 되었다. 그래서 균역법 실시 직전인 18세기 초에는 50만 명이 져야 할 양인의 부역을 10여만 호가 부담한다는 지적이 나올 정도였다.

군역 운영의 문란상으로 잘 알려져 있는 것들이 있다. 이미 죽어서 백골이 된 사람을 장부에서 지우지 않고 그 자식이나 다른 연고자에게서 계속 포를 받아 내는 백골징포白骨徵布, 아직 군역을 질 나이가 되지 않은 어린아이로부터 세금을 받아 내는 황구첨정黃口簽丁, 또 세금을 져야 할 사람이 도망가거나 내지 못하게 되었을 때 친척으로부터 받아 내는 족징族徵, 이웃사람들로부터 받아 내는 인징隣徵 등이 그것들이다.

결국 이런 군역제도의 모순으로 인하여 농민들은 자신들의 생활 터전에서 안정된 삶을 유지하기 어려웠다. 그러자 정부도 뭔가 조치를 취하지 않을 수 없었다. 우선 할 수 있었던 것은 의무를 피하고 있던 양인 장정들을 잡아내서 부담을 철저히 지우는 것이었다. 이 조치는 숙종 대 여러 차례 시행했고 영조 대에도 실시했었다. 그러나 이런 것들은 미봉책에 불과했기 때문에 좀 더 본격적인 개혁의 필요성이 대두됐고, 그에 관한 논의가 심화되었다.

양역변통론

군역 운영의 문제는 마땅히 져야 할 사람이 지지 않는다는 데 있었다. 어떻게 마땅히 져야 할 사람이 지지 않을 수 있었을까? 그 이유는 바로 신분제에 있었다. 즉 양반이란 신분이 역을 지지 않아도 되는 통로가 되었던 것이다. 당시는 군역을 양역이라고 했다. 바로 양인들이 지는 역이란 뜻이다.

그래서 군역에 대한 논의는 곧 양역변통론良役變通論이 되었다. 이처럼 군역이 양인 신분의 역으로 되어 있었기 때문에, 이 역을 지지 않으려는 양인들은 양반 신분으로 올라가거나 아니면 아예 천인으로 떨어지는 그런 방법을 찾았다. 천인으로 떨어지는 것은 양인보다 더 고역을 예고하는 것이었기 때문에, 양인들의 입장에서 볼 때 그리 좋은 방법이 아니었다. 따라서 문제는 양반으로 신분을 상승해서 빠져나가는 것이었다.

이를 어떻게 막을 것인가? 두 가지 방법이 있었다. 하나는 양반으로의 신분 상승을 막는 것이었고 다른 하나는 아주 파격적인 것으로 양반도 역을 지게 하는 것이었다. 양반도 역을 지게 한다면 일석이조의 효과가 있었다. 군역에서 빠져나갈 방법도 없어질 테고, 그렇게 되면 굳이 양반이 되려고도 안 할 것이다. 그런데 당시가 어떤 사회였는가? 아직까지는 양반들의 서슬이 퍼렇게 살아 있던 때였다. 사회변동은 일어나고 있었지만 이런 양반 중심 사회의 핵심을 무너뜨릴 정도는 아니었다.

양역변통에 대한 복잡한 논의를 이해할 때 이런 점들을 염두에 두면 쉽다. 그러니까 양역 폐단의 근본 원인을 제거하자는 논의, 예를 들면 양반도 역을 지게 하자는 논의의 범주에 속하는 것이 대변통론大變通論이고 그 외에 여러 가지 운영개선론들이 모두 소변통론小變通論에 속한다고 보면 된다.

신분에 관계없이 호별로 부담을 지우자는 호포론戶布論은 이런 기준으로 본다면 대변통론에 속한다. 양인에 대한 파악을 철저히 하자든가 군사나 군문軍門의 수를 줄여서 군사비 지출을 줄이자든가 하는 것은 모두 소변통론에 속한다. 바로 이런 양역변통론의 종착점이 균역법이었다.

균역법의 시행

균역법이 시행되기까지 정말 지리할 정도의 긴 논쟁을 거쳤다. 숙종 대부터 군포의 부담을 반으로 줄이자고 하는 반필론半匹論이 대두하였다. 그런데 그렇게 했을 때 줄어드는 수입, 즉 군사 재정을 어떻게 보충할 것인가 하는 문제를 해결할 수가 없었다.

그래서 1748년(영조 24)에 정부에서는 전국의 양인 장정 수를 조사해서 《양역실총良役實摠》이란 책을 펴냈다. 그 결과, 양역 재정 전반에 대하여 정확한 수치를 파악할 수 있었다. 이런 바탕 위에서 영조는 양반과 양인 모두 균등하게 부담하는 호포제를 추진하고자 했고, 다만 그 차선책으로 부담을 반으로 줄이는 반필론을 생각하고 있었다.

영조는 의중에 두고 있던 호포제를 시행하기 위해서 여러 가지 방법을 취하였다. 그중의 하나로 1750년 5월에 직접 창경궁 홍화문에 나가서 서울의 사족, 양인과 지방에서 올라온 군인 등 50명의 일반 백성을 불러서 의견을 물어보는 일도 있었다. 당시로서는 파격적인 행동이었다. 또한 영조는 대신과 그것을 주도하던 비변사 당상관들에게 "결말이 내려질 때까지 집에 가지 말고 비변사에서 숙직하면서 대책을 논의하라."고까지 명령을 내렸다. 그만큼 적극적이었다.

그러나 호포제는 각 호가 정확히 파악되어야만 가능하였다. 정확하지 않다면 부담을 피하는 호는 늘어날 것이고 그 부담은 다시 다른 호에 전가될 것이 뻔하였기 때문이다. 또한 수입도 예상보다 적었다. 결국 호포제는 추진되지 못하고 대신 반필론으로 귀착되었다. 이 반필론이 바로 균역법이었다.

이에 따라 1750년(영조 26) 7월 28일 균역법을 시행하고 이듬해 균역법을 주관하는 관청으로 균역청을 설치해 양역을 부담하는 양인들이 일률적으로 12개월에 포 한 필씩을 내도록 하였다. 균역均役이라는 말 자체가 역을 균등하게 한다는 것인데, 영조가 처음 생각했던 상하 신분의 균역은 무위로 돌아갔지만 서민들만의 균역은 이루어졌던 셈이다.

영조는 호포제 실시를 앞
두고 창경궁의 정문인 홍
화문(사진 왼쪽 하단) 앞에서
직접 일반 백성들을 불러 모
아 여론 조사를 실시하였다.

그리고 양인들의 부담을 줄인 데서 비롯되는 부족분은 군문과 관청의
체제를 변경해서 지출을 절감하고, 기존에 왕족이 차지하고 있었던 어魚 ·
염鹽 · 선船세稅를 국가의 재정으로 거두어들인다든가 토지에 결당 쌀 2말씩
을 부과하는 결미結米 조항을 신설한다든가 해서 새로운 재원을 마련하여
채웠다.

불완전한 개혁

균역법은 근본적인 개혁이 되지 못하였다. 다만 조선 후기 양역의 폐단에
대하여 감필減疋을 통해서 농민의 부담을 약간 줄여 준 것이었다. 그럼에도
불구하고 균역법은 그 나름대로 지배층이 양보하면서 민생을 위한 개선
책을 도모했다는 점에서 의미가 있다. 그 예가 왕족이 누리던 어·염·선
세를 국가 재정으로 돌리거나 양반지주층도 토지에서 결미를 부담한 것
들이었다.

한편 군포는 부담을 지는 개인을 대상으로 운영한 것이 아니라 촌읍을

단위로 부과했기 때문에 실제 농민들이 어떻게 부담했는가는 알기가 어렵다. 그렇지만 군역에서 빠져나갔던 피역자避役者를 찾아내서 그들에게도 부과했을 가능성이 크기 때문에 어느 정도나마 불균등한 부역의 부과를 시정했다고 볼 수 있다. 또한 결미의 부과는 신역身役이었던 군역의 일부를 토지에 부과함으로써 대동법과 함께 지세화地稅化 추세를 추동함으로써 조세 징수의 합리성을 기했다는 점에서 의미가 있다.

전체적으로 볼 때 균역법은 양인이라는 특정 신분의 개인에게 부과하던 부세를 줄이고 대신 어·염·선세나 결미 등 다른 세원으로 대체하였다는 점 등을 볼 때, 대동법에 이어 전근대적인 부세 체제를 변모시켰다는 진보적인 측면을 지니고 있다. 그러나 대변통과 같은 근본적인 개혁이 되지 못함에 따라 그 폐단이 머지않아 다시 드러나게 되었다. 결국 군정은 19세기 삼정 문란의 하나가 되었다. 근본적인 개혁이 이루어지지 못하면 그 한계는 곧 드러나고 말며, 그때 가서 바로잡는 것은 더욱 어렵다는 교훈을 우리는 균역법에서 배울 수 있다.

3 모내기와 농업생산력

KOREA

농업생산력의 증대와 함께 농촌 사회는 부농과 빈농으로 분화되어 갔다. 종래 신분에 따라 질서가 형성되어 있던 조선 사회에 이제 질서의 기준으로 부(富)라고 하는 새로운 변수가 나타났다. 이에 따라 상대적으로 양반신분제는 기능이 약해지거나 흔들리게 되었다.

모내기의 보급

어기야 어허 여어어라 상사로세
여기도 놓고 저기도 놓아 두레방 없이만 심겨 주소
상사소리는 어디를 갖다가 내를 찾아서 다시 오는데
우리 인생은 한번 가면 다시 오지를 못하느니
이 상사가 뉘 상산가 김서방이 상사로세

어라디야 저라디야 상사로세
이 농사를 어서 지어 나라 봉양을 하고 보세
앞산은 점점 멀어지고 뒷산은 점점 가까온다
이배미 저배미 다 심겄으니 장구배미로 넘어가세
다 되었네 다 되었어 상사소리가 다 되었네

236

이 노래는 모내기를 하면서 부르는 노래로 무형문화재 51호인 〈남도들놀이(진도지산농요)〉의 한 구절이다. 지금은 많이 사라져 버렸지만 아직도 농사일을 하면서 이런 노래를 부르는 곳이 적지 않게 남아 있다. 힘든 농사일을 효율적으로 하기 위해서이다.

모내기는 한자어로는 이앙법移秧法이라고 한다. 농사지을 때 보통 볍씨를 그냥 논에 뿌리는 것이 아니라 먼저 묘판에서 모를 키우고 그것을 다시 물을 댄 논에 옮겨 심는다. 그런 방법을 모내기라고 한다. 모내기는 물론 지금도 한다. 도시민에게는 사실상 농사의 시작으로 이해하고 있다. 모내기 소식을 통해서 한 해 농사가 시작되었음을 알기 때문이다. 물이 가득 찬 논에서 환하게 웃으면서 벼를 심는 농부의 모습은 매년 봄이 되면 단골손님처럼 텔레비전 화면을 통해 보곤 하였다. 지금은 트랙터 위에 앉아 있는 모습이겠지만.

그런데 우리들 가운데에는 이 모내기가 아주 먼 옛날부터 행해져 왔다고 생각하는 사람들이 많다. 그러나 그렇지 않다. 모내기는 먼 옛날이 아니라 조선 전기인 15세기가 되어서야 비로소 시작되었고 전국적으로 보급된 것은 조선 후기에 들어와서였다. 불과 200~300년 전 일이다. 그 이전에는 마른 논이나 또는 물을 댄 논에 볍씨를 직접 뿌리는 이른바 직파법直播法으로 농사를 지었다.

모내기의 이점

모내기는 직파법보다는 복잡하고 어렵다. 그럼에도 불구하고 모내기를 하는 이유는 무엇일까? 그것은 모내기를 행할 때 얻을 수 있는 이득이 크기 때문이다. 그 하나는 수확량의 증가라고 할 수 있는데, 어떤 경우에는 이전보다 두 배 이상 증가하였다. 다른 하나는 노동력의 감소를 들 수 있는데, 볍씨를 직접 논에 뿌리는 직파直播보다 노동력이 1/2~1/5 정도 감소하였다. 즉 품이 적게 든다는 것이다.

좀 더 구체적으로 이야기하면, 물을 댄 논에 직접 볍씨를 뿌릴 때는 처음부터 논에 물이 가득 차 있어야 하는 데 비해 모내기는 미리 묘판에서 모를 가꾸어 논에 옮겨 심기 때문에 그만큼 논에 물을 대는 어려움이 줄어들게 된다. 게다가 모가 묘판에 있는 동안 자연재해의 영향도 덜 받을 수 있다. 또한 볍씨를 직접 논에 뿌리면 첫 번째 제초작업, 즉 김매는 일이 매우 힘든 작업이 되지만 모내기에서는 묘판에서 쉽게 제초할 수 있기 때문에 힘이 훨씬 줄어든다.

모내기를 할 때 또 다른 이점은 이모작(돌려짓기)도 할 수 있다는 점이다. 즉 가을 추수 뒤에 가을보리나 밀을 9월에 심어서 다음해 5월에 수확하고, 다시 그 논에 물을 대고 묘판에서 키웠던 모를 옮겨 심는 것이다. 이런 것을 2년 3작이라고 한다. 물론 베트남이나 태국같이 기후적인 조건으로 인해 1년에 두 번 내지 세 번 벼농사를 하는 나라도 있지만, 우리나라와 같은 기후 조건에서는 모내기를 해야만 2년 3작이 가능하다. 또 2년 3작을 하더라도 매번의 수확량이 이전보다 크게 늘어났다. 이와 같은 모내기의 실시로 조선 후기에는 농업생산력이 크게 발전하였다.

농업생산력의 발전

우리는 역사 발전의 지표로 농업생산력을 말한다. 농업생산력이 늘어나면 역사가 발전한다는 것이다. 그러나 원시사회부터 현대까지 농업생산력이 항상 같은 속도로 발전하는 것은 아니다. 역사의 전 과정은 인간의 부단한 노력에 의하여 농업생산력이 발전해 왔지만 특히 비약적으로 발전하는 시기가 있었다.

예를 들면 농경생활을 시작했던 신석기 시대 후기, 철제 농기구를 사용하게 되었던 철기 시대, 소를 이용해 농사짓고 저수지를 만들기 시작하는

4~6세기, 휴한농법을 극복하고 연작상경농법連作常耕法을 가능케 한 고려 말, 그리고 지금 이 글에서 살펴보고 있는 것처럼 모내기가 일반화된 조선 후기 등의 시기들이 농업생산력이 비약적으로 발전한 때였다.

물론 조선 후기 농업생산력의 발달은 모내기에 의해서만 가능했던 것은 아니었다. 이 시기에 오면 인분과 퇴비·재 따위를 섞어 거름을 만드는 기술이 발전하여 거름의 종류와 양이 풍부해졌다. 거름을 주는 방법도 발전하였다. 종래에는 씨앗을 심은 뒤에 묘에만 거름을 주었던 데 비해 작물이 자라는 기간에도 거름을 주는 웃거름 주기가 새로 행해졌다.

또한 하천수를 막아 필요할 때 논에 물을 댈 수 있는 관개시설인 천방川防이나 보洑가 많이 만들어졌고 그 보급이 현저해졌다. 이밖에도 농사일의 각 부분이 세밀해지면서 농기구가 용도에 따라 분화·발달하여 종류가 다양해지고 기능도 발전하였다.

이렇듯 조선 후기에는 모내기뿐만 아니라 비료 주는 기술이 발달하고, 수리시설이 보급되고, 농기구가 발달하는 등 생산력을 구성하는 여러 요소가 종합적으로 발달하였다. 그리고 이런 것을 바탕으로 동일한 시간을 일할 때 얻을 수 있는 효과의 크기라고 할 수 있는 노동생산성이 증가하고, 토지이용방식이 1년에 한 번 농사짓는 조선 전기의 연작상경에서 1년에 두 번 농사를 짓거나 2년에 세 번 농사를 짓는 윤작輪作으로 바뀌어 감으로써 농업생산력이 크게 발전할 수 있었던 것이다.

농업경영의 변화

조선 후기 농업생산력의 변화는 이 시기 농업경영에도 많은 영향을 미쳤다. 경제 변화를 잘 이용하는 농민이나 지주들은 농업기술의 발전으로 절감된 노동력을 경영 규모의 확대에 사용하였다. 그렇게 해서 농사에 열심인 농민은 점차 재산을 축적해 갈 수가 있었던 것이다. 당시에는 농산물의 상품화가 널리 이루어져서 농산물을 장시에 내다 팔아 돈을 벌 수 있었다. 농민들은 이를 적극적으로 이용하여 부유한 농민, 즉 부농富農이 될 수 있었다.

이들 농민들은 자기 가족만으로 농사를 짓기도 하였으나 한편으로는 농촌의 임노동자, 즉 임금을 받고 일하는 노동자를 고용하기도 했다. 왜냐하면 이들의 경우 재산을 축적하면 먼저 농토를 매입했는데, 그 늘어난 땅에 농사짓는 일을 자기 가족들만으로는 할 수 없었기 때문이다.

이처럼 지주와 부농이 임노동자를 고용하여 많은 토지를 경작하게 되자 예전에 농사를 지었던 농민들은 점차 자기 토지를 잃고 소작농이 되거나 품팔이가 되는 경우가 많아졌다. 그리하여 농촌 사회는 농민 가운데 부농이 되는 자와 빈농 또는 품팔이가 되는 자로 점차 뚜렷이 나뉘게 된다. 지주층과 부농층의 경영 확대로 가난한 농민층은 점차 토지 경영으로부터 배제되어 갔던 것이다. 더욱이 부농은 면화·담배와 같은 상품작물을 생산하여 장시에 판매함으로써 재산을 모을 수 있었지만, 반면 빈농은 빌려서 농사지을 땅조차 얻지 못하여 농업 임노동자가 되거나 농촌을 떠날 수밖에 없었다.

이런 변화는 양반신분제에도 큰 영향을 미쳤다. 즉 조선 전기에는 대체로 양반은 지주였고 평민은 자작농이나 소작농이었다. 노비는 관청의 심부름을 하거나 지주의 토지를 경작하였다. 따라서 사회 신분과 토지 소유=경제적 능력은 일치하였다. 그러나 조선 후기가 되면 평민으로서 지주나 부농이 되는 자가 생김으로써 신분과 재산 소유의 상관관계가 무너지게 된다. 이런 현상은 조선 사회의 기존 체제를 동요시키는 근본적인 원인이 되었던 것이다.

결국 조선 후기에 가면 모내기의 전국적인 보급과 시비법의 개선 등 농사기술의 발달, 수리시설의 보급과 농기구의 발달 등으로 인해 농업생산력이 증대하고 이를 바탕으로 농촌 사회가 부농과 빈농으로 분화되어 갔다. 종래 신분에 따라 질서가 형성되어 있던 조선 사회에 이제 질서의 기준으로 부富라고 하는 새로운 변수가 나타났다. 이에 따라 상대적으로 양반신분제는 기능이 약해지거나 흔들리는 변화를 일으켰던 것이다.

지금 농촌은 각종 FTA 체결 등으로 인하여 농산물 수입이 개방되면서 매우 어려운 상황에 직면해 있다. 젊은 사람들은 도시로 다 떠나가고 나이 드신 분들만 농촌 마을을 지키고 있다. 우리는 전근대에서의 역사 발전이 농업기술과 경영의 끊임없는 발달에 의해서 이루어져 왔다는 사실을 앞에서 살펴보았다. 우리의 선조들이 그래 왔듯이 농촌에서 일하시는 분들도 희망을 잃지 않고 새로운 농업기술과 농업경영의 개발을 위해 열심히 노력한다면 지금의 시련을 반드시 극복하리라 믿는다. 그때가 되면 우리 농촌도 다시 풍요롭게 되고 떠나간 젊은이들도 돌아올 것이다. 농업은 결코 포기할 수 없는 미래이기 때문이다.

4 수공업과 광업의 발달

KOREA

덕대는 광산을 직접 개발하는 자, 광산노동자들의 우두머리에 해당한다. 물주와 덕대 사이에는 일정한 비율에 따라 생산물이 분배되었다. 더 발전하면 덕대가 임금을 주고 노동자를 고용하는 경우도 있었다. 더 나아가 덕대 자신이 자본가로 성장하는 경우도 나타났다.

민속 공예품

여러분들은 백화점의 바겐세일 광고에서 '내고장 특산물전'이란 이름을 달고 한산의 모시, 강화도의 화문석 등을 판다고 하는 것을 보았을 것이다. 우리가 보통 민속공예품이라고 부르는 이런 물건들이 바로 옛날의 수공업 제품들이다. 지금은 극히 일부 사람들이 사서 멋으로 사용하는 면이 크지만 옛날에는 이런 수공업제품들은 생활필수품이었다. 생필품이었던 수공업제품들이 세월의 흐름과 함께 어느덧 민속공예품이란 이름하에 풍류적인 멋을 내는 장식품으로 바뀌어 버렸다.

세 가지 형태의 수공업

수공업은 크게 관청수공업과 독립수공업, 가내수공업 등 셋으로 나누어 볼 수 있다. 물론 조선 전기에도 이 세 가지 형태가 다 있었는데, 그중에서 특히 관청수공업이 발달하였다. 이는 국가의 통제가 강했던 조선 전기의 특성 때문이기도 하다.

조선 전기에는 관청수공업자가 6~7천 명이나 되었다. 그 가운데 3천 명은 경공장京工匠이라 해서 30개의 중앙 관청에 소속되었으며, 나머지 3천 5백 명은 외공장外工匠이라고 해서 지방의 각 군현에 소속되었다. 여기서 말하는 공장이란 현대자동차의 울산공장이니, 삼성전자의 수원공장이니 하는 시설이 아니라 사람인 수공업자를 가리키는 말이다.

이들은 1년에 4~6개월간 순번에 따라 근무한다. 농민들이 농사를 지어 세금을 내는 데 반하여 이들은 일정 기간 수공업제품을 만들어 내는 봉사를 함으로써 세금을 대신했던 것이다. 이를 번상番上이라고 한다. 그런데 서울에서 무기나 자기·종이를 만드는 분야의 경우는 수십 명에서 수백 명의 공장으로 이루어져 있었지만 대부분의 수공업 분야에는 소속된 공장의 수가 한두 명에 불과하며, 그 작업 기술도 아직 분업적 협업 단계에는 이르지 못하였다. 마치 대장장이 혼자서 칼을 만드는 것처럼 한두 명이 처음부터 끝까지 작업을 다했기 때문에 작업 과정을 나누어 분업을 하려고 해도 할 수가 없었던 것이다.

독립수공업은 관청수공업자들이 번상, 즉 의무 봉사 시간 이외의 시간을 이용하여 개인적으로 수공업 제품을 만드는 것을 의미한다. 그러나 아직 상품화폐경제가 발달하지 않은 상태였기 때문에 고객의 주문에 의한 생산이 대부분이었다. 가내수공업은 말 그대로 농촌의 집안에서 이루어지는 수공업을 뜻한다. 농촌의 여인들이 부업으로 베를 짜는 것 등이 여기에 속한다.

민영수공업

조선 후기에 오면 관영수공업 체제가 해체되고 민영수공업 체제가 성립된다. 그 계기는 여러 가지가 있다. 먼저 상품화폐경제가 발달해서 국가가 필요로 하는 물품을 언제라도 시장을 통해 살 수 있으니까 국가가 직접 수공업을 관장할 필요가 없어졌다는 점을 들 수 있다.

또한 관영수공업은 부역노동에 의해 강제로 이루어졌기 때문에 비효율적이어서 생산성이 매우 낮았다. 그래서 임금노동자를 고용하더니 나아가서는 관영수공업 자체를 포기하고 민간에 불하했던 것이다. 마치 비전문 경영인에 의해 경영이 비효율적으로 이루어지고 있는 국영기업체의 주식을 공모하여 민영화시키는 것과 비슷한 논리이다. 어느 시대나 일을 하겠다는 의욕과 창의력이 문제인 것 같다.

관영수공업의 해체는 전업적專業的 수공업자가 출현하기에 유리한 조건이었다. 관영수공업의 해체로 봉건적 지배에 직접 묶여 있던 노동력들이 점차 해방되어 갔다. 그리고 이런 현상은 상품화폐경제의 진전과 더불어 자본주의적 수공업자가 출현할 수 있는 조건이 되었던 것이다.

전업적 수공업자란 농사를 짓지 않고 수공업제품만을 만들어 생활을 영위하는 자를 의미하는데, 조선 후기에 가면 이런 전업수공업자들이 모여 사는 곳이 각지에 형성된다. 이런 곳을 점촌店村이라고 하였다. '점'이란 것은 가게·점방을 의미하고, '촌'은 마을을 의미한다. 가게가 있는 마을이라는 뜻이다. 과거 경상북도 문경시 옆에는 점촌시가 있었는데, 바로 그런 마을의 하나였다. 조선 후기에 수공업과 광업이 발달한 곳이었다.

이 밖에도 철제품을 만들어 내는 수철점, 옹기를 만들어 내는 옹점, 놋그릇을 만들어 내는 유기점촌, 사기제품을 만들어 내는 사기점촌 등이 각지에 생겨나 주문생산은 물론 시장판매를 위한 생산도 활발히 이루어졌다.

선대제先貸制와 매뉴팩처

수공업이 발달하면서 경영에도 변화가 일어난다. 수공업 생산에서 상인들이 수공업자에게 원료와 돈을 미리 주어 제품을 생산하게 하고 그 제품을 독점 판매하는 방식, 즉 선대제先貸制라는 방식이 발달하게 된다. 예를 들면 조선 후기 서울에서 부인들의 은장도나 종이·자기를 만드는 수공업자에게 상인들이 원료와 돈을 먼저 지불하고 제품을 인수하여 시장에 판매했던 것이다. 결국 수공업자들이 상인에게 종속되는 것이다.

한편에서는 자본을 축적한 수공업자가 그 밑에 다른 노동자를 고용하여 상품을 생산하는 방식도 나타났다. 철을 만드는 수공업자와 놋그릇(유기)을 만드는 수공업자들의 경우에 이런 예가 있었다. 수공업은 지역적으로는 평안도 지방이 제일 발달했으며 유기는 납청과 안성이 유명하였다. 특히 안성에서는 유기점촌도 크게 발달하였다. '안성맞춤'이란 말도 바로 안성 지방에서 유기를 잘 만들었다고 해서 나온 말이다.

이 시기에 이르면 분업적 협업을 바탕으로 한 공장제 수공업, 즉 우리가 매뉴팩처라고 부르는 방식도 발달하였다. 유기와 야철 수공업에서 그 예를 찾을 수 있다. 대체로 유기 수공업에서는 11명이, 야철 수공업에서는 30여 명이 몇 개의 공정으로 나누어 분업적 협업을 행하였다. 이런저런 경영형태가 나타나 발전하는 속에 이른바 자본주의 맹아=싹이 트고 있었던 것이다.

설점수세제와 덕대제

이런 경향은 광업에서 더욱 뚜렷하게 나타났다. 상품화폐경제가 광범하게 발전하고 대외교역이 활성화하면서 금·은·동의 수요가 급격히 늘어나게 되었다. 그러자 왕조 정부에서는 1651년(효종 2)에 재정수입을 늘리고 생산을 촉진하기 위해 관 중심의 광산개발방식 대신에 민간인에게 광산개발을 허용하고 거기서 세금을 거두는 설점수세제設店收稅制를 실시하였다. 수공업과 마찬가지로 광업도 관영에서 민영으로 바뀌어 갔던 것이다. 물론 그 이전에 민간인의 광산개발은 금지되어 있었는데, 그럼에도 불구하고 몰래 개발하는 잠채潛採가 성행하기도 했다. 사적 영역의 확대라는 대세를 여기서도 막을 수는 없었던 것이다.

광산개발이 점차 활발하게 되자 수공업과 마찬가지로 금점金店·은점銀店·동점銅店 등이 각지에 형성되었는데, 그런 현상은 지하광물이 많이 매장되어 있던 평안도 지역이 두드러졌다. 특히 성천·수안·단천 등지에서는 광산노동자가 수백 명 또는 수천 명이나 되는 큰 광산촌이 세워졌다. 이런 광산노동자들은 대부분 토지로부터 떨어져 나온 빈농 출신들이었다.

농촌에서 이탈한 농민들이 광산에 들어가 일자리를 찾을 수 있었다는 것은 사회가 그만큼 발전했다는 증거가 된다. 광산마저 없었다면 농촌에서 이탈한 농민들이 할 일이라곤 산곡 간에 들어가 도적이 되는 길밖엔 없었다. 그런데 이제 나름대로 생산적인 일에 종사할 수 있는 길이 생겼던 것이다. 이거야말로 커다란 변화의 징표라 할 수 있다.

광업에서도 수공업의 선대제와 같은 새로운 경영 방식이 나타났다. 18세기 말 19세기 초 유행하던 덕대제德大制가 바로 그것이다. 덕대제는 상인이나 지주가 '물주'가 되어 광산에 자본을 투자하고, 경영자인 덕대가 십여 명 또는 수십 명의 노동자를 거느리고 광산을 개발하는 방식이다. '물주'라는 말, 어디서 많이 들어 보지 않았는가? 지금도 일상생활에서 사용하는 말이다. 이 말의 어원도 조선 후기에서 기원하고 있는 것이다.

덕대는 광산을 직접 개발하는 자, 광산노동자들의 우두머리에 해당한다고 할 수 있다. 물주와 덕대 사이에는 일정한 비율에 따라 생산물이 분배되었다. 더 발전하면 덕대가 임금을 주고 노동자를 고용하는 경우도 있었다. 더 나아가 덕대 자신이 자본가로 성장하는 경우도 나타났다.

1811년(순조 11)에 일어나 19세기 반봉건운동을 선도했던 홍경래 난도 이 광산과 연관이 있었다. 홍경래 난이 처음 발생한 곳이 평안도 가산嘉山이라고 하는 대표적인 광산 지대였다. 홍경래 난은 바로 그곳의 광산노동자들이 주력군이 되고 상업으로 성장한 자들이 지도부를 이루어 일으킨 난이었다. 이렇게 본다면 자본주의적 산업의 발달=자본주의 맹아가 봉건체제에 저항하는 운동력이었다고 할 수 있다.

지금도 한국과 일본은 친일파니 위안부니 하면서 일제 강점기가 남긴 숙제들을 가지고 갑론을박하고 있다. 일본인들이 주장하는 것 가운데 대표적인 하나가 자신들이 식민통치를 함으로써 비로소 우리나라가 자본주의화·근대화되었다는 것이다. 그러나 이제까지 살펴본 것처럼 우리나라도 이미 조선 후기에 자본주의 맹아가 싹터 있었다. 만약 일제의 식민지가 되지 않았더라면 우리 스스로의 힘으로 자본주의를 추동하는 외재적 계기들을 수용하면서 훨씬 더 건강한 자본주의 국가를 만드는 데 당당히 성공했으리라 믿는다.

5 〈허생전〉과 상품화폐경제의 발달

조선 후기에 오면 농업과 수공업·광업 등 모든 산업이 급속히 발달하였다. 자급자족을 위한 생산 단계를 넘어서 판매를 위한 생산의 단계로 넘어가는 등 사회적 생산력이 증대하자 상품의 유통을 활발히 할 수 있는 상업의 영역, 즉 화폐 유통·장시·상인층들이 크게 발달하였다.

〈허생전〉

허생은 변부자에게 돈 만 냥을 빌려 갖고는 다시 집으로 돌아오지 않고 언뜻 생각하기를, "저 안성은 기호畿湖의 어우름이요, 삼남三南의 어구렷다." 하고는 곧 그곳에 머물러 살았다. 그리하여 대추·밤·감·배·감자·석류·귤·유자 등의 과실을 모두 시세의 두 배를 주고 사들여 저장하였다. 허생이 과일을 모두 사들이자 온 나라가 잔치나 제사를 치르지 못하게 되었다. 그 후 얼마 되지 않아 허생에게 과일을 판 장사꾼들은 시세의 열 배를 주고 도로 사야만 했다. 허생은 "어허, 겨우 만 냥으로 온 나라의 경제를 기울였으니 이 나라의 얕고 깊음을 짐작할 수 있구나." 하고는 곧 칼·호미·베·명주·솜 등을 사가지고 제주도에 들어가서 말총을 모두 거두면서, "몇 해만 있으면 온 나라 사람들이 머리를 싸지 못할 거야." 하였다. 얼마 되지 않아서 망건 값이 과연 열 배나 올랐다.

이 글은 영·정조 대 유명한 북학파 실학자 연암 박지원이 지은 〈허생전〉이라는 한문소설의 일부분이다. 〈허생전〉은 그가 저술한 《열하일기》 속에 실려 있다.

이 소설은 당시의 경제 변화상을 잘 반영하고 있는데, 주인공 허생은 새롭게 성장하고 있던 독점상인들을 상정하여 만든 가공의 인물이다. 당시 사상층私商層 가운데 독점상인들을 도고都賈라고 불렀는데, 이들은 큰 자본을 가지고 육로뿐만 아니라 수로, 해로를 이용하여 넓은 범위에서 독점적인 상업 활동을 하였다. 당시는 오히려 육로보다 수로나 해로를 이용한 상업 활동의 규모가 훨씬 컸다.

조선 후기에 오면 농업과 수공업·광업 등 모든 산업이 급속히 발달하고 그 위에서 상업도 발달하였다. 자급자족을 위한 생산 단계를 넘어서 판매를 위한 생산의 단계로 넘어가는 등 사회적 생산력이 증대하자 상품의 유통을 활발히 할 수 있는 상업의 영역, 즉 화폐 유통·장시·상인층들이 크게 발달하였다.

상업적 농업과 상평통보

생산력의 발달이 유통경제에 영향을 미치는 것과 마찬가지로 유통경제가 발달하면 농업 생산에도 영향을 미친다. 즉 상업적 농업이 발달하는 것이다. 조선 전기에는 자신의 집에서 필요한 물품을 재배하여 그것을 소비하고 난 뒤에 남은 여분이 있으면 장시에 내다 팔았는데, 조선 후기에는 장시에 내다 팔아 돈을 벌기 위해서 작물을 재배하는 경향이 나타났다. 이른바 상업적 농업이다.

이런 상품작물에는 서울·평양 등 대도시 주변의 채소와 경상도·전라도의 면화, 평안도 성천과 전라도 진안·장수의 연초, 개성·강계의 인삼 등이 있었다. 당시 실학자들의 문집을 보면 이런 곳에서 상품작물을 재배하면

상평통보

동그란 모양 가운데 네모난 구멍을 뚫어 천원지방(天元地方) 사상을 표현했다. 조선 시대에 가장 널리, 가장 오래 사용된 화폐이다.

비옥한 논에서 농사를 지어 나오는 이익보다 몇 배나 많았다고 한다.

당시 사람들은 상품작물을 사고팔면서 화폐를 사용하였다. 조선 전기에는 주로 쌀이나 베를 화폐로 사용하여 오다가, 17세기 중엽 이후 외국과 무역이 활발해짐에 따라 상인들이 은자銀子를 사용하게 되었고, 17세기 말에 이르면 '상평통보常平通寶'라는 동전을 발행하여 전국에 유통시키기에 이르렀다.

지금도 사람들에게 옛 동전의 이름 중 아는 것을 대 보라고 하면 대개 상평통보라고 대답하고, 옛날 동전을 본떠 만든 민속기념품들의 경우도 대부분 상평통보라고 쓰여 있을 정도로 이때 만들어 사용한 상평통보가 동전의 대표 자리를 차지하고 있다. 그만큼 이 시기에 상업의 발달이 눈에 띌 정도로 컸다는 것을 알 수 있다.

상품시장의 발달과 신해통공辛亥通共

앞의 〈허생전〉에도 나오듯이 허생이 근거지로 삼았던 곳은 경기도 안성이라는 장시였다. 허생은 그 장시에 나오는 과일을 모두 사들였고 그 결과, 온 나라가 잔치나 제사를 치르지 못할 지경이 되었다고 하였다. 비록 과장이 섞여 있다 하더라도 이런 장시에서의 독점 행위가 결국은 전국적 상품 유통에 영향을 미칠 만큼 전국적 상권이 형성되어 있었음을 알 수 있다. 서울·평양·대구·개성 등 대도시 지역에서는 상설시장이, 향촌에서는 5일 장을 주로 한 정기 장시가 그런 상권의 기초가 되었던 것이다.

조선 전기에는 물품 판매 권한을 가진 사람은 시전상인뿐이었다. 시전상인은 정부가 운종가(지금의 종로)에 지어 준 시전 행랑行廊에서 정부의 허가를 받고 독점적으로 상업 활동을 하였다. 그래서 생산자도 시전에만 물품을 팔 수 있었고, 소비자도 시전에서만 그 물품을 살 수 있었다. 반면 생산자와 소비자 간의 직거래는 허용되지 않았다. 이렇게 해서 시전상인은 독점적 이윤을 얻는 대신에 정부에 관청의 수리비용이나 사신의 경비 등 각 시전에 할당된 국역을 부담하였다.

그런데 조선 후기에 가면 난전亂廛이란 것이 생기면서 초기의 상거래 질서에 큰 변화를 가져왔다. 난전이란 무질서하게 세워진 가게라는 뜻인데, 이런 난전들이 나타나자 자연히 난전상인과 시전상인 간에는 상권을 둘러싸고 대립하게 된다.

원래 난전이란 법적으로 허락되어 있지 않았다. 그리고 시전상인들에게는 이 난전을 금할 수 있는 권리인 금난전권禁亂廛權이 부여되어 있었다. 따라서 난전이 처음 나타날 때는 시전상인들의 금난전권이 위력을 발휘하였다. 그러나 난전이 확산되고 또 그 난전에 소민들의 생계가 달려 있다는 현실적인 이유 때문에 나라에서도 언제까지나 막을 수만은 없었다. 그래서 정부에서는 1791년(정조 15)에 획기적인 상업개혁이라 할 수 있는 신해통공辛亥通共 정책을 발표하였다.

통공이란 '서로 통하여 도움을 준다.'는 의미로 신해통공은 비단·무명·명주·어물·종이·모시·베 등 여섯 가지 물종을 판매하는 육의전六矣廛을 제외하고는 모든 시전상인들의 금난전권을 박탈하는 조치였다. 이렇게 되자 육의전과 관련된 것 외에는 누구나 어떤 물건이나 자유롭게 사고팔 수 있게 되었던 것이다.

신해통공은 상품화폐경제의 발달을 추인하는 조치였으며, 동시에 새로운 단계로의 발달을 촉진시키는 계기가 되었다. 자연경제가 지배적인 봉건사회에서는 인구가 밀집해 있는 도시가 중요한 시장이었는데, 통공 정책은 시전상인의 독점권을 취소하고 보다 많은 상인들에게 도시상업의 자유를 부여함으로써 서울을 봉건도시에서 상업도시로 변모하게 했던 것이다.

지방의 장시는 15세기 말엽부터 발달하였으나 17세기 초가 되면 한 읍에 2개 정도가 열흘 간격으로 열렸고, 18세기 중엽 이후에는 한 군에 5~6개의 장시가 닷새 간격으로 열렸다. 18세기 말에 가면 전국에 장시의 수가 천여 개에 이르고 장시의 규모도 커졌다. 그리고 충청도의 강경장, 경상도의 마산장, 황해도의 은파장, 함경도의 원산장, 강원도의 대화장 등 대표적인 상업도시들이 출현하였다.

새로운 상인층의 출현

상품시장의 발달은 상인층에게도 변화를 가져다주었다. 이전에는 도시의

한양 운종가 풍경

조선후기가 되면 가가(假家) 형태의 상점들이 도로 양편을 점거하고 즐비하게 늘어설 만큼 운종가, 즉 종로거리는 번잡해졌다.

경우는 시전 상인이, 지방장시는 보부상들이 주로 활동하였고, 개인적으로 상업 행위를 하는 사상들의 활동은 미미하였다.

그러나 17세기 대동법이 실시되면서 공인층貢人層이 새로운 상인으로 등장하였고, 18세기에 가면 몰락농민들이 도시에 몰려들어 상업에 종사하거나 지방장시를 중심으로 활동하였다. 그리하여 사상층의 활동 폭이 넓어지고 상업 자본을 쌓는 상인도 생겨났다. 이런 상황에서 폐쇄적이고 협소한 규제 위주의 상업 질서는 더 이상 유지될 수 없었으며, 결국 신해통공을 발표하기에 이르렀던 것이다. 개성의 송상松商, 서울 한강을 중심으로 활동했던 경강상인京江商人, 의주에서 청과의 무역을 담당했던 만상灣商, 동래에서 일본과의 무역을 담당했던 내상萊商 등이 〈허생전〉의 허생과 같은 당시의 대표적인 독점상인=도고都賈들이었다.

객주客主와 여각旅閣이란 것도 이 시기에 생겨났다. 이들은 18세기 중엽 이후 포구와 같이 전국적 유통망의 요지에서 상인들을 위한 숙박과 위탁 구매 및 판매업에 종사하였다. 지금에 비교하면 여관업·창고업·도매업 등을 한꺼번에 했다고 할 수 있다. 이들은 스스로 상품의 매매업에도 종사하는 등 지역과 지역 간의 상품유통을 이어 주는 교량적 역할을 담당하였다. 또 한편으로는 정부의 요구에 따라 객상客商들에게서 세금을 징수해다 납부하기도 했다. 어용상인의 역할도 했던 것이다.

객주·여각은 상품유통경제가 자본주의로 발전해 가는 중간 과정에서 나타난 것으로 볼 수 있다. 이들은 상업 활동을 통하여 상인자본을 상당히 축적하였으며, 그 자본을 수공업자에게 대여함으로써 수공업자들을 예속시켜 생산과 유통을 엮어서 함께 장악하기도 했다. 즉 상인들이 수공업자에게 원료와 돈을 미리 주어 제품을 생산하게 하고 그 상품을 독점하는 방식인 선대제先貸制가 바로 그 한 예이다.

이렇듯 조선 후기 상업은 같은 시기 농업·수공업과 서로 영향을 주면서 발달을 이끌어 당시 경제 및 사회구조 전반을 크게 변화시켜 나갔다. 공업이 발달하지 않았던 전근대에서는 주로 상업을 통해서 자본이 축적되었다. 상업 자본이 자본주의로 가는 바탕이 되었던 것은 우리 역사의 경우도 마찬가지였던 것이다.

6 〈양반전〉과 양반신분제의 동요

KOREA

신분을 상승시키는 비합법적인 방법으로는 양반의 족보를 위조하거나 양반 신분을 거짓으로 칭하는 이른바 모칭양반冒稱兩班이 대표적이었다. 양반 신분이 급증하는 것도 바로 여기에 기인하는 바가 컸다.

〈양반전〉

조선 후기에 양반신분제가 무너졌다는 것은 이미 상식이다. 그런 양반신분제 붕괴를 희화화하여 유명한 것이 연암 박지원이 지은 〈양반전〉이란 글이다.

정선 고을에 양반 하나가 살고 있었는데, 그는 어질고 책 읽기를 좋아하였다. 그러므로 그 고을 군수가 새로 부임할 적마다 으레 그 집에 몸소 찾아가 경의를 표하였다. 그러나 살림이 몹시 가난하여 해마다 관가에서 내주는 환자(환곡)를 타 먹었는데, 여러 해를 거듭하다 보니 천 섬의 부채를 지게 되었다. 어느 날 관찰사가 여러 고을을 순행하다 그곳에 이르러 관곡의 출납을 검열하던 중 이 사실을 알고는 크게 노하여 말하기를, "어떤 놈의 양반이 군량을 이다지 축냈는가?" 하고 곧 명령하여 그 양반을 가두게 하였다. 그러나 군수는 마음속으로 그 양반이 가난해서 갚을 힘이 없음을 딱하게 여겨 차마 가두진 못하였으나 또한 어찌할 방도가 없었다. 그 양반은 밤낮으로 울기만 할 뿐 아무런 대책이 떠오르지 않았다. …… 그 동네에 살던 한 부자가 이 소문을 듣고 …… "지금 저 양반이 가난하여 환자를 갚지 못해서 몹시 곤궁한 모양이다. 그 형편이 실로 양반 자리를 지닐 수 없을 것이니, 내 사서 양반을 소유하겠다." 하고는 곧 양반의 집을 찾아가서 의견을 말하고 대신하여 환자 갚을 것을 요청하자, 양반은 크게 기뻐하여 승낙하였다.

이 글은 그 〈양반전〉의 일부로, 당시 신분제가 동요하고 있던 실상을 잘 반영하고 있다. 주인공 양반은 조선 후기 사회변화에 제대로 적응하지 못해서 몰락해 가는 양반층을 상징하는 인물이다. 농업생산력과 상품화폐경제가 발전하여 사회구조가 크게 바뀌어 가는데도 기존의 양반식 생활방식에 연연하다가 결국 양반 신분까지 잃어버리게 되었던 것이다.

그러나 이 글에서처럼 양반이 양반 신분을 돈 받고 팔아 스스로 평민이 되는 그런 경우는 실제로 용인되지 않았다. 가난한 양반들이 부유한 상민常民, 즉 평민과의 결혼을 통하여 경제적으로 도움을 받는 경우는 많이 있었다. 부유한 상민은 사돈이 된 양반의 생활을 경제적으로 보장해 주고 대신, 비록 자신은 어려울지라도 자식 대에는 양반 신분이 될 수 있는 길을 열었던 것이다. 물론 대를 2~3대 이어가다 보면 자신도 생전은 아닐지라도 양반 가문의 일원이 될 수 있었다. 그러면 결국은 양반 신분을 돈으로 산 셈이 되었다.

반면, 당시 양반은 생계를 위해 소작인 또는 농번기의 일꾼으로 고용되거나 상업·수공업에 종사함으로써 거의 평민과 다름이 없는 신세로 떨어지는 경우도 있었다. 생계를 위해 평민과 다름없는 생활을 했던 양반들은 아무 것도 하지 않던 〈양반전〉의 주인공보다는 솔직했던 것이다. 사실 〈양반전〉은 사회의 변화와는 동떨어진 채 허위의식에 젖어 있던 양반 지식인들의 구태를 비난한 것이다.

한편 〈양반전〉에서는 토호라고 불리던 일부 힘 있는 양반들의 횡포에 대해서도 신랄하게 비판하고 있다. 양반들의 체면치레하는 모습을 우스꽝스럽게 묘사하더니, 더 나아가,

이웃의 소를 끌어다 먼저 자기 땅을 갈고, 마을의 일꾼을 잡아다 자기 논의 김을 맨들, 누가 감히 나를 괄시하랴. 너희들 코에 잿물을 붓고, 머리끄덩이를 회회 돌리고, 수염을 낚아채더라도 누구 가히 원망하지 못할 것이다.

라 하여 양반들의 무단행위를 비꼬았다. 그래서 양반 신분을 돈으로 산 부자가 이제 이런 양반이 되어야 한다면 차라리 양반되기를 그만두겠다고 하였다.

"그만두시오, 그만두시오. 참으로 맹랑하다. 장차 나보고 도둑놈이 되라 하는 것입니까?" 하고는 머리를 흔들며 가버렸다. 그리고는 종신토록 양반의 일을 말하지 아니하였다.

라고 한 이 글의 마지막 부분이 바로 그 내용이다.

피라미드형에서 역피라미드형으로

당시 신분제는 구체적으로 어떻게 변화해 갔을까? 당시 신분관계를 기록한 호적을 분석하여 연구한 결과에 의하면, 18·19세기에 이르러 양반 호는 급속하게 증가하는 반면, 평민 호는 줄어들고, 천민 호는 더 많이 줄어드

는 것으로 나타났다. 하위 신분이 상위 신분으로 대거 상승하여 기존의 피라미드형 신분구조가 역피라미드형으로 바뀌게 되었다는 것이다.

신분을 상승시키는 데에는 크게 합법적 방법과 비합법적 방법이 있었다. 합법적 방법에는 우선 납속納粟이나 공명첩空名帖에 의한 것을 들 수 있다. 납속은 국가가 돈을 받고 천민의 역을 면해 주는 것이며, 공명첩은 국가가 돈을 받고 관직을 파는 것이다. 국가의 입장에서는 재정 궁핍을 타개하기 위한 방편이었고, 양인과 천민들은 이를 신분 상승의 기회로 활용했던 것이다.

이런 일들은 양란과 북벌정책의 실시로 국가 재정이 악화되고 가뭄과 흉년이 거듭되던 17세기 중엽 이후 자주 행하게 되었다. 양반 신분제를 국가질서의 근간으로 하던 조선 왕조정부가 이를 스스로 부정하는 납속이나 공명첩 발매를 했다는 것은 모순이다. 따라서 그런 모순된 행위를 한다는 것 자체가 이제 기존의 사회질서가 변해야 할 때에 이르렀음을 뜻하는 것이다. 이런 변화가 법전에도 반영되어 18세기 중엽 영조 대에 편찬한 법전인 《속대전》에는 '100냥이면 천인을 면할 수 있다.'고 규정하고 있다. 돈 100냥으로 평민이 되었던 것이다.

또 다른 합법적 방법으로 노비종모법奴婢從母法이 있었다. 노비종모법은 1669년(현종 10) 시행된 법으로, 노비가 자식을 낳으면 그 자식은 어머니의 신분을 따라가는 것이었다. 그러니까 아버지가 천민일지라도 어머니가 양인이면 그 자식은 양인이 된다는 것이다. 이는 군역을 담당할 양인 인구가 감소됨에 따라 국가가 양역을 확보하기 위해 취한 부득이한 조치였지만, 이로 인해 노비의 양인화가 촉진되었다. 노비에 기대어 살던 양반들도 이런 노비의 양인화에 따라 노비를 잃어 몰락하는 원인이 되기도 했다. 더욱이 19세기 초인 1801년(순조 1)에는 비록 사노비는 제외되었으나 공노비를 혁파하는 조치가 취해져 내수사나 각 관청 소속의 관노비가 해방되기도 하였다.

　신분을 상승시키는 비합법적인 방법으로는 양반의 족보를 위조하거나 양반 신분을 거짓으로 칭하는 이른바 모칭양반冒稱兩班이 대표적이었다. 이런 행위는 주로 경제력이 있는 하층 신분의 사람들이 많이 하였다. 19세기에 이르러 양반 신분이 급증하는 것도 바로 여기에 기인하는 바가 컸다.

　한편 경제력이 없는 하층민들은 신분적 구속과 억압을 피하여 도망을 갔다. 18세기 상공업의 발전과 도시의 발달이 이들에게 은닉처를 제공했던 것이다. 이들은 도시로 도망가 상업에 종사하거나 아니면 산간 지방에 흘러들어가 화전민이나 광산 노동자가 되었으며, 섬에 들어가 새로운 토지를 개간하기도 했다. 이런 경우들도 당시 신분제의 동요에 상당한 영향을 미쳤다고 할 수 있다.

"이 양반 보게"

신분제의 변동에 대해서는 실제 신분이 변한 측면뿐만 아니라 신분에 대한 인식이 변한 측면도 살펴볼 필요가 있다. 정조 대의 《일성록》에 이와 관련된 기록이 있다.

　예악·제도는 귀천을 표시하는 것인데, 무슨 까닭인지 근년 이래로 복식이 문란하여져서 소민과 천인이 갓을 쓰고 도포를 입는 것이 마치 조정의 사대부의 모양과 같으니 진실로 한심하기 짝이 없습니다. 심지어 시전의 상인배들과 군역을 지는 상민들까지도 서로 양반이라 호칭합니다. 양반의 칭호는 동반과 서반의 역을 이르는 것인데, 어찌 조정의 관리도 아니요, 사대부도 아니면서 양반 칭호를 함부로 부를 수 있겠습니까?

　당시 상인이나 평민들이 실제로 양반을 돈을 주고 산 것도 아닌데, 서로 양반이라고 부르니까 조정에서 이들의 양반 호칭 사용을 우려하는 글이다. 조선 중기까지도 조정의 관료나 지방의 사족들을 뜻하는 양반이라는 호칭이 이렇게까지 권위가 떨어졌던 것이다.

이처럼 양반 값이 떨어진 것은 조선 후기까지 소급할 수 있겠다. 흔하면 그만큼 천해지는 것이다. 당시 상인이나 평민들이 서로를 양반이라고 부른다는 것은 이들이 스스로를 양반과 별 차이가 없다고 생각했다는 것이기도 하다.

또 당시 소민이나 천인이 갓을 쓰고 도포를 입었다는 것은 유교사회에서 신분구별의 한 기준이었던 의상에서도 차별성이 없어졌다는 것을 의미한다. 본래 유교사회에서는 의상뿐만 아니라 집의 크기, 관·혼·상·제례 등 모든 면에서 양반과 평민 사이에는 엄격한 구별이 있었다. 심지어 양반 사이에서도 관직에 따라 차이가 있었다. 하지만 이제 신분제의 동요로 인하여 신분 간의 차이를 나타냈던 의례나 의식들이 사회적 규정성을 상실하고 의미 없는 겉치레가 되고 말았다.

지금도 우리 사회에서는 "이 양반 보게." "저 양반이 왜 저러지." 하며 양반이란 말을 2인칭이나 3인칭 보통대명사로 흔히 사용하고 있다. 더구나 이런 '양반'이란 소리를 들은 사람은 대뜸 "얻다 대고 이 양반, 저 양반이야." 하면서 화를 내기 십상이다. 꿈에도 그리던 양반이 어느 샌가 이런 모욕적인 말로 바뀌어 버렸으니 세상사 참 모를 일이다.

신분제의 동요에 따른 사회변화상

양인이나 천민이 신분을 상승시켜 양반이 되면 사회에는 어떤 변화가 나타날까? 우선 양역良役을 지는 인구의 감소로 인해 군역제의 운영에 변동을 초래하였다. 양인의 신분 상승의 주목적은 군역을 면하는 데 있었다. 조선 후기에 이르러 군역은 천역화賤役化, 즉 천인들이 하는 역이 되었으며, 양인들은 신분 상승을 통해 역을 피하려고 하였다.

이런 문제점을 보완하기 위해 균역법과 군포계軍布契를 실시하기도 했다. 균역법은 군역의 문제를 해결하기 위해 장정 한 사람에게 1년에 군포 2필을 받던 것을 1필로 감해 준 제도였으며, 군포계는 군역을 담당해야 할 양인이 점점 없어지자 그 마을 공동 책임 아래 거두어들이도록 한 것이었다.

양인이나 천인의 신분 상승으로 인한 또 다른 변화상은 경제력을 배경으로 신분을 상승시킨 사람들이 유향소의 좌수나 별감 같은 향임직에 진출하는 것이었다. 이렇게 향임직에 새롭게 진출한 자들은 사족들의 명단이라고 할 수 있는 향안鄕案에 이름을 올려서 상승된 지위를 인정받으려 했다. 따라서 향안에 이름을 올리는 행위, 즉 향안 입록入錄을 둘러싸고 기존에 향안에 입록되어 있었던 구향舊鄕과 새로이 입록을 하려는 신향新鄕 간의 대립, 즉 향전鄕戰이 치열하게 전개되기도 했던 것이다.

신분제는 지주-전호제와 함께 중세 사회를 유지했던 두 축 가운데 하나였다. 이 신분제가 18세기 중엽 이후 동요를 일으켜 19세기에 이르면 해체되는 방향으로 나아갔다. 그러나 조선 후기 신분제의 동요 현상을 '신분제의 문란'이라고 부정적으로만 이해할 것은 아니다. 그것은 더 나은 사회를 만들어 갈 새로운 계층이 성장하는 과정이었다. 말하자면 신분제의 동요와 붕괴는 곧 중세적 질서의 동요와 붕괴를 의미하는 것이었으며, 이는 동시에 근대 사회로의 전환을 예고하는 것이었다. 변화가 있어야 발전이 있는 것 아닐까?

7 도시의 발달

근대 사회로 넘어가면서 상품유통경제가 발달하고 그 중심지로서 도시가 발달하고 기능이 커졌다.
이 시기의 도시는 바로 자본주의 발전의 거점이었다. 우리도 근대화의 길목에 들어섰음을 뜻한다.

〈성시전도〉

조선 후기 농업생산력이 발전하고 상품화폐경제가 발달하고 향촌 사회가
변화하면서 나타난 현상 가운데 하나가 도시의 발달이었다. 물론 여기서
말하는 도시의 발달은 중세 도시의 발달을 말한다. 그리고 중세 도시 하면
우리나라의 경우 뭐니 뭐니 해도 서울을 꼽을 수 있다.

18세기 서울의 모습을 엿볼 수 있는 한 편의 유명한 시가 있다. 북학파
의 한 사람인 박제가가 쓴 〈성시전도城市全圖〉라는 시詩인데 다음과 같은 내
용이 나온다.

배오개 종로 칠패는 서울의 세 군데 큰 저자
갖가지 장인배치들 조업하네.
사람의 어깨에 서로 부딪치고
각색 상품들 잇속 좇아 수레바퀴 연이어졌네.

배오개, 종로, 칠패는 조선 시기 말까지 대단히 유명했던 시장이었다. 배오개는 이현梨峴이라고도 했는데, 지금 동대문시장이라고 생각하면 되겠고, 칠패七牌는 위치는 좀 달라졌지만 남대문시장으로 생각하면 된다. 남대문 바깥쪽에 지금도 칠패길이라는 것이 있다. 남대문시장은 대동법 시행의 주관 기관인 선혜청이 있던 자리였다.

이 〈성시전도〉는 당시 발전하고 있던 서울과 서울 사람들의 활기찬 생활 모습을 잘 전해 주고 있다. 옛 서울의 모습을 볼 수 있는 자료들이 많지 않은 상태에서, 비록 시이지만 실제 생활모습을 생생하게 묘사를 해 놓아 당시 상황을 이해하는 데 많은 도움을 준다.

〈한양가〉

이보다 한 세기 뒤인 19세기 서울의 모습을 추정해 볼 수 있는 것이 한산거사漢山居士가 지은 〈한양가漢陽歌〉라는 풍물가사이다. 한양의 연혁과 풍속, 문물제도, 왕실의 능행陵幸 풍경 등을 노래하고 있는데, 모두 1,528구句로 이루어진 장문의 가사이다. 저자거리를 노래한 부분을 잠깐 보자.

우리나라 소산所産들도 부끄럽지 않건마는
타국 물자 교합하니 백각전百各廛 장할시고.
칠패의 생선전에 각색 생선 다 있구나.
민어 석어 석수며 도미 준치 고등어며
낙지 소라 오적이며 조개 새우 전어로다.

평시서平市署에서 관장하던 백각전을 소개하면서 먼저 칠패에 있던 생선 가게의 물고기들을 소개한 것이다. 어째 입맛이 돌지 않는가?

이처럼 활기찬 서울의 모습에 대해 남공철은, "서울은 돈으로 살아가고,

팔도는 곡식으로 살아간다."고 하였다. 그래서 서울의 생활양식이 지방과는 아주 달랐음을 극단적으로 표현하고 있다. 1842년(헌종 8) 가짜 암행어사 행세를 하다가 붙잡혀 끌려온 한 죄수는 "서울은 지방과 달라서 돈이 있으면 안 되는 일이 없는 곳"이라고도 하였다.

유득공이 지은 《경도잡지京都雜誌》에는 이런 글이 실려 있다.

대개 저자에 쫓아다니는 자들이 새벽에는 이현 및 소의문 밖에 모이고 낮에는 종가에 모인다. 서울 도성에 공급되는 물건은 동부는 채소, 칠패는 어물이 많고 남산 밑에서는 술을 잘 빚었으며, 북부에는 떡집이 많았는데, 사람들은 남주북병南酒北餠이라 일컫었다.

남주북병이라고 하니까 그 전통이 지금까지도 이어지지 않나 싶다. 북쪽에 떡 파는 곳이라고 했는데 지금도 낙원상가에 떡집들이 많다. 그리고 남산 밑은 아마 북창동 언저리가 아닌가 싶은데, 거기도 서울에서는 아주 유명한 술집거리이다. 이처럼 서울의 곳곳을 들여다보면 나름대로의 역사를 그 밑에 간직하고 있는 곳들이 지금도 여전히 많이 남아 있다.

행정도시에서 상업도시로

조선 전기 사회와 후기 사회가 크게 달랐던 것처럼 서울이라는 도시의 성격도 전기와 후기가 다르다. 사실 서울은 전형적인 동양적 전제국가의 권력형 정치도시로 처음에는 주로 귀족 관료들의 주거지였다. 그래서 수공업자나 상인들의 자유로운 생산 활동이나 교역 활동은 찾아보기 어려웠다. 다만 왕실과 관청의 어용상점인 시전이 있었을 뿐이다.

그러나 조선 초기에 이미 상당히 커다란 규모로 도시가 정비되었던 것은 사실이다. 한성의 영역은 성안과 성 밖 10리까지였다. 경복궁 정남으로

부터 의정부와 육조 등 관청거리가 세워졌다. 그 폭은 17~18미터로 당시로서는 상당히 넓은 거리였다.

또 각 거리마다 폭의 차등이 있었다. 17~18미터 폭의 거리도 있었고 차츰차츰 줄어들어 아주 좁은 거리도 있었다. 결국 어떤 사람이 그 길을 주로 이용하느냐에 따라 넓이가 달라졌던 것이다. 이는 신분제 사회를 반영하는 것이기도 하지만, 또 한편으로는 그만큼 도시가 정비되었다는 것을 뜻한다.

지금까지도 아주 중요한 구실을 하고 있는 청계천도 이미 1412년(태종 12)에 정비되었다. 특히 세종 대에 들어와서는 지류뿐만 아니라 도성 밖에까지도 새로 파고 정비해서 수해를 막고 하수를 처리하도록 했다.

이렇게 서울은 초기부터 잘 정비된 행정·정치 중심의 도시로 출발했지만 후기에 이르면 상업 발달을 기반 삼아 상업도시로 급격히 발전하였다. 인구도 급속도로 증가하였다. 15세기 말에 약 1만 8천 호, 약 10만여 명이었던 인구는 17세기 말에 가면 20만 명에 달한다. 인구 증가율이 그렇게 크지 않았던 중세로서는 대단한 증가라고 할 수 있다. 이것은 자연적인 증가보다는 농촌인구가 흘러 들어왔기 때문이었다.

또한 전국적으로 사상私商이 크게 성장하였다. 이들은 육의전을 비롯한 시전상인의 금난전권에도 불구하고 서울로 진출해 활발한 상행위를 전개하였다. 따라서 이 시기에 이르러서는 상가가 새롭게 발달하고 또 새롭게 형성된다. 기존의 종로를 비롯하여 동대문시장의 전신인 이현과 남대문시장의 전신인 칠패가 바로 그것이다.

당시에 가장 효과적인 운송수단은 배였다. 따라서 수운水運이 발달하면서 한강 지역이 그 중심지로 새롭게 떠올랐다. 한강 중에서도 서울을 감아도는 부분을 경강京江이라 불렀는데, 그 강변인 용산, 서강, 한강(지금의 한남역 부근) 그리고 두모포(지금의 옥수역 부근)가 서울에 편입되었다. 서울이

팽창하기 시작했던 것이다.

18세기 후반에 오면 동대문 밖의 숭인, 창신과 한강 하류 지역인 망원, 합정 등의 지역이 서울의 행정구역 안으로 편입되었다. 그리고 시가지가 마포까지 확대되었다.

1970년대 강남 개발이라고 해서 허허벌판이었던 한강 이남 지역에 개발 붐이 불어 난리 법석을 치른 적이 있지 않은가? 덕분에 땅값이 올라 떼부자가 된 사람도 많았다. 지금도 강남 지역 하면 소득이 높은 사람들이 사는 곳으로 인식되어 있는데, 바로 지금의 강남 지역에 해당되는 곳이 조선후기에는 마포 지역이었다. 당시에는 마포 지역에 개발붐이 일었던 것이다.

마포에서는 세금으로 거둔 쌀을 나르는 조운업漕運業을 하던 서울상인, 즉 경강상인들이 지방에서 올라오는 쌀을 통제해서 값을 조작하는 매점매석을 하기도 했다. 그래서 떼돈 번 사람들이 신시가지인 마포 지역에 모여 살았던 것이다.

서울 주변 지역의 발달

이렇게 서울이 급속하게 발전하자 인근 도시들도 같이 발전하는 현상이 나타났다. 대표적인 도시로는 개성이나 수원을 들 수 있다. 이들 도시들은 서울 상권과 밀접한 관계를 맺으면서 서울 상업의 배후도시로 성장하였다. 그래서 서울과 수원 사이에 새로 만들어진 신작로新作路는 단순히 정조가 아버지 사도세자를 수원에 모시고 그곳에 행차하기 위해서만 만든 것이 아니라 상업의 발달과 밀접한 연관이 있었던 것이다.

서울 주변에는 외곽도시뿐만 아니라 상품 유통의 새로운 거점들이 생겨났다. 즉 삼남과 영동 지역으로 가는 길목인 광주 송파장, 동북 지역으로 가는 길목인 양주의 누원점(다락원) 등이 그곳이었다. 이곳에는 동북 지역에서 나는 어물을 받아서 삼남에 공급하고 또 삼남에서 나는 면포들을 받아 동북 지역으로 유통시키는 아주 중요한 구실을 하였다. 이에 따라 서울은 사통발달하는 교역의 중심지로 발전해 갔다.

서울이 이렇게 성격이 바뀌면서 서울에 사는 사람들은 자기들이 살아가는 서울에 대해 새롭게 인식하고 더 깊이 사랑하게 되었다. 18세기에 겸재 정선과 같은 유명한 화가를 비롯해서 많은 사람들이 서울의 여러 지역을 애정을 가지고 묘사한 것도 우연한 일이 아니었다.

또한 상업의 발달은 사람들이 사회를 보는 눈에도 영향을 미쳤다. 그 전까지는 국가경제의 기반으로는 말할 것도 없이 전통적인 농업과 농민을 지적했는데, 이때가 되면 상업과 상인 세력에 주목하는 사람도 나오기 시작하였다. 그래서 숙종 대 윤휴는 나라의 근간이 시전상인들에게 있다는 말을 하기도 했다.

전국 도시의 발달

조선 후기 상업의 발달에 따른 이런 변화 양상이 서울과 그 주변 지역에만 국한한 것은 아니었다. 전국적인 현상이었다. 이중환의 《택리지擇里志》를 보면, 평양과 안주는 청나라와의 무역을 바탕으로, 강원도의 원주는 생선이나 소금, 목재의 집산지로, 경상도의 상주는 수륙교통의 요충이자 상업의 요지로, 전라도의 전주는 인구가 많고 물자가 풍부하다고 해서 각각 대도회大都會라고 지칭하였다.

또 그 밑으로 새로 성장하고 있던 강경이나 안성, 원산 등을 도회都會라고 지칭하였다. 이곳들은 모두 상업의 요지로서 새로이 발전하고 있던 곳이었다. 도회는 모두 크게 모인 곳이라는 뜻으로 도시와 비슷한 의미였다. 도시를 도회지라고도 부른다. 한편 동래와 의주는 국제무역으로 상당한 호황을 누렸다.

이 시기에 발전한 지방도시 가운데 대표적인 곳이 강경이었다. 충청남도

남부 금강 하류에 있는 도시로 지금은 많이 퇴락했지만 과거에는 토지가 비옥한 평야의 중심지였고, 편리한 수운이 가능한 금강에 힘입어서 교역의 중심지가 되었다. 가까이는 금강 상류의 공주·부여·연기·청양, 멀리는 청주·전주까지 포함하는 넓은 배후지를 바탕으로 발달하였다. 그래서 17세기 초부터 취락이 들어섰고 18세기에 들어와서는 완전한 시가가 형성되었다. 때문에 어떤 사람들은 평양·대구와 함께 조선의 3대 시장으로 꼽기도 하고, 또 어떤 사람은 '일원산 이강경'이라고 해서 원산 다음으로 우리나라에서 살기 좋은 곳으로 칭송하기도 했다. 그러나 그 뒤 경부선이 개통되고 다른 내륙 교통수단이 발달하면서 상권을 잃고 쇠퇴하기 시작하였다.

도시 발달의 배경

이처럼 중세 도시가 발달할 수 있었던 배경은 무엇이었을까? 가장 큰 이유는 역시 상업의 발달이었다. 또한 현물을 바치는 공물제도가 쌀과 화폐로 내는 대동법으로 바뀐 것도 큰 영향을 미쳤다. 각 지역에서 발전하고 있던 장시의 역할이 커지면서 상품유통경제가 발달하고 일본과 청나라 등 외국과의 무역이 활발하게 진전된 것도 중요한 배경이 되었다.

상업의 발달에 따라 전국적인 시장권이 형성되었다. 특히 장시와 포구 사이의 상품 유통 연계망이 유기적으로 이루어진 것이 전국적인 시장권의 형성을 촉진시켰다. 농촌에서 생산된 농산물과 수공업제품들이 농촌의 장시를 통해 중간 보부상에게 매집되고 또 이것은 다시 포구가 있는 대규모 산지 매집상에게 모였다. 그리고 다시 선상船商, 즉 배를 이용한 상인들과 포구의 주인층主人層들에 의해서 서울이나 다른 지역으로 유통되는 체계가 완성되었던 것이다.

서울과 지방, 그리고 지방 상호 간을 연결하는 도로도 이 시기에 새로 이루어졌다. 예를 들면 서울과 원산을 잇는 길은, 철령로鐵嶺路라는 것이 있었는데, 삼방로三防路라든가 설운령로雪雲嶺路 등이 새로 개척되었다. 또 서울과 영남도 기존의 조령·죽령 외에 이화령 등의 사잇길이 개발되었다. 말하자면 상업의 발달에 따라 전국적인 시장권, 전국적인 도로망이 이루어지고 그 거점으로서 도시들이 성장했던 것이다.

중세의 경제체제는 그 본질이 토지생산물을 기반으로 한 지역적 자급자족체제라고 할 수 있다. 그런데 근대 사회로 넘어가면서 상품유통경제가 발달하고 그 중심지로서 도시가 발달하고 기능이 커졌다. 따라서 이 시기의 도시는 바로 자본주의 발전의 거점이라고 할 수 있는 것이었다.

농촌으로부터 도시로의 발달, 서양의 경우도 마찬가지겠지만 이런 과정을 근대화의 길목에서 우리도 똑같이 겪고 있었던 것이다.

읍치邑治 도시의 경우

서울의 경우나 상업의 발달에 따라 새롭게 나타난 도시 이외에 읍치, 즉 읍의 치소治所에서 출발한 행정 도시들의 경우에는 도시 발달을 더디게 하는 구조적 요인이 있었다.

조선 초기의 읍치는 어느 곳이나 도회로의 발전 가능성을 전제로 입지를 선정하였다. 하지만 읍성으로 둘러싸인 읍치는 도회로 발전하는 데 태생적인 한계를 갖고 있었다.

"사민四民을 잡거시켜서는 안 된다. 관원은 관아 가까운 곳에, 공인工人은 관부官府에, 상인은 시장에, 관원이 아닌 자와 농민은 농토 가까운 곳에 살게 하라."는 주거입지의 원칙에 따라 읍치 거주가 제한되어 있었다. 특히 당시 사회의 지배층인 양반사족들은 읍치에서 공간적으로 배제되어 있었다. 이들은 읍치 밖에 따로 자신들의 공간을 만들었다. 그런 공간들은 읍치와는 거리가 먼 곳이었다. 이처럼 공간적으로 나뉘었고, 또 단순히 나뉜 데 그친 것이 아니라 서로 대립하고 있었다. 이런 사정 때문에 읍치가 군현 전체를 집약하는 구심점으로서 역할하기 어려웠다. 읍 외곽에 사족이 존재하였던 점은 읍이 중심도시로 순탄하게 발달하는 데 커다란 장애가 되었다. 따라서 근대 초기 도시화율은 매우 낮게 평가된다.

하지만 지금 우리나라 국민의 90% 가까이가 도시라는 행정구역 내에 살고 있다. 엄청나게 도시화된 사회임에 틀림없다. 더군다나 근대 초기에 도시화의 정도가 늦었던 데 비하면 놀랄 만한 증가이다. 따라서 특수한 행태였던 도시적 삶은 이제 우리들 대부분의 일상적인 삶의 모습이 되었다. 다양한 일상적인 삶이 전개되는 현대사회에서 그 삶이 전개되는 주요한 공간은 이렇듯 뭐니 뭐니 해도 도시이다. 21세기는 바야흐로 도시의 시대이다.

8 향촌 사회의 변동

농업생산력과 상품화폐경제의 발달로 성장한 부민들이 향족으로 자리 잡으면서 기존의 사족 지배체제가 서서히 해체되고, 수령과 이서·향임 중심의 향촌지배체제가 들어섰다. 이들이 부세 운영을 독점하고 수탈을 강화해 감에 따라 향촌 사회 세력들 간의 대립 양상은 또 한 차례 달라지면서 농민 항쟁의 시기로 치닫게 된다.

농민층의 분화

18세기 후반에 가면 조선 중기 사회를 이끌던 사족들의 지배체제에 커다란 변화가 온다. 사족 지배체제는 상대적으로 생산력이 낮은 농업 중심적인 사회를 바탕으로 성립했던 것인데, 17·18세기에 농업생산력이 발달하고 상품화폐경제가 크게 발전하게 되자 사회 실상과 제대로 맞지 않게 되었던 것이다. 그러면 이 시기에 향촌 사회는 어떻게 변화해 갔을까?

조선 후기 농업생산력의 증대와 상품화폐경제의 발달로 농민층은 부농과 빈농으로 분화되면서 이들 사이의 갈등이 심화되었다. 부농, 즉 부민富民들은 생산력 증대의 성과물을 차지하고 또 지속적이고 안정적인 성장을 보장받기 위해서 지배층에 끼어들어 가려고 애를 썼다. 그 방법은 주로 신분 상승에 의한 것이었다. 신분 상승을 통해 한편으로는 각종 부세賦稅 수탈로부터 벗어나고 다른 한편으로는 사족들의 지배에 저항하고 그들이 장악하고 있던 부세 운영권을 빼앗으려고 하였다. 말하자면 이들은 한편으로는 사족이 되고 싶어 하고 다른 한편으로는 사족에게 저항하는 양면성을 가지고 있었던 것이다.

농민층의 분화에 따라 빈농으로 전락한 사람들은 토지로부터 유리流離될 운명에 처해졌으며, 더욱이 부민들의 부세 부담까지 떠맡게 되자 급속히 몰락해 갔다. 몰락하는 하층민들의 동향은 크게 두 가지로 나타났다. 하나는 토지로부터 떨어져나가 유망민이 되는 경우이다. 이들은 생산 활동으로부터 유리되었으나 이들을 흡수할 새로운 사회적 공간이 아직 마련되지 못했기 때문에 다시 어딘가 농촌으로 돌아가든가 아니면 산곡 간의 도적이 되는 수밖에 없었다. 18세기에 명화적明火賊이라는 도적의 활동이 성했던 것도 이 때문이었다.

이와는 달리 토지로부터 떨어져 나가지 않고 향촌 사회에 그대로 붙어 있던 농민들은 자신의 계급적 이익을 자각하면서 서서히 조직화되는 모습을 보이기 시작하였다. 이것이 두 번째 경우이다. 촌계村契나 두레와 같은 자율적인 조직이 17·18세기에 이르러 새로이 결성되기 시작하는 것도 이 때문이다.

촌계와 두레

촌계는 농민들의 생활공동체인 자연촌을 단위로 한 자치조직이다. 양란 이후 출현한 상하합계上下合契의 동계洞契에서 하계下契로 편입되었던 기층민들이 점차 그 동계 조직에서 이탈하여 나름의 조직으로 키워 갔던 것이 촌계였다. 촌계류 조직은 18세기 후반 촌락의 분화 과정에서 생활공동체 단위인 마을 중심의 운영 구조를 확보하게 되었고, 이어서 그 촌계의 또 다른 분화 형태로 이앙법의 발전과 함께 노동조직인 두레가 나타났던 것이다.

촌계도 마찬가지였지만 두레는 기본적으로 마을 단위의 조직이었으며 지주층의 참여와 간섭을 배제한 노동조직이었다. 이앙법에서는 모를 논에 옮겨 심을 때 집중적인 노동력이 필요했기 때문에 농민들은 두레를 만들어 서로 도왔던 것이다. 두레는 생산노동에 종사하는 자작농, 소작농, 머슴들의 작업공동체였다.

특히 두레는 조선 전기의 향도 조직이 분화하여 발생했다는 견해가 있다. 향도는 고려에서는 군郡 단위로 승려와 신도들에 의해 구성되어 주로 기불祈佛·신앙단체의 성격을 가지고 탑이나 불상·절 등을 짓는 일과 신앙 활동의 실천, 사찰 행사의 수행을 위한 경비 마련 등에 이용되었다. 그러나 고려 말, 조선 초에 리里 단위의 자연촌이 성장하자 점차 종교적 성격을 잃고 분화되어 갔다. 그러다가 17세기에 와 이앙법이 광범위하게 퍼지면서 향도가 마을 중심의 상호부조와 공동노동을 하는 두레로 변했다는 것이다.

물론 향도가 모두 두레로 변한 것은 아니었으며, 또한 모내기 활동만 한 것도 아니었다. 여러 가지 다양한 일들은 했는데, 이들이 구체적으로 무슨 일을 했는지 18세기에 유수원이 지은 《우서迂書》에 잘 나타나 있다.

예부터 중국에는 화자化子·단두團頭라는 것이 있는데, 우리나라의 향도 계라는 것과 같다. 향도계는 서울이나 궁벽한 시골을 막론하고 없는 곳이 없어서 관공서의 여러 잡역이나 사환에서부터 성을 쌓는 일에 이르기까지 모두 이 무리가 한다. 그리고 민간의 길흉의 여러 일에 이르러서는 상여를 메고 무덤을 만들고 도량을 파고 …… 벼를 베고 타작을 하고 기와·벽돌을 굽고 눈을 쓸고 물을 파는 등의 자질구레한 갖가지의 일을 모두 이 무리가 담당한다.

이 글을 보면 하층민을 중심으로 한 조직들이 광범위하게 퍼져 있었음을 알 수 있다. 그리고 이들은 향도·두레·촌계 등과 같은 조직을 중심으로 결집함으로써 자신을 사회 세력화할 수 있었던 것이다.

나아가 하층민들은 여러 가지 방법으로 자신들의 의사를 표현했는데 등소等訴 · 상언上言 · 격쟁擊錚 등의 수단을 통해 주로 부세 문제에 대해 항의하였다. 특히 이들은 중세적 부세 운영의 모순이 가장 심하게 반영된 공동납共同納 형태의 군역에 대해 격렬히 저항하였다.

공동납

일반민들의 이런 저항적 움직임에 대해서 국가는 어떻게 대응했을까? 국가는 농민층의 분해로 가부장적 공동체 지배질서가 이완되는 움직임이 나타나자 일반민을 중세적인 공동체적 질서로 다시 묶으려고 하였다. 국가의 이런 시도는 공동납의 실시로 나타났다.

공동납이란 말 그대로 공동으로 세금을 내게 한다는 것인데, 이를 총액제摠額制 운영이라고 한다. 즉 전세에서는 비총법比摠法, 군역에서는 군총제軍摠制, 환곡에서는 환총제還摠制 등이 그것이다. 이는 군현 단위로 부담해야 할 총액을 정하고 그 액수에 대해 군현민이 공동으로 납부의 책임을 지게 하는 것이다. 국가의 입장에서 보면 개별민들의 부담은 어찌 되었든 거두어야 할 몫은 확실히 거둘 수 있도록 하는 방안이었다. 농민층 분해로 가부장적 공동체 질서가 위협받는 데 대해 정부가 생각해 낸 묘책이었던 것이다.

이때 총액을 거두는 법적인 책임은 물론 수령이 지게 되어 있었다. 따라서 수령은 우선 담세 능력이 있는 부민들을 포섭하여 이들을 부세 운영의 새로운 담당자로 활용하려고 했다. 그리고 동시에 면리제面里制를 확대 실시하며 향촌 사회 말단 단위까지 국가의 직접적인 지배력을 침투시키려고 하였다.

향전鄕戰

국가가 수령을 통해 부민과 손을 잡으려 하는 데 대해 사족들의 반발이 만만치 않았지만, 그 흐름이 달라지는 않았다. 이에 따라 국가의 지배력이 수령과 부민을 매개로 향촌 사회에 깊숙이 침투할 수 있었다. 그렇게 된 데에는 조선 후기 향촌 사회 내부의 변동과 국가의 정책이 맞물리면서 상승작용을 했기 때문이다. 부민이란 곧 새로이 성장하고 있던 향족鄕族들로서 이들이 수령의 지원을 받아 기존 사족들의 지배력을 해체시켜 나갔던 것이다.

향족이란 중인 때로는 평민들 중에서 재부를 갖춘 일부가 지금의 면장·이장과 같은 면임面任·이임里任 등의 직책에 임명되는 방법 등을 통해 성장해 갔던 계층이다. 이들은 새롭게 나타났다고 해서 신향新鄕이라 불렀고, 기존의 사족들은 이에 반해 구향舊鄕이라고 불렀다. 18세기 중엽 이후에는 향권을 둘러싸고 신향과 구향 간의 싸움이 날로 격화되어 갔다. 바로 이러한 싸움을 향전鄕戰이라고 한다.

향전에서는 대체로 신향들이 승리하였다. 따라서 향촌의 운영권을 이들이 장악하게 되었던 것이다. 그러나 이들의 승리는 수령의 비호 아래서 가능하였다. 말하자면 신향들은 중세 봉건사회를 정면으로 도전·극복하면서 자신의 성장기반을 독자적으로 구축한 것이 아니라 봉건지배질서 내에 편입되면서 향촌 사회의 새로운 지배자로 자리 잡았던 것이다.

조선 중기에는 사족들이 수령과 길항拮抗 관계를 가지면서도 기본적으로는 유착癒着함으로써 향촌 사회의 지배자역을 맡았지만 후기에는 신향들이 그 자리를 대신하게 되었다. 국가는 신향과 사족 간의 대립으로 향촌 사회의 지배력이 불안정한 사이에 양 세력의 조정자로 자임하면서 자신의 지배력을 말단까지 깊숙이 뿌리내릴 수 있었던 것이다.

이때 지배력을 뿌리 내리는 통로가 조선 후기에 확대 실시되는 면리제였다. 조선 중기가 사족을 통한 간접적인 향촌지배 단계였다면 조선 후기는 면임·이임을 통한 직접지배 단계로 바뀌었다고 볼 수 있다. 사족들의 자치 기구였던 향청도 읍내로 옮겨오면서 수령의 하부기구화하였다. 이런 변화를 보다 적극적으로 평가한다면 국가의 관료제적 지배의 수준이 한 단계 더 발전했다고 할 수 있다.

문중과 동성마을

그러면 이런 변화에 사족들은 어떻게 대응하였을까? 국가가 부세 수취에 직접적인 영향력을 미치게 되자 사족들의 경제적 지배력은 약화되어 갔다. 사족들은 신분적·이념적인 지배력을 계속 관철시키기 위해 향안을 새로 보완하고 향약의 실시를 재차 시도하지만 결국 효과를 거두지 못하였다.

국가와 신향 양자의 협공에 직면한 사족들은 새로운 자구책을 모색하

지 않을 수 없었다. 그리하여 군현 단위의 권역적 지배를 포기하고 대신 마을 단위로 축소하여 혈연적인 기반 위에 자신들의 지배력을 공고히 하는 방식을 택하였다. 그 결과 문중계門中契, 족계族契, 학계學契가 성행하였고 동성同姓 마을이 새롭게 형성되었다. 자기 조상들을 모신 사우祠宇와 가묘家廟도 많이 세워졌다. 지금도 한국 사회의 병폐라고 할 수 있는 '가문을 찾고 혈연을 따지는 풍조'가 이때부터 본격화되었던 것이다.

한편 신향과 일반민들은 사족들과의 마찰이 격화되자 아예 분동分洞을 요구하기도 했다. 분동은 마을을 갈라서 따로 살자는 것이다.

수령과 이서·향임 중심의 향촌 지배체제

이렇듯 조선 후기 농업생산력과 상품화폐경제의 발달로 성장한 부민들이 향족으로 자리 잡으면서 사족들과 대립하고 나아가 기존의 사족 지배체제를 해체시켜 나갔다. 그리고 이처럼 해체된 사족 지배체제 대신 들어선 것은 수령과 이서·향임 중심의 향촌 지배체제였다. 그러나 19세기에 들어와 수령과 이서·향임층이 부세 운영을 독점하고 유통경제에 편승하여 수탈을 강화해 감에 따라 향촌 사회 세력들 간의 대립 양상은 또 한 차례 달라지면서 농민 항쟁의 시기로 치닫게 된다.

아직도 조선 왕조 500년을 아무런 변화가 없었던 정체된 사회로 보는 사람들이 있다. 특히 배웠다고 하는 분들이 더 그렇게 생각한다. 이는 일제 식민사학의 영향 때문이다. 그때 공부를 잘했다는 것은 일제 식민사학의 내용을 잘 수용했다는 뜻이다. 따라서 그런 분들일수록 학계의 새로운 연구 성과에 주목해야 할 의무가 더욱 있는 것이다. 지금까지 살펴본 것처럼 조선 시기에는 향촌 사회까지도 역동적으로 변화·발전해 갔다.

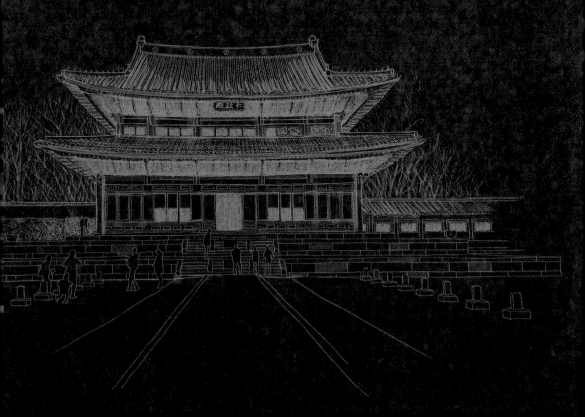

Korea

제6장 | 조선의 정치

1 환국

우리는 조선 왕조가 당파싸움만 하다가 망했다는 소리를 흔히 듣고 자라왔다. 그러나 정치에서 분열은 당연한 것이고 그것이 시대적 한계는 될지언정 민족성의 문제는 아니다. 18세기 '부흥'이 있었다면 그 변화의 시작은 환국기에서 찾아야 한다. 우리 역사에 대한 정확한 인식, 그것은 미래를 위한 힘이기도 하다.

환국이란?

17세기 후반부터 18세기 초반은 당쟁의 말폐가 극심하게 드러난 매우 부정적인 시기로 인식되어 왔다. 집권층인 양반들이 국가의 이익과 국민들의 삶을 돌보지 않고 서로 편 갈라서 싸우는 데 정신없었던 시기로 말이다. 그러나 그렇게 이해하는 것으로 충분할까?

"파티! 파티! 즐거운 파티!" 서로 모여 함께 노는 모임. 파티는 즐거운 거다. 이 즐거운 파티의 파티party는 곧 당이나 당파의 뜻으로도 번역된다. 당이니 당파니 하면 금세 이맛살이 찌푸려지는 우리들에게는 어떻게 노는 파티가 싸우는 당파와 같은 알파벳을 쓰게 되었을까 이해하기 어려울 것이다. 정말 당=파티는 즐거운 파티일 수도 있지 않을까? 혹시 우리의 이해에 오해가 있는 것은 아닐까? 한번쯤 의심해 보면 어떨까? 즐겁다고까지는 할 수 없어도 찌푸린 이마의 주름만은 펴고 살펴보면 어떨까 싶다. 그래서 1980년대 이후 학계에서도 어지럽게만 보이는 당파싸움이 벌어졌던

이 시기의 정치상황을 '환국換局'이란 말을 써서 새롭게 설명하려 하고 있
다. 환국이란 바뀔 환換, 판 국局, 즉 국면이 크게 바뀐다는 뜻으로 당시에
사용하던 용어이다. 정국을 주도하는 붕당, 즉 당파가 급격히 교체된다는
뜻이다.

　인조반정 이후 붕당의 형세는 서인이 주도적인 위치를 지키는 가운데 남
인이 이를 견제하는 양당의 균형 체제였다고 할 수 있다. 그러나 현종 연간
의 두 차례에 걸친 예송논쟁의 결과 남인이 주도 붕당의 자리를 차지하고
서인이 견제 붕당의 위치로 떨어지는 변화가 있었다. 이것이 첫 번째 환국
으로 현종이 죽고 숙종이 즉위하는 1674년 갑인년에 일어났기 때문에 갑
인환국甲寅換局이라고 부른다.

　이후 숙종 대에 남인과 서인 사이에 세 차례에 걸쳐 주도와 견제의 위치
를 맞바꾸는 환국이 일어난다. 즉 서인이 다시 주도 붕당의 위치에 서는 경
신환국庚申換局(1680), 희빈 장씨 소생의 왕자(뒷날의 경종)를 원자(근본이 되는
아들, 곧 세자, 왕위를 이을 아들이라는 의미가 있음.)로 정하는 문제를 놓고, 이
를 찬성하는 남인이 반대하는 서인을 물리치고 주도권을 장악하는 기사
환국己巳換局(1689), 그 남인이 전횡하려는 기미를 보이자 숙종이 갑자기 이
들을 물리치고 서인을 등용하여 그 결과 남인이 크게 실세하는 갑술환국
甲戌換局(1694) 등이 그것이다. 말하자면 첫 번째와 세 번째인 갑인환국과 기
사환국에서는 남인이 집권하고, 두 번째와 네 번째인 경신환국과 갑술환
국에서는 서인이 정권을 잡았던 것이다.

　그리고 서인이 주도권을 장악했던 경신환국과 기사환국 사이, 1682~83
년(숙종 8~9)에 서인이 노장 세력으로 구성된 노론老論과 이에 대해 소장 세
력으로 구성되어 여러 면에서 비판적인 노선을 취하는 소론少論으로 갈라
졌다. 숙종 후반에 남인이 실세한 다음에는 이 노론과 소론의 대립이 축
을 이루게 된다.

노·소론 간의 뒤바뀜도 복잡하다. 노·소론의 공존·균형 상태를 깨고 숙종의 결정에 따라 소론이 퇴조하는 병신처분丙申處分(1716), 숙종이 죽고 경종이 즉위하자 소론이 노론을 대거 숙청한 사건인 신임옥사辛壬獄事(1721 ~22), 영조 즉위에 따라 노론의 복권과 소론의 퇴조가 이루어지는 가운데 노론 온건파와 함께 소론의 일부도 다시 등용해 탕평파蕩平派를 양성한 정미처분丁未處分(1727) 등이 환국에 해당하는 사건들이다.

분열 콤플렉스

이 시기 정치사의 흐름을 상세히 알지 못하면 그저 어지러운 느낌이 들고 밤낮 싸움만 한 것으로 보인다. 더욱이 우리는 분열 콤플렉스라고 할 만큼 분열은 나쁜 것이라는 고정관념을 가지고 있다. 오늘날에도 주변에서 "우리나라 사람들은 단결력이 약하다. 파벌의식이 강하다. 조선 시대부터 그랬다."는 등의 말을 자주 듣는다.

이런 '분열'에 대한 콤플렉스가 생긴 원인은 일제 식민사학의 당파성론에 있다. 그리고 그것이 확대 재생산되어 왔던 배경에는 우리 현대 정치사에 있다고 할 수 있다. 단결하고 뭉쳐야 할 집단이 분열한다면 그것은 분명 잘못된 일이다. 그러나 "모든 집단이 반드시 단결해야 한다. 모든 사람들의 생각이 같아야 한다."는 말은 한번 짚어보고 넘어갈 필요가 있다.

한 사회에 사는 수많은 사람들은 각각의 처지가 다르고 그에 따라 이해관계도 같지 않다. 그런데 어떻게 그들이 모두 하나의 생각을 가지고 하나의 집단만으로 뭉칠 수가 있겠는가? 무조건 하나로 뭉쳐야 한다는 주장은 기득권을 갖고 그 사회를 이끌어 가는 지배집단이 나머지 피지배집단의 의견을 무시하고 독재를 하기 위한 명분에 지나지 않는다.

물론 조선 시기의 정치는 오늘날의 정치와는 근본적으로 다른 점이 있다. 오늘날은 이념상으로나마 모든 국민이 주권자이자 정치의 주체인 데 반해서, 신분제를 바탕으로 하고 있는 조선 사회에서는 일정한 신분층 이상, 즉 양반만이 정치의 주체, 정치권력의 담당자가 될 수 있었을 뿐, 나머지 신분의 사람들은 정치의 객체, 피지배자에 머물러 있었다. 따라서 어떤 정치적 논리나 정책도 일차적으로는 양반층의 이익을 위하여 만들어졌다. 조선 시기의 붕당은 일반민 전체의 이익을 대변하는 정치단체가 아니라, 양반관료의 이익을 위한 그 시대 특유의 집단이라고 할 수 있다. 그들은 일차적으로 자신들의 이익을 위해 그런 당파를 만들어 활동했던 것이다. 그것은 그들이 부도덕해서가 아니라 당시의 시대적 성격이자 한계였다. 오늘 우리가 그것을 우리의 시각과 기준을 가지고 비난하는 데는 이런 점들을 고려해야 할 것이다.

환국의 시대적 배경

17세기 후반이 되면 그 이전부터 진행되어 오던 농업생산력의 향상에 힘입어 유통경제가 한 단계 더 발달하고 화폐가 널리 쓰이기 시작한다. 또 신분제가 변동하여 이를 다시 조정하기 위한 논의가 활발해지고, 성리학적 지배이념에 대한 반발이 드러나는 등 사회 전반에 걸쳐 변화가 집중적으로 일어나는 시기였다. 이런 변화가 정치에도 반영되었던 것이다.

16세기 중반 이후 붕당정치기에는 붕당 구성원의 사회·경제적·사상적 기반이 동질적이어서 그들은 서로 비판하고 대립하면서도 상대당과의 공존을 전제로 한 균형을 이룰 수가 있었다. 그러나 상품화폐경제의 발달에 따라 새로운 성격의 사회적 부가 생겨나면서 이를 차지하는 데 더 많은 노력을 기울이게 되었고 이를 보장하는 수단이 되는 권력을 독점하려 했다. 대립의 쟁점도 이전의 예론禮論과 같이 추상적인 것에 더하여 군사력과 아울러 경제력을 확보하는 데 관건이 되었던 군영軍營의 장악과 같은 구체적인 것으로 점차 바뀌어 갔다.

한편 환국기에는 이전 시기와는 달리 국왕의 활동이 표면에 드러나고 그만큼 비중을 갖게 된다. 붕당 사이의 균형이 팽팽하고 대립이 날카로운 상황에서, 국왕은 구체적인 사안에 깊숙이 관여하여 한 붕당을 내치고 다른 붕당을 우대하는 처분을 내리는 식으로 정국의 흐름에 큰 영향을 발휘하기도 했다.

그러나 숙종 후반으로 가면 희빈 장씨 소생의 세자(경종)와 숙빈 최씨 소생의 연잉군延礽君(영조)을 두고 소론은 세자, 노론은 연잉군을 지지하는 형세가 조성되어 왕위 승계 문제가 붕당 사이의 쟁점으로 부각된다. 권력의 정점을 이루는 왕위 승계 문제까지도 정치집단 사이의 대립의 쟁점으로 부각되었다는 것은 왕권의 기반이 흔들린다는 뜻으로 볼 수 있다.

왕위 승계 후보자를 지지하고 반대한다는 것은 곧 충역忠逆의 문제로 연결되었으며, 그 결과, 권력은 어느 한 집단으로 집중하는 경향을 가지게 되었다. 따라서 붕당들 사이의 대립은 더욱 날카로워지고 상대당과의 공존을 부정하게 되었다. 그래서 일단 한 붕당이 주도권을 장악하면 상대 붕당을 전면적으로 대체해 버리는 '환국'을 거듭했던 것이다.

환국기의 변화상

정치 운영론의 측면에서 보면 붕당정치기의 기본적인 정치논리는 붕당론이라고 할 수 있다. 원래는 왕 앞에 붕당이 있다는 것 자체가 불충不忠이었지만, 시대가 발전함에 따라 현실적으로 붕당의 존재를 인정하고 그들의 정치적 역할을 확대해야 한다는 주장이 나오게 된다. 이것이 바로 붕당론이다.

이 붕당론은 중국의 송대 구양수歐陽修·주희朱熹부터 틀이 잡혀, 16·17세기 조선의 정치논리의 주류를 이루었다. 그런데 환국기에는 이 붕당론을 비판하면서 국왕이 정치의 중심적 역할을 해야 한다는 탕평론이 박세채에 의해 제기되어 활발한 논의가 이루어졌다.

한편 정치구조의 측면에서 보면 붕당정치기에 사림들의 공론公論을 대변하는 역할을 했던 삼사와 이조의 낭관직郎官職은 환국기에 와서는 자파 정치집단의 이익을 대변하는 역할이 더 강해졌다. 그리고 비변사는 의정부를 대신해 국정 전반을 총괄하면서 군사적인 기능뿐만 아니라 경제적·사회적 기능에까지 그 관할 영역을 확대해 갔다.

관직을 둘러싼 대립은 더 날카로워지고 관원을 선발하는 일차적 관문인 과거제는 끊임없는 논란의 대상이 되었다. 과거제가 아닌 천거제薦擧制 등 새로운 관원 선발 방식이 논의되기도 하였으나, 과거제의 기본 골격은 유지되면서 그 운영의 양상만 변질되어 갔다. 말하자면 정치구조가 공적인 면보다는 사적인 면을 더 띠게 되었던 것이다.

또한 이 시기에는 대동법이 전국적으로 확산되고 양역의 폐단을 바로잡기 위한 논의, 즉 양역변통론良役變通論이 제기되었으며, 양전量田을 실시하고 화폐를 유통시키려는 노력이 이루어진다. 그리고 훈련도감·어영청·금위영·총융청·수어청으로 구성된 오군영체제가 성립되는 등 사회 변화에 큰 영향을 미치는 여러 정책들이 실시되었다. 이런 정책들은 이후 18·19세기 사회변화의 단초가 되었다.

환국기에 대한 평가

환국기를 어떻게 보아야 할까? 지금까지 우리는 18세기 탕평정치기는 지나치게 긍정적으로 평가한 반면, 그 직전의 환국기나 그 이후의 19세기 세도정치기는 실상보다 더 부정적으로 평가해 왔다.

변화의 폭이나 속도가 다른 시기에 비해 더 크고 빠른 시기가 있겠지만, 역사는 꾸준히 변화·발전해 간다. 그러므로 우리는 역사를 이해할 때 표면적인 변화의 양상과 함께 그 밑에서 꾸준히 흘러가는 변화의 저류를 보아야 할 것이다.

환국기는 우리가 흔히 알고 있듯이 마치 약육강식의 동물세계처럼 붕당 간에 서로 죽고 죽이는 싸움만 일삼았던 것은 아니다. 그들은 나름대로 논리를 가지고 대결했고, 정책과 정치기구를 둘러싼 의미 있는 대립을 하였던 것이다. 꼼꼼히 따져 보지도 않은 채 무조건 무의미한 싸움만 했다고 강조하는 것은 이 시기 정치사를 이해하는 데 바람직한 자세는 아니라고 생각한다.

그렇다고 해서 이 시기, 더 나아가서 조선 시기 정치사를 맹목적으로 긍정하자는 건 아니다. 우리가 취해야 할 태도는 우선 이 시기 정치사의 실상을 실증적으로 밝혀내는 것이며, 그런 다음에 합리적인 기준을 세워 해석과 평가를 내려야 하는 것이다.

이런 관점에서 볼 때 환국기는 조선 시기를 셋 내지 네 시기로 구분할 때 그 하나의 경계선, 변화의 포인트가 될 만한 시기였다. 즉 18세기의 '부흥'이 있었다면 그 변화의 시작은 환국기에서 찾아야 한다는 뜻이다.

우리는 조선 왕조가 당파싸움만 하다가 망했다는 소리를 흔히 듣고 자라 왔다. 그러나 정치에서 분열은 당연한 것이고 그것이 시대적 한계는 될지언정 민족성의 문제는 아니다. 우리 역사에 대한 정확한 인식, 그것은 미래를 위한 힘이기도 하다.

또 이런 환국기는 수많은 이야깃거리를 남겨 주었다. 장희빈이 없었다면 소설가나 극작가 여러 사람 배고프게 만들었을지도 모른다. 극적인 반전의 연속에서 인간들의 적나라한 모습들을 읽어낼 수 있다면 그것은 환국기가 우리에게 주는 최고의 선물일 것이다. 어느 경우든 어떻게 이용하느냐에 따라 약이 될 수도 독이 될 수도 있는 것 아닐까?

2 탕평정치

탕평정치는 왕이 중심이 되어서 붕당정치의 문제점을 극복하려는 노력이었다. 그것은 붕당 간의 날카로운 대립을 조정하고, 사회·경제적 변화에 부응하는 시책을 추진하는 등 개혁적인 측면을 가지고 있었다. 동시에 권력을 왕에게 집중시켜 인위적인 균형을 꾀하려는 것이었다.

영조의 탕평책

탕평책을 추진하게 된 정치사적 배경은 환국의 결과, 왕위 승계와 왕권이 불안정해지고 정국의 운영에 난맥상이 나타난 데 있다고 할 수 있다. 그러나 영조가 탕평책을 추진하게 된 구체적 계기는 1728년(영조 4)에 일어난 무신란戊申亂이었다.

'이인좌李麟佐의 난'이라고도 부르는 무신란은 기본적으로 소론과 남인의 일부가 영조의 왕통을 부정하여 일으킨 정변이었다. 이 싸움에는 중앙의 정치집단 외에 향촌의 여러 사회 세력이 동원됨으로써 그들의 사회적 욕구가 반영되기도 하였다. 이 사건을 계기로 영조는 붕당을 부정하고 왕의 지위를 강화하기 위한 시도를 본격적으로 하게 된다.

'탕평'이란 《서경書經》〈홍범洪範〉 장에 나오는 '왕도탕탕王道蕩蕩 왕도평평王道平平', 즉 왕의 도는 포용력이 있어야 하며 공평해야 한다는 표현에서 따온 것으로, 그 논리는 기본적으로 왕권중심론이라고 할 수 있다. 영조 대에는 특히 각 붕당의 주장과 인물 가운데 온건한 쪽을 적절히 채택한다는 조제보합론調劑保合論이 탕평론의 중심을 이루었다. 분등설分等說, 양치양해兩治兩解, 쌍거호대雙擧互對 등의 방법을 통해 편파성을 극복하고 균형을 이루게 하는 것이었다. 결국 조제보합이란 쉽게 말하자면 약국에서 약을 조제하듯이 인물들을 서로 섞는다는 뜻이다. 그 결과, 왕은 마치 약을 조제하는 약사처럼 정치이념과 정국 운영을 비롯하여 거의 모든 부문에서 가장 큰 영향력을 행사하게 된다.

영조는 탕평책을 추진하면서 파붕당破朋黨, 즉 붕당을 타파해야 한다는 것을 대의명분으로 내세웠다. 그 결과, 서인·남인이나 노론·소론이라는 그 전단계의 붕당의 모습이 완전히 없어진 것은 아니나, 그 정치적 의미는 점점 엷어지면서 주로 사회적·관념적 측면에 남아 있게 되었다.

그리하여 정치집단은 왕이 내세우는 논리에 동의하는 탕평파와 그렇지 않는 반탕평파로 나뉘었다. 탕평파는 노론·소론 가운데 논의가 온건하여 영조의 논리에 동의하는 사람들이며, 반탕평파는 주로 노론 가운데 준절한 논의, 곧 청론淸論을 내세우는 사람들이었다. 말하자면 요즘의 정계 개편과 비슷한 정치 세력의 개편이 있었던 것이다.

탕평책으로 인한 변화

왕권을 중심으로 정치가 운영되면서 권력은 왕과 탕평파 대신 쪽으로 집중되었고, 언론을 담당하던 중하급 관료들의 정치적 기능은 약해졌다. 즉 권력이 왕을 중심으로 하는 상층부로 집중되었던 것이다. 이조의 정랑·좌랑이 삼사를 비롯한 당하관 후보를 천거하는 권한인 이랑통청권吏郞通淸權이 폐지되는 것도 같은 맥락이라고 할 수 있다.

1744년(영조 20)에 나오는 《속대전續大典》은 당시 권력 관계의 변동과 사회적 변화를 반영하여 편찬한 법전이다. 물론 《속대전》에 반영된 '변화'는 영조 대에 일어난 것만은 아니다. 성종 대에 《경국대전》이 편찬된 이후 약 260년 동안 일어난 변화가 그 사이 크고 작은 법전이나 조례와 같은 규정들로 나타났었는데, 이런 것들을 종합적으로 반영한 것이었다.

또한 국왕 중심으로 권력이 집중됨에 따라 그 이전부터 오랫동안 논란이 되어 오던 양역변통 문제를 균역법으로 매듭짓고, 각 붕당과 연결되어 있던 군영 문제를 정리하여 훈련도감·금위영·어영청 세 군문軍門이 도성을 나누어 방위하는 삼군문 도성수비체제를 확립하였다.

이런 상황에서 국왕 영조의 권력, 왕권의 위상은 어떻게 변했을까? 왕권의

영조 어진

탕평정치를 열고 조선 후기 중흥을 주도한 왕으로, 분주한 가운데에서도 신하들과 공부하는 것을 즐겨, 52년의 재위 기간 동안 총 3,458번의 경연을 진행하였다.

크기나 왕의 위상을 측정할 만한 어떤 드러난 징표가 있는 것은 아니기 때문에 한 마디로 대답하기 어려운 문제이다. 그러나 여러 정황을 종합해 볼 때 영조는 왕위를 이어받을 때도 그랬고, 왕위를 물려주는 과정에서도 사도세자를 죽이는 등 깔끔하지 못하였다. 그래서 일부 관료들이나 사족들 사이에는 그의 왕권을 인정하지 않는 분위기가 있기도 하였다. 그럼에도 영조는 52년이라는 최장 재위기간 동안 국정 운영을 위한 제도 개편과 문물의 정비에 많은 성과를 올려 조선 후기의 중흥을 이끌었다.

권력구조의 변동을 비롯해서 정치 변화는 일거에 이루어지는 것이 아니다. 영조 대에는 많은 사람들이 권력에서 배제되었고 그들은 여러 방면에

서 불만을 드러냈다. 이런 분위기는 커다란 사건으로 분출되지는 않았으나 점차 저항의식을 갖추어 가던 일반민들의 동향과 연결되어 사회적으로 확산되어 갔다고 할 수 있다.

한편 영조 대 탕평파 대신 가운데는 왕실과 인척관계를 맺음으로써 왕과의 관계를 공고히 하는 사람들이 생겨나고 그 사람들이 속해 있는 가문은 성세를 누리게 되었다. 가문의 정치적 의미는 이미 숙종 대부터 커졌지만 이 시기에 이르러 더욱 강화되었다. '벌열閥閱' 또는 '경화거족京華巨族'이라 불리는 서울에 근거를 둔 유력한 가문들이 핵심 세력으로 대두했던 것이다.

정조의 탕평책

정조는 아버지 사도세자가 할아버지 영조에 의해 뒤주에 갇혀 죽는 등 매우 미묘하고 처신하기 어려운 상황에서 즉위하였다. 때문에 탕평책도 영조와는 다른 방향으로 추진하였다. 영조가 온건론을 중심으로 조제보합을 하는 방향이었다면, 정조는 영조 대의 탕평파 대신들에 대해 비판적이었던 청론淸論 계열과 갑술환국 이후 중앙정치로부터 배제되어 있던 남인 계열을 등용하였다. 영조가 완론緩論 탕평을 추진하였다면 정조는 준론峻論 탕평을 추진했다고 할 수 있다.

그리고 이를 추진하기 위한 기반을 마련하기 위해 정조는 이조낭관이 자신의 후임자를 스스로 추천하는 관행인 이랑자대제吏郎自代制를 일시적으로 복구하였다. 또 왕실관계 문서를 보관하던 규장각奎章閣에 신진인물을 기용하여 학문 연구를 하게 함으로써 장차 자신을 도울 인물을 양성하는 새로운 기능을 부여하였다. 또한 중하급 관료들 가운데 능력 있는 자들을 선발해 재교육시키고 승진시킴으로써 자신의 포부를 실현할 정치집단을 육성하려는 의도의 초계문신招啓文臣 제도를 시행하였다. 그리고 독립적 성격이 강한 각 군영을 약화시키고 병권을 장용영壯勇營으로 일원화함으로써 자신의 군사적 기반으로 삼으려 했다.

또한 서얼이나 노비에 대한 차별 조치를 완화하고 경제면에서도 상업 활동을 좀 더 자유롭게 할 수 있도록 보장하는 신해통공辛亥通共을 시행하는 등 사회 전반에 걸쳐 체제를 재편해 안정시키려는 노력을 하였다. 이런 정조의 정책에 대한 역사적 평가는 아직 분명하게 내리기는 어렵다. 즉 그가 이전의 왕정 체제를 다시 정비하는 복고적 방향을 지향했는지 아니면 좀 더 진보적인 방향을 지향했는지는 더 깊이 구명해 보아야 할 문제로 남아 있다.

영조 대《속대전》을 편찬한 지 얼마 지나지 않은 시기인 1785년(정조 9)에 《대전통편大典通編》이 편찬되었다. 법전을 새로 편찬하는 것이 쉽지 않은데, 40년 만에 새 법전을 다시 만든 이유는 무엇이었을까? 이는《속대전》에 당시의 급격하면서도 다양한 변화상을 다 담아내지 못했기 때문이었다. 《속대전》을 만들 때 들인 시간도 부족했고, 입법의지도 부족한 데 그 원인이 있었다. 그리하여 정조 대에 와서야 대개정이 가능해졌다. 정조는 즉위하면서부터 법전에 대한 통합과 개정 논의를 시작하였다. 그 후 찬집청纂輯廳을 설치하여 법전 개정을 본격화하여 완성시켰다. 《대전통편》은 영조의 사회 개혁 논의와 변화된 사회·경제상을 반영하면서 정조 초기까지의 입법 논의를 최대한 수용하는 결과물로서,《속대전》보다 훨씬 대규모로 방대하게 이루어진 개혁법전이었다. 《속대전》이《경국대전》이후 약 260년간의 사회변화를 종합한 측면이 크다면《대전통편》은 변화를 종합한 것 외에 정조의 개혁의지가 좀 더 크게 작용했다고 할 수 있다.

정조와 규장각

정조 대에 문화유산으로 유명한 것에 규장각奎章閣이 있다. 실학자였던 박제가·이덕무·유득공 등이 바로 이 규장각 검서관들이었다. 규장각은 본래 숙종 대에 만들어져 선왕들의 글과 초상화 등을 모셔 놓는 작은 건물이었다. 그것을 정조는 그 당시의 정궁正宮이었던 창덕궁 안에, 그 가운데서도 위치와 풍광이 가장 좋은 곳에 옮겨 새로 짓고 기능도 대폭 확장하였다.

즉 왕실 관련 중요 문서를 보관하는 본래의 기능 외에 일반 서책들을 수집하고 보관하는 왕립도서관 기능, 여기에 젊고 유능한 인재들을 선발하여 그 서책들을 가지고 공부하게 하는 인재 양성소 기능, 그 규장각 출신 인재들을 청요직淸要職이라 부르는 중요 직책에 앉혀 정책을 개발하게 하

규장각도

장용영과 함께 정조의 정치 기반이 되었던 규장각은 창덕궁 후원 주합루 아래층에 자리 잡고 있었다.

는 정책연구소 기능, 이들을 자신의 측근에 두고 자문과 비서 업무를 맡게 한 비서실 기능 등이 점점 추가되었다. 정조 대의 눈부신 문화적 치적은 실로 이 규장각을 중심으로 하여 이루어진 것이다.

한때 비원이라고 불렀던 창덕궁의 후원後園으로 가려면 야트막한 고개를 하나 넘게 되는데, 그 고개를 넘자마자 부용정이라는 이름의 정자가 있는 연못이 하나 나온다. 이 연못의 북쪽 언덕 위에 자리 잡고 있는 건물이 주합루宙合樓이고, 그 주합루의 아래층이 바로 규장각이다. 사람들은 그 건물에 규장각이 있었다는 사실조차 잘 모르고 있다. 옛날에는 2층 건물을 한 채로 보지 않고 1층과 2층에 별도로 이름을 붙였다. 그래서 1층이 규장각이고 2층이 주합루였던 것이다.

외규장각

1993년 경부고속철도를 선정할 때 TGV의 로비를 위해 프랑스의 미테랑 대통령이 우리나라를 방문한 적이 있었다. 그때 프랑스에 가 있는 강화도 외규장각 도서 중 일부를 가져와서 화제가 되었었다. 이 외규장각外奎章閣은 정조가 1781년(동 5)에 강화행궁에 설치한 것으로, 왕실과 직접 관련되는 각종 보물과 서책 등을 보관해 두었던 곳이다.

이곳의 왕실 관련 보물·서책들을 1886년 병인양요 당시 프랑스군이 약탈해 갔다. 순은純銀 19상자, 요즘 돈으로 가치를 헤아리기 어려운데, 이런 보물이 이 주머니 저 주머니 속으로 들어가고 왕실 귀중품은 기념품으로 여기저기 흩어지고, 그 나머지 책들이 파리의 박물관·도서관 등에 나뉘어 방치되어 있었던 것이다.

프랑스에서는 300여 권의 책들이 있다고 발표하고 있지만 사실 믿을 수 없고 정확한 목록과 책 수는 모른다. 이 책들을 경부고속철도가 TGV로 결정되면 선심 쓰듯 돌려주겠다는 것이다. 그러나 TGV로 결정된 후에도 미테랑 대통령이 왔을 때 가져왔던 2권 중 1권 이외의 책들은 이 핑계, 저 핑계를 대며 반환을 미루었다. 국제적인 여론에 밀리던 프랑스는 다시 자기들이 아쉬울 때가 되자 반환 건을 꺼내 들었다. 2010년 사르코지 대통령이 이듬해 G20 정상회의를 앞두고 직전 개최국이었던 한국의 협조가 아쉽게 되자, 마땅히 반환해야 할 이 사안을 조건부로 제안하였던 것이다. 그 결과, 2011년 4월, 마침내 297책을 돌려받았다. 그나마 '5년 단위 대여 갱신'의 형식이었다. 빼앗긴 문화재를 되찾는 일이 이렇게 어렵다. 그러니 애당초 빼앗기질 말아야지.

외규장각 문서 외에 현전하는 세계 최초의 금속활자본인 《직지直指》와 혜초가 쓴 《왕오천축국전往五天竺國傳》도 우리는 돌려받기를 원하지만 이 책들은 프랑스가 돌려준다는 책의 목록에도 빠져 있다. 그것은 프랑스로 간

강화도 외규장각

병인양요 때 프랑스군에게 순은 18상자를 비롯해서 귀한 왕실 관련 서책들을 약탈당하였다.

경위가 다르기 때문이다. 《직지》는 19세기 후반 우리나라에 왔던 프랑스 외교관이 구입하여 간 거고, 《왕오천축국전》은 중국 둔황석굴에 있었는데, 프랑스인들이 그 석굴을 약탈해 갈 때 같이 가져갔던 것이다.

영·정조 대에 대한 평가

영·정조 대는 흔히 우리나라의 문예부흥기로 높이 평가하고 있다. 문학과 미술, 판소리와 탈춤, 민요 등 연희예술을 비롯해 문학과 예술의 여러 분야에서 최고의 경지에 이른 시기라고 보는 데 이견이 없다. 연암 박지원의 소설이라든가 겸재 정선의 진경산수화, 단원 김홍도의 풍속화, 그 밖에 일일이 이름을 들 수 없을 만큼 많이 알려진, 또는 알려지지 않은 예술가들이 배출되던 시기였다.

이렇게 문예의 꽃을 피울 수 있었던 데는 탕평책이 하나의 유인 요인으로 작용했을 것이다. 그러나 탕평책이 유일한 요인이라든가 가장 큰 요인이라고 말할 수는 없다. 사회·경제적 발전, 민중의식의 성장, 그에 따른 문학과 예술에 대한 욕구의 증대 등 18세기 전반의 분위기가 그 토양이 되었다고 보아야 할 것이다.

또한 유독 18세기의 문예만 훌륭하고 그 앞뒤 시기는 형편없다고 보는 시각도 문제가 없지 않다. 18세기는 18세기다운 특성을 가지고 있었고 그 앞뒤 시기 역시 그 나름대로의 특성을 가지고 있었던 것이다. 다만 18세기의 것이 오늘날 우리가 보기에 훌륭하다는 것이다. 지나치게 대비적으로 평가하여 18세기만을 이야기할 것이 아니라, 각 시기의 특성을 전제로 놓고 그 의미를 함께 평가하는 시각이 필요하다고 본다. 한 시대의 특징을 해석할 때 그 고유의 시대상을 무시한 채 다른 시대 해석의 기준으로 재단하면 바른 답을 얻기는 어려울 것이다.

영조와 정조 연간의 탕평정치는 왕이 중심이 되어서 붕당정치의 문제점을 극복하려는 노력의 소산이었다. 그것은 붕당 간의 날카로운 대립을 조정하고, 사회·경제적 변화에 부응하는 시책을 추진하는 등 개혁적인 측면을 가지고 있었다. 동시에 탕평정치는 근본적으로는 조선 왕조 중세 사회 체제를 재정비하여 안정시킬 목적에서 권력을 왕에게 집중시켜 인위적인 균형을 꾀하려는 것이었다. 따라서 정조가 죽으면서 권력의 핵심인 왕이 탕평정치기에 행하던 역할을 하지 못하게 되자 균형은 다시 깨어지고 몇몇 유력 가문 출신의 인물들로 권력이 집중되어 결국 세도정치로 넘어갔던 것이다.

3 세도정치

KOREA

19세기는 안정되고 질서 있는 시기는 아니었으나 안정된 시기만이 발전하는 시기 또는 바람직한 시기는 아니다. 겉으로는 무질서하고 혼란스러워 보이는 시기라 할지라도 그 내면에는 새로운 사회를 건설하려는 움직임이 꿈틀거리며 생동감이 넘치는 시기일 수도 있다. 이 점을 지나쳐 버리면 역사의 역동성을 놓칠 수밖에 없다.

세도정치란 무엇인가?

19세기의 우리 역사를 말할 때면 '세도정치'라는 말을 제일 먼저 떠올리면서 고개를 설레설레 흔들게 된다. 세도정치란 정말 무엇일까? 고개를 흔들더라도 무조건 흔들 게 아니라 왜 흔들어야 하는지 한번 따져 봐야 하지 않을까?

본래 세도라고 할 때는 인간 세世자를 썼다. 세상에 펴야 할 도道, 바른 진리라는 뜻이다. 그러나 19세기에 와서는 그런 이념적인 측면, 유교적 본질은 탈색된 채 유력한 가문의 중심인물이 이념적·현실적으로 주도권을 갖고 있음을 인정한다는 뜻으로 변질되었다. 그래서 인간 세世 대신 세력 세勢자를 쓰는 것이다. 세도勢道라고 말이다.

19세기에 들어오면 이처럼 일부 가문으로 권력이 집중하는 현상이 종전에 비해 더욱 뚜렷해졌다. 이때 일부 가문이 바로 세도가들로 안동 김씨의 김조순가家, 풍양 조씨의 조만영가, 반남 박씨의 박준원가 등 10여 개의 유력한 가문들이었다. 따라서 세도정치란 이들 유력 가문들이 중심이 되어 권력을 장악하고 행사하는 정치 행태를 이르는 말이다. 유력 가문 출신의 인물이 정치적으로 진출하는 데는 그들의 문벌이나 지연이 큰 배경이 되었다. 이른바 든든한 '빽'이었다. 이때 가문의 본관은 그저 본관일 뿐, 지역적 근거는 단연 서울이었다.

그러나 아무리 19세기 세도정치기라 하더라도 나름대로의 정치적 질서는 있었다. 즉 최소한의 규칙은 지켜지고 있었다는 것이다. 그래서 정치적으로 행세하기 위해서는 문벌, 지연만으로는 어려웠고 적어도 관직에는 나가야 했다. 세도 가문 출신으로 관직에 있다는 것은 곧 힘을 상징하는 것이었다. 그렇다고 그 힘이 관직에서만 나오는 것은 아니었다. 즉 아무리 관직에 있어도 문벌, 지연이 없으면 결코 힘을 쓸 수가 없었던 것이다. 거기에 세도정치의 문제가 있었다. 그러나 설사 그렇다고 하더라도 관직이라는 지위는 정치적 출세의 필수품이었다. 그것이 최소한의 규칙이었다.

관직 입문에는 또 과거 합격이 필수요건이었다. 그러므로 과거가 중요시되었고 중요시되는 만큼 그에 비례해서 운영은 극도로 문란해졌다. 과거 제도 운영에서 나타난 중요한 변화는 원래 가장 권위 있던 식년시式年試(삼 년마다 실시하는 정기시험)가 그 의미를 잃어 가는 대신, 비정기적으로 실시하는 별시別試가 오히려 중시되는 그런 현상이었다. 별시에서는 주로 서울 거주자들이 합격하였으며, 서울에 거주하는 사람들 가운데서도 유력 가문의 인물들, 즉 경화거족京華巨族들이 대부분을 차지하였다. 이런 현상은 서울이 경제적·문화적 중심지로 부각되는 추세와 밀접한 관련을 갖는다.

또한 정치적 의미를 갖는 관직은 정2품 이상의 관료로 압축되었다. 그 이하의 관원들은 그들이 담당하던 언론 등 정치적 활동은 거의 하지 못하고 단순한 실무 행정만을 담당하게 되었다. 조선 왕조 관직체계의 골격을 이루어 온 의정부-육조 체제는 그 겉모습은 유지되었지만 실질적인 힘은 비변사로 집중되었다. 정조 때 설립되었던 장용영은 순조 초년에 혁파해 버렸고 다시 예전대로 훈련도감 체제로 돌아갔지만 군사력이나 경제력에서 이전에 비해 크게 약화되었다.

비변사는 오늘날에 빗대어 말하자면 5·6공 시절의 '관계기관대책회의'와 비슷하다. 몇몇 유력 가문 출신인 고위 관료들이 유사당상有司堂上 자리를 차지하고 비변사를 좌지우지하였다. 그리고 이 비변사를 통하여 관리의 인사를 비롯해 국방·경제 등 국정 전반에 관하여 매우 커다란 영향력을 행사했던 것이다. 비변사의 당상들은 거의 모든 결정을 자체 회의에서 내렸으며, 그들 자신의 사적인 이익을 보장하는 데 그 정치권력을 이용하였다.

국왕의 처지, 민의 대응

세도 권력자들은 의전儀典상으로는 왕의 권위를 높이는 조치를 취하면서도 실질적으로는 왕권을 크게 제약하여 국왕은 허약한 존재로 전락하였다. 국왕은 중요하고 실질적인 결정권은 행사하지 못한 채 주로 전례 행사나 왕실 조상들의 사당이나 능묘陵廟에 제사하는 일이 주업무처럼 보일 정도로 형식적인 자리나 지킬 뿐이었다.

이들이 정치이념으로 표방하였던 세도론世道論은 알맹이가 없는 수구적 논리에 불과하였다. 이들은 사회 전반에 나타나는 변화에 대하여 부분적으로 위기의식을 가지기는 하였지만 그뿐이었다. 새롭게 대두하여 변화를 모색하는 사회 세력을 단지 우민愚民으로 볼 뿐이었다. 따라서 개혁에는 소극적이었고 한다고 해도 미봉책에 그칠 뿐이었다.

이를테면 구조적인 비리들을 수령의 개인 문제로 돌려버림으로써 사회 모순을 정면으로 다루는 것을 피해 나갔다. 서북 지방 사람들이나 서얼들을 관료로 충원하는 문제에 대해서도 최소한의 수준까지만 인정하는 모습을 보였으며, 다른 새로운 사회 세력이 정치에 참여하는 것이나 비판하는 것은 철저히 막았다.

그러나 언제까지 막는다고 해결될 문제가 아니었다. 이들이 내세우는 논리와 행동은 당시 사회 세력으로부터는 물론 지배층 내부에서도 받아들여지지 못했다. 그 결과, 기존 체제는 400여 년간 이어 온 유지기술과 관성으로 인해 바로 무너지지는 않았지만 결국 부정되고 새로운 체제로 대치되어야 했던 것이다. 사회와 경제의 발전, 인식의 발전에 따라 꾸준히 성장하고 있던 피지배층이 이런 권력집단의 행태에 대해 고분고분 순응만 하고 있던 것은 아니었다.

그래서 1811년의 '곡산민란谷山民亂'과 같은 해 12월에 일어난 '홍경래 난洪景來亂'으로부터 1862년 '임술민란壬戌民亂'에 이르기까지 크고 작은 저항들이 끊임없이 일어났다. 이런 광범한 저항운동은 기존의 체제를 부정하고 새로운 체제를 건설하기 위한 움직임이었으며, 동시에 근대를 열기 위한 움직임이었다.

세도정치 그 이후

1863년 윤12월, 세도정치기의 마지막 왕인 철종이 후사가 없이 죽었다. 따라서 관례에 따라 당시 왕실 안에서 가장 어른의 위치에 있던 신정왕후가 흥선군 이하응의 둘째 아들 명복을 다음 왕, 고종으로 선정하였다. 고종이 왕이 될 때의 나이는 열두 살이었다. 왕이 나이가 어려 정사를 직접 처리할 수 없을 때는 왕실의 최고 어른이 왕좌의 옆에 발을 드리우고 앉아서 정치적 결정을 대신하는 수렴청정垂簾聽政이 일반적인 관행이었다. 신정왕후도 고종이 왕이 되자 대왕대비로서 3년 남짓 수렴청정을 하였다.

그러나 정치권력은 대왕대비인 신정왕후보다는 고종의 생부인 흥선대원군 이하응에게로 집중되었다. 흥선대원군은 공식적으로는 왕권을 대행할

아무런 지위를 갖고 있지 않았지만, 그 자신이 가시고 있는 정치적 역량과 더불어 신정왕후의 내밀한 위탁을 받아 비공식적 내지 반공식적으로 왕권을 대행하였다.

흥선대원군의 권력 행사는 세도정치기에 세도가가 비공식적 내지 사적인 차원에서 정치권력을 장악하여 행사하던 모습 그대로였다. 말하자면 세도정치기의 정치구조는 그대로 이어지면서 정치권력이 세도 가문에서 대원군으로 옮겨 간 꼴이었다.

흥선대원군은 1873년(고종 10) 권력을 상실할 때까지 만 10년 동안, 세도정치기에 핵심적 권력을 장악하고 행사하던 유력 가문 출신들을 대거 제거하면서 자신의 의지대로 이른바 '개혁'을 추진하였다. 또한 대외적으로는 잘 알다시피 쇄국정책을 실시하였다. 그러나 경복궁 중건으로 무리를 하여 개혁 정책과 쇄국정책으로 얻은 여론의 지지를 잃고 실각하고 말았다.

대원군은 자신의 아들인 명복(훗날 고종)을 양자로 삼아 왕위에 앉게 해 준 신정왕후(조대비)를 위해 경복궁 중건 시 정성스레 자경전을 지어 바쳤다.

흥선대원군 정책의 평가

흥선대원군은 짧은 기간이었지만 많은 내정 개혁을 하였다. 이에 대해서는 세도정치의 폐해를 극복하고 과감한 개혁을 실시했다는 긍정적인 평가와, 왕정복고로 회귀하려 했다는 부정적인 평가가 다 존재하고 있다. 그러나 부분적으로는 긍정적인 평가를 내릴 수 있어도 종합적으로는 부정적 평가를 내릴 수밖에 없을 것 같다. 그의 정책은 기본적으로 복고적인 왕권 강화책이었다. 그의 정치는 세도정치적 행태에서 벗어나지 못했다. 그 결과, 대원군 이후 그가 추구했던 정책들은 거의 계승되지 못하였다.

그 이유는 첫째, 기반이 취약했고 둘째, 방향 감각이 불분명하고 추진력이 미약하였다. 개인적 차원에서는 과단성 있는 인물로 평가받으나 그가 대상으로 한 것은 결국 지방 양반에 그쳤고, 중앙 유력 가문은 충분히 손을 대지 못하였다. 말하자면 근본적이고 구조적 개혁이라기보다는 부분적인 데 그쳤고, 이권의 조정에 그쳤다고 할 수 있다. 쇄국정책에서도 민족적

이익을 수호하기 위한 것이라기보다는 화이론적 세계관에서 나온 위정척 사적인 정책에 머무는 정도였다.

그러나 대원군이 의도하지 않았더라도 몇 십 년을 강고하게 버텨 오던 조선 왕조 마지막 단계인 세도정치의 구조, 그 수구성을 흔들어 놓은 효과와 쇄국정책으로 인해 외세에 대한 백성들의 투쟁을 촉진시킨 효과, 그리하여 이후 격변을 이끌어 낸 효과는 우리가 충분히 인정해 주어야 한다. 결국 역사의 변화와 발전은 한 개인의 의지와는 상관없이 진행되고 있다는 것을 대원군의 정치는 잘 보여 주고 있다.

19세기 역사를 어떻게 볼 것인가?

망국의 일차적인 책임이 있는 것처럼 이야기되고 있는 세도정치기와 그 직후 왕권 강화를 목표로 움직였던 대원군 집권기를 포함하는 19세기의 70여 년간을 어떻게 이해할 수 있을까?

19세기는 일제 식민사학의 집중적 공략을 받은 시기였다. 스스로 국정을 운영해 갈 자치능력이 전혀 없었던 시기, 긍정적인 요소라고는 거의 찾아보기 어려운 시기로 묘사되어 왔다. 그래서 결국 세도정치 때문에 망국에 이르렀고 망국은 필연적인 것이라고 하였다. 그러고는 망해서야 비로소 발전할 수 있었다는 논리로 이어졌다. 그래서 식민지 시기는 불행한 시기가 아니라 오히려 일본의 도움을 받아 조선의 역사 발전에 큰 진전이 이루어진 시기라고 왜곡했던 것이다.

이런 식민사학의 주장은 최근에는 새로운 학술적 분장을 하고 다시 대두하고 있다. 한국과 일본의 한국경제사를 전공하는 학자들 가운데 일부에서 제기하고 있는 '식민지 근대화론'이 그것이고, '뉴라이트'라고 불리는 학문적 입장이 이를 지지하고 있다. 이들은 "일제의 지배로 한반도에서 각종 인프라가 세워지고 근대적 제도가 이식되어 근대 이행이 이루어진 건

맞다."고 주장한다. 다만 "그것을 가지고 일본에게 감사해야하는 건 아니다."라고 덧붙인다.

우리들 스스로도 흔히 빠지기 쉬운 19세기 시대상에 대한 오해, 즉 19세기는 피폐·문란·붕괴 과정이어서 망국에 이를 수밖에 없었다고 하는 인식은 이제 그만 폐기할 때가 되지 않았을까? 물론 19세기는 안정되고 질서 있는 시기는 아니었다. 그러나 안정된 시기만이 발전하는 시기 또는 바람직한 시기는 아니다. 겉으로는 무질서하고 혼란스러워 보이는 시기라 할지라도 그 내면에는 새로운 사회를 건설하려는 움직임이 꿈틀거리며 생동감이 넘치는 시기일 수도 있다. 이 점을 지나쳐 버리면 역사의 역동성을 놓칠 수밖에 없는 것이다. 19세기도 그런 관점에서 새롭게 들여다보아야 할 시기이다. 서양사나 일본사에서 중세의 암흑기로 여겼던 시기들이 발전적으로 새롭게 해석되는 것과 같은 맥락이다.

또 하나 우리가 염두에 두어야 할 것은 세도정치란 정치사적 개념이라는 것이다. 세도정치의 한계는 정치적인 면에서 나타나는 것이고 사회 전체가 세도정치였던 것은 아니다. 역사를 지배층 중심, 정치적으로만 보면 안된다는 말이다. 상층부의 정치가 수구적이고 퇴행적이라고 해서 사회 전체가 그렇다고 보면 곤란하다는 것이다. 오히려 모순이 심화됨으로 해서 새로운 시대를 지향하는 세력들의 움직임이 더욱 활발히, 또 끊임없이 성장하고 있었다고 보아야 하지 않을까? 동전의 양면처럼 같은 시기라도 보는 관점에 따라 달리 보일 수 있는 것이다.

4 조선의 왕

KOREA

왕을 아는 것은 조선 사회를 이해하는 데 매우 중요하다. 왕에 대하여 알고자 하는 것은 그것이 갖는 중세적 한계가 무엇이고, 지금까지 우리에게 드리우고 있는 영향이 무엇인지 밝혀서 계승할 것은 계승하고, 극복할 것은 극복하고자 하는 데 있다.

왕이란?

현대를 사는 우리들에게 왕은 가깝고도 먼 존재인 것 같다. 초등학교 때 소풍가던 곳이 왕릉이었고, TV 사극을 보면 항상 왕이 등장하고 서울 시내에서 휴식을 취할 수 있는 아주 드문 공간도 바로 왕이 살았던 궁궐 아닌가? 그러나 그 왕이 우리 역사에서 어떤 위치에 있었고 후세에 끼친 영향이 어떠한 것이었는가에 대해서 제대로 알지 못한다. 조선의 왕이란 어떤 존재였을까?

왕을 추상적인 개념으로만 이야기하면 좀 막연해질 것 같다. 우선 조선의 왕에 대한 기초적인 내용부터 살펴보도록 한다. 왕조 사회의 최고 통치권자·주권자로서 '임금', '군왕', '군주', '주군', '인군', '나랏님', '상감마마' 등 다양하게 불리던 조선의 왕은 태조에서 순종까지 모두 27명이었다. 이 왕들은 우리가 흔히 부르는 고유한 이름이 있는데, 그 이름 붙이기 방식이 왕에 따라 조금 달랐다. 같은 태초자라 하더라도 조祖가 붙는 경우와 종宗

조선을 건국한 태조 이
성계의 어진

중국이나 우리나라에서
처음 나라를 세운 왕은 태
조라고 불렀다. 왕명 뒤에
붙는 조는 창업한 왕에게,
종은 수성(守成)한 왕에게
붙이는 묘호이다.

이 붙는 경우, 또는 연산군·광해군
처럼 군君이 붙는 경우도 있다.

우리가 조나 종을 붙여 부르는
왕명을 묘호廟號라고 한다. 조는 창
업지주創業之主를, 종은 수성지주守
成之主를 의미하는데, 조가 약간 더
높이는 뜻이 있다. 중국이나 우리
나라 왕조에서 처음 나라를 세운
왕은 거의 예외 없이 태조라고 한
다. 조선에서는 이성계를 태조라
하였다. 그런데 다른 나라와는 달
리 조선에는 조祖가 붙은 왕이 태
조 외에 여섯이나 된다. 세조·선
조·인조·영조·정조·순조가 그들
이다.

세조와 인조는 쿠데타나 반정을
한 경우이고 선조는 임진왜란이라
는 외침에서 국가를 보존하였다는 것을 흔히 이야기하나, 그보다는 '목릉
성세穆陵盛世'라 하여 문화적인 치적을 인정한 경우라 할 수 있다. 조선 후기
에 오면 '조'가 붙는 왕이 많아진다. 영종을 영조로, 정종을 정조로, 순종
을 순조로 뒤에 가서 추존한 경우가 그것이다. 반면 연산군·광해군처럼
반정으로 폐위된 왕은 왕으로 인정하지 않고 왕자 시절의 칭호를 그대로
불러서 그렇게 된 것이다.

또 그 밖에 왕의 이름꼴을 한 기록을 보면 덕종·원종·장조·익종 등의
이름도 보인다. 이들은 정식 왕들이 아니다. 정식 왕이 아닌데 어떻게 왕의

이름꼴을 달 수 있을까?

왕위는 왕의 아들, 즉 왕비 소생의 맏아들이 승계하는 것이 정상이라고 할 수 있는데, 조선 시기에 그런 경우는 오히려 예외일 정도로 드물다. '정상적으로' 왕위에 올라 왕으로서 역할을 '제대로' 하다가 죽은 사람은, 사람에 따라 기준이 다를 수도 있지만, 문종·현종·숙종 정도를 꼽을 수 있다. 나머지는 맏아들이 아니거나 왕비가 아닌 후궁 소생이거나 심지어는 왕의 아들이 아니라 왕실의 방계에서 영입해 들이거나 반정으로 왕위를 빼앗은 경우들이다.

전왕 소생이 아니라 왕실 방계에서 왕위를 승계하게 되면 어느 왕의 대통을 잇는가가 문제가 되고, 이때 누군가를 끌어다 붙이는데, 그때 그 왕의 생부를 어떻게 대우할 것인가가 또 문제가 된다. 흔히 이런 사람은 대원군이라고 부르는데, 성종과 인조는 왕이 된 다음에 자신의 아버지를 왕으로 추숭하였다. 덕종과 원종이 그들이다. 이에 비해 선조, 철종과 고종 등 나머지 왕들의 생부는 왕으로 추숭하지는 않고 대원군으로 위호位號를 정하였다.

덕종과 원종이란 왕명은 결국 정상적으로 맏아들이 왕위를 계승했다면 없을 것인데, 후사가 없다든지 반정을 한다든지 해서 왕실의 방계가 왕위를 계승했기 때문에 생긴 것이다. 한편 장조와 익종의 경우를 보자. 장조는 유명한 영조의 아들 세도세자이고, 익종은 순조의 아들 효명세자이다. 장조와 익종이란 이름은, 세자였지만 왕이 되지 못한 채 죽은 이들을 나중에 왕으로 추존해서 붙인 것이다. 세자로서 죽은 아쉬움이 남긴 흔적들이라 할 수 있다.

왕과 왕실

왕은 어떤 사람이 되며 왕실은 어떻게 구성될까? 왕의 승계는 혈연을 매개로 해서 정실 왕비 소생의 맏아들로 이어지는 장자 승계가 원칙이다. 그러나 왕비 소생의 아들이 없는 경우나 맏아들이 왕위를 이을 만한 자질이 없다고 판단되는 경우, 더 나아가 왕의 후사가 전혀 없는 경우 또는 정치적으로 반정 등에 의해서 현왕이 폐위되어 쫓겨나는 경우 등에는 장자 승계의 원칙이 지켜지지 못한다. 그때그때 사정에 따라 둘째 아들이라든가 후궁 소생 또는 왕실 방계 인물이 왕위를 승계하게 된다. 어떤 경우에는 왕위를 이을 아들인 세자가 중도에 죽고 그 세자의 아들이 있는 경우 할아버지에서 손자로 왕위가 이어지기도 한다. 정조의 경우가 그 예이다.

결과적으로 조선 왕조 27명의 왕 가운데는 '정상적으로' 왕위를 승계하여 '제대로' 왕답게 왕권을 행사한 왕이 매우 드물었다. 여기에 조선 시기 역사가 복잡하면서도 극적인 면모를 갖게 하는 사연들이 얽혀 있는 것이다.

물론 왕위 승계가 일정한 범위의 혈연집단, 즉 전주 이씨 왕실을 벗어난 적은 없다. 반정으로 새 왕을 옹립하는 경우에도 전주 이씨 왕실, 종친의 범위 안에서 인물을 물색하였다. 전주 이씨가 아닌 왕을 옹립한다면 그것은 반정이 아니라 혁명, 즉 역성혁명으로 새 왕조를 개창하는 것이 되겠다.

왕이 태어나서 활동하는 기반이 되는 것은 물론 왕실이다. 왕실은 왕과 일정한 범위의 혈연관계 안에 드는 집단으로 구성된다. 전·현왕의 부인들, 왕비 소생의 대군·공주, 후궁 소생의 군·옹주 등을 왕실 구성원이라고 할 수 있다. 왕실보다 조금 넓은 범위이면서 왕실과 가까운 친척을 종친이라 하는데, 시대에 따라서 약간씩 변동이 있기는 하지만 왕 쪽으로 9대, 왕비 쪽으로 6대 정도를 가리킨다.

무소불위한 왕?

오늘날에는 왕이 무소불위無所不爲한 존재, 즉 하늘을 나는 새도 떨어뜨리고 사람의 목숨을 살렸다, 죽였다 하는 존재로 흔히 알고 있는데, 당시에는 왕을 어떻게 여겼을까?

왕을 무소불위한 존재로 보는 것은 잘못된 고정관념이라고 할 수 있다. 실제로 왕이 그렇게 절대 권력을 행사하지는 못하였다. 왕은 물론 부정할 수 없는 존재요, 가장 높은 지위에 있으며, 최고 통치권자이자 주권자로 인식되었지만 그 권력이 절대적이지는 않았다.

왕은 양반 지배집단으로 구성되는 피라미드의 정점에서 그 지배집단의 지지를 받기도 하면서 동시에 견제와 도전을 받기도 했다. 왕은 어려서는 물론이요, 왕이 된 뒤에도 경연에서 관료학자들과 함께 경전과 역사책을 공부하면서 교육되고 만들어진다. 왕이 중요한 정치적 결정을 내릴 때는 물론이고 평상시에도 그의 일거수일투족은 공개되어야 한다고 사람들은 생각했으며, 실제로 사관史官에 의해 모든 행동은 일일이 기록되었다. 왕의 결정이 비판을 받아 번복되는 일도 흔했으며, 관료들의 지지를 받지 못하는 일을 고집할 경우 심각한 갈등을 겪었다. 더욱이 왕이 보편적인 윤리 규범을 어기거나 정치적·사회적 흐름을 거스를 경우에는 축출당하기도 했다. 반정이 바로 그것이다.

만천명월주인옹

18·19세기 왕에 대한 인식을 살펴볼 수 있는 대표적인 글들이 있다. 하나는 정조의 문집인 《홍재전서弘齋全書》에서 정조가 한 말이고, 다른 하나는 《철종실록》에 실려 있는 것으로 철종의 즉위일에 조정에서 오갔던 이야기이다. 한번 살펴보자.

가.
만천명월주인옹萬川明月主人翁은 말하노라. 태극이 있은 다음에 음양이 있다. 그러므로 복희씨는 음양을 움직여서 이치를 밝혔다. 음양이 있은 다음에 오행이 있다. 그러므로 우왕은 오행을 모범으로 하여 정치를 밝게 하였다. 냇물과 달의 상을 보면 태극·음양·오행의 이치를 확연히 깨달을 수 있다. 달은 하나이나 냇물의 갈래는 만 개가 된다. 그 냇물에 달이 비치면 앞 냇물에도 달이요, 뒤 냇물에도 달이 비쳐 달의 수는 냇물의 수와 같다. 그렇지만 하늘의 달만은 하나일 뿐이다. …… 내가 바라는 바는 성인을 배우는 것이다. 이를 냇물과 달에 비유컨대 달은 진실로 천연히 밝아서 빛을 발해 아래를 비출 뿐이다. 냇물이 이를 받으면 빛을 낸다. …… 나는 그 냇물이 세상 사람들이라는 것을 안다. 빛을 받아야 비추어서 드러나는 것은 사람들의 상이다. 달이라는 것은 태극이요, 태극은 나이다. 이 어찌 옛사람들이 만 개 냇가의 밝은 달로 비유함으로써 태극의 신용스러움을 눈여겨봄이 아니겠는가. …… 이리하여 내 조용히 기거하는 곳에 써 두고서 만천명월주인옹이라 스스로 호를 붙이노라. 무오년 십이월에 광명을 내노라.

나.

철종이 경복궁 인정문에서 즉위한 후, 대왕대비가 시·원임대신을 희정당에서 소견하여 문답하였다. 그 자리에는 영부사 조인영, 판부사 정원용, 원상 권돈인, 좌의정 김도희, 판부사 박회수, 도승지 홍종응, 기사관 홍종운·서익보·남병길 등이 참석하였다.

대왕대비 : 오늘 주상께서 대명을 받으셨으니 종사의 무강한 복입니다. 주상께서 즉위하신 초이니 군덕을 성취함에는 오직 강학이 있을 뿐입니다. 인군이 학문을 하지 않으면 무엇으로써 정사를 돌보겠습니까? 군신 상하가 한마음으로 서로 면려하여서 덕성을 보도할 것을 기약해주기 바랍니다.

정원용 : 신이 전하를 이틀간 배종하는 동안 비록 전일에 어떤 책을 읽으셨는지 여쭙고 싶었으나, 길가는 중에 묻기가 어려워 감히 질문을 올리지 못하였습니다. 이제 그 질문을 드려도 될 듯합니다.

권돈인 : 지금부터는 여러 대신들이 상주上奏를 한 다음에는 반드시 답을 내려 주셔야 합니다.

상(철종) : 일찍이 《통감》 두 권과 《소학》 한두 권을 읽었으나, 근년에는 읽은 것이 없소.

조인영 : 글을 읽고 이치를 강구하는 것이 실로 성인이 되는 기틀이옵니다. 이미 배운 이 몇 편의 책을 늘 잊지 않고 당겨 그 뜻을 추구하오시기를 힘써 행하시며 지루해하지 않으시면 자고로 성현의 천언만어가 어찌 《소학》 한 편의 취지에 벗어남이 있겠습니까.

상(철종) : 그러나 어린아이 시절 범홀히 읽어 넘겨서 지금은 깜깜하여 기억할 수 없소.

대왕대비 : 새로 책읽기를 시작한다면 어떤 책부터 읽어야 하겠습니까?

정원용 : 책읽기는 《사략》으로부터 시작하여 문리가 조금 이해케 된 뒤에 계속하여 경서를 읽는 것이 좋겠습니다.

대왕대비가 언서로 임금에게 하교하였다.

"이렇게 망극한 일을 당한 속에서도 5백년 종사를 부탁할 사람을 얻게 되어 다행스럽소. 주상은 영조의 혈손으로서 지난날 어려움도 많았고 오랫동안 시골에서 살아왔으나, 옛날의 제왕 중에도 민간에서 성장한 이가 있었으므로 백성들의 괴로움을 빠짐없이 알아서 정사를 하면서 매양 애민을 위주로 하여 끝내는 명주가 되었으니 지금 주상도 백성들의 일을 익히 알고 있을 것이오. …… 임금이 비록 존귀하다고는 하지만 본래부터 조정 신하들을 가벼이 여기는 법은 없으니, 대신들을 예로

써 대하고 대신들이 아뢰는 데에는 옳지 않은 말이 없을 터이니, 정성을
기울여 잘 듣고 마음속에 새겨 두기 바라오.”

가와 나, 두 글이 상당히 대조적이다. 앞의 글에서는 왕의 위상과 역할
을 한껏 높이고 강조한 반면, 뒤의 글에서는 왕이 이제 겨우 초보적인 교
육의 대상으로서 대신들을 오히려 잘 받들어야 한다는 투의 훈계를 받고
있으니 말이다.

왕의 위상과 역할은 고정적인 것이 아니며, 정치적·시대적 상황에 따라
변해 간다. 17세기 말에서 19세기까지의 조선 후기 정치사의 흐름을 환국
기→탕평기→세도기로 정리해 볼 수 있는데, 이에 따라 왕의 위상과 역할
도 많이 달라진다.

숙종에서 영조 초년까지의 환국기에 왕은 정국의 급격한 변동, 즉 환국
에 구체적이고 결정적인 역할을 하였다. 왕의 태도 변화가 팽팽한 대립 속
에 균형을 유지하고 있던 붕당 사이의 역학 관계를 급격하게 바꾸었던 것
이다. 그러나 이런 역할이 곧 왕권의 안정과 강화를 가져온 것이라고 보기
는 어렵다. 숙종 말년에 가서는 붕당 사이의 대립이 왕위 승계에 영향을 미
치기도 하였다.

경종의 뒤를 이어 왕이 된 영조의 경우는 왕 자신이 정국의 주도권을 장
악해 갔다. 이때를 탕평정치기라고 한다. 탕평정치기에 왕은 정국 운영의
중심에서 강력한 권한을 행사하였다. 이는 정조 대까지 이어졌다. 그러다
가 탕평정치기 권력의 핵심 역할을 하던 왕이 그런 역할을 할 수 없게 되
자, 그 자리를 유력한 가문의 대표자가 차지하였다. 이것이 19세기 순조·
헌종·철종 대 약 60여 년에 걸쳐 지속된 세도정치였다. 세도정치기에 왕은
그 위상과 역할이 매우 낮아지고 축소되었다.

말하자면 《홍재전서》에 나오는 글이 탕평정치기 정조의 자신만만한 모

습을 보여 주는 것이라면, 철종 즉위일의 《철종실록》 기사는 극히 위축되어 버린 세도정치기 철종의 모습을 보여 주는 것이라고 할 수 있다.

왕과 대통령

사실 현재도 우리 의식 속에는 은연중에 왕과 대통령을 일치시키는 경향이 있다. 대통령 영부인을 국모라고 부른다든지, 대통령과 단독 대면하는 것을 독대獨對라고 한다든지, 대통령이 특별히 주는 돈을 하사금下賜金이라고 한다든지, 청와대 벽에 임금의 자리 뒤에나 펴 놓았던 '일월곤륜도日月崑崙圖' 병풍을 그려놓았다든지 일일이 거론할 수 없을 정도로 많다. 이런 현상은 바로 전통 시대의 왕을 제대로 이해하지 못한 데서 나오는 것이 아닌가 생각된다.

우리가 역사를 이해하고자 할 때, 오늘날 우리 사회에 대해서 가지고 있는 관념과 인식을 가지고 무의식적으로 과거 역사에 그대로 적용하기가 쉬운데, 거기서 오해가 생겨나는 것이다. 중세 왕조 사회인 조선 시기를 이해하고자 할 때는 조선 시기 고유의 특성과 시대적 한계를 인정한 바탕 위에서 개개의 역사적 현상을 파악해야 한다.

오늘날 우리 사회는 왕조 사회가 아니다. 그러나 최고 권력자는 있다. 왕과 대통령은 최고 권력자로서 갖는 공통점이 많다. 그러나 중세 왕조 조선 사회와 현대 민주사회가 다른 만큼 그 둘은 본질적으로 다르다. 왕에 대해서 살펴보는 목적도 여기에 있다.

왕을 아는 것은 중세 왕조 사회인 조선 사회를 이해하는 데 매우 중요하다. 왕에 대하여 알고자 하는 것은 그것을 경외해서도 아니고 왕에 대한 충성을 다하기 위해서도 물론 아니다. 그것이 갖는 중세적 한계가 무엇이고, 지금까지 우리에게 드리우고 있는 영향이 무엇인지 밝혀서 계승할 것은 계승하고, 극복할 것은 극복하고자 하는 데 있는 것이다.

우리는 흔히 정치에 대해 너무 관심이 많다는 이야기를 들어 왔다. 이는 은연중에 권력에 대한 선호도가 높다는 것을 의미한다. 그러나 그 권력에 대해서는 잘못된 인식들을 많이 가지고 있다. 마치 중세의 왕이 백성 위에 군림하듯이 권력을 지니면 국민 위에 군림하는 것이 당연한 것처럼 여겨 왔던 것이다. 이런 경향에서 이제 조금씩 벗어나고 있다. 조선의 왕에 대한 올바른 인식은 그런 점에서 현재 우리 사회에서의 권력에 대한 잘못된 인식을 바꾸고 사회가 민주적으로 나아가는 데 도움을 줄 수 있을 것이다.

5 조선의 왕비

내명부란 후궁들과 궁녀 등 궁궐 안에 기거하는 여인들의 공식적인 위계라 할 수 있다. 왕비 자신은 내명부에 들어 있지 않았다. 품계를 초월한 위치에 있는 것이다. 왕비는 내명부의 통솔을 비롯하여 여러 공적인 역할을 수행하였다. 왕비는 사인私人이 아니라 공인公人이었다.

왕비의 지위

텔레비전의 사극이나 왕비열전류의 소설들을 보면, 흔히 왕비는 구중궁궐에서 후궁들과 시앗싸움이나 하는 여자로 묘사되어 있다. 이런 이해는 이제 벗어날 때도 되지 않았나? 왕비의 공식적인·법적인 지위는 어땠을까?

《경국대전》을 비롯한 법전의 맨 처음에 나오는 조항이 내명부內命婦인데, 내명부란 후궁들과 궁녀 등 궁궐 안에 기거하는 여인들의 공식적인 위계位階라 할 수 있다. 왕비는 그 자신이 내명부에 들어 있지는 않았다. 왕이 품계가 없듯이 왕비도 품계가 없는, 다시 말하자면 품계를 초월한 위치에 있었다. 왕비는 내명부의 통솔을 비롯해 여러 공적인 역할을 수행하였다. 왕비는 사인私人이 아니라 분명히 공인公人이었던 것이다.

내명부 이야기가 나왔으니 그 체계가 어떻게 짜여 있는지 보자. 비妃는 내명부를 초월해 있는 존재이니까 따로 놓고 본다면, 내명부의 가장 상위는 빈嬪이다. 흔히 왕의 후궁이면 모두 빈으로 알고 있으나, 후궁에는 정1

품의 빈 아래에 차례로 종4품까지 귀인·소의·숙의·소용·숙용·소원·숙원 등이 있었다. 그 아래 정5품 상궁·상의부터 종9품 주변징·주징·주우·주변궁까지 궁인직이 있었다.

현재의 왕비가 자녀를 생산할 수 없다고 판단될 경우, 새로 왕비를 간택할 수는 없으니까 공개적인 논의를 거쳐 후궁을 들이는 경우가 있다. 그러나 대부분은 궁녀들 가운데 왕의 눈에 들어, 즉 '성은聖恩을 입어' 왕과 잠자리를 같이하면 후궁이 되었던 것 같다. 특히 그렇게 하여 사내아이를 생산했을 경우 그 지위가 올라가고 안정된다. 더구나 자기 소생이 왕이 되면 왕비 못지않은 지위를 확보한다고 할 수 있다. 순조를 생산한 수빈 박씨(박준원의 딸) 같은 경우가 그렇다. 한마디로 팔자를 고치는 것이다.

왕비의 간택

왕비는 어떻게 선발되며 출신 배경은 어떨까? 왕이나 왕위를 이어받을 왕의 아들이 혼기가 되면 국혼을 선포한다. 그러면 일단 사가私家의 모든 혼인이 금지된다. 그리고 자격을 갖춘 처녀의 명단을 궁중에 들여보내서 왕과 왕의 어머니나 할머니 등 전 왕의 왕비들이 있으면 함께 의논하여 세 차례 간택을 하여 결정한다.

왕비의 출신 배경은 일률적으로 말할 수 없지만, 대개 유력한 가문이나 명망 있는 가문 출신에서 선발한다. 특히 19세기에 들어오면 몇몇 가문만이 왕비를 배출하였다. 19세기의 왕비를 이해할 때는 그 출신 배경이 되는 가문에 대한 이해가 중요하다. 조선 후기에서 말기까지의 정치사가 환국→탕평→세도정치로 흘러가는 동안 기본적인 흐름의 방향은 권력의 집중이라고 할 수 있다. 그 이전의 붕당정치가 소수 훈구 세력에게 집중되어 있던 권력을 좀 더 넓은 범위의 사회계층인 사림 세력으로 확신시키고 그에 따라 정치형태가 달라진 것이라면, 붕당정치의 균형이 깨지면서 나타난 환국 이후로 정치권력은 점점 집중되어 가는 추세였다.

이때 그 권력 집중의 초점이 급격히 바뀌는 현상을 환국이라고 한다면, 탕평정치는 그런 급격한 변동으로 나타나는 정국의 불안정을 해소하기 위하여 왕을 초점에 놓음으로써 그런 변동을 막으려는 시도였다. 왕이 곧 초점이 된다는 것은 권력 집중의 핵에 왕이 놓인다는 것이다. 이는 그만큼 권력의 집중도가 높아진다는 뜻을 담고 있다. 이렇게 한껏 높아진 권력 핵심으로서의 역할을 정조 단계까지는 효율적으로 수행했다고 할 수 있다. 그런데 정조가 죽은 뒤 순조가 즉위하면서 그런 권력 집중의 핵이 왕에서 가문으로 바뀌었다.

가문은 17세기경부터 꾸준히 성장하여 왔다. 다시 말하면 가문의 정치적·사회적 의미가 커 온 것이다. 가문이란 어느 한 인물을 같은 조상으로 하는 혈연 집단이다. 그 크기는 대개 기점이 되는 인물로부터 약 7대에서 10대, 즉 가장 하위 세대 인물 간의 촌수가 멀어야 14촌 내지 20촌의 범위 안에 드는 정도였다. 우리가 잘 알고 있는 안동 김씨, 풍양 조씨, 달성 서씨라는 세도·외척 가문이 나타나는 것도 이런 가문의 변화와 밀접한 연관을 지니고 있었다. 왕실과 종친이 쇠미해짐에 따라 결과적으로 외척이 대두했던 것이다.

다른 한편으로 외척의 대두는 가문의 정치적 위상이 높아진 데 따른 결과이기도 하다. 흔히 19세기 세도정치의 주체를 외척이라고 하는데, 이는 형식논리상으로는 맞는 말이다. 그러나 이를 외척이기 때문에 세도를 행하였다고 보는 것은 지나친 단순논리이다. 외척이 없는 시기는 없었다. 그러나 외척이 언제나 세도를 잡았던 것은 아니다. 19세기에는 외척이 세도를 잡을 만한 여건이 조성되어 있었기 때문에 그렇게 된 것이다.

좀 더 정확히 말하자면 외척이 세도를 잡은 것이 아니라 가문의 정치적 비중이 커짐에 따라 이들이 외척이 된 것이고 그것을 매개고리로 하여 정

치권력을 장악했던 것이다. 외척이 정치권력을 장악했다는 말은 현상적으
로는 맞지만 외척만이 권력집단을 구성했던 것은 아니며, 또 외척이라고
다 권력집단에 동참했던 것도 아니다.

왕비와 정치

가문의 역할이 커지고 그런 가문을 배경으로 왕비가 되었을 때 이들은 어
떤 정치적 역할을 하였을까? 19세기에는 왕실 구성 자체가 복잡해지고 정
통성을 지키기 어려워졌다. 왕위 승계 과정상 왕이 나름대로 정통성을 가
지고 자동적으로 왕위를 승계하는 것이 아니라 오히려 왕이 선택당하는
존재였기 때문에 그 위상이 낮아졌다. 이때 외형상으로 왕을 선택하는 주
체는 당대 왕실의 최고 지위에 있는 대왕대비였다.

　대왕대비는 왕의 할머니를 지칭하는 말이다. 현 왕비는 중궁이라 부르
고 왕의 어머니는 왕대비라고 한다. 대왕대비는 왕실의 최고 어른으로서
왕위 승계자가 분명히 정해지지 않았을 때 이를 선정할 뿐만 아니라 새 왕
이 직접 정사를 돌볼 역량을 갖추지 못했을 때에는 수렴청정垂簾聽政을 하

기도 한다. 수렴청정이란 왕이 어려 아직 정사를 직접 처리할 수 없을 때 왕실의 최고 어른인 대왕대비가 있으면 대왕대비가, 대왕대비가 없으면 왕대비가, 왕대비가 없으면 대비가 왕좌의 옆에서 발을 드리우고 앉아서 정치적 결정을 대신하는 것을 말한다. 때문에 대왕대비는 수렴청정을 통하여 왕권을 대행함으로써 정치적으로 큰 비중을 갖게 된다. 결국 19세기에는 왕비보다는 대왕대비의 정치적 역할이 컸고 따라서 가문도 왕비 가문보다는 대왕대비 가문의 영향력이 컸다.

수렴청정

우리는 19세기 정치가 세도 가문에 의해 주도되었다는 사실만 알지, 이 시기에 수렴청정이 여러 번 행해졌다는 것은 잘 모른다. 세도정치기에는 왕이 즉위할 때마다 수렴청정이 행해져 모두 4번이나 되었다.

제1차 수렴청정은 영조의 계비인 정순왕후가 대왕대비로 격상되어 순조 즉위 시부터 3년 12월까지 약 3년간 행하였다. 순조가 즉위하자 대신과 여러 신하들은 임금의 나이가 어리다는 이유로 송나라의 선인태후와 우리나라의 정희왕후의 고사古事에 따라 대왕대비의 수렴청정을 청하였다. 이렇게 청하기를 일곱 번 만에 마지못해 허락하는 형식을 빌려 순조가 즉위하는 날 희정당에서 수렴청정의 예를 행하였다. 벽파僻派인 경주 김씨 김한구의 딸이었던 정순왕후가 수렴청정하는 동안 정사에 미치는 영향은 비교적 강했다.

제2차는 순조비 순원왕후가 헌종 즉위 시부터 6년 12월까지 약 6년간 행하였다. 순원왕후는 바로 19세기 세도정치를 열었다고 하는 안동 김씨 김조순의 딸이다. 그러나 이 시기 대왕대비의 정사 참여 정도는 1차의 정순왕후에 비하면 그리 높지 않았다.

제3차 수렴청정은 제2차와 마찬가지로 순원왕후의 몫이었다. 순원왕후는 철종이 즉위하면서부터 2년 12월까지 약 2년간 수렴청정을 행하였다. 이 시기에는 순원왕후가 2차 수렴청정 때보다는 좀 더 적극적으로 실무에 간여하였다.

제4차는 순조의 아들인 소명세자의 빈 신정왕후가 고종 즉위부터 3년 2월까지 약 3년간 행하였다. 신정왕후는 풍양 조씨 세도가 조만영의 딸이다.

2·3·4차 수렴청정을 행한 대왕대비가 안동 김씨와 풍양 조씨 등 세도가의 딸이라는 것은 세도정치와 수렴청정이 밀접한 관련을 가지고 있다는 것을 의미한다. 왕위는 대개 아버지의 사후에 아들 곧 남계男系로 이어지는 것이기 때문에 어느 시점에서 보건 왕실 내에서 남자 중 가장 웃어른은 왕이다.

그러나 여성의 경우는 왕비가 꼭 웃어른이 되는 것은 아니다. 전왕의 부인, 전전왕의 부인 다시 말해서 왕의 어머니, 할머니, 증조할머니에 해당하는 여성들이 생존해 있는 경우가 많이 있었다. 이들은 여성의 서열로 볼 때 분명 현재의 왕비보다 높았던 것이다. 그래서 이들의 격을 높여 대비·왕대비·대왕대비라고 불렀던 것이다.

그런데 어떤 왕이 후사後嗣가 없이 죽었을 때 다음 왕이 될 사람을 결정하는 권한은 그 시점에 왕실에서 가장 웃어른이 정하는 것이 관례가 되어 있었다. 19세기 세도정치기에 그런 사례 중 유명한 것이 바로 강화도령 철종이었다. 헌종이 후사 없이 죽었을 때 당시 대왕대비였던 순조비 순원왕후가 강화도에서 반 유배상태로 살고 있던 원범을 불러 왕으로 삼았던 것이다. 이렇게 됨에 따라 순원왕후와 그의 친정인 안동 김씨 김조순 가문은 정치권력의 핵심을 장악할 수 있었던 것이다. 이것이 소수 유력 가문으로 권력이 집중되는 세도정치의 구조였다고 할 수 있다.

결국 안동 김씨는 가문의 여자를 왕비로 들여보내고 그 왕비가 대왕대비가 되어 왕의 후사를 결정하고 수렴청정이라는 과정을 통해 정치권력의 핵심을 장악함으로써 세도 가문으로 성장할 수 있었던 것이다. 이는 풍양 조씨도 마찬가지였다.

1863년 윤12월 세도정치기의 마지막 왕 철종이 왕으로서 별 실권을 행사해 보지 못하고 후사 없이 죽었을 때 신정왕후가 대왕대비의 위치에 있었다. 신정왕후는 흔히 '조대비'로 더 잘 알려 있다. 조대비는 순조의 아들인 효명세자의 부인이다.

효명세자는 1827년(순조 27)부터 1830년까지 3년간 순조를 대신해 정사를 보면서(이를 대리청정代理聽政이라 한다.) 세도정치기의 난맥상을 바로잡아 보려고 시도했었으나 불행히도 일찍 세상을 떠나 버리고 만다. 효명세자는 죽은 후에 왕으로 추존하여 익종이라 불렀다. 이에 따라 효명세자빈도 왕비로 추존되어 신정왕후가 되었던 것이다.

신정왕후는 자기의 시어머니인 순원왕후가 했던 것과 똑같이 흥선대원군 이하응의 아들을 왕으로 정하고 익종의 대통을 잇도록, 다시 말하면 자신의 아들이 되도록 하였다. 안동 김씨에 버금가는 가문인 풍양 조씨 조만영의 딸이었던 신정황후는 고종을 자신의 아들로 삼음으로써 자신과 친정가의 정치적 영향력을 확대하려고 했던 것이다.

명성황후

고종이 왕이 될 때의 나이는 열두 살이었다. 신정왕후도 고종이 왕이 되자 대왕대비로서 3년 남짓 수렴청정을 하였다. 그러나 정치권력은 대왕대비인 신정왕후에게 집중되었던 것이 아니라 잘 알다시피 고종의 생부인 흥선대원군 이하응에게로 집중되었다.

1873년 대원군이 실각한 뒤에 정치권력을 장악한 사람은 고종의 왕비였던 '민비'였다. 민비는 1895년 을미년에 일본인들에 의해 무참히 살해될 때까지 10여 년 동안을 시아버지인 흥선대원군과 겨루어 가면서 정치권력을 휘둘렀다.

민비에 대해 말하기 전에 민비라는 칭호부터 좀 수정할 필요가 있다. 공식 명칭은 명성황후라고 해야 하겠다. 민비라는 표현은 일본인들이 명성황후를 일부러 비하해서 그렇게 불렀던 것이다.

명성황후는 여흥 민씨 가문 출신이다. 비록 1860년대 초반 왕비로 간택되는 시점에서는 가세가 기울어 있었다고 하더라도 숙종 때부터 외척·벌열로 성세를 누려오던 가문의 후예이다. 그녀와 그녀의 친정가 인물들이 권력 행사에 관여했던 것도 19세기 후반 세도정치적인 잔영이 반영되었던 우리 정치사의 특수함 때문이라고 본다.

왕비 열전

조선의 왕비는 특히 후기로 오면 단순히 왕의 부인으로 조용히 처신한다기보다는 당시 권력구조와 밀접한 연관을 지니며 주요한 정치적 변수가 되었다. 인조반정 후 서인 공신세력들은 왕비를 다른 정파에게 빼앗기지 않겠다는 맹약까지 했다 한다.

왕비가 정치 세력과 밀접한 연관을 가지고 있는 것은 텔레비전 드라마의 소재로 흔히 다루어지는 숙종 대 인현왕후와 장희빈의 경우에서도 알 수 있다. 인현왕후는 당시 대신이었던 여흥 민씨 민유중의 딸이었고, 희빈 장씨는 중인이었던 역관 장현의 질녀였다. 이 둘의 대립은 두 여자의 시앗 싸움만이 아니라 당시의 붕당을 형성하였던 서인과 남인의 역학 관계가 걸려 있었다. 인현왕후는 서인계의 핵심 가문 출신이었고 희빈 장씨는 남인과 연결이 있는 역관가 출신이다. 그러니까 둘 사이의 대립은 정치적·구조적인 문제를 내포하고 있었던 것이다.

더구나 이 대립에서 서인-노론계열이 승리하자, 그 이후의 기록은 당연히 서인-노론계열의 것이 대부분을 이루고 또 그들에게 유리하게 서술되

었다. 인현왕후와 장희빈을 각각 선과 악에 대비시키는 것은 그런 영향 때 문이다.

결국 한쪽에 편향되어 기록한 사료들을 어떻게 해야 올바르게 해석하는 가 하는 문제가 남는다. 텔레비전의 사극이나 드라마, 왕비 열전류의 소설 을 읽을 때 이점을 항상 염두에 둔다면 조선의 왕비에 대한 야사적인 시각 은 벗어날 것이다. 조선의 왕비들도 나름대로 공적인 존재로서, 그리고 능 동적인 존재로서 자신의 삶을 살았다는 것을 염두에 두어야겠다.

6 기록문화의 꽃, 의궤

의궤는 조선 시대 정치·경제·사회·문화를 총체적으로 보여 주는 자료의 보고이자 기록문화의 정수이다. 의궤가 있기에 우리는 조선 시대 국가와 왕실의 행사들을 완벽하게 재현해 낼 수 있으며, 당시 건축물들을 원형대로 복원할 수 있다. 의궤를 바탕으로 조선의 왕실문화가 우리 앞에 그 모습을 다시 드러내고 있다.

세계기록유산, 의궤

한 나라의 문화유산은 그 나라 역사·문화의 꽃이라고 할 수 있다. 우리나라는 그 유구한 역사로 인해 많은 문화유산을 가지고 있으며 특히 기록유산의 경우 1997년 《조선왕조실록》과 《훈민정음(해례본)》에서 시작해서 2015년 유교책판(목판)과 KBS특별생방송 '이산가족을 찾습니다' 기록물까지 모두 13건이 유네스코 세계기록유산으로 등재되어 있다. 이는 독일(21건)과 영국(14건), 폴란드(14건) 다음으로 세계에서 네 번째로 많은 것이다. 그러나 규모로 보면 이 나라들도 우리나라에 비교가 되지 않는다. 그만큼 우리나라의 기록문화유산이 풍부하고 그 전통이 깊음을 알 수 있다.

조선 왕조 의궤儀軌는 2007년 우리가 흔히 '팔만대장경'이라고 부르는 고려대장경판 및 제경판과 함께 세계기록유산에 등재되었다. 이때 등재된 의궤는 서울대 규장각한국학연구원에 소장된 546종 2,940책과 한국학중앙연구원 장서각에 소장된 287종 490책 등 총 3,895책에 이른다. 전 세계에서 의궤와 같은 형식의 기록물을 만든 나라는 조선 왕조밖에 없다는 점에서 그 가치가 매우 높다고 할 수 있다.

의궤란 무엇인가

의궤는 조선 시기 국가나 왕실에서 거행한 주요 행사를 기록과 그림으로 남긴 보고서 형식의 책이다. 의궤는 의식儀式과 궤범軌範에서 따온 말로, '의식의 모범이 되는 책'이란 뜻이다. 국가나 왕실에 큰 행사가 있는 경우 그와 관련한 일체의 사항을 기록으로 남겼으며, 행사가 끝나면 곧바로 의궤청儀軌廳을 설치하여 의궤를 편찬하였다.

의궤는 조선 건국 직후부터 국가의 주요 행사를 거행할 때마다 만들어진 것으로 보이나, 현재 남아 있는 의궤는 모두 17세기 이후에 만들어진 것이다. 현존하는 가장 오래된 의궤는 1601년(선조 34) 편찬한 《의인왕후빈전혼전도감의궤懿仁王后殯殿魂殿都監儀軌》와 《의인왕후산릉도감의궤懿仁王后山陵都監儀軌》이다. 이 두 의궤는 선조의 첫 번째 왕비인 의인왕후의 상喪을 치르고 작성한 것이다. 왕과 왕비가 승하하면 보통 시신을 모신 빈전과 신주를 모신 혼전을 담당하는 빈전혼전도감, 국장을 담당하는 국장도감, 무덤을 조성하는 산릉도감이라는 3개의 임시관청이 만들어지고 장례가 끝나면 이 세 도감에서 의궤를 편찬했는데, 의인왕후의 경우 《국장도감의궤國葬都監儀軌》는 사라지고 나머지 두 기관에서 만든 의궤가 지금 남아 있는 것이다.

17세기 지속적으로 제작되던 의궤는 18세기 들어와서 그 종류와 숫자가 폭발적으로 늘어났다. 이 시기에는 국가의 각종 문물제도를 재정비하는 시기였으므로 국가 행사의 전말을 기록한 의궤 역시 많이 만들어졌던 것으로 보인다. 19세기에도 의궤는 계속 만들어졌으며, 제일 마지막으로 나온 의궤는 1926년 순종의 국장을 기록한 의궤와 1929년 순종과 순종비의 3년 상을 치른 후 신주를 종묘에 모시는 과정을 기록한 의궤이다.

이후에도 《종묘영녕전의궤宗廟永寧殿儀軌》(1942) 등 의궤라는 이름은 단 책들이 간행되었으나 이 책들은 이전의 의궤처럼 특정 행사와 관련한 일체의 기록을 정리한 것이 아니라, 당시 조선 왕실의 업무를 총괄한 이왕직李王職이 관장하던 왕실 제례의 축문을 정리한 장부에 불과하였다. 일제가 식민 지배를 하면서 의궤의 기록도 초라해져 갔던 것이다.

다양한 종류의 의궤

조선 시기에는 국가와 왕실에 주요 행사가 있을 때 의궤를 만들어 후대에 참고가 되게 하였다. 따라서 국가와 왕실 행사만큼이나 다양한 종류의 의궤가 편찬되었다. 현재 남아 있는 의궤 중에 제일 많은 것은 왕실 행사와 관련한 의궤인데, 국왕의 일생을 따라 이를 한번 살펴보자.

왕실에 새 왕자가 탄생하면 왕자의 태胎를 보관할 장소를 결정하고 태실을 만들어 안장하는데 그 과정을 기록한 것이 《태실의궤胎室儀軌》이다. 그리고 왕자가 왕세자나 왕세손으로 책봉되면 《책례도감의궤冊禮都監儀軌》가 편찬되었다. 왕세제 책봉과 국왕의 즉위식을 기록한 의궤도 드물게 남아 있는데, 영조가 경종의 세제世弟로 책봉받을 때 작성한 의궤와 1897년 고종이 황제로 즉위했을 때 작성한 의궤가 그것이다. 조선 시기 전 기간 동안 왕세제라는 용어를 사용한 것은 영조의 경우가 유일하다.

왕실의 혼인이 있을 때는 그 과정을 기록하여 《가례도감의궤嘉禮都監儀軌》를 편찬하였다. 가례嘉禮는 오례五禮의 하나로 왕실의 경사스런 행사에 관한 예를 의미하는데 조선 시대에 편찬된 《가례도감의궤》는 모두 왕실의 혼례 의식을 정리한 것이다. 현재 남아 있는 《가례도감의궤》 중 가장 오래된 것은 1627년(인조 5) 소현세자와 세자빈 강씨의 혼례의식을 정리한 《소현세자 가례도감의궤》이며, 제일 나중의 것은 1906년 순종과 순종비의 결혼식을 기록한 《순종순종비가례도감의궤》이다.

왕이나 왕비가 사망했을 때는 《국장도감의궤》를 편찬하였으며, 이때 《빈전혼전도감의궤》와 《산릉도감의궤》도 함께 만들어졌다. 왕과 왕비의 무덤을 '능'이라 하는 데 반해 후궁과 세자, 세자빈의 무덤을 '원園'이라고 했는데, 1993년 프랑스의 미테랑 대통령이 가져왔던 《휘경원원소도감의궤徽慶園園所都監儀軌》는 바로 영조의 빈이자 순조의 생모인 수빈 박씨의 무덤을 양주 배봉산에 조성한 내용을 기록한 것이다. 또한 3년상이 끝나면 왕의 신위는 종묘로 옮겨지게 되는데, 이때의 의식을 기록한 것이 《부묘도감의궤祔廟都監儀軌》이다.

궁중에서는 왕실의 경사가 있을 때 이를 축하하기 위해 웅장하고 화려한 잔치가 벌어지기도 했는데, 연향宴享 관련 의궤는 이를 기록한 것이다. 이제는 우리에게도 익숙한, 정조가 어머니 혜경궁 홍씨의 회갑을 맞아 사도세자의 묘소가 있는 수원 현륭원으로 행차한 내용을 기록한 《원행을묘정리의궤園幸乙卯整理儀軌》도 이 궁중잔치 관련 의궤에 속한다고 할 수 있다.

국가행사 관련 의궤

조선 시대에는 국가의 주요 행사와 관련해서도 다양한 의궤가 편찬되었다. 먼저 국가 제사와 관련한 의궤가 있는데, 《종묘의궤》와 《사직서의궤》가 대표적이다. 종묘와 사직은 국가 그 자체를 상징하는 말이었으며, 조선의 제사 가운데 가장 격이 높은 대사大祀에 속하였다. 따라서 국가는 종묘·사직과 관련된 의례를 가장 중시했는데, 《종묘의궤》와 《사직서의궤》는 종묘·사직의 제도와 의식절차, 관련 행사를 기록한 것이다.

조선은 농업 국가였다. 따라서 국가는 농사를 장려하기 위해 왕이 농사를 짓고 왕비는 누에를 치는 행사를 거행하였다. 《친경의궤親耕儀軌》는 왕이 전농동에 있던 적전籍田에 나가 시범적으로 농사를 짓는 과정을 기록한 것이고, 《친잠의궤親蠶儀軌》는 왕비를 비롯한 왕실의 여인들이 궁중에서 직접 누에 치는 행사를 기록한 것이다.

국왕이 중국의 사신을 영접할 때에는《영접도감의궤迎接都監儀軌》가 만들어졌다. 조선 전 시기를 거쳐 중국과의 외교관계는 국가적으로 중요한 업무였으므로 사신의 접대에 상당한 관심을 두고 사신이 오면 영접을 전담하는 영접도감을 설치하였다.

《조선왕조실록》등 국가적으로 주요한 편찬사업이 있을 때에도 의궤가 만들어졌다. 실록을 편찬하거나 수정할 때에는《실록청의궤實錄廳儀軌》와《실록수정청의궤實錄修正廳儀軌》가 만들어졌으며, 역대 왕의 업적을 모아 놓은《국조보감》을 편찬할 때에는《국조보감감인청의궤國朝寶鑑監印廳儀軌》가 작성되었다.

건축과 관련한 의궤들도 적지 않게 남아 있다.《영건도감의궤營建都監儀軌》는 궁궐이나 성곽의 건축 과정을 기록한 것이다. 대표적인 예는《화성성역의궤華城城役儀軌》로, 1801년(순조 1) 정조가 화성의 성곽을 축조한 뒤에 그 공사에 관한 일체의 내용을 기록한 것이다. 이 책에는 공사와 관련한 내용들이 그림과 함께 상세히 수록되어 있어, 1975년 정부가 화성 성곽과 행궁 복원공사를 시작하여 불과 3년 만에 원형에 가깝게 복원할 수 있었던 것도 이에 힘입은 바가 컸다.

이외에도 왕의 초상화인 어진御眞을 제작하는 과정을 기록한 의궤와 왕실과 관청에서 사용한 도장, 즉 보인寶印을 제작한 뒤 관련 기록을 정리한 의궤, 왕과 문무 관리들이 성균관에서 대사례大射禮를 행한 과정을 기록한 의궤 등 여러 종류의 의궤가 작성되었다. 보인은 왕실과 관청에서 사용하는 도장을 말하는데, '보'는 어보御寶라고도 하며 왕이 공식적으로 사용하는 도장이고, '인'은 보를 제외한 일반도장을 의미한다. 대사례는 왕과 신하가 활쏘기 시합을 통해 군신 간의 예를 확인하는 행사였다.

현장 기록화, 반차도班次圖

국가와 왕실의 행사가 있으면 우선 이를 관장하는 임시기구인 도감이 설치되고 여기에 행사를 지휘하는 관리자와 실제 업무를 담당하는 실무자들이 배치되었다. 이들은 행사의 전 과정을 날짜순으로 정리한 자료, 즉 등록謄錄을 만들었으며, 행사가 끝나면 도감을 해체하고 의궤청을 설치하여 이 자료들을 바탕으로 의궤를 제작하였다.

영조국장도감의궤 중 반차도(班次圖)

제21대 왕 영조의 국장 과정을 기록한 책이다. 조선 후기 국왕의 국장 모습을 자세히 그렸다. 특히 각종 기물(器物)의 채색도설(彩色圖說)뿐만 아니라 반차도가 있어 그 모습을 생생하게 전한다.

의궤에는 행사의 과정을 날짜에 따라 기록한 각종 공문서를 비롯하여 업무의 분담, 담당자의 명단, 동원된 인원, 소요된 물품, 경비의 지출, 유공자 포상 등에 관한 내용들이 수록되어 있다. 필요한 경우 행사의 전 과정을 보여 주는 반차도나 건물 및 기계의 설계도, 사용 물품의 도설 등을 첨부하여 당시 행사의 구체적인 절차 또는 건축물의 모습을 생생하고 입체적으로 표현하였다.

특히 반차도는 행사의 주요 장면을 채색 그림으로 표현한 것으로, 당시 현장의 모습을 생생하게 전해 주고 있다. 오늘날에 보면 현장 기록화라고 할 수 있는 것이다. 그런데 반차도는 행사 당일에 그리지 않고 미리 그렸다. 행사 전에 그림으로 참여 인원과 물품을 배치해 봄으로써 행사 당일에 발생할 수 있는 오류를 최대한 줄이려고 했기 때문이다. 반차도의 제작은 도화서圖畵署에 소속된 당대의 유명 화원들이 담당하였다. 풍속화가로 널리 알려진 김홍도도 국가의 기록화 제작에 크게 기여하였으며 그의 문하의 화원들과 함께 정조대 다양한 기록화들을 전문적으로 제작해 냈다.

또한 의궤에는 행사의 내용에 관한 기록뿐만 아니라 행사에 참여한 관리와 장인들의 실명을 기록하였다. 작업에 참여한 사람들의 이름이 양민·천민의 구분 없이 모두 적혀 있는데, 이 실명기록은 행사 물품의 제작이나 공사에 하자가 발생할 경우에는 그 책임 소재를 명확히 밝히는 근거가 될 수 있었다. 그러나 국가 최고의 보고서에 낮은 신분 계층 사람들의 이름까지 일일이 기록한 것에는 그들로 하여금 남다른 책임감과 사명감을 가지고 작업에 참여할 수 있게 독려하는 깊은 뜻도 담겨 있었다.

의궤 중에서 눈길을 끄는 것은 어람용御覽用 의궤이다. 여러 곳에 나누어 보관하는 분상용分上用 의궤가 보통 질이 떨어지는 한지인 저주지楮注紙를 사용하고 검은 괘선을 두르며 표지에 붉은 베를 쓰는 데 반해, 국왕에게 보여줄 목적으로 제작된 어람용 의궤는 고급 초주지草注紙를 사용하고 붉은 괘선을 두르며, 표지에 녹색 비단을 쓰고 화려하고 품격 있게 제작되었다. 어람용 의궤는 국왕이 열람한 후에 규장각에 보관했다가 1782년 강화도에 외규장각을 설치한 후부터 그곳으로 옮겨 보관하였다. 1857년과 1858년에 작성된 목록에 의하면 의궤를 포함하여 총 1,000여 종 6,000여 책이 보관되어 있었다고 한다.

국가·왕실문화의 복원

의궤는 국가나 왕실 행사의 전 과정을 그림과 함께 빠짐없이 기록하였다. 왕실 혼례나 장례, 잔치, 행차 과정을 그림으로 기록한 반차도를 들여다보고 있노라면 마치 한 편의 비디오를 보고 있는 듯하고 나아가 그 행사에 직접 참석하고 있는 듯한 느낌을 받는다. 반차도를 통해 보는 왕실의 혼례와 잔치는 화려하고 성대하기 그지없고 장례는 엄숙하고 장대하다.

혜경궁 홍씨의 회갑을 맞아 정조는 1795년 윤2월 9일부터 16일까지 8일간 화성 행차를 하였다. 직접 손으로 쓰고 그린 필사본이 아니라 활자로 인쇄한 최초의 의궤이기도 한 《원행을묘정리의궤》는 115명의 기마악대를 포함하여 1,779명의 인원과 779필의 말이 동원된 이 성대한 행사를 상세하게 정리한 것인데, 오늘날 1㎞에 이르는 정조의 화성 행차 행렬과 혜경궁의 회갑잔치를 원형에 가깝게 재현해 낼 수 있었던 것도 이 책이 있었기 때문이다. 최근에는 정조의 화성 행차의 주요 장면들을 3D로 복원해 낸 '의궤, 8일간의 축제 3D'라는 프로그램까지 제작되었다.

이처럼 다양한 종류의 의궤들이 있기에 우리는 조선 시대 국가와 왕실의 행사들을 완벽하게 재현해 낼 수 있으며, 당시 건축물들을 원형대로 복원할 수가 있다.

의궤는 연구자들에게도 다양하고 상세한 자료들을 제공하고 있다. 이러한 의궤의 기록과 그림을 바탕으로 연구자들은 국가·왕실 의례의 진행과정뿐만 아니라 미술·복식·음악·음식·건축에 관한 내용들을 밝혀낼 수있다. 또한 의궤에 수록된 각종 공문서와 물품의 내역은 당시 관청들의 업무와 물가 동향 등 생활사 연구에 도움이 되며, 물품명을 표시할 때 사용된 이두나 차자借字는 국어학 연구에 좋은 자료가 된다. 말하자면 의궤는 조선 시대 정치·경제·사회·문화를 총체적으로 보여 주는 자료의 보고, 기록문화의 정수라고 할 수 있으며, 이를 바탕으로 국가·왕실문화는 오늘날다시 우리 앞에 모습을 드러내고 있는 것이다.

7 왕과 암행어사

지방관들이 아무런 말썽 없이 잘 다스리면 좋겠지만 현실이 그렇지 못했다. 그래서 왕의 사신이란 뜻을 담고 있는 어사를 파견하게 되었다. 그런 어사 중에서도 암행어사는 최고였고, 또 '암행'이란 독특한 파견방식 때문에 얘깃거리도 많고 역사적 의미도 컸다.

암행어사 출도出道

"암행어사 출도야!" 한 번을 고함하니 강산이 무너지고, 두 번을 고함하니 초목이 떠나는 듯, 세 번을 고함하니 남원이 우글우글 …….

이는 변사또의 생일잔치에 어사 이몽룡이 출도(출또 또는 출두出頭라고도 함.)하는 장면을 그린 《춘향전》의 일부분이다. 너무나 유명한 장면이다. 그렇지만 보고 또 봐도 신나는 일이 아닐 수 없다. 악을 징벌하여 정의를 실현하는 민중의 구원자 암행어사! 암행어사는 이렇게 정말 멋진 역사의 인물로 우리의 기억 속에 자리 잡고 있다.

암행어사의 임무

암행어사는 관리官吏들의 잘잘못과 백성들의 어려움을 살피기 위해 왕이 직접 파견하였다. 암행어사는 왕으로부터 임명장에 해당하는 봉서封書를 받는 즉시 거기에 쓰인 암행 대상지로 출발한다. 봉서에는 대상지에 가서 수행해야 할 임무들이 담겨 있다. 그리고 그 일을 수행하는 데 준칙이 되는 사목事目과 마패馬牌·유척鍮尺 등도 함께 내려진다. 사목은 '암행어사재 거사목暗行御史賣去事目'이라고 하는데, 살펴야 할 대상 및 내용을 조목별로 지정하여 주고 있다. 마패는 역마나 역졸을 이용할 수 있는 증명이다. 그리고 유척은 검시檢屍할 때 또는 형구刑具의 크기 위반 여부를 검열하는 데 쓰는 놋쇠로 만든 자이다. 사실 암행어사임을 증명하는 가장 분명한 증거는 봉서이지만 보통 마패를 상징물로 본다. 마패는 직인으로도 사용하였다.

암행어사는 임명받는 즉시 어느 누구에게도 알리지 못한 채 즉시 대상 지로 떠나 암행 순시하면서 수령의 비행을 살핀다. 그러다가 즉각 해결해 야 할 만큼 심각한 상태를 만나면 출도, 즉 모습을 드러내고 봉고封庫·파 직罷職의 조치를 취할 수 있었다. 봉고는 '창고 문을 닫는다.'는 말로 수령의 행정권을 빼앗는다는 뜻이고 파직은 수령의 직위를 해제하는 일이다.

암행어사의 신뢰도를 높이기 위해 염탐한 것이 분명하다 해도 출도한 뒤에 다시 살펴 밝히도록 하였다. 즉 백성들 사이에 떠도는 말을 듣고, 그 다음 공론을 듣고, 그 다음 반드시 관가에서 할 일을 모두 했는지 조사한 연후에 보고서인 '서계書啓'와 '별단別單'을 작성하도록 했다. '서계'에는 해당 지방관들에 대한 포폄褒貶을, '별단'에는 읍폐·민막의 내용을 조목별로 적 었다.

서계와 별단을 왕에게 올리면, 왕은 어사를 불러 일반적인 민정과 풍흉, 서계·별단에 관련된 그 밖의 사정 등에 대하여 의견을 나눈다. 이어서 서 계는 이조吏曹와 병조兵曹에 내려 처리하게 하고, 별단은 비변사備邊司에서 그 대책과 함께 검토해 보고하도록 한다. 특히 서계에서 불치不治, 즉 잘못 다스렸다고 보고된 수령은 의금부義禁府에서 조사하여 처벌한다. 이렇게 함

암행어사임을 증명하는 것
은 실은 봉서이나 보통 마
패를 상징물로 본다. 역마
(驛馬)의 지급을 규정하는
패로, 그려진 말의 개수만
큼 말을 쓸 수 있었다.

으로써 암행어사의 임무는 모두 끝난다.

암행어사가 아무리 심하게 수령을 단죄했다고 해도 어사의 행위 그 자체
는 반드시 보호받았다. 또 암행어사에 의해 파직되었거나 중·하등을 받은
사람은 천거의 대상에서 원천적으로 제외되었다. 따라서 출세가 어려웠다.
그만큼 어사의 힘은 셌다는 뜻이기도 하다. 암행어사는 이름 그 자체로서
경계의 의미를 충분히 지녔다.

왕의 사신

이런 암행어사는 왜 필요했을까? 왕이 백성들을 다스린다고는 하지만 일
일이 백성들을 만나서 정치를 할 수는 없는 노릇이었다. 따라서 대리인을
통할 수밖에 없었다. 그것이 도道의 감사, 군현의 수령으로 이어지는 지방
관들이었다. 그중에서 명리命吏라 불리는 수령은 백성과 직접 접하는 실질
적인 왕권의 대행자였다. 그래서 중요했다. 수령이란 군수, 현령, 현감 등
을 통틀어 말하는데, 오늘날 기초자치단체장에 해당한다. 그리고 그 위에
광역자치단체장에 해당하는 감사監司가 있었다. 수령은 감사의 지휘·감독

을 받는다. 그런데 이 지방관들이 아무런 말썽 없이 잘 다스리면 좋겠지만 현실은 그렇지 못하였다. 뭔가 감사 수령으로 이어지는 행정체계를 감시해야 할 장치가 필요했다. 그래서 왕의 사신이란 뜻을 담고 있는 어사御史를 파견하게 되었다. 그런 어사 중에서도 암행어사는 최고였고, 또 '암행'이란 독특한 파견방식 때문에 얘깃거리도 많고 역사적 의미도 컸다.

《조선왕조실록》에서 이름을 확인할 수 있는 암행어사의 파견은 1550년(명종 5)부터 시작된다. 그리고 임진왜란을 거친 선조 대 민심수습 차원에서 많은 암행어사를 파견하면서 제도적으로 자리 잡았고 인조 대에 들어가면 봇물 터지듯 빈번하게 보냈다. 그래서 그 후 1897년(고종 34)까지 348년 동안 모두 613회 파견되었음을 찾을 수 있다. 물론 613회가 100% 정확한 횟수는 아니다. 기록의 누락이 의심되기 때문에 실제 횟수는 이보다 조금 더 많았을 것이다.

왕과 암행어사

암행어사는 왕과 각별한 관계를 맺고 있었다. 암행어사는 반드시 왕이 선택하도록 되어 있었다. 암행어사에게 봉서封書를 내리는 일도 오직 왕만이 할 수 있었다. 따라서 왕 이외에는 누가 암행어사인지 몰랐다. 원칙이 그랬다. 암행어사를 보내고 안 보내고도 왕의 뜻이었다. 그래서 암행어사는 왕권 강화에 유용한 수단이 될 수 있었다.

정조 대에 오면 암행의 조건을 체계적으로 정비하여 '암행어사재거사목'을 정리하였다. 그만큼 암행어사에 대한 왕의 기대가 컸다. "추생抽栍(추첨으로 뽑은 염탐 대상)의 고을과 연로변 고을 수령의 치적 이외에도 여러 도의 감사·병사·수사·첨사·만호·찰방·감목관·중군·영장·우후 등의 유능 여부도 자세히 염탐하여 보고하라."고 할 만큼 염탐 대상을 크게 넓혀 주었다. 또 감사까지도 예외 없이 염탐할 것을 따로 지시하였다. 그리고 영남

어사 심기태가 올린 서계에서 고위 관리를 두려워하지 않고 비판하자, '근래 어사 중에서 최고'라고 하여 부추겨 주었다. 이처럼 정조는 역대 어떤 왕보다 암행어사에게 확실히 우위를 주었다.

이런 정조의 뜻은 1785년(정조 9) 정월 초하루에 내린 윤음綸音에서 "나는 암행어사繡衣之臣가 있으므로 논밭을 잘 갈았는지 못 갈았는지 조사하여 상도 주고 벌도 줄 수 있으니, 그것을 감히 소홀히 할 수 있겠는가."라는 직설적인 표현으로 드러냈다. 이처럼 암행어사에게 막강한 힘을 실어 주는 것은 그의 굳은 정책이었다. 1794년(정조 18)의 윤음에서도 "기근을 구제하는 데 부지런하였는가 부지런하지 않았는가, 죄를 범하였는가 범하지 않았는가를 범 같은 암행어사를 각 도에 나누어 보내 부월斧鉞(큰 도끼, 작은 도끼로 왕의 권위를 상징함.)을 잡고 살피게 할 것이니 힘쓸지어다."라는 말로 이어졌다. 그리하여 '백성의 근심과 즐거움을 살피는 정사를 위해 늘 암행어사를 보내어 염찰하게 하는' 일은 왕정을 펴는 수순으로 자리 잡았다. 정조는 이 때문에 '수시로 암행어사를 보내어 불법 행위를 적발하고 호소할 데 없는 억울한 사정을 펴게 하였'던 왕으로 그 치적을 평가받았다.

암행어사는 누가 맡나?

이런 암행어사의 임무는 어떤 사람들이 맡는 게 효과적이었을까? 첫째가 '강명剛明한 사람'이었다. 그러니까 삼사三司와 시종侍從 가운데 공정하고 강명한 자를 가려 보냈다. 또 암행의 질적 수준을 높이기 위해 수령을 지내 시무時務에 숙달된 자를 뽑았다. 왜냐하면 수령을 지내지 않은 자는 지방의 물정을 몰라 엉뚱한 평가를 하는 경우가 왕왕 있었기 때문이다. 따라서 암행어사는 반드시 수령을 지내 물정에 익숙한 자를 뽑아 보내는 것이 마땅하였다. 나이가 어리고 경험이 없는 어사의 경우는 남몰래 갔다가 남몰래 돌아오는, 즉 한 번도 출도하지 않는 미숙함을 보이기도 하였다. 따라서 수령을 지내고 시무에 숙달한 자라는 요건은 중요한 항목이었다.

암행어사의 파견

암행어사의 암행은 '몰래 살핀다.'는 뜻이다. 따라서 무엇보다 중요한 점은 '암행'이 지켜지는 것이었다. 그래서 무시無時로, 즉 '아무 때'나 비정기적으로 보냈다. 당시 사람들 말 그대로 '암행어사를 무시로 보내는 것이 진실로 합당'하였다. 정시定時에, 곧 규칙적으로 보내면 누구나 암행어사의 파견을 알 수 있다. 그러면 그때만 조심하기 때문에 감시의 효과가 떨어진다. 따라서 수령이 짐작할 수 없게 '아무 때'나 보내서 언제, 어디로 보낼지 왕의 뜻을 알 수 없게 하여야 했다. 그러면 한 군데만 어사가 나타나도 팔도가 단속되는 효과를 나타낼 수 있었다.

또 수시隨時로, 즉 '때때로', '그때그때' 보냈다. 일시에 한꺼번에 보내는 것보다는 때때로 내보내 암행 활동이 이어지게 하는 것이 보다 효과적이었다. 이렇게 되면 항상 암행하고 있다는 효과를 내게 된다. 그래서 암행어사의 파견은 아무 때나, 때때로, 그때그때 보내는 것을 모범으로 삼았다. 이런 불규칙성, 임시성이 파견의 효과를 높일 수 있었다.

또 부정의 소지를 막기 위해 암행 기간을 제한하였다. 오래 머물러 있으면 아무래도 관민 간에 협잡의 틈이 생길 수 있었다. 따라서 '갔다가는 곧바로 돌아오게' 하였다.

감사냐? 암행어사냐?

직접 백성을 다스리는 수령에 대한 규찰糾察은 감사가 맡는다. 그래서 감사를 외방의 헌관憲官이라 부른다. 감사는 항시적이고 공개적인 감시, 즉 제도적 감시 기능을 맡는다. 반면에 암행어사는 '아무 때'나, '때때로', '암행'하는 비밀 감시 기능을 맡는다. 감사가 제 기능을 다한다면 사실 암행어사는 필요 없다. 그러나 사람이 하는 일이라 완벽할 리 없었다. 그래서 필요했다. 특히 암행어사는 왕과 직접 연결되어 있기 때문에 왕의 입장에서는 매우 유용한 제도였다.

감사와 암행어사는 공개냐, 비밀이냐에서 큰 차이가 있었지만, 수령을 감시한다는 점에서는 그 역할이 같았다. 따라서 감시의 우선순위를 두고 대립하게 된다. 즉 누구의 평가를 더 중시할 것이냐가 문제였다.

먼저 수령에 대한 평가를 둘러싸고 감사와 어사가 서로 다를 때 어떻게 처리했는가를 보자. 사헌부에서 "감사가 듣고 보는 것은, 암행어사가 여염집에 드나들며 민간의 어려움을 상세히 아는 것만 못하다."라고 하듯이 암행어사가 사실 파악에 더 정확하다고 볼 수 있다. 따라서 암행어사를 중시하는 쪽에서는 "감사가 보고하지 않았다가 어사에게 적발된 경우 그 도의 감사를 먼저 파직해야 한다."고 주장한다. 그렇다고 암행어사가 모두 옳기만 한 것은 아니었다. 어사들이 암행이라고 칭하면서 관가에 출입하여 술과 고기를 대접받고, 하인들을 풀어 마구 뇌물을 받는 일도 흔히 있었다. 따라서 어차피 완벽한 감시는 어려웠다. 더구나 감사는 어사보다 지위가 높은 대신이었다. 따라서 관료의 위계질서도 무시할 수 없는 일이었다. 그래서 그 조정은 쉬운 일이 아니었다.

그러다가 대체로 "먼저 각도의 감사에게 명령하여 각 고을을 더욱 경계하여 스스로 경계할 줄 알게 하고, 가을이 오기를 기다렸다가 천천히 암행어사를 보내어 불법을 살피게 하소서."라는 말처럼 '감사 우선, 암행어사 다음'으로 순서를 정한다. 결국 암행어사는 최후의 감시자였던 셈이다. 감사의 공개 감시와 암행어사의 비밀 감시는 이렇게 그 감시 순서의 우선순위를 정함으로써 조화를 이루어 갔다. 그리고 암행어사는 감사까지도 감시를 했기 때문에 그야말로 전방위 감시자로서 국가의 지방통치를 완성하는 주요한 매개였다.

암행과 명행明行 사이

암행어사가 모두 좋기만 한 것은 아니었다. 역시 사람이 하는 일이라 적지 않은 문제들이 있었다. 특히 '암행'이 아니라 '명행'이 되어 버리는 게 문제였다. 암행은 그야말로 암행어사의 생명과도 같다. 종적이 드러나면 기대했던 감시 효과를 낼 수 없음은 말할 필요도 없다.

예를 들어 1671년(현종 12) 충청도 암행어사 조위봉처럼 탐문할 때에 친구들의 집마다 죽 들러 심지어 누구는 포상할 만하고 누구는 파직할 만하다고 말하거나, 다시 그 말이 퍼지자 혹 수령이 지레 동요할까 염려하여 다시 친척으로 하여금 말을 전하여 안심하도록 권한다거나 하는 일이 있어 파직되기도 하였다. 또 조금 과장이 섞였는지 모르겠지만, 경기어사 이시원은 경기의 서른일곱 고을 가운데 스무 곳이 넘게 출도하였다고 한다. 그 때문에 고을 관속과 마을 백성들이 모두 얼굴을 알아 버려 잠행하는 뜻을 크게 어겼고, 또 그때마다 접대와 역마를 바꿔 타면서 끼친 폐단도 이루 헤아릴 수 없이 많았다고 지적받았다. 이런 것들은 좀 심한 예지만, 종적이 드러나 암행의 효과를 거두지 못하는 경우는 많았다.

종적이 드러나는 요인 중 하나는 따라다니는 사람들에게 있었다. 어떤 어사들은 선문先文을 낸다. 선문이란 도착하는 날짜를 그곳에 미리 통지하는 공문을 말한다. 혹시 모를 위험을 막기 위해 선문을 낸다. 그러나 암행어사가 선문을 내고 간다면 불법행위를 살필 도리가 없다. 이 점은 당시 사람들도 익히 잘 알고 있었다. 따라서 모름지기 비밀리에 민간에 출입하도록 해야 하는데, 그렇다고 혼자 다닐 수는 없었다. 그래서 암행어사가 각사의 서리를 직접 가려서 데리고 가게 하였다. 하지만 이외에 한잡閑雜한 무리들을 다수 데리고 가서 대신 염탐하게 하는 일도 많았다. 종적이 드러나는 일은 바로 이들 때문인 경우가 많았다. 따라서 한잡한 무리의 수행을 금하기도 하고, 군관도 대동할 수 없게 하기도 했다.

비밀을 유지하기 위해 암행어사는 여러 가지 어려움을 감수하기도 하였다. 그러다 보면 쉽게 위험에 노출되었고 때로는 죽기도 했다. 몇몇 예에서 그게 사실이었음을 확인할 수 있다. 전라도 암행어사 홍양한은 중독된 것으로 의심되는 죽음을 당하였다. 또 영남 암행어사 권준은 안동영장 김치준에 의하여 가짜어사로 몰려 결박당할 위기에 처하기도 했다. 암행 도중에 열악한 암행 조건으로 인하여 갑자기 구토와 설사를 일으켜 죽는 경우도 있었다.

가짜 암행어사

가짜 암행어사가 나오는 것도 문제였다. 전라우도 암행어사 황혁의 보고에 따르면, 그가 나주·담양에 이르러 큰 도적 김국보 등을 잡아 가두었는데, 이들의 무리들이 가짜 암행어사 행세를 하면서 관부를 협박하고 농간하여 동료들을 탈출시키려 했다는 것이다. 도적이 동료 구출을 위해 어사를 가칭한 사건이었다. 요즘 영화에서나 볼 수 있는 일들이었다.

평안도 희천에 유배된 죄인 이천재가 새로 급제한 이헌영의 이름을 빌어 가짜 암행어사 행세를 하다가 들통나기도 하였다. 홍경래 난 때 서울에서 정탐 및 선전활동을 했던 유한순도 한때는 암행어사를 가칭하고 다니다 탄로나 백령진에 충군되기도 한 적이 있었다. 황해도에서는 암행어사로 가장한 죄인 박광복이 효수당하기도 했다. 또 함경도의 경우인데, 가짜 암행어사가 나타나 수령의 죄를 따져 파면시키기까지 하였다.

암행어사 제도의 한계

임진왜란 때 금산전투에서 순절한 의병장 조헌趙憲(1544~1592)의 소장訴狀을 보면, 암행어사가 탄핵한 수령들은 조신朝臣들이 얼굴과 이름을 모르는 자들뿐이었다고 하여 한수漢水가에서 이미 탄핵의 논의가 정해졌다고 비판하였다. 한수는 곧 한강=서울을 말한다. 이는 암행어사가 암행도 하기 전에 서울에서 누구누구를 탄핵할지 논의를 정하고 내려갔다는 말이다. 이는 연줄에 따라 어사의 보고 내용이 좌우된다는 뜻이다. 이렇게 되면 암행법이 쇠잔한 민호에게는 전혀 의미가 없게 된다. 왕의 뜻도 물론 통할 리 없었다. 그래서 이런 경우, "암행하며 살피는 일이 대부분 사실과 다른 점이 많다."고 왕 스스로 생각하게 되고 따라서 파견을 주저하게 된다. 이처럼 왕이 신뢰할 수 없는 구조적 한계가 있었다.

한편, 암행 당시의 행위 때문에 이후 곤욕을 치르는 사람도 적지 않았다. 구봉서가 일찍이 나주목사로 있을 때에 이계가 암행어사가 되어 불법한 문서를 적발하였는데, 이에 원망을 품고 훗날 이계를 얽어 무고한 사건이 있었다. 바로 그런 예의 하나이다. 또 1829년(순조 29)에 전라우도 암행어사로 내려갔던 성수묵이 2년 후인 1831년(순조 31)에 같은 전라우도의 무안 현감으로 부임하다가 암행 당시 곤장을 맞고 죽었던 영광 아전의 아들들로부터 숙소에서 봉변의 위기를 맞기도 하였다.

암행어사는 만년 암행어사가 아니었다. 돌아오면 다시 관리가 되고 언제, 어디서 다른 사람들과 만날지 모른다. 암행어사도 관료사회로부터 영원히 예외일 수는 없었다. 그러니 암행어사라 해서 내내 '유아독존惟我獨存'할 수는 없는 일이었다. 따라서 당시 정치의 논리에서 자유로울 수는 없었다.

이 때문에 19세기에 오면, 암행어사의 불공정, 태만, 능력 부족, 비리 등이 오히려 큰 문제가 되었다. 암행어사의 원래 역할인 비리통제는 애당초 그러한 시도조차 없었다거나, 통제는커녕, 오히려 이들이 비리를 비호해 주는 장치에 그쳤을 뿐이라는 지적이 나온다. 그러니 수령은 "나는 세력이 있고 친구가 많다. 방백(감사)이나 수의繡衣(암행어사)라도 실로 두렵지 않다."라고 큰소리치면서 불법을 거침없이 행하였던 것이다. 이런 암행어사의 문란한 행위는 후기로 갈수록 많아진다.

이처럼 암행어사는 스스로 강명함을 잃으면서 그 기능마저도 잃어 갔다. 19세기말에 이르면 그 기능을 마감하려는 듯 그 역할의 효능에 대한 의심이 쏟아진다. "암행어사의 문제는 한탄스러운 일이다."라는 말이 고종의 입에서 나온다. 그래서 그런지 사실상 마지막을 장식한 암행어사는 종래와는 전혀 달리 향촌에 머물고 있던 74살의 정2품 장석룡이었다. 아마도 암행어사 제도가 늙음과 동시에 낡아서 그 사명을 마감해야 할 때가 되었음을 은연중 담고 있는 듯하다.

고양이론과 시민사회

암행어사의 파견이 거듭되면서 "무릇 고통과 억울한 일이 있을 때에는 항간에서 늘 말하기를, '암행어사가 어찌하여 내려오지 않는가.'라고 한다."는 말이 상식처럼 자리 잡았다. 가뭄 끝에 내리는 시원한 빗줄기처럼 뭔가 짓눌린 백성의 불만을 풀어 줄 해결사, 그런 기대를 안고 있던 것이 암행어사였다. 그래서 어사우御史雨 이야기가 나온다. 어사 박문수 이야기도 그런 것 중의 하나이고 춘향전도 마찬가지이다.

이들 암행어사는 수령에 대한 최후의 감시자로서, "옛날 사람의 말에 '고양이를 기르는 집에서는 쥐가 함부로 다니지 못한다.'고 했으니, 암행어사가 한 번 나간다면 탐관貪官이 저절로 두려워하게 될 것이다."라는 말처럼 분명히 쥐에 대한 고양이의 역할을 하였다. 그리고 그런 역할 때문에 백성들에게 가뭄 끝의 단비처럼 최소한의 기대를 채워 주었다. 또 그런 자체 감시 기능은 조선왕조 500년의 장기지속을 뒷받침하는 제도적 장치이기도 하였다.

지금도 여전히 관 차원에서 암행어사에 준하는 기능이 없는 것은 아니다. 그런데 관리로서 암행어사 역할을 하는 데는 앞서 살핀 것처럼 구조적

한계가 있다. 또 지금 우리 사회는 더 이상 봉건사회가 아니다. 따라서 그런 암행어사의 역할을 관에 의존해야 할 시대가 아니다. 그래야만 관리로서의 암행어사가 지니는 구조적 한계를 피할 수도 있다. 그러면 누가 그런 역할을 해야 할까? 바로 시민사회다. 시민들의 자율적인 영역에서 최후의 감시자로서 고양이의 역할을 다하는 것이야말로 지금 우리에게 필요한 시민사회의 역할이다. 그래야만 한계 없는 감시, 제대로 된 항시 감시가 이루어질 수 있을 것이고, 공정한 사회, 균형 있는 사회도 열릴 수 있을 것이다.

칠장사 대웅전

32세가 되도록 과거에 급제하지 못한 어사 박문수는 칠장사 나한전에 기도한 후 꿈에서 나한전 부처가 시제를 미리 알려 주어 장원급제했다고 전한다. 이곳에서는 매년 '어사 박문수 전국 백일장 대회'가 열린다. 경기도 안성시 죽산면 소재

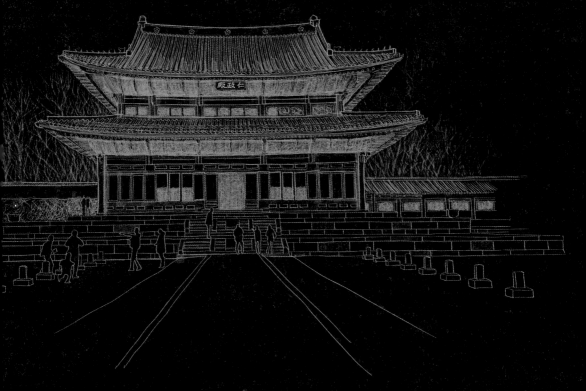

Korea

제7장 | 서민문화의 발달

1 말뚝이의 생각

역사가 발전하면서 인간의 의식도 발전하고, 인간의 의식이 발전하면서 역사도 발전한다. 이는 국가를 지배하는 양반지배층뿐만 아니라 피지배층인 농민의 경우도 마찬가지였다. 진정한 역사의 발전은 이런 측면에서도 봐야 하지 않을까?

농민의식의 자취

문자를 해독하고 사용할 수 있었던 지배층의 생각은 그들이 남겨 놓은 글들이 있어 그나마 밝힐 수 있다. 그러나 피지배층은 문자를 알지 못했기 때문에 글을 남기지 못하였다. 간혹 문자를 해독하여 글을 남길 수 있는 능력이 있더라도 자신들의 생각을 그대로 나타내는 글을 남기기는 어려웠을 것이다. 또 설령 남겼다 하더라도 오늘날까지 남아 있을 확률도 매우 낮다. 따라서 피지배층, 그중에서도 대부분을 차지하는 농민들이 어떤 생각을 갖고 있었는가를 알기는 그만큼 어렵다.

그러므로 정연한 글로 표현된 사료만이 아니라 구전되는 설화나 민담, 또는 당대 이름 없는 예술인들이 남겨 놓은 예술 작품들, 이를테면 판소리·탈춤·민요·민화 등도 분석의 대상으로 삼는 등 사료의 폭을 넓혀야 할 것이다. 그러기 위해서는 국문학·민속학·종교학 같은 인접 학문의 도움을 받을 필요가 있다.

346

인간의 의식은 개인적이고 소박하며 소극적인 데서부터 집단적이고 체계적이며 적극적인 데로 발전해 간다. 특히 '저항의식'은 현실에 대해 관심을 갖는 데서 싹튼다. 현실에 대해 아무런 관심 없이 그저 수동적 피지배자의 위치에 머물러 있는 한 그런 의식은 생기지 않는다. 현실에 관심을 갖게 되면 자연히 자신의 처지와 형편에 대해 각성하게 되고 나름대로 현실에 대한 비판의식을 갖게 된다.

현실에서 출세가 허용되고 또 보장되었던 사람들은 불만 없이 지배 집단으로 진출하였다. 하지만 신분적·경제적·관념상의 제약 등으로 인하여 현실권력에 접근하는 것이 허용되지 않았고 따라서 자신의 열악한 처지와 형편을 개선할 방도가 없는 사람들의 경우는 당연히 현실에 대해 불만을 갖게 된다. 이때 이런 불만을 초래한 현실을 바꾸고 더 나은 사회를 만들기 위한 생각들이 '저항의식'을 형성하게 한다. 그리하여 이를 바탕으로 불만에 대한 감정을 안에서만 삭이지 않고 밖으로 행동으로 표출하게 된다.

와언과 요언

17세기 말인 숙종 대에 발견할 수 있는 저항의 형태로 먼저 꼽을 수 있는 것은 와언訛言과 요언妖言이다. 와언이란 현실이나 체제를 비방하는 내용의 헛소문을 말한다. 오늘날의 유언비어와 비슷하다. 숙종 연간에는 이런 와언이 많이 퍼진 듯하나 기록을 통해서 확인되는 것은 적다. 대개 저항적 의도를 가지고 일부러 퍼뜨린 것은 아니고, 외침이나 해적 출몰로 인한 인심의 동요 현상을 와언이라고 부르는 정도였다.

현실과 체제를 부정하고 막연하게나마 새로운 세상을 제시하는 것을 요언이라고 한다. 와언이 일회적이고 비조직적인 데 비하여 요언은 느슨하고 소규모이긴 하지만 그것을 신봉하는 무리와 조직을 형성하고 있다. 요언이 와언보다 좀 더 근본적으로 체제를 부정하고 새로운 세계를 꿈꾸는 내용

누워 있는 미륵불이 곤륜
산의 정기를 받아 일어날
때 새로운 세상이 열린다
는 전설이 전해 온다.

으로 되어 있다.

와언이 대개 그 처음 발설자가 누구인지 막연한 데 비해 요언은 그 주창
자가 분명한 것이 대부분이며, 와언이 불특정 다수를 대상으로 퍼지는 데
비해 요언은 소규모 집단에게만 퍼진다. 와언이 일시적이고 그것에 강하게
사로잡히는 사람들이 없는 데 비해 요언은 일단 그것을 신봉하는 사람들
에게는 종교적 신념처럼 자리 잡게 된다.

이 시기 요언은 주로 미래불인 미륵신앙을 비롯한 불교사상을 바탕으로
한 것과 풍수설을 바탕으로 한 것, 또는 다른 어떤 의술을 내세우는 것 등
이 있었다. 그들이 내세우는 새로운 세계의 모습은 매우 비현실적일 수밖
에 없었다. 따라서 거기서 조선 사회의 한계를 극복할 수 있는 어떤 발전적
인 모습을 찾기는 어렵다.

그러나 비록 실제 행한 요언이 아니라 요언을 행했다고 모함한 날조 요언
의 내용이긴 하지만, 1712년(숙종 38) 양주 사람 이운이 이웃사람 백상복 형
제를 모함해 올린 변서에서, 백상복 등이 왕후장상이 어찌 씨가 있느냐, 우
리나라가 얼마나 오래 가겠느냐, 라든가, 인조·효종 및 당시 왕이었던 숙

종을 모욕하는 말을 했다고 꾸며 댄 것은 이런 정도의 체제 부정적인 생각을 할 만큼 잠재력을 갖추게 되었음을 보여 준다는 점에서 주목할 가치가 있다.

미륵신앙

요언에 흔히 등장하는 미륵이란 석가모니불의 제자로서 미래에 성불하리라는 약속을 받은 뒤 도솔천에 올라가 현재 천인天人들을 위해 설법하고 있는 보살이라고 한다. 아직 성불하기 전이므로 미륵보살이라고 부르기도 하고 또는 이미 부처가 된 것이나 마찬가지라고 해서 미륵불이라고도 한다. 미륵은 석가모니불이 입멸入滅한 뒤 56억 7천만 년이 되는 때, 이 사바세계에 태어나서 화림원 안의 용화수 아래에서 성불하여 세 차례의 설법으로 272억 인, 즉 모든 중생을 교화한다고 한다.

미륵신앙에는 오랜 시간을 기다릴 수 없을 때 현재 미륵보살이 있는 도솔천에 태어나기를 바라는 상생上生신앙과 미륵보살이 속히 지상에 강림하기를 바라는 하생下生신앙 등 두 가지가 있는데, 우리나라에서는 삼국 시대부터 하생신앙이 유행하였다. 미륵신앙은 이 세상에서 고통에 처해 있는 하층민이 주로 믿었으며, 그것은 현실을 부정하고 새로운 세상을 꿈꾸는 것으로 나타났다.

조선 시기에 와서 미륵신앙이 겉으로 드러난 사건이 1688년(숙종 14년) 승려 여환이 주도한 역모 사건이다. 이 사건은 여환이 양주 지방을 근거로 미륵신앙을 내세워 지사·무당 등과 더불어 상한常漢(평민) 약 20여 명을 포섭, 급격한 날씨 변화를 틈타 서울 공략을 꿈꾸다 실패한 사건이었다. 소빙기小氷期 자연재난 현상에 의한 기상 이변이 역모사건에 활용되었다는 것도 특기할 만한 일이다. 마치 요즈음 종말론을 내세우는 신흥종교와 흡사하다고나 할까.

이상사회론

와언이나 요언이 일시적인 데 비해 18세기를 지나 19세기 전반에 이르면 좀 더 그럴듯한 모습을 띤 이상사회론들이 나타나기 시작한다. 19세기로 넘어가면서 더욱 본격화하는 이상사회론은 각종 참서識書나 비기류秘記類들을 이용하여 이씨 왕조의 기운이 다하고 이제 정씨鄭氏 성姓을 가진 진인眞人이 나타나 새로운 왕조를 건설하리라는 정감록류의 왕조교체설, 먼 바다 어느 섬에 진인이 있어 그가 와서 새 나라를 세우리라는 식의 해도진인설류海島眞人說類, 그 밖에 홍경래가 죽지 않았다는 홍경래불사설洪景來不死說 등 그 내용도 다양하였다.

해도진인설에 따르면, 울릉도·강화도·대마도와 같이 실제로 존재하는 섬이나 또는 계룡산·구월산·가야산·태백산 등의 산악 지역, 안동·봉화와 같은 지역들을 피난처나 거사 준비처, 나아가 이상사회로 설정하고 그곳에서 진인이 새 세상을 준비하고 있다고 선전한다. 이런 관념은《홍길동전》이나《허생전》같은 작품에도 나타나고 있다. 현실 권력의 지배로부터 벗어난 곳, 조세나 공납을 바칠 필요가 없는 이상향으로 이런 지역을 설정하는 것이다. 해도진인설 가운데 특이한 것으로 남조선 왕국설이라는 것이 있다.《계압만록鷄鴨漫錄》에 관련된 내용이 있는데, 한번 살펴보자.

남조선이란 남해 가운데 제주도 밖에 있는 지역으로, 대단히 넓고 토지가 비옥해서 살 만한 곳인데, 어느 때에 점유되었는지 모른다. 연일 정씨들의 후예가 들어가 살면서 무리를 모아 대사를 경영했었다. 이것이 뒷날 계룡산으로 도읍을 옮기게 될 것의 전조라고 한다. 이 일이 있은 지는 이미 백여 년이 되었다. 정조는 매번 이 때문에 걱정하였다. 상국 이서구는 이인異人이었는데, 임금께서는 그가 식견이 많다는 것을 알고 이 일을 탐지시키기 위해서 특별히 호남 관찰사에 임명하였다. 이서구가 부임하고 나서 감영의 한 귀머거리를 불러 밀지를 써 주었다. 그가 그것을 뜯어 본 뒤에 그 섬으로 가 보니, 과연 무리를 크게 모아서 이루 헤아릴 수가 없었다. 그 섬의 사람들은 모두 재주가 뛰어나고 용모가 준수했으며, 무기가 갖추어지지 않은 것이 없었고 스스로 국도를 이루고 있었다.

이 기사의 내용은 순조 이후에 만들어진 것으로 여겨진다. 정조와 이서구에 관련된 내용은 꾸며진 것이다. 이 남조선 왕국설은 17세기 말부터 이어져 온 것으로 보이는데, 조선 왕조를 의식적으로 부정하고 다른 왕국을 꿈꾸는 내용으로 되어 있다. 비록 실제 사실은 아니라 하더라도 기존의 지배체제로부터 벗어나려는 사람들의 열망이 표현된 것이다. 실제로 고종 연간에 오면 이런 남조선설을 내세우면서 어상魚商들을 이끌고 제주도까지 탈취하겠다는 변란 기도들이 적발되기도 하였다. 또 전남 완도 등 서남해의 섬 지역에는 이런 이상사회를 건설할 메시아에 빗대어 아기장수를 설정한 설화가 다수 전해지고 있다.

홍경래불사설도 1811년 평안도에서 대규모 반란을 일으켰던 홍경래가 죽지 않았으면 하는 열망, 그와 같은 반란을 다시 일으키고자 하는 욕구가 반영되어 나타난 것이다. 그리하여 홍경래가 거사할 때 내세웠던 격문의 내용을 그대로 베껴서 자신들의 작변作變에 이용하는 부류도 생겨났으며, 작변을 도모하면서 홍경래가 살아 쳐들어온다고 선동하는 자도 있었다. 홍경래불사설은 허무맹랑하기는 하나 해도진인설보다는 좀 더 현실성이 컸다고 할 수 있다.

그러나 지금까지 훑어본 것들은 사실 공상적·비현실적인 것들이 대부분이고 따라서 현실적인 설득력과 힘은 약하다. 이것이 이 시기 저항의식의 성격이자 한계라고 생각된다. 현실의 지배−피지배 관계, 정치·경제·사

봉산탈춤 말뚝이 탈

봉산탈춤에 등장하는 말뚝이는 천한 이름을 가진 하인으로, 양반들의 무능력과 부패를 고발하는 역할을 담당한다.

회·사상 등 체제를 부정하고 새로운 사회를 건설하려는 구체적 청사진을 제시하지는 못하였다. 왕과 왕조 체제를 근본적으로 부정하는 것은 사실상 마지막 왕인 고종이 죽고 난 후인 3·1 운동 이후에나 가서야 본격적으로 나타난다고 할 수 있다.

말뚝이의 생각

물론 지금까지 언급한 내용이 이 시기 저항의식의 전부는 아니다. 앞으로 좀 더 폭을 넓혀서 조사하고 구명해야 할 필요가 있다. 특히 구체적인 '저항'의 형태를 띠고 있지 않더라도 일반적으로 퍼져 가고 있는 농민들의 각성과 의식에 주목해 보아야 한다.

예를 들면 기존의 지배층 양반에 대해서 농민들의 생각이 어떻게 변했는가를 보여 주는 탈춤 대사나, 기층민들의 정서를 대변했다고 평가되는 김삿갓의 시 등이 여기에 해당된다. 그 대사나 시는 양반의 권위에 도전하고 아울러 양반 지배사회를 조롱하고 풍자하는 것들이었다. 그 안에는 저항적 평등의식이 깔려 있었다. 다음은 봉산탈춤의 '양반 과장科場'에 나오는 대사이다.

말뚝이 : 쉬 – 양반 나오신다아. 양반이라니 노론·소론·이조·호조·옥당을 다 지내고 삼정승·육판서 다 지낸 퇴로재상退老宰相으로 계신 양반인 줄 아지 마시오. 개잘양이라는 양 자에, 개다리 소반 반 자 쓰는 양반이 나오신단 말이오.

양반들(3명) : 이놈, 뭐야아!

말뚝이 : 아아, 이 양반들 어찌 듣는지 모르겠소. 노론·소론·이조·호

352

조·옥당을 다 지내고 삼정승·육판서를 다 지내고 퇴로재상으로 계시는 이생원네 삼 형제분이 나오신다고 그리했소.

양반들 : 이생원이라네.

(중략)

생원 : 이놈, 말뚝아.

말뚝이 : 예에, 아, 이 제미를 붙을 양반인지 좃반인지 허리 꺾어 절반인지 개다리 소반인지 꾸레미전에 백반인지, 말뚝아, 꼴뚝아, 밭가운데 최뚝아, 오뉴월에 밀뚝아, 잔대둑에 메뚝아, 부러진 다리 절뚝아, 호도엿 장사 오는데 할애비 찾듯 왜 이리 찾소.

양반을 손바닥에 올려놓고 쥐락펴락하는 말뚝이의 모습이 눈에 생생하다. 이건 다만 탈춤의 대사에 그쳤던 것은 아니었다. 이 대사를 말하고 들으면서 서로 웃고 즐기는 기층민들의 생각이 그대로 드러난 것이었다. 역사가 발전하면서 인간의 의식도 발전하고, 또 동시에 인간의 의식이 발전하면서 역사도 발전한다. 이는 국가를 지배하는 양반지배층뿐만 아니라 피지배층인 농민의 경우도 마찬가지였다. 진정한 역사의 발전은 이런 측면에서도 봐야 하지 않을까?

2 장길산과 도적들

지배층의 착취에 맞선 피지배층의 저항은 실존적인 저항과 부정의 몸짓에 그쳤다. 체제를 근본적으로 부정하거나 새로운 사회를 세우고자 전망하는 단계까지는 이르지는 못한 것이다. 그러다 보니 그 주류적인 형태가 유망과 도적 활동으로 나타났다.

《장길산》

17세기 말엽에서 18세기 전반, 정치사로는 환국기와 탕평정치 전반기에 해당하는 시기에 활동했던 도적으로 유명한 장길산이 있다. 황석영의 소설 《장길산》이 있어서 더욱 유명하다. 소설 《장길산》의 내용은 다음과 같다.

　노비가 도망 중에 길에서 낳은 아이를 광대패가 주워서 길렀다. 으레 소설의 주인공이 그러하듯 그는 자라면서 뛰어난 용력과 어느 정도의 지략, 순수한 정의감을 겸비하여 자신이 처한 현실에 대해 불만과 개혁의지를 가지게 된다. 그는 자신과 비슷한 처지의 동지들을 규합하는 한편, 승려와 몰락한 양반 등으로부터 가르침과 지도를 받는다. 대규모 상단商團과 연결되어 자금을 조달하여, 이런 것들을 기반으로 산중에 무장집단을 형성하고 경향 간에 출몰하며 악질 관리나 부호의 재물을 털어다 가난한 사람들에게 나누어 주는 등 활약을 하다가 관군의 추격에 쫓겨 스러져 갔다.

　물론 거기에는 어여쁜 여성과 우여곡절을 겪는 사랑, 동지들과의 끈끈

한 동지애, 배신과 복수, 좌절과 위기의 극복 등 온갖 인간사가 교차되는 등, 역동적인 한 인물의 삶과 그 시대상이 작가 특유의 입심에 힘입어 그 소설의 인기와 성가에 버금가게 그려져 있다. 어쨌든 소설《장길산》을 통해서 우리는 장길산과 그 시대상을 매우 실감나게 접할 수 있다.

그렇지만 그 실감이 아무리 진하다 하더라도 소설은 소설일 뿐, 그것을 곧 역사라고 할 수는 없다. 소설에는 사실적인 요소와 함께 당연히 작가의 문학적 상상력이 동원되며, 그 과정에서 작가의 그 시대에 대한 이해가 바탕에 깔리게 마련이다. 그러할 때 그 작가가 그 시대를 전공한 역사가가 아닌 한, 또 그런 역사가라 하더라도 그 사실들을 완벽하게 재구성해 내는 것은 불가능하다. 그러므로 우리는 소설《장길산》을 읽고 감동을 받는 것과는 별도로 역사적인 맥락에서 장길산과 그 시대를 되새겨 볼 필요가 있다.

장길산의 사실 기록

우리 시대 역사 소설 부문의 최대 성과 가운데 하나로 손꼽히는 소설《장길산》은 두툼한 단행본 열 권에 이르는 분량을 자랑하고 있다. 그런데 장길산에 관한 사실의 근거가 되는 역사 기록은 실제로 별로 없다. 빈약한 역사 기록인데도 불구하고 열 권의 소설로 엮었다니 소설가의 입담에 놀라지 않을 수 없다.

그건 그렇고, 어쨌든 현재까지 알려진 바로는《숙종실록》에 나오는 두 군데 기사와 중죄인들에 대한 심문 자료를 모은《추안급국안推案及鞫案》에 나오는 관련 기사, 그리고 성호 이익의《성호사설》에 나오는 짤막한 기사 하나, 이렇게 서너 가지뿐이다. 《성호사설》에 나오는 장길산에 관한 기록을 한번 보자.

숙종 연간에 교활한 도적 장길산이 해서 지역에 출몰하였다. 길산은 본디 창우倡優(광대)로서 근두筋斗(곤두)박질을 잘하는 자로서 용맹스럽고 민첩하기가 비상하였다. 그리하여 마침내 도적들의 우두머리가 되었다. 조정에서는 이를 근심하여 신엽으로 감사를 삼아 체포하려 노력하였으나 잡지 못하였다. 여러 군의 병사를 출동시켜 요로를 각각 지키게 하며 밤을 타서 들어가니 도적이 이미 염탐하여 알고 관군을 맞아 더러운 욕을 하더니 마침내 도망하여 자취가 없었다. 나중에 또 병자년 역적의 공초供招에 그 이름이 나왔다. 끝내 그 마지막이 어찌 되었는지 알지 못하였다.

이 글을 보면 장길산이 상당히 조직적이고 규모가 큰 조직을 가지고 역모에도 관여했던 것처럼 보인다. 그러나 실제로 그렇지는 않은 것 같다. 장길산에 관한 기록들을 자세히 살펴보면, 재판 결과, 실제로는 운부라는 승려의 존재, 승려 세력의 결집 등 상당 부분이 허구이고 실제 내용은 이영창이 서울의 몇몇 양반 서얼과 노비 출신 인물들을 엮으려고 시도한 정도에 불과한 것으로 나타나고 있다.

따라서 운부 등이 장길산 집단을 구월산에 포진시켜 필요할 때 동원하려 했다는 내용 역시 사실이 아니며, 이영창은 장길산이 어디 있는지 알지도 못했고, 다만 자신의 말을 그럴듯하게 꾸미기 위해 이런 이야기를 끌어다 댄 것으로 판명이 났다.

그러나 이 기록들을 통해 우리는 여러 가지를 알 수 있다. ① 장길산 집단이 실존하였고, ② 국왕 숙종을 비롯한 당시 권력집단에게는 큰 걱정거리였으며, ③ 장길산 집단이 형성된 지 10여 년 만에 조정에서 처음 문제가 되어 체포 명령을 내리지만, 5년이 지나도록 잡히지 않고 엄연히 존재하고 있었다는 사실, ④ 왕이 "장길산 집단이 여러 도를 왕래한다."고 파악하고 있는 데서 보듯 그들의 활동범위가 넓었고, 그래서 이들의 이름이 널리 알려져 역모를 도모하는 자들도 이들의 이름을 끌어다 댈 정도가 되었다는 사실, ⑤ 지방 차원이 아니라 중앙 조정에서 체포에 나설 만큼 이들의 문제가 중요하게 받아들여지고 있었다는 사실 등을 확인할 수 있다.

왜 장길산인가

장길산과 그 집단이 어떻게 그 당시에 왕이 각별한 관심을 가지고 체포를 명령할 정도로 유명해질 수 있었으며, 오늘날까지 그 이름이 전해질 수 있었을까?

이런 의문에 대한 답은 장길산 개인이나 그 집단에만 시각을 고정해서는 풀기 어렵다. 장길산과 함께 다른 도적들이 나타나서 활동하게 된 당시의 사회 상황을 시야에 넣어 파악할 때 어느 정도 가능할 것이다.

17세기에서 18세기로 넘어가는 숙종 연간은 사회 전반적으로 커다란 변화가 일어나던 시기였다. 정치적으로는 붕당의 균형상태가 깨지면서 정국을 주도하는 붕당이 급격히 교체되는 환국이 여러 차례 거듭되었고, 사상적으로는 주자성리학의 지배력이 배타적으로 강화되는 한편, 이에 대한 반발의 움직임이 활발해졌고, 경제적으로는 농업생산력의 향상에 힘입어 지주제가 더욱 발달하고 상품화폐경제가 크게 진전되었으며, 사회적으로는 신분이동과 사회구성원 사이의 분화가 빨라졌다.

이런 변화는 지배−피지배 관계에도 영향을 미쳐, 양인 농민과 노비 등 피지배층이 지배층에 대해 그 이전과는 다른 모습으로 여러 형태의 저항을 꾀하기 시작하였다. 이 시기 저항 형태는 대단히 복잡하고 다양하여 간단히 대답하기 어렵다. 마치 오늘날 신문의 사회면을 장식하는 기사들이 각양각색인 것처럼 당시 일반민들의 동향도 변화된 사회상황에 맞추어 새로운 모습을 띠면서 진행되었다.

농민들은 굶주림이나 국가에 납부해야 할 각종 부담을 견디지 못해 스스로 목숨을 끊기도 하였고, 합법적인 수단을 동원해 관에 대고 시정을 요구하기도 했다. 더 나아가서는 법을 어겨 가며 수령이나 왕의 상징물에 개인 또는 집단적으로 폭력을 행사하기도 했다. 노비들은 자기 주인이나 다른 양반들을 능욕하거나 살해하기도 했다. 사족들 가운데서도 현실에 불만을 가진 자들은 그것을 공개적인 장소에 써서 붙이기도 하였다. 이렇게 불만을 품은 세력들은 서로 연결하여 조직을 결성하기도 했으며, 체제를 위협하거나 부정하는 말을 퍼뜨리기도 하였다.

이렇게 다양한 저항 가운데서도 저항의 주류를 이루었던 형태는 유망流亡과 그것에 기반을 둔 도적 활동이었다. 유망이란 유리流離·도망을 합친 말이라고 할 수 있는데, 농민들이 관의 감시를 피하여 자기 거주지에서 다른 곳으로 옮겨 가는 것이다. 이는 농민들을 거주지에 고정시켜 각종 부담을 지게 함으로써 국가를 유지하였던 당시 체제에서는 그 존립을 근본으로부터 위협하는 현상이었다. 유망이 광범위하게 벌어지고 활발해짐에 따라 각종 저항행위들이 본격화할 조짐을 보였다. 그 가운데서도 가장 눈에 띄는 것이 도적이었다. 이 시기에 도적들의 활동이 이전보다 부쩍 늘어나기 시작하였다.

늘어나는 도적 활동, 이것은 이 시기 사회 변화의 산물이다. 사회 변화의 와중에서 지배집단을 구성하던 왕실과 그 친척들, 아문衙門·군문軍門과 같은 각급 국가기관들, 감사·수령과 같은 지방관과 그들을 보조하는 향리, 중앙의 아전들, 토호라 불리던 지방의 유력자 등 여러 세력들은 자신들의 이익을 유지하고 더 나아가서는 늘리기 위하여 각종 비리를 저지르면서 농민·노비 등 피지배층을 착취하였다. 이렇게 무거워지는 압박과 착취에 대해 피지배층은 순순히 복종만 하고 있지는 않았다. 저항을 꾀하기 시작하였다.

그러나 이들의 저항은 실존적인 저항과 부정의 몸짓에 그쳤다. 아직 국왕이나 지배체제 자체를 저항의 대상으로 삼아 체제를 근본적으로 부정하거나 새로운 사회를 세우고자 전망하는 단계까지는 이르지 못하였다. 그러다 보니 그 주류적인 형태가 바로 유망과 도적 활동으로 나타났던 것이다.

1674년에서 1720년에 이르는 숙종 연간 중에서도 특히 숙종 21년(1695)에서 25년까지 극심한 가뭄이 계속되었는데, 이 시기에 유망과 도적 활동도 눈에 띄게 증가하였다. 장길산에 관한 기록이 실록에 나오는 시기도 숙종 18년과 23년으로 시기가 거의 일치한다. 이런 일치가 장길산을 유명하게 만드는 요인이 되었던 것이다.

도적 문제가 어느 정도 사회적 관심사가 될 만큼 도적들이 늘어났지만, 그렇다고 너무 일상적이어서 식상한 상태까지는 가지 않은 그런 시점이었다. 따라서 도적에 대한 관심이 비상하게 높아지고 예민해졌던 것이다. 바로 그럴 때 장길산이 나타나자 이처럼 사회적 관심을 끌었던 것이다.

장길산 이후

장길산 이후에는 도적 활동이 어떻게 되었을까? 그 이후에는 알려져 있는 유명한 도둑이 거의 없다. 탕평정치 등으로 살기가 좀 나아져서 도둑이 줄어들었기 때문일까?

그런 것은 아니다. 장길산 이후에도 도적은 있었다. 있었던 정도가 아니라 더욱 많아지고 그 활동 내용도 대담해졌다. 숙종 후반기에는 총포 따위로 무장을 하였으며, 이런 추세는 영조 대에는 더욱 심화되어서 명화적明火賊이라고 불리는 도적 집단이 많이 나타났다. 이들은 말을 타고 깃발을 세우고 총포를 쏘는 도적 집단으로 대낮에도 출몰하였다. 도적들은 무장단을 조직하게 되었고 행동은 더욱 거리낌이 없어졌다.

이렇게 도적 활동이 활발한 시기에는 역설적으로 장길산처럼 '유명한' 도적, 요즘 말로 하면 '스타' 도적은 없었다. 산간에 숨어 있을 때는 전설적인 존재, 신비스러운 존재, 그래서 그 이름이 더욱 널리 퍼질지 모르나, 이제 도적은 주위의 흔한 현상이 되었고 따라서 대부분의 경우 익명이었다. 영국에서 셔우드 숲의 로빈 후드가 점하는 역사적 의미를 우리의 경우는 장길산이 그대로 가지고 있었던 것이다.

도적 활동이 이렇게 광범위해지고 활발해졌지만, 이것이 이후 농민들 저항의 주류가 될 수는 없었다. 도적 활동이 중세 사회의 어느 단계에서는 농민저항의 주류적 형태를 차지하지만, 도적의 약탈적이고 기생적인 성격 때문에 농민들과 지속적으로 우호적 관계를 유지할 수는 없었다. 농민 저항의 발전에 따라 그것은 이제 주류의 위치에서 밀려나고, 반면에 자기 생활 근거지에 뿌리박고 살면서 생산 활동에 종사하던 농민들의 저항이 주류로 등장하게 된다. 그런 농민들의 발달된 저항 형태가 우리 역사에서 19세기에 활발하게 전개되었던 농민 항쟁, 즉 '민란民亂'이었다.

장길산은 분명히 조선 숙종 연간에 활동하였던 도적 집단의 우두머리였다. 오늘날 우리가 그를 보고 '도둑놈'이라고 단죄할 필요는 물론 없을 것이다. 그러나 그렇다고 해서 그를 조선 후기 도적의 대표라도 되는 것처럼 과장하거나 그가 당시 사회를 변혁시키기 위해 영웅적인 활동을 한 것처럼 미화시킬 필요도 없다.

오히려 지금 우리가 관심을 두어야 할 것은 조선 시기 역사의 전개 과정에서 나타난 농민저항의 한 형태인 도적 활동, 그 가운데 한 인물인 장길산을 정확히 파악하여 제자리를 잡아 주는 일이 아닐까?

3 격쟁과 작란

KOREA

상언·격쟁은 정조 연간에 활발해진다. 정조는 일반민들과 접촉하기 위하여 자주 능에 행차를 하였는데, 일반민들은 이런 능행의 기회를 이용하여 상언·격쟁을 하였다. 상언·격쟁은 이 시기 민들의 저항에서 주요한 몫을 차지하고 있었다.

자살도 저항?

사회가 발전할수록 백성들의 의식수준도 높아지며 그에 따라 자신들의 몫을 찾으려는, 또 지키려는 목소리도 높아간다. 그래서 조선 후기에 들어오면 백성들이 자신들의 요구를 실현하고자 하는 움직임이 다양하게 나타난다. 이를 지배층의 입장에서는 '난亂'이라고 부른다. 질서를 어지럽히는 행위라는 것이다. 물론 백성들의 입장에서는 생존을 위한 정당한 저항이었다.

조선에서는 특히 18세기 후반 정도에 이르면 그전 시기와는 달리 농민들이 일상적인 삶의 공간을 토대로 한 저항이 활발해진다. 즉 종전처럼 유망한다거나 산곡 간으로 들어가 도적이 되는 그런 것이 아니라 자기가 살고 있는 마을에서 당당히 자신들의 주장을 펴게 된다는 것이다.

불만 표출의 가장 원초적인 형태로는 아무런 요구를 내걸지 않은 채 개인적·소극적으로 불만을 나타내는 자살과 같은 자학행위를 꼽을 수가 있다. 자살은 어떻게 보면 저항의 형태에 넣지 않을 수도 있겠으나, 그것이 사회적 원인에 의해 이루어진 것이고 불합리한 현실에 대한 불만 표출이라는 점에서는 저항의 한 형태에 포함시킬 수도 있다.《숙종실록》에는 이런 자살 사례가 몇 건 발견된다. 자살 자체가 개인적인 차원의 일이기 때문에, 관을 통해 조정에 보고되는 일도 적었을 것이고, 더구나 왕조실록에 실리는 경우는 더욱 적었을 것이다. 그럼에도 불구하고 이처럼 실록에서 여러 건 발견된다는 것은 기록된 사례보다 실제가 훨씬 많았다는 뜻이다.

《실록》에 나타난 자살자와 그 원인을 보면, 농민들이 굶주림이나 군포·환곡의 부담을 견디지 못해 자살에 이르는 것이 일반적이었고, 경제적으로 몰락한 사족이 굶주림을 견디지 못하여 자살하는 경우도 있었다. 자살은 당사자로서는 극단적인 수단이기는 했지만 저항으로서는 지극히 개인적이고 소극적인 수준에 머무는 것이었다. 문제를 해결하는 것이 아니라 그것을 회피하는 데 지나지 않았다.

격쟁과 상언

농민들은 자신들의 불만과 문제들을 해결하기 위해서 자살보다는 좀 더 적극적인 방법을 찾았다. 불만과 요구를 관에 알리고 그 시정을 촉구하는 격고擊鼓·격쟁擊錚·상언上言·정장呈狀·호소呼訴 등이 그런 방법들이었다.

이런 방법들은 개인적으로 이루어질 수도 있고 집단적으로 이루어질 수도 있으나 개인적 요구가 대부분이었다. 설령 집단적으로 이루어진다 하더라도 그것은 개인적 요구를 모은 것이지, 처음부터 집단성을 전제로 한 것은 아니었다. 또 이런 형태의 저항들은 절차상 법을 어기는 경우가 왕왕 있어 그것을 구실로 잘 받아들이지 않았지만, 이런 식의 의사표현 자체는 관례로 받아들였다. 그런 점에서 합법적 행위로 인정했던 것이다.

그러나 합법적인 행위로 인정하는 것과 그 요구를 들어주는 것은 전혀 별개의 일이었다. 즉 관에서 순순히 들어주는 경우는 거의 없었다. 더구나 그 요구가 순전히 개인적인 차원의 것이 아니거나 개인의 요구라 하더라도 사회성을 가지고 있어 같은 불만과 요구를 갖고 있는 사람들이 많은 경우에는 거의 받아들이지 않았다.

따라서 합법적인 수단에 의한 요구가 받아들여지지 않으면 격렬한 행동으로 전개되어 법을 어기는 경우가 많았다. 마치 지방자치 시대에 한 집단이나 지역 주민들이 자신들의 요구가 받아들여지지 않는 경우 농성하거나 때로는 폭력을 행사하는 것과 비슷하다.

민인들의 요구를 최고재판관 격인 왕에게 직접 알렸던 격쟁과 상언은 이런 유형의 저항 중 최고봉이라 할 수 있다. 이때 왕에게 알리기 위해 징을 쳤다고 해서 그 행위를 격쟁이라 부른다. 북을 치는 경우도 있었다. 이때 이를 굳이 구분하자면 격고라고 해야 한다. 그러나 통틀어 그런 식의 저항을 격쟁이라고 한다. 한편 상언은 문서로써 내용을 써서 직접 아뢰는 행위를 말한다.

상언·격쟁은 정조 연간에 들어가서 활발해진다. 정조는 일반민들과 접촉하기 위하여 자주 능陵에 행차를 하였는데, 일반민들은 이런 능행의 기회를 이용해 상언·격쟁을 하였다. 상언·격쟁은 이 시기 민들의 저항에서 주요한 몫을 차지하고 있었다.

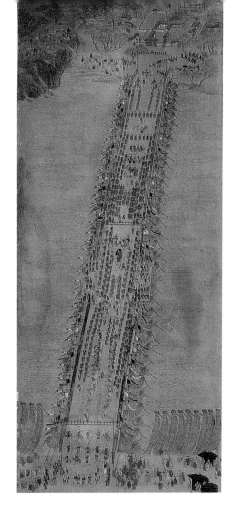

정조의 화성능행도 가운데 〈한강주교환어도〉

화성능행도는 정조가 화성(현재의 수원)에 있는 그의 아버지 사도세자의 묘소인 현륭원(지금의 융릉)을 친행하는 동안 행해진 장면을 8폭 병풍에 그린 것이다. 〈한강주교환어도〉는 여덟 번째 그림으로, 한강의 배다리를 건너오는 정조의 행차를 사실적으로 묘사한 그림이다. 상언과 격쟁은 이런 능행을 기회로 이루어졌다.

전패작변

한편 개인적 차원에서 불만의 표적이 된 수령 개인이나 다른 어떤 인물을 곤경에 처하게 하기 위해 그들이 관리 책임을 지고 있는 국가적 상징물, 예를 들면 궁궐·능묘陵廟·위판位版·전패殿牌 따위를 훼손시켜 그들에 대한 처벌을 유도하기도 했다. 그중에서도 전패에 대한 훼손이 대표적이어서 이런 행위를 전패작변殿牌作變이라고 한다.

국왕, 그리고 국왕의 조상과 직접 관계되는 궁궐과 능묘 또는 각 지방 객사에 국왕을 상징하는 '전殿' 자를 새겨 놓은 판인 전패를 훼손하는 행위는 봉건 왕조 사회에서 권력체계에서나 이념체계에서 최고의 존재로 여겨온 국왕의 권위를 손상시킨 것으로 받아들여졌다. 또한 사직은 종묘와 더불어 국가의 두 정신적 지주 가운데 하나였는데, 지방의 사직당에 모셔 놓은 위판을 훼손하는 행위 역시 이런 범주에 속하는 것이었다.

그러나 실제로 이런 행위를 한 농민들이 국왕이나 국가를 염두에 두고 그 권위에 도전했다고는 볼 수 없다. 그들은 대개 그것을 관리하는 관리자나 관리 책임을 지게 되어 있는 지방관을 곤경에 빠뜨리기 위해서 이런 일을 저질렀던 것이다. 또 이때 훼손하는 것들이 왕·왕실·국가와 관계있는 상징물이라 하더라도 그 행위가 이런 왕·왕실·국가 자체의 권위에 대한 도전은 아니라는 점에 주목할 필요가 있다. 말하자면 농민들의 저항 수준이 아직 왕실 자체를 부정하는 데까지 나아가지는 못했던 것이다.

결당작란

격쟁·상언·호소 등은 진행 과정에서 집단화하고 불법적 행위가 개입된다 하더라도 기본적으로는 개인적이며 합법적 수단이라는 점에서 힘의 한계를 드러낼 수밖에 없었다. 궁궐 등 국가적 상징물에 대한 작변 역시 그 규모에서 개인적인 차원의 것이고 대상에 대한 정면 공격이 아닌 우회적인 것이라는 점에서 그 영향력은 작을 수밖에 없었다. 이런 한계를 벗어나서 나타난 것이 흔히 '작당', '소요', '난동' 등으로 불리는 집단행동이다. 이런 집단행동을 보통 '결당작란結黨作亂'이라고 부른다. 작란作亂은 요즘 '장난친다.'라고 할 때 그 장난의 어원이 되는 말이다.

결당작란은 말 그대로 무리를 만들어 난을 일으킨다는 뜻으로, 17세기 말 18세기 초 단계에서 기대할 수 있던 가장 최고의 저항 형태였다. 농민들이 자신들의 근거지에서 자신들의 요구를 내걸고 집단적으로 봉기하는 것이었다. 그런 일은 아직 많지 않았지만, 숙종 중반과 말기, 경종 연간에 몇 건이 발견된다.

1697년(숙종 23) 4월 광주민廣州民 수백 명이 대궐 앞에 나와, 대신 이하 관료들이 대궐에 드나들 때 길을 막고 호소하여 살아갈 자금을 얻고자 원하였다. 그러다가 수어사 이세화가 이 문제를 맡게 되자, 이세화의 집에 이르러 문을 열고 돌입하여 이세화의 군관을 구타하고 이세화까지 꾸짖고 욕한 일이 있었다. 이로 인해 주모자인 박세신을 잡아 가두어 죄를 주고 광주부윤 박태순도 일처리를 잘못해 이런 일이 있게 만들었다 하여 역시 잡아 가두었다.

이 사건은 수어청이 있는 광주라는 지역의 특수성을 고려해야 올바로 이해할 수 있을 것으로 생각되지만, 일반민 수백 명이 대궐 앞에까지 이르러 호소하고 수어사의 집에 가 군관을 구타하고 수어사를 직접 꾸짖어 욕하였다는 것은, 이 시기 농민의 집단행동이 어느 정도까지 가능한가를 보여 주는 지표가 되는 사건이라고 할 수 있다.

이런 집단행동은 기본적으로 불법성을 가지며 대부분 격렬하여 그 영향력도 상대적으로 컸다. 그러나 집단행동은 일회적이라는 점에서 또 다른 한계를 가지고 있었다. 이런 집단행동이 지속성과 짜임새를 가질 때 그 힘은 한층 커질 것이다. 그렇게 된다면 농민저항의 발전 과정상 흔히 '민란'이라고 부르는 농민 항쟁으로 전개되어 나타난다.

민란으로 가는 길

이 시기에는 아직까지 농촌과 같은 생활 근거지에 토대를 둔 저항 조직은 형성되지 않았던 것으로 생각된다. 다만 본격적인 저항 조직이라고 할 수는 없으나 그런 것으로 발전할 가능성을 가지고 있는 것을 한두 가지 찾아볼 수 있다. 그 대표적인 것이 검계劍契였다.

1684년(숙종 10) 2월에는 검계 문제가 조정에서 논란이 되었다. 당시 파악된 검계에 대한 정보로는, 검계가 향도계에서 연유한 것으로 장례를 담당한다는 점, 평민뿐만 아니라 사대부가나 궁가까지도 여기에 참여한다는 점, 검계의 핵심 조직으로는 도가徒家라는 것이 있는데, 이것이 농촌에서 유망하여 서울로 흘러 들어온 자들을 불러 모은다는 점 등이었다.

이런 기사로 미루어 볼 때 검계라는 것은 노비들이 주축이 된 본격적인 의미의 저항 조직이라기보다는 전래의 장례 조직인 향도 조직에, 서울로 흘러 들어왔으나 아직 일정한 생계를 잡지 못한 농민 유망민들이 포섭된 조직으로 일종의 비밀서클 정도의 조직이라고 할 수 있을 것이다. 말하자면 농민들의 조직은 아니지만 서울이라는 지역을 중심으로 전통적인 향도 조직을 바탕으로 다양한 계층이 참여해서 만들어진 저항 조직이었던 것이다.

그 밖에 18세기에는 평양 중심의 폐사군단廢四郡團, 재인이나 화척이 주가 되는 채단彩團, 떠돌이·거렁뱅이의 무리인 유단流團, 그리고 도망노비로 구성된 변산적邊山賊 등 공고한 조직을 이루어 저항하는 집단들이 나타난다. 또 도시빈민층으로 구성된 도적 집단으로 후서강단後西江團이 나타나는데, 이는 도시폭동의 전조前兆라고 할 수 있다.

또한 18세기에 주목되는 현상 가운데 괘서掛書가 있다. 오늘날의 대자보라고 할 수 있는 괘서는 공개된 장소에 자신의 주장을 글로 써서 내거는 형태이다. 그러므로 괘서는 적어도 한문 구사 능력이 있는 사족 지식인에 의해 이루어졌다. 내용에서도 사족 정치집단 사이의 갈등 대립과 상대방에 대한 정치적 공격을 하는 것이 많았다. 이런 점들을 고려할 때 형식논리상 괘서를 농민 저항에 포함시키는 데 문제가 있을 수는 있다.

그러나 괘서는 경우에 따라서는 왕이나 국가의 권위에 대해 부정하는 내용을 담고 있기도 하고, 그것을 공개적으로 광범위하게 전파한다는 점에서 일반민의 저항 분위기를 고조하는 데 상당한 영향을 미쳤다. 또 저항집단들이 이를 항쟁의 수단으로 활용하기도 했다는 점에서 이 시기 저항의 하나로 포함시키는 데 무리가 없다고 생각한다.

더욱이 이 시기에는 전문적 모사꾼·조직가에 의해서 일어나는 집단적·정변적 무장투쟁인 변란變亂도 가미되었다. 광양난光陽亂(1869)과 이필제 난(1871)으로 대표되는 변란은 무장한 병대를 동원하여 조직적으로 일으켰다고 해서 '칭병소란稱兵騷亂', '적변賊變' 등으로 불렸다. 조직이나 의식의 면에서는 민란보다 한걸음 나갔지만, 오히려 생산 활동이나 향촌 사회와는 유리되어 있었기 때문에 민중들의 지향을 수용하지는 못하였다. 이런 변란의 경험들이 민란의 경험들과 겹치면서 1894년 동학농민혁명으로 나아갔다.

역사에서는 비약이 없다. 그리고 역사는 그 주체들의 끊임없는 노력에 의해 발전한다. 우리가 19세기에 갑자기 나온 것처럼 이해하기 쉬운 농민들의 대규모 항쟁도 그 이전부터 있어 왔던 다양한 형태의 농민 저항이 성장해서 이루어졌던 것이다.

KOREA **4 판소리와 탈춤**

18세기 상품유통경제가 발달하면서 상인·이속 등 새로운 세력이 성장하였다. 이들과 함께 의식이 성장한 평민·천인들이 서민문화를 만들어 나가면서 기존의 양반 중심 사회체제에 대항해 나갔다. 이렇듯 서민문화는 지배체제에 저항하고 근대를 지향하는 진취적 문화였다.

서민문화

1993년 개봉하여 100만 명이 넘는 최대의 관객을 동원한 영화 〈서편제〉. 한국 영화사상 신기원을 이루었던 영화이다. 지금은 1,000만 관객을 동원하는 영화가 심심치 않게 나오니까 그깟 100만 명이라고 하겠지만, 당시 사정을 생각한다면 그게 얼마나 큰 숫자인지 알 것이다. 1,700만 이상의 관객을 동원한 영화 〈명량〉의 스크린 수가 1,587개였다. 하지만 서편제가 단성사에서 개봉했을 때 스크린 수는 1개였고, 전국의 스크린 숫자를 알 수는 없지만, 지금과는 비교할 수 없을 만큼 적었다. 서편제의 관객 100만 명, 당시로서는 신기원이라 할 만큼 큰 숫자였다.

이렇게 많은 관객을 동원하면서 전 국민에게 공감을 선사했던 영화 〈서편제〉는 판소리를 하는 소리꾼 집안의 한恨을 잘 승화시킨 영화였다. 이로인해 일반사람들이 판소리를 비롯한 전통문화에 대해 갖는 관심이 매우높아졌다고들 한다. 바로 이 판소리를 비롯한 조선 후기의 서민문화가 이

글의 주제이다.

　서민문화를 말하기 전에 우선 '서민'이란 무엇인가부터 이야기할 필요가
있을 것 같다. 사실 사회사적인 측면에서 보았을 때 조선 시기에는 양반·
중인·상민·노비 등 4개의 신분만이 있었다. 엄격하게 말하면 서민은 그 속
에 들어가 있지 않다. 그러나 조선 후기에 문학·예술 분야에서 나타나는
새로운 움직임을 설명하려고 하다 보니 서민이라는 새로운 개념이 필요하
였다. 즉 조선 후기 새로운 문화를 만들어 갔던 이들은 대체로 신분적 특
권을 가지지 않았으며, 경제적으로도 지주·대상인이 아닌 사람들이었다.
이 속에는 상민(평민)과 몰락 양반, 일부 중인들이 포함된다고 할 수 있다.
굳이 말하자면 양반의 일부까지도 포함해서 중인과 평민·천민을 두루 포
괄하는 범주의 사람들이라고 할 수 있다.

　서민이란 말은 물론 요즘도 사용하고 있다. '사회적 특권이나 경제적인
부를 많이 누리지 못하는 일반 사람'을 지칭한다. 사회를 통제하는 지배 계
층도 아니고, 먹고 사는 데 별 걱정 없는 중산층도 아니고, 그렇다고 극빈

층도 아닌 거의 대부분의 사람들을 일컫는 말이다.

이 글에서 말하는 '서민'도 이런 개념과 유사하다. 즉 서민은 '귀족이나 상류층이 아닌 평민·백성을 의미하는 것'이었다. 따라서 서민문화는 오늘날의 대중문화에 버금가는 것으로 볼 수 있다. 하지만 신분제 사회라는 큰 틀을 벗어나지 못했던 시기였기에 서민은 오늘날의 대중과는 다르다. 그래서 서민이란 말은 우리 역사에서는 조선 후기에 국한해서 사용하는 경우가 많다.

서민의식의 성장

조선 후기에 서민문화가 대두하게 되는 배경은 무엇이었을까? 17세기 후반 이후 상품화폐경제가 급속히 발달하고 신분제가 동요되자, 서민들은 지금까지 지배체제에 복종하고 순응하던 모습에서 벗어나 여러 형태로 저항하면서 새로운 의식을 키워 나갔다.

서민들의 의식이 성장하는 데는 지식을 습득하기가 쉬워지고 생활의 폭이 넓어진 것이 주요한 계기가 되었다. 이들은 부분적으로 향교에 들어갈 수 있었고, 또 서당이 늘어나 교육을 받을 수 있는 기회도 점점 확대되었다. 특히 서울 같은 도시 지역에서는 소설책 등을 돈을 받고 빌려 주는 세책점貰冊店이 등장하여 지식을 접할 수 있는 길이 넓어졌고, 지방은 장시의 발달로 농민들이 장시에 모여 세상 물정을 접할 수 있는 기회가 늘어났다.

또한 상품화폐경제가 발달하면서 서민들도 부를 축적하고 신분을 상승하려는 욕구가 커져 갔다. 그래서 부익부 빈익빈이 확대되어 가는 현실과 아직도 신분적 특권이 남아 있는 상황 속에서 이런 문제점들에 대한 비판의식을 갖게 되었다. 이런 욕구와 현실 사이의 갈등이 때로는 해학이나 체념으로 표현되기도 하였다. 한편 이 시기에 이르면 문화에 대한 욕구도 높아져, 판소리나 가면극·풍속화·사설시조 등 다양한 예술형태들이 나타나

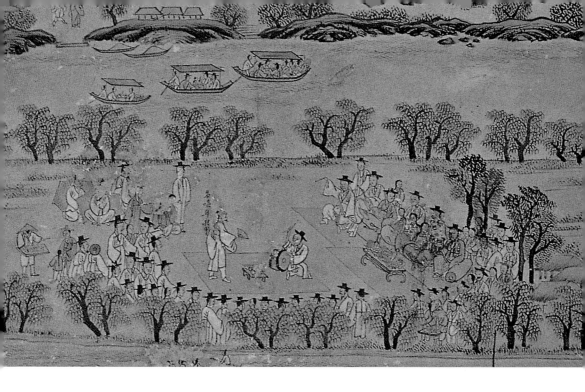

평양감사 환영도 중 명창 모흥갑(牟興甲)의 판소리 장면

평양감사의 초청으로 평양 능라도에서 소리를 할 때 모습을 그린 그림이다. 명창 모흥갑(名唱 牟興甲)이란 글자가 또렷하다. 그는 판소리 8명창 중의 하나였다.

기도 하였다. 요새 사람들이 경제가 나아져 살 만하니까 다양한 문화에 관심을 가지는 것과 마찬가지였다.

판소리의 등장

먼저 판소리에 대해서 알아보도록 하자. 판소리는 언제, 어떻게 나타났는가? 지금까지 학계에서는 판소리의 기원에 대하여 설이 분분하다.

산대도감山臺都監에 소속되어 잡희雜戲를 행한 광대들의 활동에서 발생 근거를 찾기도 하고 전라도 특유의 무속·무악에서 기원을 찾거나, 또는 서사무가敍事巫歌의 전환형태로 보기도 한다. 어느 설이 맞는지 단언할 수 없지만 판소리는 대체로 18세기 초, 숙종 대를 전후해서 나타나지 않았나 생각된다.

한때 시중에서는 이판사판춤이 유행하기도 했었다. 그러나 판소리의 판은 이판사판하는 그런 판만을 의미하는 것은 아니다. 판소리의 판은 '놀이판'이라는 뜻, '판에 박힌다.'라는 뜻, 그리고 악조樂調나 수량을 의미하는 뜻을 모두 포괄하는 개념이라고 할 수 있다.

판소리는 광대가 고수의 장단에 맞추어 이야기를 창과 아니리로 엮어 몸짓을 곁들여 구현하는 것이다. 이때 광대가 가장 중요하다. 우리는 판소리를 잘하는 광대를 명창이라고 부른다. 그러나 명창이 되는 것은 쉬운 일이 아니었다. 신재효는 광대가 갖추어야 할 요건으로, 인물·사설·득음·너름새를 들었다. 인물은 생긴 모습이고 사설은 판소리의 문학적 측면이며, 득음은 판소리의 음악적 측면이라고 할 수 있다. 너름새는 몸짓 표현이다.

역대 명창의 수련 과정을 보면 깊은 산속이나 폭포 아래, 또는 암자에서 십여 년 동안 수련을 쌓는다. 소리를 지르면 목이 쉬고 그 막힌 목성을 계속하여 지르다 보면 목에서 피를 토하게 되고 피를 토하면서도 발성을 계속하면 마지막에는 잠겼던 목이 터져 명랑한 성음을 얻게 되어 몇 시간이라도 자유자재로 창을 할 수 있게 된다는 것이다.

서편제와 동편제

판소리가 나타난 이후 전라도 각처에 명창이 배출되고 지역을 기준으로 하여 유파가 생기게 되었다. 즉 송흥록宋興祿의 법제를 표준으로 삼는 섬진강 동쪽의 운봉·구례·순창 등지에서는 동편제를 불렀고, 박유전朴裕全의 법제를 표준으로 삼는 섬진강 서쪽의 광주·나주·장흥 등지에서는 서편제를 불렀다. 동도 아니고 서도 아닌 그 중간을 중고제中高制라고 한다. 염계달과 김성옥의 법제를 계승해 경기·충청도 지방에서 유행했는데 동편제에 가까웠다. 말하자면 우리가 상식적으로 알고 있듯이 지역으로만 서편제·동편제를 나눈 것이 아니라 스승의 창법도 달랐다. 더욱이 뒤에 가면 지역을 기준으로 하는 것은 사라지고 소리의 법제만을 표준으로 하여 분파·전승

되었다.

동편제는 우조羽調를 주장하는데, 우조란 창의 음성이 뱃속에서 우러나오므로 소리가 정중하고 온화하면서 씩씩한 느낌을 주는 창법을 말한다. 그러므로 동편제는 호령조가 많고 발성의 처음과 끝을 쇠망치로 내려치듯 강하게 했던 것이다. 동편제로 부르는 〈적벽가〉를 들으면 그 소리가 우렁차고 진중하며 무게가 있다는 것을 금방 느끼게 된다.

반면 서편제는 계면조界面調를 주장한다. 계면조는 음성이 맑고 아름다우며, 애원·처절하여 감상적이다. 한스럽고 고독한 애수가 얽혀질 때에는 독특한 계면조의 정성어린 창법이 더욱 효과적인 것이다. 서편제로 부르는 〈심청가〉를 들으면 그 애절함에 눈물이 안 나올 수가 없다.

본래 판소리에는 춘향가·심청가·흥보가·수궁가·적벽가·변강쇠타령·배비장타령·강릉매화타령·옹고집타령·장끼타령·무숙이타령(또는 왈짜타령)·숙영낭자타령(가짜신선타령) 등 열두 마당이 있었다. 이것이 19세기에 신재효가 정리할 때 여섯 마당으로 줄어들었고 현재는 그중에서 변강쇠타령이 빠져 춘향가·심청가·흥보가·수궁가·적벽가 등 다섯 마당만 남아있다.

탈춤

1970년대 후반, 대학가에서 탈춤이 크게 유행한 적이 있었다. 탈춤이란 탈을 쓰고 춤추며 말과 노래로 엮는 놀이적 연극으로 탈놀이 또는 가면극이라고도 한다. 유신정권 아래 국민들의 표현의 자유가 제한되었을 때 대학생들이 자신들의 생각을 탈춤을 통해 풍자와 해학으로 간접적이나마 표현을 할 수 있어 많은 사람들의 성원을 받았다. 탈춤이 풍자와 해학을 통해 비판하는 기능은 조선 후기에도 마찬가지였다.

가장 대표적인 탈춤이라고 할 수 있는 봉산탈춤을 보면 몇 개의 과장科

場으로 이루어져 있는데, 그 속에 노장과장·양반과장·미얄과장 등이 있다. 노장과장은 고명한 승려가 목중들에게 끌려 어울리지 않게 놀이판에 나와 어린 무당에게 유혹되었다가 결국 취발이라고 하는 인물에게 쫓겨나는 과정을 통해 승려들의 부패와 위선을 비판한 것이다. 양반과장은 마부인 말뚝이가 양반 삼형제를 욕보이는 대화를 통해 서민들의 의식 성장과 양반의 몰락을 표현하였다. 마지막 과장인 미얄과장은 미얄할미와 영감이 난리로 서로 헤어졌다가 다시 만났으나 영감이 이미 여자가 있는 것을 계기로 서로 싸우다가 결국 미얄할미가 죽는다는 내용으로 남성의 여성에 대한 횡포를 비판하고 있다. 결국 가면극에서 다루는 주제들은 당시 부각되었던 첨예한 사회 모순들이라고 할 수 있다.

한번 봉산탈춤의 양반 과장을 보자.

생원 : 쉬이. 말뚝아.

말뚝이 : 예에.

생원 : 이놈, 너도 양반을 모시지 않고 어디로 그리 다니느냐.

말뚝이 : 예에, 양반을 찾으려고 찬밥 국 말어 아침 일찍 먹고 마구간에 들어가 노새 원님을 끌어다가 등에 솔질을 솰솰하여 말뚝이님 내가 타고 서양 영미英美, 법덕法德, 동양 삼국 무른 메주 밟듯 하고, 동은 여울이요 서는 구월이라, 동여울 서구월 남드리 북향산 방방곡곡 면면촌촌이 바위틈틈이 모래 쨈쨈이 참나무 결결이 다 찾아다녀도 샌님 비뚝한 놈도 없고 보니 낙향사부落鄕士夫라, 서울 본댁을 찾아가니 샌님도 안 계시고 종갓집 도련님도 안 계시고 마나님 혼자 계시기로 벙거지 쓴 채 이채찍 찬 채 감발한 채 두 무릎을 꿇고 하고하고 재독으로 됐습니다.

생원 : 이놈, 뭐야.

종의 신분에 지나지 않는 말뚝이가 양반을 무시하고 조롱하는 것이 대단하지 않은가. 당시 사회의 한 단면을 표현하는 것이다.

탈춤은 크게 셋으로 나눌 수 있다. 농촌탈춤, 떠돌이탈춤, 도시탈춤이 그것이다. 농촌탈춤은 농촌마을에서 일 년에 한 차례씩 농악대가 주동이 되어 농사가 잘되라고 굿을 하면서 굿놀이로 공연한 것을 지칭하는 것으로 하회탈춤이 대표적이다. 떠돌이탈춤은 남사당 같은 놀이패가 각 지방을 돌아다니면서 탈춤을 공연하는 것을 말한다. 도시탈춤은 18세기 중엽 이후 상업이 발달하고 새로운 상업도시가 생겨나자 그 도시의 상인과 이속이 주동이 되어 만든 것이다. 왈짜들의 문화라고도 할 수 있다. 서민문화 속의 가면극은 주로 이 도시탈춤을 의미하는 것이다.

결국 18세기 상품유통경제가 발달하면서 상인·이속 등 새로운 세력이 성장하였는데, 이들과 함께 의식이 성장한 평민·천인들이 서민문화를 만들어 나가면서 기존의 양반 중심의 사회체제에 대항해 나갔던 것이다. 따라서 서민문화는 지배체제에 저항하고 근대를 지향하는 진취적 문화라고 할 수 있다.

새로운 문화가 생겨나고 그 문화를 향유할 수 있는 계층이 늘어난다는 것은 바람직한 현상이다. 특히 그 문화가 기존의 보수적인 질서를 비판하고 새로운 사회를 지향할 때에는 더욱 그러하다. 우리는 조선 후기의 서민문화에서 이런 모습들을 찾게 된다.

5 진경산수화와 풍속화

조선의 국토에 대한 사랑이 진경산수화로 나타났다면, 조선의 인물과 풍물에 대한 사랑은 풍속화로 나타났다. 노동하는 백성들의 모습과 생산 활동, 생산도구들을 그림의 소재로 삼고 있는 풍속화는 조선중화주의를 극복하고 나타나는 북학파의 새로운 관심이 반영된 것이기도 하다.

진경산수화

판소리와 탈춤 등 조선 후기에 등장하는 서민문화와 병행해서 회화·그림 쪽에서는 진경산수화眞景山水畵와 풍속화라는 새로운 경향이 나타나게 된다. 그러면 먼저 진경산수화란 무엇인지 알아보자.

진경산수화는 사경산수화寫景山水畵 또는 실경산수화實景山水畵라고도 하는데, 종래 중국의 화첩을 모사하던 화풍에서 벗어나 우리나라의 자연을 직접 눈으로 보고 독자적 화법으로 그린 산수화를 의미한다.

18세기 진경산수화가 나오기 이전에는 실경을 직접 가서 보고 그리지 않고 주로 중국의 원체院體나 절파浙派 양식의 화풍을 모방하여 그림을 그렸다. 또한 그림을 그린 사람들도 사대부가 아닌 주로 도화서의 화원들이었다. 그러다가 조선 후기에 오면 명나라 오파吳派의 남종문인화풍이 화단에 영향을 미쳤다. 여러분이 박물관에 가서 보면 알겠지만 조선 중기의 산수화를 보면 산 모양이 마치 공기를 엎어놓은 것처럼 그려져 있다. 이런 산들은 우리나라에서는 전혀 볼 수 없고 중국의 계림에서나 볼 수 있는 것들이다. 바로 이런 현상이 나타나는 까닭은 우리 산을 보고 그린 것이 아니라 중국의 그림을 그대로 모방했기 때문이다.

조선중화주의

1694년 갑술환국 이후 조선 정계와 사상계의 주도권을 잡았던 노론은 대명의리론과 북벌대의론에 입각하여 중원의 패자였던 청을 중화로 인정하지 않고 대신 조선이 중화라고 주장하였다. 즉 조선 전기나 중기에 가졌던 소중화小中華라는 의식이 한걸음 더 나아가, 18세기에 와서는 조선이 중화라는 조선중화의식으로 발전했던 것이다. 그리하여 중국문화의 수용과 더불어 조선의 독자적 문화가 긍정되고 그에 대한 관심이 고조되었다.

18세기 초 대보단大報壇과 만동묘萬東廟를 지어 임진왜란 때 우리나라를 도와준 명의 신종과 마지막 황제인 의종을 제사지내 준 것도 이 조선중화주의에서 나왔다. 명이 망하고 오랑캐인 청이 중원을 차지하고 있어 제사도 제대로 지낼 수 없으니 중화의 마지막 계승자인 조선이 명 황제의 제사까지 지내 줘야 한다는 것이었다.

이렇듯 당시 조상들의 문화적 자부심은 대단했으며, 이런 문화적 자부심이 조선의 국토에 대한 관심으로 이어지고 이를 그림으로 표현한 것이 바로 진경산수화였다. 진경산수화는 한국 미술사에서 우리 그림으로 내세울 수 있는 큰 자랑거리 중의 하나이다.

겸재 정선과 금강산도

진경산수화 하면 우리는 겸재 정선鄭歚을 제일 먼저 떠올리게 된다. 금강산을 비롯한 우리의 산천 풍광을 담은 진경산수화를 완성시킨 대가가 정선이었다. 그래서 그는 '화선畫仙'이라 불렸다. 정선의 본관은 전라도 광주이고 자는 원백元伯, 호는 겸재·겸초謙艸·난곡蘭谷 등을 썼다. 1676년(숙종 2)에 태어나 1759년(영조 35)에 죽었다. 고조가 부사를 지냈으며 아버지의 이름은 시익, 어머니는 밀양 박씨였다고 한다. 고조부 때 서울로 올라와 지금의 삼청동 부근인 북악 아래에서 살았는데, 그곳은 노론이 집중적으로 모여 사는 거주지였다.

서울 인왕산 밑에서 태어난 정선은 역시 진경시眞景詩의 대가인 이병연李秉淵과 죽마고우가 되어 유명한 시화집《경교명승첩京郊名勝帖》에 얽힌 우정을 이루었다. 또 풍속화의 선구자였던 조영석 등과도 이웃하며 사귀었다. 송시열 사후 학계와 문단을 주도했던 김창흡을 스승으로 섬겼다. 이병연도 같은 김창흡의 문인이었다. 이들은 당색으로는 노론에 가깝고 당시 조선중화주의를 주창했던 인물들이었다. 30세가 되던 해 김창흡의 형인 김창집의 추천으로 도화서에 들어간 것도 이런 노론과의 교유 관계 때문이었다. 이후 그는 영조의 총애를 받아 양천현령·사복시 첨정 등을 지냈다.

정선의 〈인왕제색도〉(국보 제217호)
─────────
겸재 정선이 76세 때 그린 〈인왕제색도〉는 인왕산을 그린 진경산수화 중 첫손에 꼽힌다. 한여름 소나기가 지나간 뒤 비에 젖은 인왕산 바위의 실경을 그린 그림으로, 만년의 농축된 필력이 이루어 낸 신비를 보여준다. 호암미술관 소장

정선이 진경산수화를 완성시킬 수 있었던 조건의 하나로 서울에 살았다는 점을 들 수 있다. 세계에 유래가 없는 아름다운 도시, 서울에서 '생활 속의 풍류'로 그려낸 그림이 바로 진경산수화였고, 그것은 서울이 그만큼 아름다웠기 때문에 가능한 일이었다. 서울의 자연이야말로 진경산수화를 완성시킨 일등공신인 셈이다. 그중에서도 우람한 바위를 자랑하고 있는 인왕산을 그린 〈인왕제색도仁王霽色圖〉는 명품 중의 명품, 진경산수화의 백미이다.

정선은 서울 그림과 더불어 금강산에 관한 그림도 많이 그렸다. 그의 그림 가운데 지금까지 밝혀진 것은 약 400여 점이 되는데, 그중에서 60여 폭이 금강산을 그린 그림이다. 그는 금강산을 일고여덟 차례나 여행을 하며 계절에 따라 갖가지 모습으로 변화하는 금강산의 모습을 여러 각도에서 그렸다. 특히 그의 금강산 그림은 중첩한 암골巖骨의 준엄한 모습을 거센 필선으로 그렸다는 데에 더욱 창조성이 있다고 할 수 있다.

그의 그림은 세련되지 않고 거칠었으나 대담하면서도 조화를 이루는 구도와 독창적인 기법으로 진경산수화의 예술성을 높였다. 결국 진경산수화는 우리나라 산수를 직접 보고 그렸다는 소재적인 측면에서뿐만 아니라 묵법이나 필법에 있어 독창적인 화법을 세웠다는 데에도 의의가 있는 것이다.

다음의 글은 순조 때 대신이었던 박준원이 그의 문집인《금석집錦石集》에서 정선에 대해 한 평가이다.

겸재 노인은 산수화를 잘 그리는데 나이가 80여 세나 되었는데도 붓놀림은 더욱 신기할 만큼 잘한다. 나는 간신히 그의 작은 그림을 한 폭 얻었는데, 봉우리와 골짜기는 고르고 구름과 안개는 깊고 아득하다. 그림을 그린 종이는 비록 몇 척이 되지 않지만 기세는 웅건하고 호활하다.

우리나라에 들어오는 중국인이 우리의 산천을 보고 말하기를, 정선 그림의 신묘함을 비로소 알게 되었다고 하였다. 내가 듣기로는 겸재 노인은 주역을 좋아하고 역리 해석을 잘했다고 하는데, 무릇 역리를 잘 해석하는 사람은 변화에 능통했었다. 그의 화법은 역에서 얻은 바가 많았다는 것도 다 그럴듯한 말이다.

정선의 진경산수화의 변화무쌍한 화법이 역학易學에서 많이 비롯되었다는 지적이다.

단원 김홍도와 풍속화

18세기 진경산수화와 함께 회화에서 새로이 나타나는 경향이 풍속화이다. 조선의 국토에 대한 사랑이 진경산수화로 나타났다면, 조선의 인물과 풍물에 대한 사랑이 풍속화로 나타났다고 할 수 있다.

노동하는 백성들의 모습과 생산 활동, 생산도구들을 그림의 소재로 삼고 있는 풍속화는 조선중화주의를 극복하고 나타나는 북학파의 새로운 관심이 반영된 것이기도 하다. 당시 도시의 발달이나 상품화폐경제의 발달, 서민들의 의식 성장도 풍속화가 나타나게 되는 요인들이었다. 풍속화의 선구자로는 정선과 친구였던 관아재 조영석과 공재 윤두서가 있지만 대표적인 인물은 역시 김홍도와 신윤복이었다.

김홍도의 자는 사능士能이고, 호는 서호西湖·단원·농사옹農士翁 등이고 본관은 김해로, 1745년(영조 21)에 태어났다. 언제 죽었는지는 확실하지 않지만 환갑 때까지는 생존해 있었고 1817년 6월 이전에는 타계한 것이 분명한 것 같다. 그의 집안은 본래 한미한 무반가武班家이었다가 중인가中人家로 떨어졌다.

김홍도는 어려서 강세황과 김응환에게 학문과 그림을 배웠는데, 강세황은 뒤에 김홍도의 후원자가 되는 인물로 당대 유명한 문인화가이자 비평가였다고 하며, 김응환은 당시 도화서를 장악하고 있던 개성 김씨의 대표적인 인물이었다. 김홍도가 언제

도화서에 들어갔는지는 확실히 알 수 없으나 이미 29세에 영조의 초상을 제작하는 데 참여할 정도로 재능이 뛰어났다고 한다.

당시 김홍도는 외모도 수려하고 '무소불능의 신필神筆'이라고 평가받을 정도로 그림을 잘 그렸다. 그의 스승인 강세황도 '우리나라 4백 년 역사상 파천황破天荒적인 솜씨'라고 극찬을 했을 정도였으니까. 이어 김홍도는 정조의 초상 제작에도 참여하고 정조의 총애를 받아 안기찰방·연풍현감 등을 지냈다. 중인 화원 출신으로 지방 수령에 나갔다는 것은 당시로서는 파격적인 것이었다.

김홍도가 그린 풍속화에는 《행여풍속도行旅風俗圖》와 《풍속화첩風俗畵帖》이 있다. 《행여풍속도》는 김홍도가 각지를 직접 기행하면서 목격한 장면들을 그린 그림으로, 주막·대장간·나루터 등 농어촌의 풍경과 사람들의 모

습을 현장감 있게 표현한 것이다.

《풍속화첩》은 바로 김홍도를 풍속화가의 대표자로 공인하게 해 준 그림으로, 총 25면으로 되어 있는 화첩이다. 그 속에는 무동舞童, 씨름, 서당, 대장간, 타작, 길쌈, 빨래터의 모습, 행상 등 서민들의 생활 현장과 생활 정서를 실감 있고 농밀하게 표현하고 있다. 한 학생이 훈장 앞에서 울고 있는 서당 그림이라든지, 씨름하는 모습을 그린 그림 같은 것은 교과서나 광고에도 많이 등장하는 것이다. 이 풍속화첩에는 농촌의 모습뿐만 아니라 도시적 풍경과 상공업 활동도 그려지기에 이른다.

에로스와 풍속화

김홍도의 풍속화에는 빨래터에서 빨래하는 아낙네들을 한 선비가 몰래 훔쳐보는 그림도 있다. 그 이전에는 볼 수 없었던 현상이다. 이처럼 18세 후반에 오면 민의 생활모습을 그리는 데서 나아가 남녀 간의 애정, 여색에 대한 노골적인 호기심을 그린 풍속화가 등장하게 된다.

신윤복의 그림이 바로 이런 에로틱한 풍속화의 대표적인 경우이다. 신윤복 역시 김홍도와 마찬가지로 도화서의 화원이었는데, 그가 그린 〈단오풍정端午風情〉이나 〈청금상련聽琴賞蓮〉 같은 그림은 엄격한 유교 중심의 사회에서는 상상도 할 수 없을 정도로 남녀의 선정적인 장면을 솔직하게 표현하고 있다.

이미 18세기 후반에 가면 주자학적 명분론이나 유교적 도덕률은 변화하는 사회를 이끌어 갈 힘을 더 이상 갖지 못하게 된다. 남녀 간의 애정이나 색정적인 풍류를 비판할 명분이 없어졌던 것이다. 인간의 애정과 욕망을 있는 그대로 표현한다는 것은 예술에서의 인간주의의 표현일 뿐만 아니라 엄격한 윤리를 바탕으로 한 유교양반 사회에 대한 저항의 의미도 지니고 있었다.

당시 이런 풍속화를 감상했던 사람들은 양반들만이 아니었다. 김홍도의 후원자 중에는 소금장수도 있었다고 한다. 즉 상품화폐경제의 발달에 따라 성장한 신흥부자들도 조선 후기 풍속화의 수요자였던 것이다. 나아가 서민들의 문화에 대한 욕구도 높아져 19세기에는 다양한 민화民畵가 제작되기도 했다. 결국 풍속화의 변화도 18~19세기 사회변화, 민의 성장과 밀접한 연관을 맺고 있었다고 할 수 있다.

요즘은 한류라는 이름으로 우리 것이 명맥을 잇고 있지만 여전히 외래문화의 공세는 거세다. 아이들은 초등학교에 들어가기 전부터 일본·미국의 만화나 영화를 보면서 성장하고 있다. 진정 우리의 자아를 찾을 수 있는 방법이 무엇일까. 그것은 단순히 만화나 영화의 차원에서 해결해야 할 문제는 아니다. 회화에서 우리의 자아를 찾았던 진경산수화와 풍속화의 출현이 단순히 회화만의 문제에서 아니었듯이 사회 전체에서 우리의 정체성을 찾으려는 노력과 분위기의 성숙이 우선되어야 할 것이다.

6 조선 마피아, 왈짜

왈짜는 조선 말기 서울 뒷골목의 문화를 이끌었다. 폭력과 수탈, 유흥과 돈으로 얽혀 있는 통속화된 문화였다. 왈짜 문화는 모방성과 그로 인한 창조성의 결핍으로 얼룩져 있었다. 이런 모방성은 그들의 존재 자체가 의존적·기생적이라는 데서 왔다.

조선에도 마피아가?

마피아는 이탈리아의 시칠리아 섬에서 기원하였다. 하지만 우리들에게 익숙한 마피아는 오히려 미국의 뉴욕이나 시카고를 배경으로 활동한 마피아들이다. 이들은 1920년에 주류의 제조와 판매, 운송, 수입, 수출 등을 금지한 수정헌법 제18조가 비준되자, 이 틈을 타 밀주를 팔아 급속히 성장하였다. 그중 알 카포네^{Al Capone}(1899~1947)가 두목자리를 차지하고 암흑계에 군림하였다. 정치계, 검찰·경찰 등과 유착을 통해 온갖 불법을 저지르고 폭력을 행사한 대표적 범죄조직이다. 이들의 이야기는 〈대부〉나 〈언터처블〉 등 수많은 영화로 만들어져 유명해졌다. 그러다 보니 마피아는 범죄조직의 대명사가 되었다. 그래서 우리나라에서도 관료에 마피아를 붙여 '관피아'라 부르기도 한다. 그중에서 특히 재무부(MOF, 현 기획재정부)를 '모피아'라 불렀고, 세월호 사건 후에는 해양수산부를 '해피아'라 부르기도 하였다.

밀주 판매는 물론 매춘이나 갈취, 도박, 보호세, 부패한 정치권 또는 공권력과의 유착 등 마피아 하면 떠오르는 단어들이 있다. 조선 후기에도 이런 마피아를 연상케 하는 조직이 있었다면 여러분들은 어떻게 받아들일지. 그것도 마피아보다 한 세기나 빨랐다면?

왈짜(曰者)타령

18세기 판소리에는 열두 마당이 있었다. 즉 춘향가, 심청가, 흥보가, 수궁가, 적벽가, 변강쇠타령, 배비장타령, 강릉매화전, 옹고집, 장끼타령, 왈짜타령(무숙이타령), 가짜신선타령(숙영낭자전) 등이었다. 이를 19세기에 들어 신재효가 정리하면서 여섯 마당으로 줄였다. 그 여섯 마당은 춘향가, 심청가, 박타령, 토별가, 적벽가, 변강쇠가 등이다. 이때 열두 마당 중 왈짜타령을 비롯한 여섯 마당이 빠지면서 왈짜도 사람들의 기억 속에서 사라졌다. 그래서 '왈짜'라 하면 지금 낯설다. 그러나 당초 왈짜타령이 열두 마당

신윤복(申潤福)의 《혜원전신첩(蕙園傳神帖)》 중 〈야금모행(夜禁冒行)〉.

맨 왼쪽이 왈짜의 핵심인물인 무예별감의 모습이다. 붉은 옷에 노란 초립을 썼다.

중 하나가 될 정도였다면 왈짜는 그때 그 시절, 상당히 유명한 존재였다는 이야기가 된다. 다행히 각종 역사 기록들에서 흥미진진한 왈짜의 모습을 찾을 수 있다.

왈짜란 무엇인가?

조선 후기 판소리 연구에 중요한 〈관우희오십수觀優戲五十首〉를 남긴 송만재 (宋晩載, 1788~1851)는 왈짜타령을 듣고, '왈짜라 불리는 장안의 유협, 붉은 옷에 초립 쓴 우림아羽林兒를 말하지……'라는 시를 남겼다고 한다. 여기 나오는 우림아는 궁궐의 호위와 의장을 맡은 부대를 뜻하며, 화려한 붉은 옷에 노란 초립을 쓴 모습으로 그림 속에도 자주 등장한다. 기록에는 '대궐을 지키는 하예下隸로 붉은 옷을 입고 누른 두건을 쓰고서' 또는 '붉은 옷에 자줏빛 두건紫巾 차림으로 무기器械를 들고' 등으로 묘사되는 자로서 무예별감 武藝別監을 말한다.

이들은 궁궐의 친위병으로 왕과 왕비, 세자를 가장 가까이서 호위하고 있었다. 따라서 비록 신분은 낮아도 무시할 수 없는 권세를 지니고 있었다. 예를 들면 숙종 때 무예별감 김충金忠이 죄를 지었으나 임금이 특명으로 석방하고 끝내 감싸 주었다. 최고 권력인 왕의 보호를 받고 있으니 권력집단이 되지 않을 수 없었다. 이 무예별감은 왈짜의 핵심인물로 각종 기록에 자주 등장하고 있다.

물론 왈짜는 무리를 이루기 때문에 무예별감 혼자만이 아니다. 왈짜에 대한 직접 묘사는 '왈짜타령'의 사설 정착본으로 판단되는 국문소설《게우사》에 나온다. 다소 생소한 집단인 '왈짜'는 시전 상인들과 그들을 관리·감독하는 기능을 갖는 권력 기관, 군문軍門 및 여러 궁가宮家의 관리들로 이루어진다. 그리고 여기에 서울 장안의 소년 유협객遊俠客과 공자公子, 왕손, 재상의 자손 등이 함께 어울리며 각종 연예인들도 말석에 끼어 있다. 이런 내용은 《조선왕조실록》에서도 확인할 수 있다. 왈짜는 꾸며 낸 것이 아니라 역사 속에 진짜 있었던 실존체였다. 이런 왈짜의 무리들 중에서도 무예별 감처럼 왕실, 궁관宮官 및 이와 관련된 무리들이 제일 두드러졌다.

조직폭력배, 왈짜

왈짜의 기록들을 보다 보면, 오늘날의 유흥가 깡패 집단을 연상케 한다. 왈짜가 검계劍契에 연원을 두고 있듯이 이들은 폭력적이었다. 그것도 조직화된 폭력이었다. 왈짜의 핵심성원들은 대부분 무반 내지 무인 계통이었다. 무인은 곧 힘을 쓰는 집단이고 그 힘은 곧 폭력이었다.

이 점은 이규상李奎象의 《장대장전張大將傳》을 보아도 분명하다.

서울에는 오래전부터 무뢰배들이 서로 모인 것을 '검계'라 하였다. ……
검계 사람은 옷을 벗어 몸에 칼 흔적이 없으면 들어갈 수 없다. 낮에는
낮잠을 자고 밤에 나돌아 다니는데, 안에는 비단옷을 받쳐 입고 겉에는
낡은 옷을 입는다. 맑은 날에는 나막신을 신고 궂은 날에는 가죽신을
신는다. 삿갓 위에는 구멍을 뚫고 삿갓을 내리 쓴 뒤, 그 구멍으로 사람
을 내려다본다.

라고 되어 있다. 왈짜는 "칼로 살을 깎고 가슴을 베기까지 하여 흉악한 짓을 하는 것이 그지없다."라 할 만큼 폭력적이었다. 《장대장전》의 실제 인물 장붕익張鵬翼은 훈련대장으로 있을 때 집에 도적이 들었는데, 이에 대한 왕조실록의 기록이 흥미롭다. 즉 '이때에 장붕익이 도성 안의 중요한 병권을 오래 장악하였기 때문에 사람들이 많이 시기하여 검객을 모집하여 살해를 도모하였던 것이다.'라고 되어 있다. 장붕익이 검계를 단속하자 검계 측에서 반격을 도모했다는 말이다. 왈짜들은 현직 훈련대장도 두려워하지

않을 만큼 대담하게 폭력을 휘둘렀다. 1767년(영조 43)에는 포도대장 이태상李泰祥의 배를 칼로 찌르는 일까지 일어나 서울 장안을 떠들썩하게 만들었다. 이런 예들처럼 왈짜의 폭력성은 정사正史의 기록에도 자주 오를 만큼 두드러진 특징이었다.

그런 폭력을 왜 휘둘렀을까? 수탈을 위해서였다. 법은 멀고 주먹은 가깝다고 우선 가까운 힘으로 빼앗아 갔던 것이다. 폭력과 수탈은 동전의 양면과 같았다.

유흥의 관리자

왈짜들은 유흥을 관리하는 집단이 되어 서울의 여항, 즉 뒷골목에서 벌어지는 유흥을 장악하고 있었다. 〈남성관희자南城觀戲子〉는 강이천(姜彝天, 1769~1801)이 남대문 밖에서 연행된 인형극과 가면극을 보고 지은 한시인데, '구경꾼 구름처럼 몰리는데, 붉은 옷 입고 뽐내는 건 액정서 하예下隸'라 하여 무예별감이 놀이패의 흥행 활동을 장악하고 있었음을 보여 주고 있다.

또 왈짜들은 군악대의 감독기구를 지배하고 있었고, 그래서 숱한 연예인을 쉽게 부를 수 있었다. 기부妓夫, 즉 기생의 관리자도 왈짜들이 맡았다. 기부는 후배後陪, 조방군助幇君, 애부愛夫 등으로 불리기도 하는데, 아무나 하고 싶다고 할 수 있던 것은 아니었다. 즉 무예별감이나 포도군관捕盜軍官, 의금부의 나장羅將, 궁가宮家에 관련된 자들 등 왈짜패들 이외에는 기부가 될 수 없었다. 왈짜들이 도시 유흥계를 장악하게 된 요인의 하나가 여기에도 있다. 이와 관련하여 흥미로운 사건이 있었다.

1769년(영조 45) 4월에 나라에서 대대적으로 기생을 데리고 사는 자를 수색하였다. 그날 밤에 임금이 건명문에 나아가 기생을 데리고 살던 조정의 관리들과 유생들을 잡아들여 관직을 빼앗거나 혹은 내쫓았다. 이들 중에는 홍문관의 관원도, 대신들도, 비변사 당상들도 있었다. 이렇듯 조정의 관리와 유생들은 물론 비변사 당상 등 오늘날 장관급에 해당하는 관리까지도 있었던 것을 보면, 유흥의 관리자로서 왈짜의 영향력이 곳곳에 퍼져 있었음을 알 수 있다.

이들은 폭력을 써 가면서까지 창녀娼女를 관리하는 데 적극적이었고, 도박도 그들의 주요한 수입원이었다. 그런 사정을 《고종실록》에는 다음과 같이 전한다.

"요즘 도성 안에 잡기가 없는 곳이 없다는 소문이 자자하니 놀라운 일입니다. 그런데 형조와 한성부의 두 관청에서는 꾸짖지도 않고 금지하지도 않으며, 이른바 금패禁牌라는 것은 도리어 종들이 모리를 하는 도구가 되어 즉시 잡된 노름판의 와주로 되며 마침내는 부랑배들을 끌어들여 도박군의 소굴을 만듭니다."

이처럼 왈짜는 유흥의 관리자, 소비자이면서 동시에 생산자로서 유흥적 분위기를 주도하였다.

왈짜의 돈줄

왈짜의 돈주머니가 돼 주고 함께 상업적 유흥의 주체가 되었던 자들이 서울의 시전 상인들이었다. 이들에게는 천적天敵이 있었다. 액정서掖庭署 및 법사法司의 무리들, 군문들이 바로 천적이었다. 천적들의 부정행위나 범죄에 대한 기록은 《조선왕조실록》 등에 부지기수로 나온다. 그 규모도 놀랄 만큼 컸다. "경사京司의 하예 1명의 1년 소비가 양인 2천여 명의 신포身布에 해당한다."거나 "경사의 아전들이 수만 금 훔치는 것을 초개처럼 여긴다."고 할 정도였다. 이런 경아전의 수탈 대상은 물론 도시 상인들이었다. 따라서 이들은 보호막이 필요했고 왈짜들은 보호막을 강요하였다. 원하든 원치 않든 공생관계를 이루어 나갔다. 그들은 권력과 부, 그리고 예능을 서로 주고받으면서 왈짜라는 하나의 집단을 이루었다. '초록은 동색'이었다.

좋은 놈, 나쁜 놈 - 유협遊俠과 악소배惡小輩

왈짜는 한편으로는 유협인 척했고 다른 한편으로는 악소배로 활동하였다. 유협은 좋은 놈, 악소배는 나쁜 놈이었다. 유협하면 '일지매'가 떠오르는데, 조수삼趙秀三(1762~1849)의 《추재기이秋齋紀異》를 보면, '일지매를 도둑 중의 협객', 즉 의적이라고 하였는데, 그런 의적이 유협에 해당한다. 조선 후기 문사文士인 이옥(李鈺, 1760~ 1815)의 말을 보자.

우리나라에는 옛날부터 유협이 없었다. 가끔 유협이라 일컬어지던 자들은 대개 기생집에 떼를 지어 노닐며 자객노릇이나 하는 옛날 청릉계靑陵 契와 같은 것들이었다. 혹은 집안 살림을 돌보지 않고 술 마시며 마작을 일삼는 자들이었다. 이게 무슨 유협인가?

라고 비판을 하면서,

유협에 있어 귀한 점은 능히 재물을 가벼이 여겨 남을 잘 돕고 의기를 숭상하여 곤급한 이를 구휼해 주되 보답을 바라지 않음이다. 이런 사람 이라야 유협이라 할 것이다.

라 하여 진짜 유협을 말하고 있다. 그러나 후자는 이상형 유협이었고 전자 는 현실형 유협이었다.

유협전의 하나인 《장복선전張福先傳》을 보면, 장복선을 살리기 위해 등장하는 인물들이 '기생 백여 명과 장교'였다. 기생과 장교가 앞장서서 구하는 유협이라면 가짜 유협, 즉 왈짜라고 볼 수 있다. 또 다른 유협전인 《광문자전廣文者傳》의 주인공 광문도 화방花房을 드나들며 기생들의 조방꾼 역할도 했는데, 당시 주먹으로 유명했던 표철주 등과도 잘 알고 지냈다. 광문은 스스로도 만석중놀이와 철괴무鐵拐舞에 능했고, 김정칠 등 당대의 예인들과도 교류가 깊었다. 이런 광문의 행태는 앞서 본 왈짜의 모습 그대로였다.

이들은 직업 이야기꾼인 전기수傳奇叟의 등장, 판소리의 보급, 세책가의 출현, 그리고 나아가 대량생산품인 방각본 소설의 발간 등을 통해 유협전을 유행시켰다. 이런 유협전의 유행은 왈짜를 유협과 일치시킴으로써 악소배로서의 부정적 측면을 덮을 수 있었다. 나아가 왈짜의 행위를 미화시켜주고 놀고먹는 행위를 풍류라는 이름으로 멋들어지게 포장하는 역할도 하였다. 이들은 소설의 유통을 장악하면서 동시에 문화에 의한 지배도 실현해 나갔다. 이제 이런 유협전을 통해 왈짜들은 유협으로 행세하기까지 할수 있게 되었다.

왈짜의 서울 장악

19세기에 들어오면 왈짜들이 서울의 뒷골목을 완전히 장악한다. 1803년(순조 3) 사간 이동식李東埴이 흥미로운 상소를 올린다.

"검계의 이름이 나오기에 이르러 풍속이 허물어지고 세도가 무너짐이 극도에 달했습니다. 일종의 무뢰한 무리들이 사람들을 불러 모아 당을 이루고, 소와 송아지를 팔아서 검을 차고 다니며 하늘을 두렵게 여기지 않고, 돈을 추렴하여 개와 돼지를 잡지 않는 날이 없으며, 약탈하는 것을 가계家計로 삼고, 능범하는 것을 장기로 삼고 있습니다. 심지어 부귀한 사람들의 집에 함부로 들어가 재상을 꾸짖어 욕보이고, 깊은 규방에 돌입하여 부녀자를 때리는 등 도리를 없애 버리고 기강을 어지럽힘이 거의 여지가 없으니 주머니를 털고 상자를 열어 물건을 훔치는 것은 단지 자질구레한 일일 뿐입니다."

여기서 우리는 검계, 곧 왈짜가 서울의 거리를 횡행하면서 날뛰는 모습을 잘 볼 수 있다. 그러다 보니 '화약, 탄환, 총칼 등을 가게에 벌여 놓고 마음대로 팔고 있으며, 심지어 계를 만들어서 도매까지' 하는 일도 있었다. 상소문은 다음과 같이 이어진다.

"도성의 백성들이 점차 물들어 서로 이끌고 저들 편에 들어가고 있는 것은 또한 술의 소치가 아님이 없습니다. 아! 서울의 쌀은 모두 술을 만드는 집에 들어가고, 저자의 어육은 죄다 술집에 돌아가니, 근래에 물가가 오르고 백성들의 생활이 고생스러운 것은 주로 이런 때문입니다."

그들의 무리는 더욱 커 갔다. 그 매개는 술이었다. 쌀 부족 때문에 금주령은 부단히 반포되었다. 그렇다고 사람들이 술을 먹지 않았던 것은 아니다. 따라서 금주령을 어기며 부정한 방법으로 술은 유통되었고 그 안에서 적지 않은 돈을 벌었다. 이 돈이 흐르는 유통구조를 장악한 자들이 검계, 즉 왈짜였다. 미국 금주령 시기 마피아를 보는 듯하다.

왈짜 문화가 남긴 것

왈짜는 조선 말기 서울 뒷골목의 문화를 이끌었다. 폭력과 수탈, 유흥과 돈으로 얽혀 있는 통속화된 문화였다. 이런 왈짜 문화는 한계가 있었다. 무엇보다 모방성과 그로 인한 창조성의 결핍이었다. 그들의 문화는 '상투적', '매너리즘'이란 말이 어울리는 그런 모습에 그쳤다. 이런 모방성은 그들의 존재 자체가 의존적·기생적이라는 데서 왔다. 이처럼 19세기에 오면 왈짜의 패거리 문화가 서울을 전면 장악해 버린다.

그렇다고 서울의 소시민이나 민중들이 이런 문화에 순응만 하고 있던 것은 아니었다. 판소리나 탈춤 등 민중문예가 나타나기도 하였다. 하지만 그 힘은 미약해서 쾌락에 흡수되고 말았다. 또 1833년(순조 33) 쌀 폭동을 일으켜 대항 주체로 나서기도 했고, 1882년(고종 19) 임오군란을 통해서 정치 주체로 성장해 가기도 했다. 하지만 역시 균형을 잡아 주기에는 역부족이었다. 그래서 왈짜들이 이끌었던 통속적 상업문화가 차지하는 몫이 훨씬 컸고, 그것이 그대로 우리 근대 사회의 성격을 규정짓는 주력이 되고 말았다.

Korea

HISTORY OF KOREA

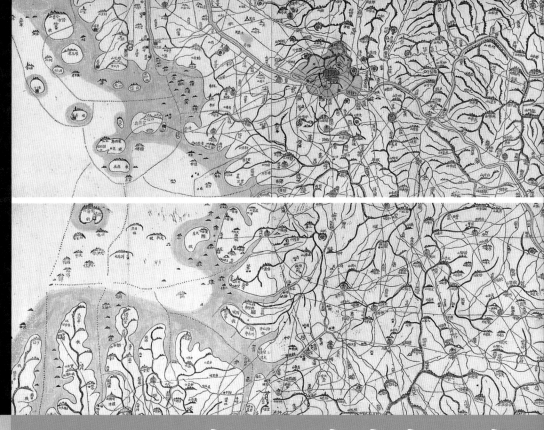

제8장 | 새로운 사회의 모색

1 성호 이익과 연암 박지원

한 사회를 이끌어 가던 하나의 사상과 이념이 사회의 변화·발전에 따라 더 이상 그 사회를 이끌어가는 역할을 못할 때 이를 대체할 새로운 사상과 이념이 나타나게 된다. 실학은 사회의 변화·발전에 따라 드러난 주자학의 한계를 극복하는 과정에서 근대를 지향하며 출발했고, 결국 근대적인 데까지 나아갔다.

실학

실학이란 명칭은 조선 후기에 처음 사용한 것은 아니다. 고려 시기에는 불교에 대해 유학을 실학이라고 했으며, 조선 초기에는 사장학에 대하여 성리학을 실학이라고 하였다. 우리나라뿐만 아니라 중국과 일본에서도 실학이라는 말을 썼다. 그러므로 실학이라는 말은 원래 고유명사라기보다 보통명사의 하나였다.

그렇지만 우리 역사에서 '실학'이라고 하면 이미 고유명사가 되어 있다. 조선 후기에 새로이 나타나는 사상 경향, 즉 18세기 사회 모순이 심화되면서 추상적인 문제에 대한 논쟁보다는 구체적인 현실 문제에 관심을 갖고 이를 개혁해 보려는 사상 경향을 가리키는 말로 쓰고 있다. 이렇게 보통명사가 고유명사가 되었다는 것은 그만큼 조선 후기의 새로운 사상 경향에 실학적 특성이 두드러졌으며, 역사적 의미 또한 다른 시기에 비해 훨씬 컸기 때문이다. 그래서 실학 하면 누구나 조선 후기의 실학을 떠올린다.

이런 역사 용어로서의 '실학'은 1930년대 비타협 민족주의자들이 '조선학 운동'을 일으켰을 때 처음 사용하였다. 따라서 실학의 '실'자가 실정實正·실증·실용의 뜻이라 하여, 이런 말뜻만 가지고 조선 후기의 '실학'을 보통명사로 보는 것은 실학이 지니는 조선 후기의 고유한 시대적 특성을 제대로 부각시키지 못한다는 한계가 있다.

현재 학계에서는 실학의 유파를 크게 근기近畿남인실학파와 북학파, 소론실학파로 나누고 있다. 이전에는 경세치용학파, 이용후생학파, 실사구시학파 이렇게 셋으로 나누었으나 적절치 못한 점이 없지 않았다. 왜냐하면 경세치용, 이용후생, 실사구시라는 용어가 각각 하나의 학문적 성향을 나타내기는 하지만, 실제로 실학자나 학파의 경우에는 서로 섞여서 나타나는 경우가 많기 때문이다. 말하자면 한 학자의 사상 속에 경세치용, 이용후생, 실사구시의 측면이 다 들어 있을 수가 있다는 것이다.

또한 실학을 중농학파와 중상학파로 나누어 보기도 하지만 이것 역시 서양사를 기준을 한 개념이라 적절치 못하다. 실학은 대부분 처음에는 농본주의적인 성격을 유지했다가 점차 상공업의 말업관末業觀을 극복하면서 발전하였다. 따라서 학자들의 관심은, 물론 비중의 차이는 있지만, 농업과 상업 모두에 다 있었다. 따라서 역시 이로써 구분하기에는 적절하지 못하다. 그래서 최근에는 근기남인실학파와 북학파, 소론실학파로 나누는데, 각 학파의 대표자가 바로 성호 이익과 연암 박지원, 하곡 정제두이다. 여기서는 이익과 박지원에 대해 살펴보기로 하자.

성호 이익와 근기남인실학

이익李瀷의 자는 자신子新, 호는 성호, 본관은 여주로 1681년(숙종 7)에 태어나 1763년(영조 39)에 죽었다. 그의 부친은 이하진으로, 1680년 경신환국 때 진주목사로 좌천되었다가 곧 평안도 운산으로 귀양을 갔다. 이익은 바로 부친의 유배지에서 태어났다. 이듬해 부친이 죽자 안산의 첨성리로 돌아와 편모슬하에서 자랐으며, 둘째 형인 이잠에게서 학문을 배웠다. 그러나 1706년(숙종 32) 둘째 형인 이잠이 장희빈을 두둔하고 노론을 공격하는 상소를 올렸다가 감옥에서 죽는 일이 일어나, 이후 과거 보는 것을 포기하고 셋째 형 이서, 사촌형 이진과 같이 종유하며 학문에 전념하였다.

유교 경전에 대한 이익의 주석을 보면 명확히 반주자학적 입장을 표명하고 있지는 않다. 또한 그가 저술한 이황의 언행록이나 사단칠정론을 보면 주리적主理的 입장에 있는 것을 알 수 있다. 그러나 단순히 퇴계 이황을 계승한 것은 아니다. 이미 정통주자학과는 다른 여러 점들이 나타난다.

남인실학파의 개혁책은 주로 토지 제도나 행정기구, 지방관의 폐정 등에 대한 개혁 등 농촌현실과 관련이 많다. 그렇게 된 까닭은 남인실학자들이 정권에서 물러나 낙향한 생활근거지가 농촌이었기 때문에 아무래도 농촌에 대한 관심이 많을 수밖에 없었다.

이익 자신도 생계가 궁핍해져 당시 몰락해 가는 농민들과 거의 다름이 없었다. 이런 그의 처지가 학문적인 입장에서는 몰락해 가는 소농민들의 이해를 대변하게 된 근본적인 계기가 되었다고 할 수 있다. 그러나 남인실학파라고 해서 농촌현실과 관련된 개혁책만 제시한 것은 아니었다. 이것은 북학파가 상공업에 관한 개혁책에만 머무르지 않았던 것과 같다.

이익의 개혁론

이익은 토지 제도에서는 한전론限田論을 주장하였다. 한전론이란 가家에 소요되는 기준량을 정해 그것으로 1호의 영업전永業田을 삼게 한 다음, 그 한도 내에서는 매매할 수 없게 하고 그 이상만 매매를 허용하는 그런 제도를 주장하는 것이었다. 그렇게 하면 누구나 영업전을 유지할 수 있기 때문에 소토지 농민의 몰락을 막을 수 있다는 것이다. 또한 신분개혁론에서는 양천의 합일合—과 사농士農의 합일을 주장하고 노비에게도 과거 응시를 허용할 것을 주장하였다.

군역에서는 호포론戶布論을 반대하였는데, 이는 보수적이라기보다는 토지와 조세 개혁으로 문제를 해결하고자 했던 그의 기본 태도 때문이라고 봐야 할 것이다. 상공업에서 동전폐지론을 주장한 것도 마찬가지로 상업억제론이 아니라 소농민 몰락을 방지하기 위해서였다.

이 밖에 관제에서는 의정부의 복구와 문벌 타파를 주장하였으며, 과거는 과거제와 공거제公擧制를 같이 행하고 시험은 5년마다 한 번씩 볼 것을 주장하였다. 이익의 글 중에는 유명한 〈붕당론〉이 있다. 《곽우록藿憂錄》이라는 그의 문집 속에 들어 있는 것이다.

우리나라에서 사람을 뽑는 것은 오직 과거로만 한다. 처음에는 그 수가 적었으나 선조 이래로 점차 많아지더니 오늘날에는 극에 이르렀다. 그렇기 때문에 문벌 있는 집안과 학문하는 집안에 빈궁하게 살면서 홍패紅牌를 안고서 탄식하는 자가 셀 수조차 없이 많다. 그러하니 당이 어찌 갈려지지 않겠는가. 무릇 이권이 하나인데 사람이 둘이면 당이 둘이 되고, 이권이 하나인데 사람이 넷이면 당이 넷이 되는 것이니, 이권이 고정되어 있고 사람만 많아지면 10붕朋 8당黨으로 반드시 더욱 가지가 많아지는 법이다. ……중립으로 공公은 공이고 옳은 것은 옳다고 하는 자는 바보 같은 녀석이 되나, 당파를 위해서 꺾이지 않는 자는 절개 있고 이름 있는 사람이 되며, 사랑하고 미워함을 기분에 따라 하여 영예와 곤욕이 갑자기 변하니 어찌하여 사람들이 붕을 지어 다투지 않겠는가?

이익은 붕당 폐해의 원인을 관직의 부족에서 보았기 때문에 과거의 횟수를 줄이고 천거제의 일종인 공거제를 함께 행해야 한다고 주장하였다.

이익은 유형원이나 정약용처럼 개혁책을 체계적으로 제시하지는 않았으며, 제시한 개혁책도 온건한 방식을 택하고 표현 방식도 온건하게 하였다. 이는 당시 형이 붕당 대립의 와중에서 죽는 등 그가 처한 상황과 시대적 특성에서 기인하는 것이기도 하였다. 그렇지만 그의 개혁책은 전체적으로 보면 신분제와 지주제 타파를 지향했다고 볼 수 있다. 이익의 학문은 대체로 그의 아들인 이맹휴, 손자인 이구환, 조카인 이병휴, 증손자인 이중환 등 가학家學을 통해 전해지는 한편, 안정복, 권철신 등으로 이어졌다. 주자학에 가까운 안정복 등을 성호우파, 서학에 경도된 권철신 등을 성호좌파로 부르기도 한다.

연암 박지원과 북학

북학파의 거두인 박지원朴趾源은 우리에게 소설가·문학자로 잘 알려져 있다. 그러나 박지원은 오히려 사상가로서 더 큰 족적을 남긴 인물이다. 그로부터 북학파가 시작되었고 이덕무, 유득공, 박제가 등 많은 제자들을 길러 냈다.

박지원의 자는 중미仲美, 호는 연암, 본관은 반남으로, 1737년(영조 13) 서울에서 태어나 1805년(순조 5)에 죽었다. 그의 집안은 5대조인 박이가 선조의 부마이고, 조부 박필균이 지돈녕부사를 지내고, 그의 동생인 박준원의 딸이 정조의 빈으로 들어가 순조를 낳는 등 노론의 명문 집안이었다. 당색으로는 벽파僻派라고 할 수 있다. 개항기에 개화 정책을 추진하던 박규수도 바로 박지원의 손자였다.

박지원은 16세에 장인인 이보천에게서 《맹자》를 배웠으며, 처숙부인 이양천에게 《사기》를 배웠다. 이어 홍대용 등과 교유하며 학문에 전심하여 이덕무, 박제가, 유득공 등 후학들을 길러 냈다. 정조 초년 시파時派 세도가인 홍국영의 미움을 받아 황해도 금천 연암에 은거하기도 했으며 1780년(정조 4)에는 영조의 부마였던 삼종형三從兄 박명원을 따라 중국에 가 청의 선진문물을 접하는데, 이것이 북학사상을 형성하는 데 결정적인 계기가 된다.

그의 대표적인 글이라고 할 수 있는 《열하일기》는 바로 이때 중국에 가서 보고 느낀 바를 쓴 것이다. 그렇기 때문에 이 책은 단순한 기행문이 아니라 북학사상이 담긴 사상서이기도 하다. 이후 박지원은 1786년 과거를 보지 않고 문음門蔭으로 선공감 감역에 임명된 것을 시작으로 주로 목민관직을 역임하였다. 이때 지방관으로서 농촌현실의 문제점을 지적한 책이 《과농소초課農小抄》였다.

박지원의 사상적인 연원은 아직 확실하게 밝혀진 것은 아니지만 대체로 인물성동이논쟁人物性同異論爭에서 인성과 물성은 같다고 본 서울 중심의 낙론洛論을 이었다고 보고 있다. 낙론은 주기파 가운데 주리적 성격이 상대적으로 강한 학문 경향으로 그 대표자로는 안동 김씨 가문의 김창협·김창흡 등이 있다. 말하자면 이이와 송시열로 이어지는 주기론의 계통을 계승했으면서도 이황 학문의 주리적인 요소를 받아들여 절충적인 성격을 띠었다고 할 수 있다.

연암 박지원 초상화

조선 후기 실학자 겸 소설가로 이용후생의 실학을 강조하여 북학파의 선구자가 되었다. 〈양반전〉, 〈허생전〉 등을 통해 당시 사회의 모순을 통렬하게 비판하였다.

박지원의 개혁론

박지원은 이용후생을 실현시키기 위해 과학기술을 발전시켜야 한다고 생각하였다. 그리고 이를 위해 청의 선진기술을 배워 올 것을 주장하였다. 또한 수레와 선박 등을 이용하여 국내 상업과 대외무역을 발전시킬 것을 주장하고 화폐의 유통도 적극 찬성하였다. 이런 견해는 당시 성장하고 있던 상인층과 수공업자의 견해를 대변한 것이기도 하였다. 토지 제도에서는 소농민의 입장에서 토지 소유의 상한선을 규정하는 한전론을 주장하였으며, 그 밖에 영농방법의 개선, 농사기술의 개량, 관개수리시설의 확장을 주장하였다.

또한 그는 〈양반전〉, 〈허생전〉 등의 소설을 통해 당시 사회 모순을 통렬하게 비판하고 자신의 개혁책을 주장하였다. 〈양반전〉에서는 무위도식하고 생산 활동이나 경제 활동을 외면하는 양반들을 통렬히 비판하였고, 〈허생전〉에서는 당시 성장하고 있던 도고상인의 모습과 이상사회론을 그려냈다. 〈호질〉이나 〈민옹전〉 등에서도 부패한 관리와 타락한 학자들을 신랄하게 비판하였다.

실학과 근대지향

한 사회를 이끌어 가던 하나의 사상과 이념이 사회의 변화·발전에 따라 더 이상 그 사회를 이끌어가는 역할을 못할 때 이를 대체할 새로운 사상과 이념이 나타나게 된다. 그래서 역사는 발전하는 것이다. 이런 발전의 모습을 우리는 조선 후기 실학에서 보게 된다.

실학은 처음부터 주자학과 상반되는 것은 아니었으며, 오히려 주자학에서 배태되었다고 할 수 있다. 그러나 조선 후기 사회의 변화·발전에 따라 드러난 주자학의 한계를 극복하는 과정에서 근대를 지향하며 출발했고, 결국 근대적인 데까지 나아갔다. 또한 민족문화와 역사, 국토에 대한 깊은 관심에서 알 수 있듯이 민족적 성격도 강해 민족의 위기 속에서 그 가치를 다시 찾게 만들었고 근·현대 150년 내내 그 대중적 입지를 공고히 해 왔던 것이다.

국학의 발전

조선 후기 국학의 발전은 우리의 역사·지리·문화에 대한 관심을 고조시켰을 뿐만 아니라 민족의식을 배양하는 데 기여하였다. 나아가 각 분야에 대한 전문적인 연구는 당시 실학의 개혁론의 밑거름이 되었다. 국학은 오늘날의 한국학을 부흥시키는 기초로서도 충분히 역할을 할 수 있을 것이다.

세계화와 국학

요즈음 젊은이들을 보면 '세계화'의 영향 때문인지는 몰라도 한국인이라기보다는 세계인이라고 할 정도로 사고방식이 개방적이고 생활하는 것도 국제적이다. 이들은 국사·국어·국학 등 '국' 자가 들어가는 것은 시대에 뒤떨어진 보수적인 것, 심지어는 국수적인 것으로 치부하기도 한다. 비록 '신토불이身土不二'라는 말은 알고 있더라도 이런 젊은이들에게 무조건 우리 것이 좋다, 우리 것을 행하라고 요구하는 것은 현실적으로 무리이다.

그렇다고 해서 전통을 방기할 수는 없다. 이런 전통은 하루아침에 세워지는 것이 아니니까 말이다. 또한 우리의 주체적인 전통, 정체성을 세우기 위해서 과거에 많은 선각자들이 노력을 했었다. 조선 후기에 나타나는 국학國學의 발전도 그 한 예가 되겠다.

국학은 엄격히 말하자면 고유명사는 아니다. 유럽이나 중국·일본에도 국학은 있기 때문이다. 어떤 나라도 자신의 역사나 문화를 다루면 다 국학이라고 불렀다. 그러므로 요즈음 많이 사용되는 '한국학'이라는 용어가 고유성을 갖는 말이라고 할 수 있다. 그러나 일상적으로 사용되고 있고 또 민족의식의 고양이라는 점에서 국학이라는 용어를 사용해도 큰 무리는 없다고 생각된다.

어쨌든 국학은 한국의 역사·지리·언어·철학·문화 등 한국을 다룬 모든 학문에 다 해당할 수 있다. 그러나 과거 한국에서 행해진 학문 행위를 모두 국학이라고 하지는 않는다. 역사적 개념으로서의 국학은 보통 조선 후기 실학에서부터 잡고 있다. 말하자면 한국사에서의 국학은 조선 후기 실학과 함께 나타나는 새로운 학문 경향이라고 할 수 있다.

그러면 실학과 국학은 어떤 관계가 있을까? 국학은 민족적 성격, 근대지향적인 성격을 띠어 대체적으로 실학 속에 포함할 수 있으나 꼭 그런 것만은 아니다. 지배층의 입장에서 연구한 국학도 있기 때문이다. 이런 것은 실학의 범주에 넣지 않는다.

조선 후기의 새로운 학문 경향을 의미하는 국학이라는 개념은 위당 정인보에 의해서 처음 정립되었다. 1930년대에 정인보·안재홍 등 비타협민족주의자들에 의해서 민족운동의 일환으로 '조선학운동'이 일어났었는데, 여기서 말하는 조선학이 바로 한국학, 즉 국학을 의미하였다. 말하자면 1930년대 조선학운동이 일어나 실학이 주목받게 되면서 아울러 국학도 정리되었던 것이다.

국학 연구의 실제

조선 후기 국학 연구는 주로 역사·지리·언어를 중심으로 행해졌다. 당시 학자들이 우리 것에 대한 관심을 가지면서 우리의 옛 역사에 관심을 가졌던 것은 당연한 일이었다. 그러나 우리가 주목해야 할 점은 이 시기 역사연구에서도 새로운 경향이 나타났다는 사실이다.

그 하나는 조선 중기까지 중국 중심적인 인식 위에서 한국의 역사를 보던 데서 탈피해 한국사의 독자적인 발전 과정을 세워 체계화하려는 노력이었다. 이런 인식은 이익의 삼한정통론三韓正統論에서 시작되었는데, 뒤에 안정복이 《동사강목》에서 이 삼한정통론을 계승·발전시켜 단군에서 고려말에 이르는 한국사의 독자적인 체계를 확립하였다.

조선 후기 역사연구에서 나타나는 또 하나의 경향은 고대사의 활동무대로서 만주에 대한 관심의 증대를 들 수가 있다. 유득공의 《발해고》가 저술되는 것도 이때이다. 발해는 그 이전까지는 한국사에서 취급되지 않다가 유득공에 와서 비로소 한국사에 편입되었다고 할 수 있다. 유득공은 신라의 삼국통일을 불완전한 것으로 규정하고, 민족사의 측면에서 남쪽의 신라와 북쪽의 발해를 병립시켜 '남북국 시대'라고 부를 것을 처음으로 제안했던 것이다.

이중환의 《택리지》

1751년(영조 27)에 저술한 인문지리서이다. 풍수지리설에 입각하여 전국 8도 가운데 어디서 살기에 좋은 곳인지를 설명하고 그 지방의 지역성을 정치·경제·사회·문화·인물과 관련하여 서술하였다.

또한 한국사의 전개를 단군→기자→마한→통일신라→고려로 보는 일원적인 인식이 아닌 남과 북의 이원적인 전개로 보는 인식도 생겨났다. 이런 인식은 이종휘의 《동사》가 대표적이라고 할 수 있다. 이종휘는 이 책에서 우리 역사가 단군에서 기자, 마한으로 전개될 뿐만 아니라 단군에서 부여, 고구려를 거쳐 발해로도 전개된다고 주장하였다. 이는 부여·고구려 등 만주 지방에서 흥기했던 국가들에 대한 적극적인 평가에서 나온 것이다.

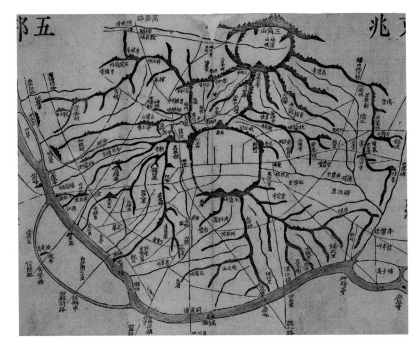

역사에 대한 관심은 곧 국토에 대한 관심으로 이어져 이 시기에 오면 신
경준의 《강계고》, 정약용의 《아방강역고》 등 많은 역사지리서가 편찬되었
다. 역사의 발전을 지리적 요인으로 설명하려 했던 최초의 역사지리서는 17
세기 초 광해군 대에 한백겸에 의해 편찬된 《동국지리지》였다.

또한 역사지리서 뿐만 아니라 인문지리서도 편찬되었다. 이익의 증손자
인 이중환이 지은 《택리지》가 대표적인 인문지리서이다. 《택리지》의 내용
을 잠시 살펴보자.

사람이 한 세상을 살아가려면 산 사람을 먹여 살려야 하고 죽은 자는
장례를 치러 주는 등의 일이 따른다. 여기에는 반드시 재물이 소용된
다. 그런데 재물은 하늘에서 내리거나 땅에서 솟아나는 것이 아니다. 그

러므로 땅이 기름진 곳이 제일이고, 배·수레와 사람 및 물자가 모여들어서 있는 것과 없는 것을 서로 바꿀 수 있는 곳이 그 다음이다. 기름진 땅이란 오곡과 목화 등을 심어서 잘 자라는 곳을 말한다. 우리나라에서 가장 기름진 땅은 전라도의 남원·구례와 경상도의 성주·진주 등 몇 곳이다. 경상도에서 좌도는 땅이 모두 메말라서 사람들이 가난하게 살고 있으나 우도는 기름지다. 전라 좌도의 지리산 근방은 땅이 모두 기름지나 연해읍은 물이 없고 가뭄이 많다. 충청도의 내포와 차령 이남은 기름진 곳과 메마른 곳이 반반 정도다. 한강 북쪽은 대체로 땅이 메마르다. 강원도의 영동 9현에서 함경도에 이르기까지의 땅은 더욱 메마르며 황해도는 기름진 땅과 메마른 땅이 반반이다. 평안도는 산군의 땅이 메마르나 연해 제읍은 자못 기름져서 충청도보다 못하지 않다.

이중환은 이 책에서 사람이 살 만한 곳이 어딘가 하는 것을 토지의 비옥도뿐만 아니라 정치·경제·풍속·인심 등 여러 측면에서 비교·평가하면서 서술하고 있다.

김정호의 대동여지도

조선 후기에는 역사지리·인문지리 외에 순수한 지도제작도 크게 발달하였다. 18세기 정상기鄭尙驥가 만든 〈동국지도〉는 민간학자의 손으로 제작된 최초의 전국 지도였으며, 김정호의 〈대동여지도〉는 이전의 지도 기술을 집대성한 것이었다.

고산자 김정호는 생몰 연대가 정확히 밝혀져 있지는 않지만 1800년경부터 1860년대까지 살았던 것으로 추정된다. 즉 세도정치기에 일생을 보냈던 것이다. 그의 집안은 사대부 집안이 아니었고, 그의 지도 판각을 도와준 딸이 하나 있었다는 것 외에는 가족이나 후손도 밝혀진 것이 없다. 그는

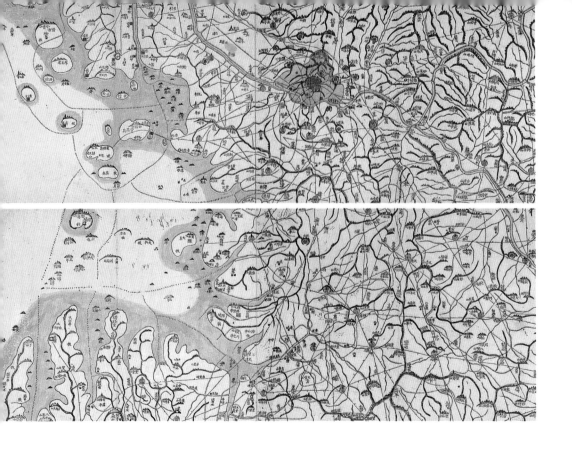

김정호가 만든 〈대동여지도〉

전국을 동서와 남북 각각 80리와 120리의 동일 간격으로 나누어 최북단의 1층부터 최남단의 22층까지 22첩으로 분리·수록하여 병풍처럼 접어서 가지고 다닐 수 있게 하였다. 국립중앙박물관 소장

불우한 환경 속에서 일생을 오직 지도 제작과 지지地誌 편찬에 보냈다. 그리하여 1834년 〈청구도〉와 〈지구도〉를 만들고 1861년에는 〈대동여지도〉를 혼자의 힘으로 판각하여 간행하였다. 실학자였던 최한기와는 막역한 사이였다고 한다.

〈대동여지도〉는 서양 지도학의 영향을 받지 않고 동양의 전통적인 도법을 이어받아 집대성한 것인데, 위치 설정에 있어 중강진 부근이 북쪽으로 약간 치우쳐 있고 울릉도가 남쪽으로 내려온 것을 제외하면 오늘날의 지도와 거의 같다. 항간에 전해져 내려오는 이야기로는 김정호가 30여 년간 전국 각지를 두루 답사하여 실측에 의해 만들었으며, 이를 위해 백두산만 17여 회를 올라갔다고 한다. 물론 당시의 교통사정과 김정호 개인의 재정적인

408

형편을 감안하면 전국을 모두 답사했다는 것은 믿기 어렵고 그때까지의 지도를 기초로 하여 보충·수정한 것으로 보인다. 그래도 대단한 것이다.

김정호는 〈대동여지도〉뿐만 아니라 〈대동여지전도〉와 〈대동지지〉라는 것도 만들었다. 〈대동여지도〉는 22첩으로 되어 있어 전국을 한눈에 볼 수 없다. 그래서 전국을 한 장의 지도로 볼 수 있게 만든 지도가 〈대동여지전도〉이다. 〈대동지지〉는 1864년 간행한 것으로, 이전에 만들었던 〈청구도〉의 자매편으로 지지地誌적인 면을 보충한 것이라고 할 수 있다.

일설에 전하는 바에 의하면, 대원군 집정 때 김정호가 〈대동여지도〉의 인쇄본을 조정에 바쳤다가 도리어 나라의 기밀을 누설시킬 우려가 있다는 혐의로 판각은 압수·소각당하고 그도 잡혀 옥사했다고 하지만 사실을 확인할 수는 없다. 어쨌든 이런 이야기도 불우한 그의 일생을 이해하는 데 도움이 되겠다.

한글 연구와 사상의학

우리의 언어인 한글에 대한 연구도 이 시기에 활기를 띠었다. 사실 한글은 세종대왕이 창제한 이후 언문·언서·암클 등의 비하하는 명칭으로 불리면서 제대로 대우를 받지 못하고 있었다. 그러다 17세기 이후 한글소설이나 사설시조 등 서민문학이 발달하면서 주목을 받게 되고 학문적인 연구도 활발히 이루어졌다. 신경준의 《훈민정음운해》와 유희의 《언문지》 등이 한글을 과학적으로 연구한 대표적인 업적이다. 이는 한글의 우수성에 대한 인식, 즉 문화적인 자아의식의 발현이라고 할 수 있다.

우리 것에 대한 연구는 의학에서도 나타난다. 사상의학四象醫學을 창시한 이제마李濟馬(1838~1900)가 대표적인 인물이다. 조선의 의학은 이미 광해군 대 허준의 《동의보감》에 의해 집대성된 적이 있었다. 이 책은 독자적인 의학 기준을 가지고, 조선 전기의 의학적 성과와 중국의 의학을 우리의 실정에 맞게 종합한 것이었다. 임진왜란 직후라는 사회적 분위기 속에서 저술된 이 책은 따라서 예방의학과 구하기 쉬운 향약鄕藥에 의한 처방 등을 특징으로 하고 있다. 그리고 '동의東醫의 보감寶鑑'이라는 책 제목에서 볼 수 있듯이 조선 의학이 중국의 그것에 못지않다는 자부심이 한껏 드러나 있다.

이제마는 《동의수세보원東醫壽世保元》에서 허준의 《동의보감》을 계승하면서도 독창적인 학설을 창안하였다. 즉 사람의 체질을 태양·소양·태음·소음 등 네 유형으로 나누고, 각 유형에 따라 병의 원리와 약효가 다른 것으로 보았다. 같은 병이라도 체질에 맞게 약을 써야 한다는 사상의학은 전인미답의 처녀지를 개척한 신학설이다. 동의임상東醫臨床의 새로운 분야가 우리나라 의자醫者에 의하여 개척된 것이다. 책 이름에서 '동의'는 중국의 의가醫家와 구별하기 위한 것이며, '수세'는 온 세상 인류의 수명을 연장시킴을 뜻한다. 우리 체질에 맞는, 우리 풍토에 맞는 의학이기에 지금까지도 생명력을 가지고 많은 사람에게 도움을 주고 있다. 지금 한의원에서 한의사들이 처방하는 것이 다 사상의학에 입각한 것이다. 여기에 바로 조선 후기 국학의 현재적 의미가 있다.

조선 후기 국학의 발전은 우리의 역사·지리·문화에 대한 관심을 고조시켰을 뿐만 아니라 민족의식을 배양하는 데 기여하였다. 나아가 국학 각 분야에 대한 전문적인 연구는 당시 실학의 개혁론의 밑거름이 되었다고 할 수 있다. 또한 일제 식민통치로 상당부분 단절된 오늘날의 한국학을 부흥시키는 기초로서도 충분히 역할을 할 수 있을 것이다. 우리 나름대로의 한국적·주체적인 학문을 수립하기 위해서는 조선 후기 국학에서 재출발할 필요가 있다는 것이다.

우리는 사물놀이패가 오케스트라와 같이 협연하는 것을 자주 본다. 또한 판소리를 듣고 감탄하는 서양사람들도 많이 본다. 이렇듯 민족적인 것

과 세계적인 것이 양립할 수 없는 것은 결코 아니다. 오히려 진정으로 민족
적일 때 그것은 곧 세계적일 수 있는 것이다. 그리고 진정으로 민족적인 것
의 뿌리를 우리는 조선 후기의 국학에서 찾을 수 있다.

3 다산 정약용

정약용 사상을 봉건적인 사상틀 내에서 보려는 입장도 있지만 실학의 집대성자로 북학파의 상업기술 발전론을 적극적으로 수용하여 근대적인 사상에 도달했다고 보는 것이 타당하다. 결국 그에게서 근대사상의 싹을 살펴볼 수 있다는 말이다.

유배 문화, 유배지 학문

오늘날 조선 시기 사상사를 연구하는 학자들이 연구 대상으로 가장 많이 다루고 있는 대표적인 사상가는 누구일까? 논란의 여지없이 그 답은 바로 다산茶山 정약용丁若鏞이다. 퇴계 이황이나 율곡 이이보다 훨씬 많은 학자들이 정약용을 소재로 연구 논문을 썼다. 이는 남긴 저술의 양에서 이황과 이이와는 비교도 안 될 만큼 현격한 차이가 나기 때문에 연구 소재가 많고 실학의 집대성이란 학문적 위상도 높고 연구 가치도 크기 때문이다. 해외에서의 관심도 높다.

그럼에도 불구하고 정약용이 태어난 팔당 근처의 생가나 귀양살이를 했던 전라도 강진의 다산초당은 이이의 오죽헌이나 이황의 도산서원보다는 덜 알려져 있다. 이는 아무래도 정약용이 두 사람보다는 정치사적 위상에서 뒤떨어지고, 또 특히 후손들의 역할에서 차이가 크기 때문이다.

조선 시기에는 많은 학자·사상가들이 정치적인 이유로 인해 귀양을 가

정약용은 이곳에서 10여 년간 생활하면서 《목민심서》 등을 저술하는 등 실학을 집대성하였다. 실학 사상의 산실로 널리 알려져 있다.

오랜 기간을 지내거나 때로는 유배지에서 죽음을 맞이하기까지 했다. 그런데 조정에 있을 때는 바빠 학문 연구에 쏟을 시간이 없었던 사람들이 귀양 가서는 본격적으로 공부하여 오히려 학문적으로 큰 업적을 내고 또 그 지방에 학문적 영향을 미친 경우도 적지 않았다. 그래서 심지어는 유배 문화, 유배지 학문이라는 말까지 나오고 있다. 다산 정약용도 그 한 예라고 할 수 있다. 그도 1801년(순조 1) 신유사옥으로 강진으로 귀양을 가서 무려 18년 동안 그곳에서 유배생활을 하였다.

정약용의 생애

정약용의 자는 미용美鏞, 호는 다산·여유당與猶堂, 본관은 나주로 1762년(영조 38) 경기도 양주군(현 남양주시) 능내에서 태어나 1836년(헌종 2)에 죽었다. 여유당의 여유與猶는 '망설이면서與 겨울에 냇물을 건너는 것같이, 주저하면서猶 사방의 이웃을 두려워한다.'라는 노자의 《도덕경》에서 따온 말이었다. 정조 말년 천주교로 인하여 관직을 물러난 후 세상에 대한 두려움이

다산 정약용 영정

순탄치 않은 생애였지만, 그런 중에도 조선의 현실을 개혁하고자 학문 연구에 매진하여 실학사상을 집대성한 조선 후기 대표적인 개혁사상가였다.

많아 이리저리 조심하면서 살아가는 자신의 모습을 표현하기 위해 이런 호를 지었다는 것이다.

그의 부친 정재원은 진주목사를 지냈으며, 모친은 조선 후기 대표적인 화가였던 공재 윤두서의 손녀였다. 그리고 최초의 천주교 세례자인 이승훈은 그의 매부였다. 결국 그의 집안은 근기남인의 핵심집안이었다.

그가 태어난 때는 마침 부친이 사도세자 사건으로 정계에서 물러나 향리에 있던 때였으며, 이후 정조가 즉위하여 부친이 다시 관직에 등용되자 서울로 올라왔다. 그 뒤 채제공·권철신·이가환 등 주로 성호좌파 사람들과 교유하였고 23세 때에는 이벽을 통해 천주교를 접하였다. 이를 두고 사람들은 정약용이 천주교도였다고 말하기도 한다. 천주교와 관련된 성호좌파 사람들과 관계를 가지면서 천주교에 입교했던 것은 사실인 것 같다. 그러나 여러 정황을 살펴볼 때 입교는 일시적이었고 얼마 뒤에 그만둔 것으로 생각된다.

정약용은 28세인 1789년(정조 13) 과거에 합격한 이래 계속 관직 생활을 하였으며, 특히 이익의 조카인 이가환과 함께 채제공의 뒤를 이을 남인 시파時派의 차세대 인물로 부각되었던 것으로 여겨진다. 그리하여 남인 벽파僻派나 노론 벽파에 의해 끊임없이 견제를 받았으며, 1798년 좌부승지에서 곡산부사로 쫓겨나가는 등 여러 번 외직으로 좌천되기도 하였다. 이후 그의 강력한 후원자였던 정조가 죽고 순조가 즉위하자 채제공도 물러나고 노론 벽파가 정권을 잡았다. 이들이 바로 세도정치를 열면서 남인 시파를 억압하였는데, 그 한 방법으로 1801년 신유사옥을 일으켰던 것이다.

정약전 유배지인 흑산도 사리마을의 사촌서당(沙邨書堂)

생을 마감하기 까지 16년간의 유배생활을 보낸 흑산도의 사리마을에 그가 후학을 길렀던 사촌서당을 복원하였다. 그는 《자산어보(兹山魚譜)》라는 소중한 저술을 남겼다.

신유사옥은 겉으로는 천주교 탄압이었지만 속으로는 정치적인 요인이 강하였다. 이 탄압으로 인해 이승훈, 이가환, 권철신, 그리고 정약용의 바로 위의 형인 정약종 등 남인 시파들이 대거 처형되었으며, 정약용의 둘째 형인 정약전은 흑산도로, 정약용은 강진으로 귀양을 갔다. 18년 뒤인 1818년 석방되어 양주 고향으로 돌아오지만 이후 관직에 나가는 것을 단념하고 학문 연구와 저술에 힘썼다.

정약용의 학문

특히 정약용의 학문은 유배지인 강진에서 집대성되었다. 그의 외가가 바로 해남이었고 또 그곳에는 고산 윤선도의 유적인 녹우당祿雨堂이 있어 책을 많이 소장하고 있었기 때문에 정약용이 학문 연구와 저술을 하는 데 좋은 여건이었다. 그의 저술은 500여 권이 넘을 정도로 많아 그의 학문을 한마디로 이야기하기는 어렵다. 크게 육경·사서의 주석에서 보이는 경학적인 면과 《경세유표》, 《목민심서》, 《흠흠신서》 등 1표表 ·2서書에서 보이는 개혁적·경세적인 면으로 나누어 볼 수 있다.

그는 《주역심전》, 《역학서언》, 《논어고금주》, 《맹자요의》 등 육경과 사서 등 방대한 유교 경전을 고증하고 여기에 새로운 해석을 가하였다. 그리고 이런 작업은 1표·2서에 보이는 개혁사상의 토대가 되었다. 그는 경전에 대한 기존의 해석이 공자의 본래 정신에 어긋났다고 지적하고, 공자 본래의 학문인 수사학洙泗學으로 돌아갈 것을 주장하였다.

또한 평등적인 인간관을 주장하고 상제上帝의 주재主宰를 인정하였다. 주자성리학에서는 인격적인 천天, 즉 하늘을 배제하고 이기론으로써 우주와 사회·인간을 설명하는 데 반하여 정약용은 상제라는 개념을 설정하여 그 것이 우주와 사회를 주재하는 것으로 보았던 것이다. 아울러 그는 윤리적인 실용성, 실천윤리를 강조하였다. 이기론 등 추상적인 토론에만 전념해서는 안 된다는 것이다. 이런 구체적인 사회현실에 대한 관심, 실용성의 강조는 실학의 일반적인 성격이기도 하였다.

정약용의 개혁사상은 단계적으로 이해해야 할 필요가 있다. 즉 1단계에서는 현실을 인정하고 운영의 측면을 개선하는 내용을 제시하였으며, 2단계에서는 왕조 체제를 인정한 위에서 온건하고 현실적인 개혁을 하자는 것이며, 마지막 3단계는 궁극적으로 추구하는 이상적인 단계이다. 그의 저술로 보면 1단계가 《목민심서》, 2단계가 《경세유표》, 3단계가 〈탕론〉이라고 할 수 있다.

전론과 탕론

먼저 토지 제도에 대한 정약용의 생각을 살펴보면, 처음에는 정전제井田制를 주장했다가 그것이 현실성이 없다는 것을 알고 여전제閭田制를 주장하였다. 이 여전제를 주장한 글이 《여유당전서》 속에 들어 있는 〈전론田論〉이라는 글이다.

여전법이란 무엇인가. 산과 하천과 계곡과 언덕 등 자연의 지형에 의해 나누고 일정 구역을 만들어 그 구역 안에 들어 있는 것이 여이다. 3여로 1리를 삼고 5리로 1방을 삼고 5방으로 1읍을 삼는다. 여에는 여장을 두고 1여의 토지를 여 내의 민이 공동 경작하여 내 땅, 네 땅의 구별이 없이 오직 여장의 지휘를 받는다. …… 노동의 분량이 많으면 곡물의 배당률이 높을 것이며, 노동의 분량이 적으면 곡물의 배당률은 그만큼 낮을 것이니, 노력을 적게 하고야 어찌 많은 배당을 받을 수 있겠는가. 이렇게 하면 사람들은 모두 자기의 노력을 아끼지 않고 다할 것이며, 따라서 토지는 모두 그 이용성을 발휘할 것이다. 토지의 이용성이 잘 발휘되면 인민의 산업이 풍부해질 것이며, 인민의 산업이 풍부하여지면 풍속이 순후하고 도덕과 윤리가 수립될 것이다. 이것은 토지 제도로 최상의 방법인 것이다.

결국 여전제는 토지 사유를 인정치 않고 공동 경작에 의해 수확하고 수확량은 노동량에 따라 분배한다는 것이다. 경작 능력에 따라 소득을 분배하는 토지 제도라고 할 수 있다.

또한 정약용은 《목민심서》에서는 노비제의 현실을 인정하였으나 《경세유표》에서는 점진적 개혁을 주장하였으며, 결국은 노비제와 양반제 철폐를 개혁의 이상으로 삼았다. 상공업에서는 중세적인 말업관을 극복한 위에서 중소상공업자가 주체가 되어 상업의 발전을 추구할 것을 주장하였다.

정치적인 면에서 그는 비변사를 철폐하고 6조에 모든 기구가 소속되게 할 것을 주장하였으며, 서리제의 개편과 능력 본위의 관리 등용을 강조하였다. 또한 정치이념에서는 민주주의적인 요소를 갖춘 정치 개념, 즉 인민

주권과 인민혁명권, 사회계약설 등을 주장하였다. 이런 정치이념이 잘 나타나 있는 글이 〈탕론湯論〉이다.

탕왕湯王이 걸桀을 추방한 것이 옳은 일인가. 신하가 임금을 친 것이 옳은 일인가. 이것은 옛 도道를 답습한 것이요, 탕왕이 처음으로 열어 놓은 일은 아니다. …… 천자는 여러 사람이 추대해서 만들어진 것이다. 대저 여러 사람이 추대해서 만들어진 것은 또한 여러 사람이 추대하지 않으면 물러나야 하는 것이다. …… 한대 이후로는 천자가 제후를 세우고 제후가 현장縣長을 세우고 현장이 이장을 세우고 이장이 인장隣長을 세웠는데, 감히 아랫사람으로서 윗사람에게 공순치 아니함이 있으면 그를 일컬어 반역이라 하였다. 어찌하여 반역이라 할 수 있을까. 옛날에는 정치가 아래로부터 위로 실시되었기 때문에 아래로부터 위로가 순서였으나, 지금은 그와 반대로 정치가 위로부터 아래로 실시되기 때문에 아래로부터 위로가 반역이 되었다. 그러므로 왕망이라든가 조조라든가 사마의라든가 유유劉裕 · 소연蕭衍 등은 모두 반역이지만 무왕이라든가 탕왕이라든가 황제黃帝 등은 현명한 왕이요, 성스러운 황제이다. 이런 것을 모르고서 문득 탕왕 · 무왕을 낮게 평가하여 요 · 순보다 하위에 두고자 한다면, 어찌 이른바 고금지사에 통달한 사람이라 할 수 있겠는가. 장자는 말하였다. "여름 한철만 살고 가는 쓰르라미는 봄과 가을을 모른다."고.

상향적인 정치를 주장하는 것이 지금의 민주주의사상과 거의 비슷하다. 결국 정약용의 정치개혁사상도 경제개혁사상과 마찬가지로 근대적인 사상의 형성 단계에 이르렀다고 볼 수 있다.

또한 정약용은 도덕성의 호소보다는 제도 개혁을 우선하는 주례학파周

禮學派의 입장을 따르고 있다. 따라서 그의 사상에는 주례周禮적인 요소가 많이 들어 있다. 관제 개혁도 주례의 이념에 기초하고 있고 전체적으로 국가 주도의 개혁을 중시하는 것도 주례의 영향을 받은 것이다.

실학의 집대성

학계의 일각에서는 정약용 사상의 한계성을 지적하면서, 그를 근대적이 아닌 봉건적인 사상틀 내에서 보려는 입장도 있지만, 실학의 집대성자로 북학파의 상업기술 발전론을 적극적으로 수용하여 근대적인 사상에 도달했다고 보는 것이 타당할 것 같다. 결국 그에게서 근대사상의 싹을 살펴볼 수 있다는 말이다.

정약용의 호 가운데 사암俟菴이라는 호가 있다. 사俟 자는 기다린다는 뜻이다. 즉 당시 시대에는 자기를 이해할 수 없겠지만 후대에 자신의 학문을 이해하고 실천할 사람을 기다린다는 뜻이다. 비장하고 예언적인 호이다. 그의 예언대로 그의 사상은 100년이 지난 뒤에야 사람들에게 이해되고 꽃을 피울 수 있었다.

정약용의 시나 산문을 읽어보면 굶주리고 학대받는 농민들의 생활상과 그들에 대한 애정이 잘 묘사되어 있다. 시대의 모순에 고통받는 사람들에 대한 애정과 그 모순을 고쳐 보려는 노력이 다산 정약용이라는 위대한 사상가를 있게 했던 것이다. 그래서 시대는 인물을 만든다는 말이 나왔는지 모른다.

일제 강점기에 한국사에 대한 관심과 자긍심을 환기시키고 주체적인 민족의식을 고취시키는 데 주력하였던 위당 정인보는 다산 정약용에 대하여 "선생 일인에 대한 고구考究는 조선사의 연구요, 조선 근세사상의 연구요, 조선 심혼心魂의 명예明翳 내지 전 조선 성쇠존멸盛衰存滅에 대한 연구다."라 하여 조선 최대의 학자로 평가하였다.

4 홍경래의 난

KOREA

홍경래의 난은 뚜렷한 정치적 목적 아래 면밀한 계획과 장기간의 준비를 거쳐 조직적으로 전개된 무장봉기라는 점에 중요한 특징이 있다. 또한 봉건사회 내에서 새롭게 성장한 신흥 상공업 세력과 기존 정치권력에서 배제된 몰락양반의 연합에 의해 추진된 반봉건 항쟁이었다.

민란의 시대

19세기는 '민란의 시대'라고 일컬어 질 정도로 농민들의 항쟁이 활발하게 벌어졌다. 그러나 이 시기의 '민란'은 탐관오리나 악독한 지주들의 가혹한 탐학에 못 이겨 발생하는 '기아폭동飢餓暴動'의 성격만을 갖는 것은 아니었다. 밟으니까 꿈틀하는 그런 저급한 몸부림은 아니었다.

민란은 봉건기강의 해이에 따른 사회적 혼란 현상에 그쳤던 것은 아니다. 봉건사회를 유지함으로써 자신의 기득권을 고수하려는 지배계급과 봉건사회의 질곡을 타파하여 새로운 사회를 열어 나가려는 변혁주체 세력 간의 대립으로 이해할 필요가 있다. 새로운 질서, 새로운 사회로 나아가려는 새로운 사회 세력의 진보적인 움직임이었다. 그런 의미에서 농민들의 항쟁은 봉건사회 해체기에 우리 역사를 새로운 근대 사회로 이끌어 가는 역사 발전의 동력이었던 셈이다.

이처럼 19세기 민란을 발전적으로 이해한다면 '민란'이란 용어도 다시

420

생각해 봐야 한다. 민란은 본래 '민이 난을 일으킨다.'라는 의미로 지배층의 입장에서 부정적으로 사용했던 용어였다. 그러므로 엄격히 말하자면 적절한 용어라고 할 수 없다. 새로운 사회 세력의 움직임이 지배층에게는 그저 나라를 혼란스럽게 하는 '난'으로 보일지 모르지만 거꾸로 진보를 위한 발걸음으로 볼 수도 있는 것이다. 그렇기 때문에 요즈음 학계에서는 19세기에 일어난 민란들을 '농민 항쟁'으로 지칭하기도 한다. 다만 '난'이란 표현은 당시에 쓰던 용어로서 나름의 고유성을 갖고 있어, 사건의 실체를 객관적으로 이해하는 데 오히려 적절한 측면이 있다. 따라서 이 글에서는 '난'이라고 썼다.

홍경래 난의 배경

19세기 민란, 즉 농민 항쟁의 서막을 열었던 것이 평안도 지역을 중심으로 일어났던 '홍경래의 난'이었다. 먼저 홍경래의 난이 일어나게 되는 사회적 배경부터 살펴보자. 평안도는 19세기 조선 사회에서 상품화폐경제가 가장 먼저 발달한 지역이었다. 중국과의 무역통로였으며 공무역 외에도 밀무역을 통해 부를 축적한 상인계층, 즉 부상대고富商大賈들이 많았다. 또한 이 지역은 금광과 은광이 급속히 개발된 지역이었다. 정부의 광산 개발 억제 정책에 따라 광산이 폐쇄되었으나, 평안도 지역의 상인자본가들은 정부 몰래 광산을 개발하였다. 소위 잠채광업潛採鑛業이라는 것이 성행했던 것이다.

수공업도 크게 발달하였다. 특히 견직업絹織業·야장업冶匠業·유기수공업 등이 발전하여 정주의 납청 유기수공업은 당시 유기수공업의 중심지라고 알려진 안성의 유기점에 비해 훨씬 발전된 기술과 노동조직으로 '유기공장'이라 불렸다. 노동의 조직화정도를 보면 '공장제 수공업(매뉴팩처)' 단계까지 진전되었다고 볼 수 있다. 또한 상품작물인 담배·인삼·채소류 등을 재배하여 시장에 파는 상업적 농업도 발달하였다. 우리가 보통 한국사의 내재적인 발전을 이야기할 때 그 근거로 드는 자본주의 맹아가 평안도 지역에서 제일 발달했던 것이다.

새로이 신분 상승한 신향新鄕과 기존의 사족들인 구향舊鄕 간의 향권을 둘러싼 향전鄕戰도 활발히 일어났다. 본래 평안도 지역에는 유력한 양반 가문이 없었기 때문에 삼남 지역에 비해 상업을 천시하는 기풍이 별로 없었다. 그러므로 천민도 상업 등을 통해 부를 축적하면 양반층으로 손쉽게 신분을 상승시켜 향촌 사회 단위의 권력자층으로 성장할 수 있었다. 그래서 이 지역이 다른 지역보다 향전이 활발히 또 일찍부터 일어났던 것이다.

이처럼 경제적으로 발전하고 일반민들이 신분적으로 상승하는 경우가 많았지만 평안도 지역은 조선 왕조 초부터 여러 면에서 차별을 받아 왔다. 조선 초부터 관서·관북 지역민의 중앙 관계 진출은 매우 제한되어 있었다. 이에 더하여 1808년 중앙정부의 잠상금지, 잠채금지 조처는 이들이 부를 축적하는데 커다란 장애가 되었다. 또한 1809년과 1811년 전국을 휩쓴 큰 흉년은 가난한 농민들의 생계를 크게 위협하였다.

말하자면 사회·경제적으로 성장하여 기대와 이상은 높았던 반면, 현실적인 차별은 심하고 봉건지배의 벽은 두터웠다. 이런 이상과 현실 사이의 괴리에서 나타나는 절망과 분노가 결국 난의 형태로 나타났던 것이다. 홍경래의 난은 홍경래 등 지도부가 10여 년 동안의 치밀한 준비 끝에 일으킨 봉건정부 타도운동이었다.

주도층과 주력군

홍경래의 난을 주도한 인물들은 홍경래와 우군칙, 이희저, 김창시 등이었다. 홍경래는 1780년(정조 4) 평안도 용강군 다미면에서 출생하였다. 초가 삼칸과 세간살이를 제외하고는 전답이나 노비가 없는 몰락 양반으로 풍수사地師로서 전국을 돌아다니면서 우군칙, 이희저, 김창시 등을 규합하여 항쟁을 이념적·정치적으로 지도한 최고 지도자였다.

우군칙은 평안도 구성 지역의 서얼 출신으로 역시 풍수사였다. 또한 홍삼 밀무역과 금광업에 종사했던 자로서 신흥 상공업 세력과 밀접한 연계를 갖고 이들을 항쟁에 끌어들인 사람이었다. 이희저는 평안도 가산군의 역노驛奴로서 천민 출신이었다. 그는 청나라와의 밀무역에서 많은 돈을 번 부상대고였다. 신분도 양반으로 상승시켰을 뿐만 아니라 향임직까지 진출하여 향촌 사회의 유력자 층으로 자리 잡은 자였다. 이희저는 대상인으로서 항쟁에 필요한 각종 물자와 자금을 제공하였다.

김창시는 가산군의 토호양반 출신으로서 유학자이자 진사였다. 그러나 여러 차례 과거 응시와 엽관운동에 가산을 탕진한 다음, 가세를 일으키려고 상인들과 연결하여 상업에 종사하였다. 김창시는 홍경래 난의 격문을 작성하는 등 항쟁을 이념적으로 지도하였다. 이들의 면면을 보면 홍경래를 제외하고는 모두 상업으로 성장한 인물들이었다.

홍경래 난의 주력군은 농민층과 광산노동자층이었다. 한편 지도부는 전국에서 몰려든 유민들에게 광산노동자를 모집한다는 구실로 선금을 주고 고용하여 군사훈련을 시켰다. 이들은 용병의 성격을 가졌다고 할 수 있다. 평안도 지역에서 향촌 사회의 실력자층이었던 향임층의 대부분도 이들 지도부와 연결되어 있어서 홍경래 군에 가담하였다.

전개 과정

홍경래는 군대를 남진군과 북진군 두 부대로 편성하여 1811년 12월 18일 평안도 가산 다복동에서 거병하였다. 김사용·홍총각·이제초 등이 선봉장이 되어 군대를 지휘하였다. 출전에 앞서 김창시가 지은 농민군의 격문이 유명하다.

평서대원수는 급히 격문을 띄우노니 관서의 부노父老와 자제와 공사천민 등은 모두 이 격문을 들으시라. 무릇 관서는 기자의 옛터요, 단군 시조의 구굴舊窟로서 의관衣冠이 급제哀濟하고 문물이 병랑炳烺한 곳이다. …… 그러나 조정에서는 서토西土를 버림이 오물을 버리는 땅과 다름없다. …… 지금 나이 어린 임금이 위에 있어서 권세 있는 간신배가 날로 치성하여 김조순, 박종경의 무리가 나라의 권력을 농단하고 있다. …… 그러나 다행히 세상을 구할 성인이 청북 선천 검산의 일월봉 아래 군왕포 위 가야동 홍의도에서 탄생하셨으니, 나면서 신령함이 있었고 다섯 살 때 도승을 따라 중국에 들어갔으며 성장하여서는 강계 사군의 여연閭延에 머무르기 5년에 명의 세신유족들을 거느리게 되었으며 철기 10만 명으로 부정부패를 숙청할 뜻을 가지셨다. 그러나 이곳 관서땅은 성인께서 나신 고향이므로 차마 밟아 무찌를 수가 없어서 먼저 관서의 호걸들로 거병하여 백성들을 구하도록 하였으니 의로운 기치가 이르는 곳이 어찌 참 임금을 기다리다 살아난 곳이 아니겠는가! 이제 격문을 띄워 열읍의 수령에게 알리노니 절대로 동요치 말고 성문을 활짝 열어 우리 군대를 맞으라.

이 격문의 내용을 보면 정진인鄭眞人이 나타나 조선 왕조를 무너뜨리고 새로운 왕조를 개창할 것이라는 내용이 있다. 그 사상적 배경에 《정감록》이 놓여 있음을 알 수 있다. 당시 유행하던 정감록 사상을 끌어들여 홍경래군이 바로 정진인의 군대임을 강조하는 것이다. 또한 이 격문에는 부정부패가 없고 백성들이 나라의 근본이 되는 세상을 만들려는 의지가 나타나 있다.

홍경래군은 거병 이후 12월 28일까지 열흘 사이에 가산·곽산·정주·선천·대천·철산·용천 등을 관군과 한 번의 전투 없이 무혈점령하였다. 그리하여 의주와 안주를 제외한 청천강 이북 전 지역을 장악하였는데, 이는 각 지역 향임층의 적극적인 호응이 있었기 때문이었다.

홍경래군은 이들 지역을 점령한 다음, 중앙에서 파견된 군수나 현령·현감 등 수령을 몰아내고 향임들을 유진장留陣將으로 임명하여 고을을 통치하였다. 그러나 이들의 통치는 농민들이 바라는 정치를 펼친 것이 아니라 재지유력자들인 향임층의 이익을 대변하는 통치였다. 결국 하층 농민들에게는 지배 세력의 교체만 있었고 자신들을 위해 조세를 감면한다든가 또는 토지를 재분배하는 것과 같은 대대적인 개혁 조처는 없었다. 따라서 홍경래군은 농민들의 자발적인 참여를 얻는 데는 실패하였다.

홍경래군은 농민층의 적극적인 지지를 얻어내지 못했기 때문에 전열을 가다듬은 관군과의 싸움에서 계속 졌고 결국에는 정주성으로 쫓겨 들어갔다. 반면 관군은 홍경래군과의 교전에서 철저하게 초토화전술淸野戰術을 사용하여 홍경래군과 인접한 지역의 농민들을 모두 소개 또는 죽이고 민가를 방화하였다. 관군의 이런 행위는 그 지역 농민들의 반발을 샀고 그 수난을 피해 많은 농민들이 홍경래군을 따라 정주성에 들어가게 된다. 이렇게 되다 보니 정주성에서 항전할 때의 홍경래군은 봉기 처음과는 달리 농민

순무영진도

홍경래 난을 진압하기 위하여 파견된 순무영군이 정주에서 봉기군과 대치하고 있는 모습이다. 서울대학교 규장각 소장

들이 중심이 되어 자발적으로 편성한 군대가 되어 있었던 것이다. 봉기 초기에 용병의 성격을 지닌 광산노동자들이 중심이 되었던 것과는 크게 달랐다.

정주성에서의 항전은 1812년 1월 17일부터 4월 19일까지 근 90여 일간 계속되었다. 관군의 포위가 장기화하자 홍경래군은 부족한 식량으로 인해 군마까지 잡아먹는 상황이 되었으나 항복하지 않고 결사 항전하였다. 관군은 여러 차례의 정면공격으로도 정주성을 함락시킬 수 없었는데 이는 군대의 구성이 용병이 아닌 자발적인 농민들로 편성되었기 때문이다. 관군은 최후의 대책으로 광산노동자를 대거 동원하여 성벽 밑까지 땅굴을 파 폭약을 터뜨려 성벽을 폭파시키고 마침내 정주성을 함락시켰다.

광산노동자로 시작한 홍경래의 난이 광산노동자에 의해 끝났다는 것도 역사의 아이러니이다. 어쨌든 정주성이 함락되는 과정에서 홍경래는 전사하고 우군칙은 생포되어 공초 기록을 남겼다. 총 2,983명이 체포되었는데 이 중 10세 이상 남녀 1,917명을 모두 처형함으로써 항쟁은 종식되었다.

홍경래 난의 의의

홍경래의 난은 그 이전 반봉건 항쟁과 다르게 뚜렷한 정치적 목적 아래 면밀한 계획과 장기간의 준비를 거쳐 조직적으로 전개된 무장봉기라는 점에 중요한 특징이 있다. 홍경래의 난은 봉건제의 위기가 심화되는 가운데 봉건사회 내에서 새롭게 성장한 신흥 상공업 세력과 기존 정치권력에서 배제된 몰락양반의 연합에 의해 추진된 반봉건 항쟁이었다. 농민들은 종속적 위치에 그쳤다.

농민층 분해의 결과 경제적으로 몰락하고 있던 하층 농민들이 아직까지는 반봉건 항쟁을 독자적으로 수행할 만한 역량을 갖고 있지는 못하였다. 이는 1862년 전국적 농민 항쟁(임술민란) 단계에 가서 점차적으로 극복하게 된다.

　홍경래의 난은 피지배층으로서 통치의 대상으로만 치부되었던 농민들이 봉건왕권과 지배체제를 부정할 수 있는 정치적 각성의 계기가 되었다. 그리하여 홍경래의 난 이후에는 홍경래는 죽지 않았다는 홍경래불사설이 일반에게 널리 퍼졌다. 당시 농민들은 "정주성에서 죽은 자는 가짜 홍경래다. 진짜 홍경래는 살아 있다."라는 소문을 퍼뜨리면서 언젠가 올 봉건정부 타도와 사회변혁의 기회를 준비했던 것이다. 실제로 그 뒤에 일어나는 수많은 농민 항쟁 가운데 상당수는 진짜 홍경래를 칭하며 난을 일으키기도 하였다.

5 임술민란

임술민란은 봉건사회의 모순이 전면적으로 드러나는 과정에서 이 사회 모순의 가장 큰 피해자였던 농민들이 일으킨 반봉건 항쟁이었다. 그러나 봉건적 토지 소유의 철폐라든가 신분제의 해체와 같은 근대적 변혁을 담는 요구까지는 제시하지 못하였다.

다양한 저항 경험의 축적

1862년 임술민란은 지금까지의 연구에서 확인된 바에 따르면, 전국적으로 70여개 군郡에서 일어났다. 그러나 각 군 간에는 서로 사전 계획이나 연락도 없었다. 고립·분산적으로 일어났던 것이다.

여기서 생기는 의문은 어떻게 전국적으로 조직화되지 않은 상태에서 이렇게 많은 군에서 동시다발적으로 일어날 수 있었을까 하는 것이다. 가장 중요한 이유는 17·18세기를 거치면서 농민들이 다양한 형태로 겪었던 저항의 경험들이 축적되어 있었고, 또 그와 아울러 전국이 같은 정도로 모순이 심화되어 있었기 때문이었다. 즉 민란이 일어날 수 있는 조건이 전국적으로 같았기 때문이었다는 것이다.

이미 조선 사회의 농민들은 반드시 폭력을 동원하지 않고서라도 다양하게 지배 세력에 반대해 투쟁해 왔다. 개별적으로는 지주들의 과도한 소작료 수취에 반대해 마름 몰래 소작료를 빼돌리거나, 또는 흉년이 크게 들었을 때 아예 소작료의 납부를 거부하기도 하는 항조抗租 투쟁을 하였다. 그 결과 소작료 징수 형태가 정률지대인 타조법打租法에서 농민들에게 유리한 정액지대인 도조법賭租法으로 변하기도 했다.

또한 군포 징수를 피하기 위해 돈을 번 평민들은 족보를 위조하거나 유학幼學을 칭하여 군포 부담에서 벗어났고, 가난한 평민들도 세력 있는 양반가의 행랑붙이나 묘지기·산지기가 되어 군포 부담에서 벗어나려는 피역避役 투쟁을 벌이기도 하였다. 또한 인신적으로 가장 강력하게 예속되었던 노비농민들은 목숨을 걸고 상전 몰래 도망을 가 양인으로 살아가기도 했다.

이런 개별적 투쟁 이외에도 집단적인 저항도 많이 하였는데, 특히 탐관오리의 부정과 관련해 마을민들이 집단적으로 하는 저항이 대부분이었다. 즉 관가 뒷산에 올라가 큰 소리로 비리를 외치는 산호山呼, 밤에 횃불시위를 하는 거화擧火, 비방하는 내용의 소문을 퍼뜨리는 와언訛言과 투서 투쟁 등이 광범하게 행해졌다. 이런 투쟁은 농민들이 커다란 위험부담 없이도 탐관오리들을 징벌할 수 있는 효과적인 방법이었다. 그러므로 다산 정약용은《목민심서》에서 "만약 산호가 행해지면 그 다음 날 산호의 주동자를 찾으려고 마을민들을 수색하여 더욱 창피를 당하지 말고, (수령은) 바로 사직을 하여 고을을 떠나는 것이 현명하다."고 말할 정도였다.

정소呈訴 운동도 농민들이 집단적으로 전개하는 투쟁의 하나였다. 대부분의 정소는 농민들이 군현의 수령이나 서리가 과도하게 부과한 조세를 감면해 줄 것을 요구하는 집단적 청원운동의 하나로 전개되었다. 임술민란, 즉 1862년 농민 항쟁이 고립·분산적이었지만, 전국적으로 70여개 군현에서 동시에 일어날 수 있었던 것은 바로 이전 시기에 이와 같은 다양한 투쟁의 경험이 축적되어 있었기 때문이다.

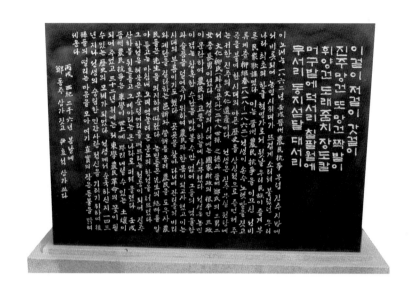

진주민란 농민혁명가 비

1862년 진주민란에서 농민시위대가 불렀던 한글 혁명가와 그 유래를 새긴 비로, 민란의 지도자였던 유계춘(柳繼春)의 묘 옆에 2006년에 세웠다. 경남 진주시 수곡면 원당리 소재

발통→취회→정소

임술민란은 봉건국가의 가혹한 조세수탈과 탐관오리들의 부정탐학이 직접적인 계기가 되어 발생하였다. 1862년 2월 경상도 단성을 시발로 일어난 민란은 이웃 고을인 진주로 파급되었고, 이어 3월에서 5월 사이에 전국적으로 확산되면서 거의 1년 동안 지속되었다.

경상도에서 20개 군, 전라도에서 37개 군, 충청도에서 12개 군, 기타 함경도·경기도·황해도 등지에서 발생하였고 심지어 제주도에서는 이듬해인 1863년까지 민란이 계속되는 등 지금까지 확인된 것만 해도 총 70여 개 군현에서 민란이 발생하였다. 이 정도면 충분히 전국적인 농민 항쟁이라고 할 수 있겠다. 그러나 임술민란은 전국 지도부의 지도 아래 조직적으로 전개된 것이 아니었다. 일부 지역을 제외하고는 군현 단위의 고립·분산적인 투쟁에 그쳤다.

따라서 각 민란들은 발생 원인도 지역에 따라 달랐고, 농민들의 요구 조건이나 전개 과정, 그리고 항쟁 주체도 조금씩 달랐다. 그럼에도 불구하고 대부분 매우 유사한 과정을 거치면서 일어났다. 즉 발통發通→취회聚會→정소→봉기→관청 점령→해산이 그것이다.

발통은 민란의 주모자가 조세수탈에 대응하기 위해 마을사람들에게 통문을 돌리는 것이고 취회는 통문을 받아 본 농민들이 정해진 장소에 모여 회의를 여는 것이다. 이런 모임을 향회鄕會라고도 한다. 향회는 양반이나 평민 모두가 참여하는 자치적 회의기구로 주로 면·리 단위로 개최되었다.

본래 향회는 군현 단위로 개최되는 수령의 부세자문기구로서 양반만이 참여할 수 있었다. 이와는 별도로 평민도 참여하는 것은 이회里會·도회都會 또는 민회民會라는 이름으로 불렸다. 임술민란에서 거론되는 향회는 후자의 것으로 이른바 농민적 향회라고 할 수 있다. 이런 향회·민회에서는 가혹한 조세 부과를 시정하기 위해 수령에게 호소할 목적으로 소장을 작성하고, 장두狀頭를 뽑아 정소 운동을 전개했던 것이다.

정소는 주로 집단 청원의 형태인 등소等訴로 행해졌고, 군현의 수령이 이를 받아들이지 않으면 다시 민회를 개최하여 감영에 소장을 제출하는 의송議送을 감행하였다. 이 과정에서 농민들의 요구는 거의 수용되지 않았고, 오히려 농민들의 대표라고 할 수 있는 장두들이 투옥되어 처벌받는 식으로 처리되곤 하였다.

봉기→관청 점령→해산

합법적인 청원운동을 통하여 농민들의 요구가 수용되지 않으면 농민들은 다시 마을로 돌아와서 민회를 개최하고 봉기를 준비하였다. 농민들을 동원하기 위해서 각 동의 우두머리頭民들은 각 마을마다 한 집에 장정 한 사람씩 반드시 참여하도록 강제하였다. 여기에 참여하지 않는 집은 벌금을 내도록 하였다. 말하자면 농민들은 각 마을 단위의 공동체적 강제력을 통해 동원되었던 것이다.

농민군의 주력은 하층 빈농층인 초군樵軍, 즉 나무꾼들이었다. 이들은 빈농 또는 농업노동자들로서 자신이 영세한 토지를 직접 경작하기도 했지만, 농번기에는 품을 팔아 생계를 이어 갔고, 겨울에는 무리를 지어 산에서 땔감을 베어 시장에 팔아서 생계를 유지하는 계층이었다. 또한 17세기부터 농민의 자율적인 조직으로 결성되어 발전되어 왔던 촌계류나 두레도 19세기 농민 항쟁에서 농민들이 봉기할 때 조직으로서 중요한 기능을 하였다. 그 때문에 농민들이 항쟁하면서 스스로 만든 가사에 곡을 붙이고 함께 노래를 부르거나 요구 조건을 깃발에 써서 걸어 놓거나 하는 등의 행위를 보이는데, 이는 두레 조직이 농악놀이에서 했던 행위 그대로였다고 할 수 있다.

봉기 농민들이 관청을 공격하면 평소 원한이 깊었던 서리들을 처형하고, 수탈의 근거가 되었던 양안·군적·환곡장부 등을 불태웠다. 단 수령에 대해서는 직접적인 위해를 가하지 않고 군현의 경계 밖으로 추방하는 경우가 많았다. 농민들이 수령을 처벌하지 않았다는 것은 그들이 국가권력까지 완전히 부정하지는 않았다는 것을 뜻한다. 이는 농민들이 자신들의 목적을 달성하면 자연적으로 해산하는 데서도 알 수 있다.

그러나 5월 이후 민란이 서울과 가까운 충청도 지역으로 확산되자 정부에서는 대응 방식을 강경 진압으로 바꾸어 진영鎭營과 병영兵營의 군대를 동원하여 농민들의 항쟁을 탄압하였다. 이에 따라 농민들도 해산 과정에서 평소 악질적인 지주나 마름집을 공격하여 방화·약탈하기도 했다. 이는 농민 항쟁의 또 다른 면을 보여 주는 것이다. 즉 당시 사회는 국가와 농민 간, 지주와 농민 간의 모순이 중첩되어 있다고 볼 수 있다. 그러므로 국가와 농민 간의 모순이 관청의 습격으로 나타났다면, 지주와 농민 간의 모순은 지주집의 방화 약탈 등으로 나타났던 것이다.

세도정부의 대응

민란이 전국적으로 일어났다는 것은 아무리 무심한 세도정부라고 하더라도 커다란 충격이었다. 따라서 뭔가 대응방안을 마련하지 않을 수 없었다.

정부의 대응은 두 가지로 진행되었다. 첫째는 농민 봉기의 조기 수습책으로 탐관오리와 항쟁주모자를 처벌하고 안핵사와 선무사 등을 파견하여 민란 발생 지역의 폐단을 조사하여 시정하는 조치를 취함으로써 민심을 안정시키는 것이었다.

둘째는 삼정이정청三政釐正廳의 설치와 삼정의 개혁이었다. 정부는 민란의 원인을 삼정 문란에서 찾고, 이를 해결하기 위해 광범한 여론을 수렴한 뒤 1862년 윤8월 삼정이정청을 설치하여 삼정의 개혁에 착수하였다. 그러나 정부의 삼정개혁안은 당시 사회 문제를 근본적으로 해결할 수 있는 방안이 아니었다. 당시 위정자들은 삼정제도 자체에서 문제가 발생한다고 보지 않고 운영상의 문제로 파악했던 것이다. 따라서 대중요법 수준에 그치는 것이었다.

삼정개혁안을 살펴보면, 먼저 전정에서는 양전量田 실시 원칙을 천명하였다. 그러나 실시는 유보되었다. 다음 군정에서는 동포제洞布制를 인정하였다. 즉 마을에서 관행으로 행해지고 있었던 공동적인 군포부담제도를 인정했던 것이다. 그나마 제일 많이 개혁된 부분이 환정이었다. 여기에는 파환귀결破還歸結의 원칙이 적용되었다. 즉 환곡을 폐지하고 토지에다 조세를 부과하는 것으로 바꾸었다.

이런 삼정개선안은 어느 정도 농민 부담을 경감하는 조처였다. 그러나 이를 통해 당시의 사회 모순이 근본적으로 해결될 수 있던 것은 아니었다. 당시의 사회 모순은 기본적으로 토지 소유를 둘러싼 지주와 소작농의 대립에 그 근원을 두고 있었다. 따라서 정부의 개선안도 이런 대립을 완화하기 위해 지주층의 최소한의 양보를 기초로 마련한 것이었다. 하지만 여전히 지주층의 이익을 옹호하는 전제 위에서의 양보였을 뿐이다. 그러나 이마저도 보수적인 지배층의 반발에 부딪혀 겨우 3개월여를 시행하다가 1862년 10월 27일, 삼정이정청 자체가 철폐되면서 전면 백지화되고 만다. 민란을 일으킨 근본적인 원인들은 전혀 해결되지 않은 채 넘어야 할 골은 깊어만 갔다.

임술민란의 역사적 성격

임술민란, 즉 1862년 농민 항쟁은 봉건사회의 모순이 전면적으로 드러나는 과정에서 이 사회 모순의 가장 큰 피해자였던 농민들이 자신의 문제를 해결하기 위해 투쟁한 반봉건 항쟁이었다. 그러나 농민들의 요구는 봉건국가와 지주층이 자행하는 조세수탈과 탐학의 해소에 머물렀을 뿐 봉건적 토지 소유의 철폐라든가, 신분제의 해체와 같은 근대적 변혁을 담는 요구까지는 제시하지 못하였다.

또한 홍경래의 난에서는 재지유력자층인 향임·부농·부상 등의 지도 아래 소농·빈농층이 참여했다면, 임술민란 단계에서는 빈농층이 향임·부농층의 통제를 벗어나 주체적으로 반봉건 항쟁을 전개하였다. 이런 하층민의 변혁 주체로의 성장은 우리나라 반봉건 농민운동사의 한 단계 발전을 의미하는 것이었다.

전근대 시대에는 임술민란 말고도 많은 농민반란이 일어났다. 그래서 일반사람들은 민란이라면 그저 다 같은 민란으로 보기가 쉽다. 그러나 지금까지 살펴본 것처럼 시기에 따라 그 내용은 많이 달랐다. 사회가 발전하듯이 농민들의 생각과 저항도 발전하기 때문이다. 임술민란은 봉건제도의 전면적인 철폐를 주장하는 단계까지는 가지 못했지만 홍경래의 난과는 달

리 하층민들이 주체적으로 항쟁을 주도했다는 점에서 또 하나의 중요한
발전을 이루었던 것이다.

6 대원군 정권

KOREA

대원군 정권의 대내외 정책은 무너져 가는 봉건제도를 다시 수습하여 왕권의 안정을 도모하고, 이를 통해 제국주의 침략으로 인한 민족적 위기를 막아 보려는 시도였다. 반외세라는 역사적 과제는 어느 정도 해결하였지만 반봉건 근대화라는 역사적 과제는 해결하지 못하였다.

대원군 정권의 역사적 과제

우리는 보통 대원군 집권기를 이해할 때 당시가 1862년 임술민란이 일어난 직후였다는 사실을 잘 떠올리지 않는다. 1863년부터 1873년까지 10년 동안 의 대원군 집권기는 그 권력의 독특성만큼이나 우리나라 역사에서 매우 중요한 시기였다.

안으로는 세도정권의 부패로 인해 봉건사회의 모순이 극에 달하여 이미 70여개 군현에서 동시다발적인 농민 항쟁이 발생했지만, 이런 사회 문제가 제대로 해결되지 않은 채 그대로 남겨져 있었다.

또 밖으로는 1860년 제2차 아편 전쟁의 결과 영·불 연합군에 의해 북경 이 함락되어 청나라가 제국주의의 상품시장으로 전락하였다. 그래서 머지 않아 제국주의국가들이 우리나라를 침략하리라는 것은 누구나 예견하고 있었다. 즉 농민들의 반봉건 항쟁으로 인한 봉건사회의 위기와 더불어 제 국주의 세력의 침략으로 인한 민족적 위기가 가장 고조되었을 때 권력을 장악한 자가 바로 흥선대원군이었다.

때문에 대원군 정권은 대내적으로는 봉
건적 개혁 정책을, 대외적으로는 철저한 쇄
국정책을 통하여 이 위기를 극복하고자 하
였다. 봉건적 사회 모순을 주체적으로 극복
함과 동시에 외세의 침략을 이겨 내어 자주
적 근대화를 추진해야 하는 역사적 과제가
대원군 정권에 주어져 있었던 것이다.

대원군 정권에 대한 평가가 사람에 따라
상당한 편차를 보이고 있는 것이 사실이다.
그러나 대원군 정권에 대한 평가는 바로 이
와 같은 역사적 과제를 얼마만큼 충실하게
수행하였는가라는 점을 기준으로 내려야 할
것이다.

흥선대원군 이하응

어린 고종을 대신하여
1863년부터 10년간 국정을
이끌었다. 안으로는 왕권강
화정책을, 밖으로는 쇄국정
책을 펼쳤다. 대원군 정권
에 대한 평가는 긍정과 부
정이 크게 엇갈린다.

내정 개혁

대원군의 개혁 정책은 왕권 강화 정책, 향
촌 사회 안정책, 국가 재정확보 정책 등 크
게 셋으로 나눌 수 있다. 먼저 왕권 강화
정책을 보면, 문란해진 법제를 바로잡기
위해《경국대전》→《속대전》→《대전통편》으로 내려오는 국가 공식 법전
의 흐름을 계승해《대전회통大典會通》을 편찬하고 그 보조로서《육전조례六
典條例》,《양전편고兩銓便攷》등 각종 법전을 편찬하고 정비하였다.

또한 비변사를 폐지하고 그 권한을 정치·행정적인 부분은 의정부로, 군
사적인 부분은 삼군부로 옮겼다. 이는 세도정권의 권력 기반인 비변사를

약화시키려는 의도에서 나왔다고 할 수 있다. 아울러 안동 김씨 세력의 견제를 위해 당색과 신분에 구애되지 않고 능력 본위로 인재를 등용하였다. 이러한 정책들은 대원군 자신의 권력기반을 강화하기 위해 실시한 것으로 매우 성공적이었다. 이를 기초로 대원군은 강력한 왕권 강화 정책을 추구했던 것이다.

이 왕권 강화의 대표적인 것이 경복궁 중건사업이었다. 그런데 대원군은 경복궁을 중건하면서 많은 무리수를 두게 된다. 전국의 농민들에게서 빈부의 구분 없이 원납전이란 것을 각 집마다 강제로 징수하여 농민층의 강한 반발을 야기하였다. 또한 승려 중의 장수匠手뿐만 아니라 민간인 수공업자들도 강제로 동원하였다. 비록 자원해서 왔다는 토를 달았지만 농민들까지도 반강제적으로 토목사업에 동원하였다. 특히 경기 지역에서는 경복궁 중건사업에 동원되는 부역이 큰 고통이었다. 결국 대원군의 왕권 강화 정책은 세도정권을 무너뜨리는 역할을 하였지만 그것은 백성들의 희생 위에서 가능했던 것이다.

한편 1862년 전국적인 농민 항쟁에서 비롯된 사회 문제들을 어떻게 처리할 것인가가 당시 대원군 정권의 가장 큰 과제였다. 향촌 사회 안정책은 그 과제수행을 위해 마련한 개혁 정책이었다. 대원군 정권은 임술민란의 원인을 삼정 문란과 수령·서리의 부정 탐학, 향촌 사회 유력자들의 무단武斷 지배로 파악하고, 향촌 통제를 강화하여 토호의 무단 지배를 금지하였다. 즉 암행어사를 파견해 지방에서 발호하는 토호를 조사하여 벌을 주고 향촌 사회에서 행사되는 사적私的 권력을 철저히 억압했던 것이다.

또한 수령권을 무시하면서 사적으로 토지와 농민을 지배해 수탈의 온상이 되었던 서원 가운데 극히 일부인 47곳을 제외하고 전국 850여 개의 서원을 철폐하였다. 당시 노론 세력의 상징적 거점이었던 화양동서원도 훼철하였다. 서원 철폐는 많은 유생들의 반발을 사서 오히려 대원군의 하야를

촉구하는 빌미가 되었지만 향촌 사회에서 양반유생들의 거점을 무력화시키는 데는 큰 효과를 보았다. 아울러 왕실 궁방宮房의 횡포를 억제하였는데, 이는 궁방 권력을 바탕으로 당시 새롭게 발생하는 상업적 이익을 침탈하고 자유로운 상행위를 저해하던 요소를 제거한 것이라고 할 수 있다. 또한 수령·서리에 대한 통제 정책을 시행하여 수령과 서리의 부정탐학을 강력하게 처벌하였다.

요컨대 대원군의 향촌 통제 정책은 궁방·토호·서원 등 사적 권력을 억제하고, 수령과 이서·향임으로 이어지는 공적 권력의 확립을 통해 국가 공권력의 지배를 강화함으로써 향촌 사회를 안정시키고자 한 것이었다.

부세제도의 개선

대원군 정권은 농민 항쟁에서 가장 첨예한 문제였던 삼정에 대해서는, 1862년에 시행되지 못한 삼정이정청의 개선안을 기조로 하여 부세 제도를 개선해 나갔다. 그래서 전정田政에서는 전국적인 사결查結 작업을 통해 토호와 간리奸吏들의 은隱·누결漏結을 대대적으로 수세결로 편입하였으며 이 성과를 바탕으로 일부 지역에서는 양전사업을 시행하였다.

환정還政에서는 사창제를 실시하였다. 그래서 장부에는 있으면서 실제로는 없는 120만여 석에 달하는 허류환곡을 탕감하면서 환곡제도를 폐지하였으나, '양요洋擾'에 따른 군사 재정의 팽창 등으로 중앙 재정의 결핍이 심화되자 곧 바로 복구되었다. 다만 복구된 환곡제도에서는 그전과 달리 사창제적 운영방식을 도입해 중앙에서 일률적으로 원곡을 관리하고 민간에 그 운영을 맡겨 수탈적 성격을 크게 완화시켰다.

군정도 개혁을 위한 전제로 전국적인 사정査丁 작업을 하였다. 그리고 양반에게도 일정 부분 군역을 부담케 하는 호포제를 시행하였다. 이는 그동안 군포가 평민들에게만 집중되어 농민몰락의 원인을 제공했던 것을 시정한 것이라고 할 수 있다. 호포제는 신분에 따라 차별적으로 부과되던 봉건적 조세 부과의 원칙을 허물었다는 점에서 중요한 의의를 가진다. 이처럼 대원군 정권은 삼정의 모순을 어느 정도는 해결했다고 할 수 있다.

마지막으로 국가 재정확보 정책은 왕권 강화를 위한 물적 기반을 마련하기 위한 의미가 컸다. 대원군 정권은 국가 재정을 확보하기 위해 각종 세원을 발굴하려고 노력해 포구세浦口稅 등 그 동안 지방 유력자나 궁방 등에 의해 장악되고 있었던 상품유통 부문에 대한 잡세를 혁파하고 중앙정부에서 그 수입을 확보하고자 했다.

또한 삼세蔘稅에 대한 장악을 통해 재원을 조달하고자 서해안을 중심으로 행해지던 홍삼과 밀무역에 대한 대대적인 탄압을 가하였다. 이는 당시 쇄국정책의 일환인 해방海防 정책과 맞물리면서 더욱 강화되어 갔다. 또한 통행세인 도성문세都城門稅를 새로 만들고 병인양요 등 외침으로 인해 늘어났던 강화도의 군사 재정을 확보하기 위해 토지에 부과하는 세금인 포량미浦糧米를 창설하였다. 한편 당백전當百錢이라는 악화를 주조해 유통시켰다가 실패하자 청국소전淸國小錢을 도입해 유통시키기도 하였다.

대원군 정권은 향촌 통제의 강화와 부세 운영의 개선으로 향촌 사회를 일시적으로 안정시킬 수 있었지만, 농민에 대한 조세경감 조처로 인한 재정궁핍 속에 시행된 경복궁 중건사업과 계속된 외침으로 인해 이들 시책은 그다지 큰 효과를 얻지 못하였다. 특히 농민들에게 감면해 준 조세를 보충하기 위해 각종 잡세를 남설하고, 당백전·청국소전이라는 악화를 유통시켜 물가를 폭등케 함으로써 농민뿐만 아니라 도시 빈민의 처지도 악화되었던 것이다. 결국 대원군 정권의 국내 정책이 민인들의 입장에서 본다면 그다지 도움이 되지 못했던 것이다.

쇄국정책

대원군 정권은 밖으로는 철저한 쇄국정책을 취하였다. 먼저 지방관리에게 이양선의 출현을 경계하도록 명령하여 이들과 절대 접촉하지 못하도록 하였다. 아울러 국방태세를 강화하여 강화도·영종도·교동도 등 서해안 일대와 한강 하구에 성과 진을 수축·정비하고 포대를 설치해 해안 경비를 강화하였다. 그리고 일본에 대해서는 양이洋夷와 다를 바 없다는 '왜양일체倭洋一體'라는 관점에서 통상을 단절하고, 일본의 침략을 경계하기 위해 동래성을 다시 쌓고 수비를 강화하였다.

천주교도에 대한 탄압도 이 쇄국정책과 밀접한 관련이 있었다. 대원군은 처음에는 천주교에 대해 관대하였다. 그리하여 남인인 천주교 신자 남종삼을 이용하여 프랑스를 끌어들여 러시아의 남하를 저지하고자 했다. 그러나 이 정책이 실패에 돌아가고 또한 청국에서의 천주교 탄압분위기가 영향을 미쳐서 결국 강력한 탄압 정책을 시행하였다.

그 결과 1866년(고종 3)에 일어난 병인박해로 남종삼 등 8천여 명의 교도와 9명의 프랑스 신부가 처형되었다. 대원군 정권의 이런 천주교 탄압과 쇄국정책은 그렇잖아도 눈독을 들이고 있던 '서양 오랑캐'들에게 빌미를 만들어 주었다. 이에 1866년 9월에 프랑스 군대가 침략하였고, 이를 강화도에서 맞아 전투를 벌여 물리쳤다(병인양요). 또 대동강에서 불타 버린 제너럴 셔먼호 사건을 구실로 1871년 4월에 침략한 미국 군대 역시 강화도에서 격퇴하였다(신미양요). 두 차례에 걸친 서양 제국주의의 침략을 물리친 뒤, 대원군은 다음과 같은 내용의 척화비를 전국 곳곳에 세우고 쇄국정책을 더욱 강화하였다.

양이洋夷(서양 오랑캐)가 침범하여 오니 싸우지 않으면 화의를 맺는 것이다. 화의를 맺자고 하는 것은 나라를 파는 것이니 내 자손만대에 경계하노라. 병인년에 쓰고 신미년에 세우다.

이 척화비는 대원군 정권의 외세에 대한 자신감을 반영하는 것이라고 할 수 있다.

또 1868년(고종 5) 독일인 오페르트Oppert, E. J가 대원군의 아버지인 남연군묘에 대한 도굴 미수 사건을 일으켰다. 이는 대원군을 크게 분노케 하여 쇄국양이정책과 천주교 탄압을 강화하는 요인이 되기도 하였다.

대원군의 쇄국정책은 격변하는 세계사의 흐름 속에서 조선을 외부 세계와 단절시켜 봉건적 지배체제를 유지하려는 보수 정책의 일환이었다. 그러나 비록 당시 프랑스가 베트남 경영에 주력하였고, 미국도 서부 개척 등에 관심을 쏟느라 조선 침략에 전력을 다하지 않았다고 하더라도, 당시 세계 최강의 위치에 있던 자본주의 열강의 침략에 맞서 이를 당당히 격퇴시켰던 것은 중요한 역사적 의미를 지닌다고 할 수 있다.

대원군 정권의 역사적 성격

대원군 정권을 종합적으로 볼 때 어떻게 평가해야 될까? 대원군 정권의 대내외 정책은 무너져가는 봉건제도를 다시 수습하여 왕권의 안정을 도모하고, 이를 통해 제국주의 침략으로 인한 민족적 위기를 막아 보려는 시도였다. 대원군 정권이, 비록 일시적이기는 하지만, 서구 자본주의 열강의 침략을 막아 낼 수 있었던 것은 대원군의 지도력과 민중의 반침략 의지가 하나로 결집되었기 때문이었다. 적어도 이 단계에서 '위정척사사상'은 하나의 시대정신이었다.

그러나 대원군 정권이 발휘한 반침략 투쟁에서의

지도력은 자주적 근대화를 추진하는 방향으로 나가지 못하고 오히려 봉건 체제를 유지, 강화하는 방향으로 행사되었다. 결국 대원군 정권은 반외세라는 역사적 과제는 어느 정도 해결하였지만 반봉건 근대화라는 역사적 과제는 해결하지 못했던 것이다.

대원군이 정권을 잡았을 당시 한국 사회에는 시대적 과제가 산적해 있었다. 대원군은 나름대로 그 과제들을 해결하려고 노력했지만, 그 방향에서 착오가 있었다고 지적할 수 있겠다. 우리는 이런 결과를 가져온 것을 어쩔 수 없었던 시대적 한계로 돌릴 수도 있다. 그러나 역사적 평가는 좀 더 냉철해야 할 필요가 있다. 그래야만 같은 실패를 두 번 저지르지 않을 테니까.

대원군 아버지 남연군묘

독일인 오페르트가 도굴 미수 사건을 일으켰던 대원군의 아버지 남연군의 묘. 이 사건으로 인해 쇄국 양이정책과 천주교 탄압이 강화되었다.

찾아보기